中国哲学社会科学学科年鉴
CHINESE ACADEMIC ALMANAC

ALMANAC OF RUSSIAN, EAST EUROPEAN AND CENTRAL ASIAN STUDIES IN CHINA

孙壮志 主编

中国俄罗斯东欧中亚研究年鉴

2022

中国社会科学出版社

图书在版编目（CIP）数据

中国俄罗斯东欧中亚研究年鉴.2022 / 孙壮志主编. -- 北京：中国社会科学出版社，2023.5
ISBN 978-7-5227-2051-7

Ⅰ.①中… Ⅱ.①孙… Ⅲ.①俄罗斯-研究-2022-年鉴 ②东欧-研究-2022-年鉴 ③中亚-研究-2022-年鉴 Ⅳ.①D751-54②D736-54

中国国家版本馆CIP数据核字（2023）第124013号

出 版 人	赵剑英
责任编辑	张靖晗
责任校对	李　惠
责任印制	张雪娇
出　　版	中国社会科学出版社
社　　址	北京鼓楼西大街甲158号
邮　　编	100720
网　　址	http://www.csspw.cn
发 行 部	010-84083685
门 市 部	010-84029450
经　　销	新华书店及其他书店
印刷装订	北京君升印刷有限公司
版　　次	2023年5月第1版
印　　次	2023年5月第1次印刷
开　　本	787×1092　1/16
印　　张	17.75
插　　页	2
字　　数	375千字
定　　价	158.00元

凡购买中国社会科学出版社图书，如有质量问题请与本社营销中心联系调换
电话：010-84083683
版权所有　侵权必究

《中国俄罗斯东欧中亚研究年鉴2022》编委会

主　　编　孙壮志
副 主 编　庞大鹏　李丹琳
编　　委　（以姓氏笔画为序）
　　　　　马　强　王晓泉　田德文　刘显忠　孙壮志　李中海
　　　　　李振利　张　宁　金　哲　庞大鹏　赵会荣　柳丰华
　　　　　徐坡岭　高　歌　高京斋　薛福岐
撰 稿 人　（以姓氏笔画为序）
　　　　　马　强　王　超　王效云　王晨星　牛义臣　龙　希
　　　　　刘　丹　刘　畅　刘显忠　刘博玲　吕　萍　孙壮志
　　　　　李勇慧　李丽娜　曲　岩　张　宁　张知备　肖　斌
　　　　　吴德堃　周国长　庞大鹏　赵会荣　柳丰华　姜　琍
　　　　　贺　婷　徐坡岭　徐　刚　高　歌　高际香　韩克敌
　　　　　鞠　豪

编辑说明

一、《中国俄罗斯东欧中亚研究年鉴》是中国社会科学院俄罗斯东欧中亚研究所主办、逐年编纂连续出版的资料性文献，系统汇集了俄罗斯东欧中亚研究的年度研究动态、科研成果、学术活动、基本数据等。其宗旨是全面、客观地展示本学科成果，促进中国与对象国的思想交流与合作。

二、年鉴的框架。年鉴采用分类编辑法，以栏目为单位，下设分目、条目，栏目设置保持相对稳定，但根据年度特色略有调整。2022卷共设置5个栏目，即研究综述、年度论文推荐、学术活动、数据统计和大事记。

三、年鉴的体例。年鉴以条目为基本表达形式，采用说明体或论述体。研究综述栏目对70年来俄罗斯东欧中亚研究做整体回顾和总结，并对2021年俄罗斯东欧中亚研究各学科的研究情况进行叙述；年度论文推荐、学术活动栏目对重点论文和活动进行说明和解释。各研究综述和年度论文推荐按照俄罗斯政治与社会学科，俄罗斯经济学科，俄罗斯外交学科，俄罗斯历史与文化学科，中亚学科，中东欧转型和一体化学科，乌克兰、白俄罗斯、摩尔多瓦学科，欧亚战略学科的顺序排列。

四、条目选定的原则。年鉴条目是信息的基本载体，反映的是年度俄罗斯东欧中亚研究的新观点、新动态和新成果。选择标准重在年度内可产生全局性、学术创新性、传播力的重要信息。2022卷主要收录的是2021年主要学术成果和学术活动，系统梳理了新中国成立70多年来俄罗斯和欧亚问题研究逐步走向繁荣的过程。

缩略语对照表

3SI	三海倡议
ARPORC	全俄舆情研究中心
B9	布加勒斯特九国
V4	维谢格拉德集团
BRI	"一带一路"倡议
BRICS	金砖国家
CEECs	中东欧国家
China–CEEC Cooperation	中国—中东欧国家合作
CIS	独立国家联合体（简称独联体）
COVID-19	新型冠状病毒肺炎
CPEC	中巴经济走廊
CPRF	俄罗斯共产党
CSTO	集体安全条约组织
RFC	俄罗斯联邦委员会
EU	欧洲联盟
EAEU	欧亚经济联盟
FA	外国代理人
ASEZ	超前发展区
FSB	联邦安全局
GRF	俄罗斯联邦政府
ICT	信息与通信技术
LC	列瓦达中心
LDPR	俄罗斯自由民主党
LSGR	俄罗斯地方自治
MVD	俄罗斯联邦内务部
NATO	北大西洋公约组织
RIAN	俄新社
NTV	俄罗斯独立电视台

ROC	俄罗斯东正教会
RSD	俄罗斯国家杜马
SCO	上海合作组织
SIRF	俄罗斯联邦社会院
TASS	塔斯社
URP	统一俄罗斯党

目　录

序言　为中国特色哲学社会科学事业立传……………………………………高培勇（1）

研究综述

俄罗斯东欧中亚研究70年
　　……………孙壮志　庞大鹏　刘显忠　张　宁　赵会荣　王晨星　牛义臣（3）
2021年俄罗斯政治与社会研究综述………………………马　强　吴德堃　刘博玲（52）
2021年俄罗斯经济研究综述………………………………………高际香　徐坡岭（65）
2021年俄罗斯外交研究综述………………柳丰华　李勇慧　韩克敌　吕　萍　刘　丹（77）
2021年俄罗斯历史与文化研究综述………………………………………………周国长（88）
2021年中亚研究综述………………………………………………………………刘　畅（103）
2021年中东欧转型和一体化研究综述
　　……………高　歌　姜　琍　徐　刚　鞠　豪　李丽娜　曲　岩　贺　婷　王效云（116）
2021年乌克兰、白俄罗斯、摩尔多瓦研究综述……………赵会荣　龙　希　王　超（143）
2021年欧亚战略研究综述…………………………………………………………肖　斌（160）

年度论文推荐

上海合作组织与新时代中国多边外交…………………………………………孙壮志（177）
论俄罗斯的宪法改革………………………………………………………………庞大鹏（177）
俄罗斯政治发展30年：特点、成效与前景……………………………………薛福岐（178）
从政治参与视角看俄罗斯转型历程………………………………………………郝　赫（178）
俄罗斯《外国代理人法》及其法律和政治实践…………………………………马　强（179）

— 1 —

大国俄罗斯的世界构想	冯绍雷	(179)
俄罗斯经济发展中的苏联经济因素分析——以经济结构与经济增长方式为例	陆南泉	(179)
俄罗斯经济：结构现状及在全球价值链中的角色	余南平 夏 菁	(180)
基于全民健康覆盖的俄罗斯基本医疗卫生支出绩效评价	童 伟 宁小花	(180)
中亚经济30年：从转型到发展	李中海	(180)
俄罗斯工业化200年：回顾与展望	高际香 刘 伟 杨丽娜	(181)
俄罗斯自贸伙伴的选择逻辑	曲文轶 杨雯晶	(181)
俄美关系的走向及其影响	柳丰华	(182)
苏联解体的长时段考量——文明史视角的探讨	冯绍雷	(182)
中俄共建"冰上丝绸之路"的地缘政治经济分析	李 兴 董 云	(182)
俄罗斯的"欧洲选择"分析	吕 萍	(183)
后苏联空间：俄罗斯的战略依托及大国博弈	刘 丹	(183)
民族问题与苏联解体	刘显忠	(183)
中国当代文学作品在俄罗斯的传播：脉络与演进	许 华	(184)
德国专家与苏联核计划（1945—1956）	张广翔 王金玲	(184)
中亚"水—能源—粮食"安全纽带：困境、治理及中国参与	于宏源 李坤海	(185)
从撤军阿富汗看美国中亚政策的调整	曾向红	(185)
上海合作组织安全合作：成就、挑战与未来深化路径	苏 畅 李昕玮	(185)
上海合作组织的扩员与命运共同体建设	李自国	(185)
中亚地区"去俄罗斯化"政策	田 烨 于梦杰	(186)
疫情背景下中亚地区：形势、影响及应对	李睿思	(186)
中亚地区治理三十年：一项研究议程	曾向红	(186)
美国的中亚政策：基于猎鹿博弈视角的分析	肖 斌	(186)
上海合作组织与欧盟中亚治理的比较——构建命运共同体还是规范性改变	孙 超	(187)
中亚国家语言安全问题探析	杨 波 王天驹	(187)
三海倡议及其地缘政治和经济意义	朱晓中	(187)
中东欧国家入盟与欧盟东扩：是否为同一进程？	高 歌	(188)
英国与欧盟达成协议"脱欧"对中东欧国家的影响	姜 琍 张海燕	(188)
中东欧国家政治转型的比较与评估——以克罗地亚民主化进程为例	徐 刚	(188)

中乌合作：继往开来 携手共进 …………………………………………… 赵会荣（189）
俄乌教会纷争引发的东正教世界的危机与应对 ………………………… 刘博玲（189）
国家身份、国内政治与地缘博弈——乌克兰地区一体化政策探析
　………………………………………………………………… 王　志　王　梅（189）
社会分层、社会流动与社会危机——独立30年后的乌克兰社会 ……… 苟利武（190）
泽连斯基治下的乌克兰：政治与经济发展现状及展望 …………………… 李　琰（190）
乌克兰寡头政治体制：形成、特征及影响 ………………………………… 毕洪业（190）
乌克兰共产党：新困境、新战略、新抗争 ………………………………… 陈爱茹（191）
近来乌东紧张局势的"北溪-2"背景 ……………………………………… 李勇慧（191）
新冠肺炎疫情影响下的白俄罗斯及其与中国合作 ……………………… 赵会荣（191）
转型与挑战：白俄罗斯现代媒体发展及俄罗斯的影响 …………………… 农雪梅（192）
欧美制裁加码，白俄罗斯局势呈现新变化 ………………………………… 杨博文（192）
对白俄罗斯基本经济制度的研究 …………………………………………… 孙　铭（192）
白俄罗斯国家发展理论与实践的新探索——白俄罗斯第六届全国人民大会
　推动国家现代化作用分析 ……………………………………… 葛　音　李　燕（193）
"一带一路"倡议实施中的白俄罗斯宗教风险研究 ……………………… 张　熙（193）
白俄罗斯市场社会主义模式与启示 ……………………………… 程恩富　李　燕（193）
中国与白俄罗斯经贸合作的发展及其面临的主要挑战 ………………… 李孝天（193）
帝国遗产与现实困境中的民族认同——摩尔多瓦的民族国家构建 …… 曲　岩（194）
摩尔多瓦总统桑杜 …………………………………………………………… 张伟榕（194）
摩尔多瓦：地缘政治十字路口上的"真空地带" ………………………… 张艳璐（194）

学术活动

学术讲座 …………………………………………………………………………………（197）
　俄国经济史研究国际工作坊 …………………………………………………………（197）
　"从新文化史到俄罗斯学：俄国史研究的转向与思考"专题讲座 ………………（197）
　"俄罗斯国家杜马选举后的政治态势"研讨会暨俄罗斯政治社会文化沙龙（第一期）
　……………………………………………………………………………………………（198）
　俄国史系列讲座 ………………………………………………………………………（198）
　"俄罗斯《苏德互不侵犯条约》评价80年——从斯大林时期到普京时代"讲座 ……（199）

学术研讨会 ……………………………………………………………………………（200）

"乌兹别克斯坦国情咨文与中乌合作"研讨会 ……………………………………（200）

"推动中俄务实合作，助力两国经济发展"国际研讨会 …………………………（200）

中乌（克兰）、中白（俄罗斯）共建"一带一路"高质量发展座谈会 ……………（201）

"后苏联空间和东欧国别区域发展道路三十年回顾与展望"全国学术研讨会
暨中国苏联东欧史研究会2021年年会 ……………………………………（201）

"欧亚青年说"第十期：《稳定中的挑战——俄罗斯当前政治形势》……………（201）

"疫情对中亚各国及其与中国经贸关系的影响"视频交流会 ……………………（202）

"上合组织20年：迈向绿色健康共同发展的命运共同体"国际研讨会 …………（202）

"中国特色大国外交形象与话语权"研讨会 ………………………………………（202）

"中俄在东北亚地区的安全与经济合作"国际视频研讨会 ………………………（203）

"中俄关系30年"学术研讨会 ………………………………………………………（203）

"中国与乌克兰战略伙伴关系十周年：成效与前景"视频研讨会 ………………（203）

第十五届中亚和上海合作组织国际学术研讨会 …………………………………（204）

"欧洲一体化：中东欧与西欧的对话（2021）"学术研讨会 ……………………（205）

2021年国际产学研用合作会议（长春）分论坛之"以史为鉴与社会进步"研讨会
………………………………………………………………………………（205）

《"一带一路"建设发展报告（2021）》发布会暨"新发展格局与'一带一路'建设"
学术研讨会 …………………………………………………………………（205）

第二届"多元视野下的俄罗斯"学术研讨会 ………………………………………（206）

2021欧亚经济论坛智库分会国际研讨会 …………………………………………（206）

"一带一路"框架下乌克兰发展战略论坛（2021）…………………………………（206）

"'印太战略'背景下的中俄战略协作"线上国际研讨会 …………………………（206）

中亚国家独立30周年暨第20届全国中亚问题研讨会
………………………………………………………………………………（207）

2021年度俄罗斯外交形势研讨会 …………………………………………………（207）

"百年变局下的俄罗斯历史与文化研究"学术研讨会 ……………………………（207）

第二届"俄罗斯经济论坛（2021）" ………………………………………………（208）

"白俄罗斯独立30周年与中白全面战略伙伴"视频研讨会 ……………………（208）

中国中俄关系史研究会年会暨《东方—俄罗斯—西方：历史与现实》（中俄文版）、
《俄藏档案文献与中共创建史》发布研讨会 ………………………………（209）

2021年"一带一路"与中国周边安全形势研讨会……………………………………（209）

"欧洲一体化与对外政策：挑战与前景"学术研讨会………………………………（210）

第六届"白俄罗斯形势与中白关系"学术研讨会……………………………………（210）

"夯实伙伴基础 携手共同发展"中白地方合作专题学术研讨会…………………（211）

"全球绿色议程：俄罗斯能源转型战略、政策及影响"会议………………………（212）

"世界变局与大国博弈中的俄罗斯——苏联解体30周年的回望与思考"专题会议
……………………………………………………………………………………（212）

"环黑海区域：历史与当下"国际学术研讨会………………………………………（213）

《俄罗斯经济发展研究》（2020—2021）发布会暨俄罗斯内政外交形势研讨会………（213）

数据统计

栏目说明……………………………………………………………张知备（217）
亚洲地区…………………………………………………………………………（218）
 表1 2021年阿塞拜疆共和国基本经济数据指标统计表…………………（218）
 表2 2021年格鲁吉亚基本经济数据指标统计表……………………………（218）
 表3 2021年哈萨克斯坦共和国基本经济数据指标统计表…………………（219）
 表4 2021年吉尔吉斯共和国基本经济数据指标统计表……………………（220）
 表5 2021年塔吉克斯坦共和国基本经济数据指标统计表…………………（220）
 表6 2021年土库曼斯坦基本经济数据指标统计表…………………………（221）
 表7 2021年乌兹别克斯坦共和国基本经济数据指标统计表………………（221）
 表8 2021年亚美尼亚共和国基本经济数据指标统计表……………………（222）
欧洲地区…………………………………………………………………………（223）
 表9 2021年阿尔巴尼亚共和国基本经济数据指标统计表…………………（223）
 表10 2021年爱沙尼亚共和国基本经济数据指标统计表…………………（223）
 表11 2021年白俄罗斯共和国基本经济数据指标统计表…………………（224）
 表12 2021年保加利亚共和国基本经济数据指标统计表…………………（225）
 表13 2021年北马其顿共和国基本经济数据指标统计表…………………（225）
 表14 2021年波兰共和国基本经济数据指标统计表………………………（226）
 表15 2021年波斯尼亚和黑塞哥维那基本经济数据指标统计表…………（226）
 表16 2021年俄罗斯联邦基本经济数据指标统计表………………………（227）

表 17　2021年黑山基本经济数据指标统计表 ……………………………………………（228）
表 18　2021年捷克共和国基本经济数据指标统计表 ……………………………………（228）
表 19　2021年克罗地亚共和国基本经济数据指标统计表 ………………………………（229）
表 20　2021年拉脱维亚共和国基本经济数据指标统计表 ………………………………（229）
表 21　2021年立陶宛共和国基本经济数据指标统计表 …………………………………（230）
表 22　2021年罗马尼亚基本经济数据指标统计表 ………………………………………（230）
表 23　2021年摩尔多瓦共和国基本经济数据指标统计表 ………………………………（231）
表 24　2021年塞尔维亚共和国基本经济数据指标统计表 ………………………………（231）
表 25　2021年斯洛伐克共和国基本经济数据指标统计表 ………………………………（232）
表 26　2021年斯洛文尼亚共和国基本经济数据指标统计表 ……………………………（232）
表 27　2021年乌克兰基本经济数据指标统计表 …………………………………………（233）
表 28　2021年匈牙利基本经济数据指标统计表 …………………………………………（233）

大事记

………………………………………………………………………………………………（235）

Contents

Preface: Establishing a Biography for the Cause of Philosophy and Social Sciences with
　　Chinese Characteristics ·······Gao Peiyong（1）

Annual Review

A Review of 70 Years of Russian, East European and Central Asian Studies in China
　　·······Sun Zhuangzhi, Pang Dapeng, Liu Xianzhong, Zhang Ning, Zhao Huirong,
　　　　　　　　　　　　　　　　　　　Wang Chenxing and Niu Yichen（3）
Studies on Russian Politics and Social in 2021 ······· Ma Qiang, Wu Dekun and Liu Boling（52）
Studies on Russian Economy in 2021 ·······Gao Jixiang and Xu Poling（65）
Studies on Russian Diplomacy in 2021
　　·······Liu Fenghua, Li Yonghui, Han Kedi, Lv Ping and Liu Dan（77）
Studies on Russian History and Culture in 2021 ······· Zhou Guochang（88）
Studies on Central Asia in 2021······· Liu Chang（103）
Studies on Transition and Integration of Central and East Europe in 2021
　　······· Gao Ge, Jiang Li, Xu Gang, Ju Hao, Li Lina, Qu Yan, He Ting and Wang Xiaoyun（116）
Studies on Ukraine, Belarus and Moldova in 2021 ··· Zhao Huirong, Long Xi and Wang Chao（143）
Studies on Russian, East European and Central Asian Strategy in 2021 ·······Xiao Bin（160）

Research Papers of The Year

The Shanghai Cooperation Organization and China's Multilateral Diplomacy in the New Era
　　·······Sun Zhuangzhi（177）

On Russian Constitutional Reform ······Pang Dapeng（177）

Thirty Years of Political Development in Russia: Features, Effects and Prospects
······Xue Fuqi（178）

Russia's Transformation Process from the Perspective of Political Participation
······Hao He（178）

Foreign Agents Law and Its Legal and Political Practices ······Ma Qiang（179）

Russia's Conceive of the World ······Feng Shaolei（179）

Analysis of Economic Factors of Soviet Union during Russian Economic Development:
 The Example of Economic Structure and Economic Growth Pattern ······Lu Nanquan（179）

Russian Economy: Structural Status and Its Role in Global Value Chain
······Yu Nanping and Xia Jing（180）

Performance Evaluation of Russia's Primary Health Expenditure
······Tong Wei and Ning Xiaohua（180）

The Economy of Central Asia over the Past Thirty Years ······Li Zhonghai（180）

Two Hundred Year of Russia's Industrialization ······Gao Jixiang, Liu Wei and Yang Lina（181）

Russia's Logic in Choosing Free Trade Partners ······Qu Wenyi and Yang Wenjing（181）

The Prospects of Russia–US Relations and Its Implications ······Liu Fenghua（182）

The Disintegration of the Soviet Union in the Longue Dureé: Discussion from the
 Perspective of Civilization History ······Feng Shaolei（182）

Geopolinomic Analysis on the Sino–Russian Joint Construction of "Polar Silk Road"
······Li Xing and Dong Yun（182）

An Analysis of Russia's "European Choice" ······Lv Ping（183）

Post–Soviet Space: Russia's Strategic Dependent Region and the Gaming Area of Great Powers
······Liu Dan（183）

National Problems and the Disintegration of the Soviet Union ······Liu Xianzhong（183）

The Dissemination of Chinese Contemporary Literature in Russia: Context and Evolution
······Xu Hua（184）

German Experts and the Soviet Nuclear Program (1945–1956)
······Zhang Guangxiang and Wang Jinling（184）

"Water–Energy–Food" Security Ties in Central Asia: Dilemma, Governance and China's
 Participation ······Yu Hongyuan and Li Kunhai（185）

Contents

Adjustment of the United States' Strategy for Central Asia in the View of Withdrawing
    Troops from Afghanistan ················Zeng Xianghong（185）
Security Cooperation of the Shanghai Cooperation Organization: Achievements,
    Challenges and Paths for Further Development ··············Su Chang and Li Xinwei（185）
Expansion of Shanghai Cooperation Organization and Construction of Community with a
    Share Future ················Li Ziguo（185）
De-Russification of Central Asia ················Tian Ye and Yu Mengjie（186）
Central Asia in the Context of the Coronavirus Outbreak: Situation, Impact and Response
    ················Li Ruisi（186）
Thirty Years of Regional Governance in Central Asia: A Research Agenda
    ················Zeng Xianghong（186）
US' Central Asia Policy: An Analysis from the Perspective of the Stag Hunt Game
    ················Xiao Bin（186）
Comparison of Shanghai Cooperation Organization and EU Central Asia Governance:
    Building a Community of Shared Future or Normative Change ··············Sun Chao（187）
An Analysis of Language Security in Central Asian Countries ······· Yang Bo and Wang Tianju（187）
The Three Seas Initiative and Its Geopolitical and Economic Significance ·····Zhu Xiaozhong（187）
The Accession of Central and Eastern European Countries and Eastward Expansion of the
    European Union: Are They the Same Process? ················Gao Ge（188）
The Impact of EU and UK's Withdrawal Agreement on Central and Eastern Europe
    ················Jiang Li and Zhang Haiyan（188）
A Comparison and Evaluation of Political Transformation in the Central and Eastern
    European Countries: The Case of the Democratization in Croatia················Xu Gang（188）
China-Ukraine Cooperation: Building on the Past and Moving Forward Together
    ················Zhao Huirong（189）
The Crisis of the Orthodox World Caused by the Church Disputes between Russia and
    Ukraine and Its Countermeasures················Liu Boling（189）
National Identity: Domestic Politics and Geopolitical Game: An Analysis of Ukraine's
    Regional Integration Policy ················Wang Zhi and Wang Mei（189）
Social Stratification, Social Mobility and Social Crisis: Ukrainian Society after 30 Years of
    Independence ················Gou Liwu（190）

Ukraine's Political and Economic Situation and Prospects under the Zelensky Administration
···Li Yan（190）

Oligarchy in Ukraine: Formation, Characteristics and Influence ···············Bi Hongye（190）

The Communist Party of Ukraine: New Dilemmas, New Strategies and New Struggles
···Chen Airu（191）

Nord Stream-2 in the Context of Recent Tensions in Eastern Ukraine ···············Li Yonghui（191）

Belarus and China-Belarus Cooperation under the Influence of COVID-19
···Zhao Huirong（191）

Transformation and Challenge: Development of Modern Media in Belarus and
　　Influence from Russia··Nong Xuemei（192）

The Situation in Belarus Takes a New Turn as European and US Sanctions Increase
···Yang Bowen（192）

A Study of Belarus' Economic System···Sun Ming（192）

New Exploration of Belarusian State Development Theory and Practice: An Analysis of the
　　Relationship between the Sixth National People's Congress of Belarus and the
　　Modernization of the State···Ge Yin and Li Yan（193）

On Belarus's Religious Risk under the Implementation of the Belt and Road Initiative
···Zhang Xi（193）

The Theoretical Practice and Inspiration of the Belarusian Market Socialist Model
···Cheng Enfu and Li Yan（193）

China-Belarusian Economic and Trade Cooperation and Major Challenges
···Li Xiaotian（193）

Imperial Heritage and National Identity in Realistic Dilemma: Moldova's
　　Nation-State Construction···Qu Yan（194）

Moldova President Maia Sandu ···Zhang Weirong（194）

Moldova: A "Vacuum" at a Geopolitical Crossroads ·······················Zhang Yanlu（194）

Academic Activities

Academic Lectures···（197）
　　International Workshop on the Study of Russian Economic History···············（197）

The Lecture on "From New Cultural History to Russology: The Turning and Thinking of
　　Research on Russian History" ……………………………………………………………(197)
Seminar on "The Political Situation in Russia after the Duma Elections" and Salon on Russian
　　Politics, Society and Culture (The 1st Session) ………………………………………(198)
Lecture Series on Russian History ……………………………………………………………(198)
The Lecture of "80 Years of Evaluating the Soviet-German Non-Aggression Pact — From the
　　Stalinist Period to the Putin Era" ………………………………………………………(199)

Academic Symposiums ……………………………………………………………………………(200)

The Seminar of " Uzbekistan's State of the Nation Address and China-Uzbekistan
　　Cooperation" ………………………………………………………………………………(200)
The International Symposium of "Promoting Pragmatic Cooperation between China and
　　Russia and Helping the Economic Development of Both Countries" …………………(200)
The Symposium on "Jointly Building the 'The Belt and Road' between China and Ukraine,
　　China and Belarus" ………………………………………………………………………(201)
The National Symposium on "30 Years of Post-Soviet and Regional Development in Eastern
　　Europe" and Annual Conference of the Chinese Society for Soviet and East European
　　History Studies, 2021 ……………………………………………………………………(201)
The Youth Forum on "Challenges in Stability — The Current Political Situation in Russia"
　　………………………………………………………………………………………………(201)
"The Impact of the Covid-19 on Central Asian Countries and Their Economic and Trade
　　Relations with China" ……………………………………………………………………(202)
The International Symposium of "SCO: Towards a Green and Healthy Community of
　　Shared Destiny" ……………………………………………………………………………(202)
The Symposium of "The Image and Discourse of Great Power Diplomacy with Chinese
　　Characteristics" ……………………………………………………………………………(202)
The International Symposium of "Security and Economic Cooperation between China and
　　Russia in Northeast Asia" …………………………………………………………………(203)
The Symposium on "30 Years of Sino-Russian Relations" …………………………………(203)
The Seminar on "The 10th Anniversary of the Strategic Partnership between China and Ukraine:
　　Results and Prospects" ……………………………………………………………………(203)

The 15th International Symposium of "Central Asia and Shanghai Cooperation Organization" (204)

The Seminar on "European Integration: Dialogue between Central & Eastern Europe and Western Europe" (205)

The Symposium of "Drawing from History and Social Progress" –Sub-Forum of 2021 International Conference on Production-Study-Research Cooperation (Changchun) (205)

"The Belt and Road" Construction (2021) Press Conference and Symposium of "New Development Dynamic and 'The Belt and Road' Construction" (205)

The 2nd Seminar of the "Russia in a Pluralistic Perspective" (206)

The International Symposium of Think Tank Sub-Forum of 2021 Euro-Asia Economic Forum (206)

The Forum of "Ukraine Development Strategy under 'The Belt and Road' Initiative (2021)" (206)

The International Symposium of "Sino-Russian Strategic Cooperation in the Background of 'Indo-Pacific Strategy'" (206)

The Symposium of "Thirty Years of Independence for Central Asian Countries: Retrospect and Prospect" and The 20th National National Seminar on Central Asian Studies (207)

Seminar on "Russian Diplomatic Situation in 2021" (207)

The Symposium of "Russian History and Culture Studies in the Context of a Century of Change" (207)

The 2nd Russian Economic Forum (2021) Was Held in a Combination of Online and Offline (208)

The Symposium of "The 30th Anniversary of Belarusian Independence and the China-Belarus Comprehensive Strategic Partnership" (208)

Annual Meeting of Chinese Society for the History of Sino-Russian Relations and Release Meeting of *East-Russia-West: History and Realistic (Chinese and Russian Version)* and *Russian Archives Documents and the Founding of the Communist Party of China* (209)

The Symposium of "'The Belt and Road' and Current Security Situation around China in 2021" (209)

Seminar on "European Integration and Foreign Policy: Challenge and Prospect"
....(210)
The 6th Seminar on "The Situation of Belarus and Relations between China and Belarus"
....(210)
The Symposium of "'Consolidate the Foundation of Partnership Work together for Common
　　Development' —Local Cooperation between China and Belarus" ....(211)
The Symposium of "The Global Green Agenda: Russia's Energy Transition Strategy,
　　Policies and Implications" ....(212)
The Symposium of "Russia in the Changes of the World and the Game of Great Powers—
　　Retrospect and Reflection on the 30th Anniversary of the Disintegration of the
　　Soviet Union" ....(212)
The International Symposium of "The Black Sea Rim: History and the Present" ....(213)
Release Meeting of *Research on Russian Economic Development (2020-2021)* and Seminar on
　　"Russia's Domestic and Foreign Affairs" ....(213)

Statistics

Explanation Notes .... Zhang Zhibei (217)
Asia ....(218)
　　1. Basic Economic Data Indicators of The Republic of Azerbaijan in 2021 ....(218)
　　2. Basic Economic Data Indicators of Georgia in 2021 ....(218)
　　3. Basic Economic Data Indicators of The Republic of Kazakhstan in 2021 ....(219)
　　4. Basic Economic Data Indicators of Kyrgyz Republic in 2021 ....(220)
　　5. Basic Economic Data Indicators of The Republic of Tajikistan in 2021 ....(220)
　　6. Basic Economic Data Indicators of Turkmenistan in 2021 ....(221)
　　7. Basic Economic Data Indicators of Republic of Uzbekistan in 2021 ....(221)
　　8. Basic Economic Data Indicators of The Republic of Armenia in 2021 ....(222)
Europe ....(223)
　　9. Basic Economic Data Indicators of The Republic of Albania in 2021 ....(223)
　　10. Basic Economic Data Indicators of Republic of Estonia in 2021 ....(223)
　　11. Basic Economic Data Indicators of Republic of Belarus in 2021 ....(224)

12. Basic Economic Data Indicators of The Republic of Bulgaria in 2021 ……………(225)

13. Basic Economic Data Indicators of The Republic of North Macedonia in 2021 …………(225)

14. Basic Economic Data Indicators of The Republic of Poland in 2021 ……………(226)

15. Basic Economic Data Indicators of Bosnia and Herzegovina in 2021 ……………(226)

16. Basic Economic Data Indicators of Russian Federation in 2021 ……………(227)

17. Basic Economic Data Indicators of Montenegro in 2021 ……………(228)

18. Basic Economic Data Indicators of Czech Republic in 2021 ……………(228)

19. Basic Economic Data Indicators of The Republic of Croatia in 2021 ……………(229)

20. Basic Economic Data Indicators of The Republic of Latvia in 2021 ……………(229)

21. Basic Economic Data Indicators of Republic of Lithuania in 2021 ……………(230)

22. Basic Economic Data Indicators of Romania in 2021 ……………(230)

23. Basic Economic Data Indicators of Republic of Moldova in 2021 ……………(231)

24. Basic Economic Data Indicators of Republic of Serbia in 2021 ……………(231)

25. Basic Economic Data Indicators of The Slovak Republic in 2021 ……………(232)

26. Basic Economic Data Indicators of The Republic of Slovenia in 2021 ……………(232)

27. Basic Economic Data Indicators of Ukraine in 2021 ……………(233)

28. Basic Economic Data Indicators of Hungary in 2021 ……………(233)

Major Events

………………………………………………………………………………………(235)

序 言

为中国特色哲学社会科学事业立传

——写在《中国哲学社会科学学科年鉴》系列出版之际

（一）

2016年5月17日，习近平总书记《在哲学社会科学工作座谈会上的讲话》中正式作出了加快构建中国特色哲学社会科学的重大战略部署。自此，中国特色哲学社会科学学科体系、学术体系、话语体系的构建进入攻坚期。

2022年4月25日，习近平总书记在中国人民大学考察时强调指出，"加快构建中国特色哲学社会科学，归根结底是建构中国自主的知识体系"。这为我们加快构建中国特色哲学社会科学进一步指明了方向。

2022年4月，中共中央办公厅正式印发《国家哲学社会科学"十四五"规划》。作为第一部国家层面的哲学社会科学发展规划，其中的一项重要内容，就是以加快中国特色哲学社会科学为主题，将"中国哲学社会科学学科年鉴编纂"定位为"哲学社会科学学科基础建设"，从而赋予了哲学社会科学学科年鉴编纂工作新的内涵、新的要求。

从加快构建中国特色哲学社会科学到归根结底是建构中国自主的知识体系，再到制定第一部国家层面的哲学社会科学发展规划，至少向我们清晰揭示了这样一个基本事实：中国特色社会主义事业离不开中国特色哲学社会科学的支撑，必须加快构建中国特色哲学社会科学、建构中国自主的知识体系。加快构建中国特色哲学社会科学、建构中国自主的知识体系是一个长期的历史任务，必须持之以恒，实打实地把一件件事情办好。

作为其间的一项十分重要且异常关键的基础建设，就是编纂好哲学社会科学学科年鉴，将中国特色哲学社会科学事业的发展动态、变化历程记录下来，呈现出来。以接续奋斗的精神，年复一年，一茬接着一茬干，一棒接着一棒跑。就此而论，编纂哲学社会科学学科年鉴，其最基本、最核心、最重要的意义，就在于为中国特色哲学社会科学事业立传。

呈现在读者面前的这一《中国哲学社会科学学科年鉴》系列，就是在这样的背景之下，由中国社会科学院集全院之力、组织精锐力量编纂而成的。

（二）

作为年鉴的一个重要类型，学科年鉴是以全面、系统、准确地记述上一年度特定学科或学科分支发展变化为主要内容的资料性工具书。编纂学科年鉴，是哲学社会科学发展到一定阶段的产物。

追溯起来，我国最早的哲学社会科学年鉴——《中国文艺年鉴》，诞生于上个世纪30年代。党的十一届三中全会之后，伴随着改革开放的进程，我国哲学社会科学年鉴不断发展壮大。40多年来，哲学社会科学年鉴在展示研究成果、积累学术资料、加强学科建设、开展学术评价、凝聚学术共同体等方面，发挥着不可替代的作用，为繁荣发展中国特色哲学社会科学作出了重要贡献。

1. 为学科和学者立传的重要载体

学科年鉴汇集某一学科领域的专业学科信息，是服务于学术研究的资料性工具书。不论是学科建设、学术研究，还是学术评价、对外交流等，都离不开学科知识的积累、学术方向的辨析、学术共同体的凝聚。

要回答学术往何处去的问题，首先要了解学术从哪里来，以及学科领域的现状，这就离不开学科年鉴提供的信息。学科年鉴记录与反映年度内哲学社会科学某个学科领域的研究进展、学术成果、重大事件等，既为学科和学者立传，也为学术共同体的研究提供知识基础和方向指引，为学术创新、学派形成、学科巩固创造条件、奠定基础。学科年鉴编纂的历史越悠久，学术积淀就越厚重，其学术价值就越突出。

通过编纂学科年鉴，将中国哲学社会科学界推进学科体系、学术体系、话语体系建设以及建构中国自主知识体系的历史进程准确、生动地记录下来，并且，立此存照，是一件非常有意义的事情。可以说，学科年鉴如同学术研究的白皮书，承载着记录、反映学术研究进程的历史任务。

2. 掌握学术评价权的有力抓手

为学界提供一个学科领域的专业信息、权威信息，这是学科年鉴的基本功能。一个学科领域年度的信息十分庞杂，浩如烟海，不可能全部收入学科年鉴。学科年鉴所收录的，只能是重要的、有价值的学术信息。这就要经历一个提炼和总结的过程。学科年鉴的栏目，如重要文献（特载）、学科述评、学术成果、学术动态、统计资料与数据、人物、大事记等，所收录的信息和资料都是进行筛选和加工的基础上形成的。

进一步说，什么样的学术信息是重要的、有价值的，是由学科年鉴的编纂机构来决定。这就赋予了学科年鉴学术评价的功能，所谓"入鉴即评价"，指的就是这个逻辑。特别是学科综述，要对年度研究进展、重要成果、学术观点等作出评析，是学科年鉴学术评价功能的集中体现。

学科年鉴蕴含的学术评价权,既是一种权力,更是一种责任。只有将学科、学术的评价权用好,把有代表性的优秀成果和学术观点评选出来,分析各学科发展面临的形势和任务、成绩和短板、重点和难点,才能更好引导中国特色哲学社会科学的健康发展。

3. 提升学术影响力的交流平台

学科年鉴按照学科领域编纂,既是该领域所有学者共同的精神家园,也是该学科领域最权威的交流平台。目前公认的世界上首部学术年鉴,是由吕西安·费弗尔和马克·布洛赫在 1929 年初创办的《经济社会史年鉴》。由一群有着共同学术信仰和学术观点的历史学家主持编纂的这部年鉴,把年鉴作为宣传新理念和新方法的学术阵地,在年鉴中刊发多篇重要的理论成果,催发了史学研究范式的演化,形成了法国"年鉴学派",对整个西方现代史学的创新发展产生了深远影响。

随着学科年鉴的发展和演化,其功能也在不断深化。除了记载学术共同体的研究进展,还提供了学术研究的基本参考、学术成果发表的重要渠道,充当了链接学术网络的重要载体。特别是学科年鉴刊载的综述性、评论性和展望性的文章,除了为同一范式下的学者提供知识积累或索引外,还能够对学科发展趋势动向作出总结,乃至为学科未来发展指明方向。

4. 中国学术走向世界的重要舞台

在世界范围内,学科年鉴都是作为权威学术出版物而被广泛接受的。高质量的学科年鉴,不仅能够成为国内学界重要的学术资源、引领学术方向的标识,而且也会产生十分显著的国际影响。

中国每年产出的哲学社会科学研究成果数量极其庞大,如何向国际学术界系统介绍中国哲学社会科学研究成果,做到既全面准确,又重点突出?这几乎是不可能完成的任务。学科年鉴的出现,则使不可能变成了可能。高质量的学科年鉴,汇总一个学科全年最重要、最有代表性的研究成果、资料和信息,既是展示中国哲学社会科学研究成果与现状的最佳舞台,也为中外学术交流搭建了最好平台。

事实上,国内编纂的学科年鉴一直受到国外学术机构的重视,也是各类学术图书馆收藏的重点。如果能够站在通观学术界全貌之高度,编纂好哲学社会科学各学科年鉴,以学科年鉴为载体向世界讲好中国学术故事,当然有助于让世界知道"学术中的中国"、"理论中的中国"、"哲学社会科学中的中国",也就能够相应提升中国哲学社会科学的国际影响力和话语权。

(三)

作为中国哲学社会科学研究的"国家队",早在上世纪 70 年代末,中国社会科学院就启动了学科年鉴编纂工作。诸如《世界经济年鉴》《中国历史学年鉴》《中国哲学年鉴》《中国文学年鉴》等读者广为传阅的学科年鉴，迄今已有40多年的历史。

2013年，以国家哲学社会科学创新工程为依托，中国社会科学院实施了"中国社会科学年鉴工程"，学科年鉴编纂工作由此驶入快车道。至2021下半年，全院组织编纂的学科年鉴达到26部。

进入2022年以来，在加快构建中国特色哲学社会科学、贯彻落实《国家哲学社会科学"十四五"规划》的背景下，立足于更高站位、更广视野、更大格局，中国社会科学院进一步加大了学科年鉴编纂的工作力度，学科年鉴编纂工作迈上了一个大台阶，呈现出一幅全新的学科年鉴事业发展格局。

1. 哲学社会科学学科年鉴群

截至2023年5月，中国社会科学院组织编纂的哲学社会科学学科年鉴系列已有36部之多，覆盖了15个一级学科、13个二三级学科以及4个有重要影响力的学术领域，形成了国内规模最大、覆盖学科最多、也是唯一成体系的哲学社会科学学科年鉴群。

其中，《中国语言学年鉴》《中国金融学年鉴》《当代中国史研究年鉴》等10部，系2022年新启动编纂。目前还有将近10部学科年鉴在编纂或酝酿之中。到"十四五"末期，中国社会科学院组织编纂的学科年鉴总规模，有望超越50部。

2. 学科年鉴的高质量编纂

从总体上看，在坚持正确的政治方向、学术导向和价值取向方面，各部学科年鉴都有明显提高，体现了立场坚定、内容客观、思想厚重的导向作用。围绕学科建设、话语权建设等设置栏目，各部学科年鉴都较好地反映了本学科领域的发展建设情况，发挥了学术存史、服务科研的独特作用。文字质量较好，文风端正，装帧精美，体现了学科年鉴的严肃性和权威性。

与此同时，为提高年鉴编纂质量，围绕学科年鉴编纂的规范性，印发了《中国哲学社会科学学科年鉴编纂出版规定》，专门举办了年鉴编纂人员培训班。

3. 学科年鉴品牌

经过多年努力，无论在学术界还是年鉴出版界，中国社会科学院组织编纂的哲学社会科学学科年鉴系列得到了广泛认可，学术年鉴品牌已经形成。不仅成功主办了学术年鉴主编论坛和多场年鉴出版发布会，许多年鉴也在各类评奖中获得重要奖项。在数字化方面，学科年鉴数据库已经建成并投入使用，目前试用单位二百多家，学科年鉴编纂平台在继续推进中。

4. 学科年鉴工作机制

中国社会科学院科研局负责学科年鉴管理，制定发展规划，提供经费资助；院属研究单位负责年鉴编纂；中国社会科学出版社负责出版。通过调整创新工程科研评价考核指标体系，赋予年鉴编纂及优秀学科综述相应的分值，调动院属单位参与年鉴编纂的积极性。

学科年鉴是哲学社会科学界的学术公共产品。作为哲学社会科学研究的"国家队",编纂、提供学科年鉴这一学术公共产品,无疑是中国社会科学院的职责所在、使命所系。中国社会科学院具备编纂好学科年鉴的有利条件:一是学科较为齐全;二是研究力量较为雄厚;三是具有"国家队"的权威性;四是与学界联系广泛,主管120家全国学会,便于组织全国学界力量共同参与年鉴编纂。

(四)

当然,在肯定成绩的同时,还要看到,当前哲学社会科学学科年鉴编纂工作仍有较大的提升空间,我们还有很长的路要走。

1. 逐步扩大学科年鉴编纂规模

经过40多年的发展,特别是"中国社会科学年鉴工程"实施10年来的努力,哲学社会科学系列学科年鉴已经形成了一定的规模,覆盖了90%的一级学科和部分重点的二三级学科。但是,也不容忽视,目前还存在一些学科年鉴空白之地。如法学、政治学、国际政治、区域国别研究等重要的一级学科,目前还没有学科年鉴。

中国自主知识体系的基础是学科体系,完整的学科年鉴体系有助于完善的学科体系和知识体系的形成。尽快启动相关领域的学科年鉴编纂,抓紧填补相关领域的学科年鉴空白,使哲学社会科学年鉴覆盖所有一级学科以及重要的二三级学科,显然是当下哲学社会科学界应当着力推进的一项重要工作。

2. 持续提高学科年鉴编纂质量

在扩张规模、填补空白的同时,还应当以加快构建中国特色哲学社会科学、建构中国自主的知识体系为目标,下大力气提高学科年鉴编纂质量,实现高质量发展。

一是统一学科年鉴的体例规范。学科年鉴必须是成体系的,而不是凌乱的;是规范的,而不是随意的。大型丛书的编纂靠的是组织严密,条例清楚,文字谨严。学科年鉴的体例要更加侧重于存史内容的发掘,对关乎学术成果、学术人物、重要数据、学术机构评价的内容,要通过体例加以强调和规范。哲学社会科学所有学科年鉴,应当做到"四个基本统一":名称基本统一,体例基本统一,篇幅基本统一,出版时间、发布时间基本统一。

二是增强学科年鉴的权威性。年鉴的权威性,说到底取决于内容的权威性。学科年鉴是在对大量原始信息、文献进行筛选、整理、分析、加工的基础上,以高密度的方式将各类学术信息、情报传递给读者的权威工具书。权威的内容需要权威的机构来编纂,来撰写,来审定。学科综述是学科年鉴的灵魂,也是年鉴学术评价功能的集中体现,必须由权威学者来撰写学科综述。

三是要提高学科年鉴的时效性。学科年鉴虽然有存史功能,但更多学者希望将其作为学术工具书，从中获取对当下研究有价值的资料。这就需要增强年鉴的时效性，前一年的年鉴内容，第二年上半年要完成编纂，下半年完成出版。除了加快编纂和出版进度，年鉴的时效性还体现在编写的频度上。一级学科的年鉴，原则上都应当一年一鉴。

3. 不断扩大学科年鉴影响力

学科年鉴的价值在于应用，应用的前提是具有影响力。要通过各种途径，让学界了解学科年鉴，接受学科年鉴，使用学科年鉴，使学科年鉴真正成为学术研究的好帮手。

一是加强对学科年鉴的宣传。"酒香也怕巷子深"。每部学科年鉴出版之后，要及时举行发布会，正式向学界介绍和推出，提高学科年鉴的知名度。编纂单位也要加大对学科年鉴的宣传，结合学会年会、学术会议、年度优秀成果评选等活动，既加强对学科年鉴的宣传，又发挥学科年鉴的学术评价作用。

二要在使用中提高学科年鉴的影响力。要让学界使用学科年鉴，必须让学科年鉴贴近学界的需求，真正做到有用、能用、管用。因此，不能关起门来编学科年鉴，而是要根据学界的需求来编纂，为他们了解学术动态、掌握学科前沿、开展学术研究提供便利。要确保学科年鉴内容的原创性、独特性，提供其他渠道提供不了的学术信息。实现这个目标，就需要在学科年鉴内容创新上下功夫，不仅是筛选和转载，更多的内容需要用心策划、加工和提炼。实际上，编纂学科年鉴不仅是整理、汇编资料，更是一项学术研究工作。

三是提高学科年鉴使用的便捷性。当今网络时代，要让学科年鉴走进千万学者中间，必须重视学科年鉴的网络传播，提高学科年鉴阅读与获取的便捷性。出版社要重视学科年鉴数据库产品的开发。同时，要注重同知识资源平台的合作，利用一切途径扩大学科年鉴的传播力、影响力。在做好国内出版的同时，还要做好学科年鉴的海外发行，向国际学术界推广我国的学科年鉴。

4. 注重完善学科年鉴编纂工作机制

实现学科年鉴的高质量发展，是一项系统工程，需要哲学社会科学界的集思广益，共同努力，形成推动学科年鉴工作高质量发展的工作机制。哲学社会科学学科年鉴编纂，中国社会科学院当然要当主力军，但并不能包打天下，应当充分调动哲学社会科学界的力量，开展协调创新，与广大同仁一道，共同编纂好学科年鉴。

学科年鉴管理部门和编纂单位不仅要逐渐加大对学科年鉴的经费投入，而且要创新学科年鉴出版形式，探索纸本与网络相结合的新型出版模式，适当压缩纸本内容，增加网络传播内容。这样做，一方面可提高经费使用效益，另一方面，也有利于提升学科年鉴的传播力，进一步调动相关单位、科研人员参与学科年鉴编纂的积极性。

随着学科年鉴规模的扩大和质量的提升，可适时启动优秀学科年鉴的评奖活动，加强对优秀年鉴和优秀年鉴编辑人员的激励，形成学科年鉴工作良性发展的机制。要加强年鉴工作机制和编辑队伍建设,有条件的要成立专门的学科年鉴编辑部,或者由相对固定人员负责学科年鉴编纂,确保学科年鉴工作的连续性和编纂质量。

出版社要做好学科年鉴出版的服务工作,协调好学科年鉴编纂中的技术问题,提高学科年鉴质量和工作效率。除此之外,还要下大力气做好学科年鉴的市场推广和数字产品发行。

说到这里,可将本文的结论做如下归结:学科年鉴在加快构建中国特色哲学社会科学、建构中国自主知识体系中的地位和作用既十分重要,又异常关键,我们必须高度重视学科年鉴的编纂出版工作,奋力谱写哲学社会科学学科年鉴编纂工作新篇章。

研究综述

俄罗斯东欧中亚研究 70 年

孙壮志　庞大鹏　刘显忠　张宁　赵会荣　王晨星　牛义臣[*]

摘要： 新中国成立 70 年来的俄罗斯和欧亚问题研究，经历了一个逐步走向繁荣的过程，无论是专门研究机构以及从事相关问题研究的专家学者的数量，还是发表的科研成果，都可以看出 20 世纪 90 年代是个重要的分水岭，而针对不同问题的研究，则根据关注程度的变化呈现显著的阶段特征。1949 年新中国成立以后，外交上的"一边倒"使中国与苏联的关系迅速接近，大量中国学生到苏联学习、深造，不少有过留学经历或者国内高校培养的优秀俄语人才成为第一批研究苏联问题的专家。从介绍苏联社会主义建设的成就到翻译有代表性的著作，国内出现了专门研究苏联问题的机构和学者。随着中苏关系恶化，政治关系和意识形态的尖锐对立，也给研究苏联问题带来明显的影响，对苏联政治路线的批判和沙俄侵华历史的宣传，使学术问题带有浓重的政治色彩。直到 20 世纪 80 年代，中苏关系开始松动，同时中国走向改革开放，对苏联问题的研究才走向正规，并很快进入一个黄金时期。进入 21 世纪，一些高校开始重视俄罗斯问题研究，加大人才引进和培养的力度。中国社会科学院的俄罗斯研究、中亚研究、乌克兰研究等学科也得到专门的扶持，"颜色革命"的发生让该领域研究受到重视，俄罗斯和欧亚问题研究进入第二个黄金时期。2013 年 9 月，习近平主席在哈萨克斯坦提出"丝绸之路经济带"建设的重要倡议，中亚因此成为"一带一路"的首倡之地，而其与俄罗斯主导的欧亚经济联盟对接又成为新的尝试。俄罗斯、中亚、乌克兰、白俄罗斯、南高加索等国家和地区的研究因此又迎来一个新的契机，对俄罗斯和欧亚问题的研究进入一个全新的百花齐放的时期。

关键词： 中国　俄罗斯　东欧　中亚　学术发展　学科综述

---

[*] 孙壮志，中国社会科学院俄罗斯东欧中亚研究所所长，研究员；庞大鹏，中国社会科学院俄罗斯东欧中亚研究所副所长，研究员；刘显忠，中国社会科学院俄罗斯东欧中亚研究所俄罗斯历史与文化研究室主任，研究员；张宁，中国社会科学院俄罗斯东欧中亚研究所中亚研究室主任，研究员；赵会荣，中国社会科学院俄罗斯东欧中亚研究所乌克兰研究室主任，研究员；王晨星，中国社会科学院俄罗斯东欧中亚研究所副研究员，博士；牛义臣，中国社会科学院俄罗斯东欧中亚研究所助理研究员，博士。

新中国成立 70 年来的俄罗斯和欧亚问题研究，经历了一个逐步走向繁荣的过程，无论是专门研究机构以及从事相关问题研究的专家学者的数量，还是发表的科研成果，都可以看出 20 世纪 90 年代是个重要的分水岭，而针对不同问题的研究，则根据关注程度的变化呈现显著的阶段特征。

一 概论

1949 年新中国成立以后，外交上的"一边倒"使中国与苏联的关系迅速接近，大量中国学生到苏联学习、深造，不少有过留学经历或者国内高校培养的优秀俄语人才成为第一批研究苏联问题的专家。从介绍苏联社会主义建设的成就到翻译有代表性的著作，国内出现了专门研究苏联问题的机构和学者。

随着中苏关系恶化，政治关系和意识形态的尖锐对立，也给研究苏联问题带来明显的影响，对苏联政治路线的批判和沙俄侵华历史的宣传，使学术问题带有浓重的政治色彩。直到 20 世纪 80 年代，中苏关系开始松动，同时中国走向改革开放，对苏联问题的研究才走向正规，并很快进入一个黄金时期。不仅高质量的成果大量推出，有影响的专家学者不断涌现，而且对苏联政治、经济、外交的研究，包括一些理论思考，都达到了前所未有的新高度，各种各样的学术观点争奇斗艳，形成了一批苏联问题研究的代表作，甚至受到国际同行的赞誉。

苏联的解体和十余个欧亚国家的独立，使刚刚走向成熟的研究工作又要进行调整，包括从专业基础研究向国别问题研究转变。在欧亚国家当中，与中国邻近的中亚国家、地缘战略地位相对重要的乌克兰、爆发族际和国家冲突的南高加索国家受到较多关注，出现了很多研究这些新独立国家的专著和论文，年轻的专家队伍也在稳步成长。

在欧亚大陆这个重要区域，最重要的研究对象还是苏联的继承国俄罗斯，尽管面对的问题更为复杂多样，观察的视角经常变化，但系统的研究并没有中断，一些研究机构及时改变学科设置，加上出国交流的机会越来越多，新一代的专家大都有在对象国做访问学者的经历，专业理论的积淀也比较扎实。

受到国内环境和科研投入不足的影响，20 世纪 90 年代出现了人才流失等问题，俄罗斯和欧亚问题的研究受到一些影响，一度在个别领域出现青黄不接的问题，在一些基础不错的高校表现得更为明显。随着双边关系的快速提升和上海合作组织的成立，实践对俄罗斯、中亚研究提出更为紧迫的要求，因此除基础研究以外，应用研究也得到一定程度的加强。

进入 21 世纪，一些高校开始重视俄罗斯问题研究，加大人才引进和培养的力度。中国社会科学院的俄罗斯研究、中亚研究、乌克兰研究等学科也得到专门的扶持，"颜色革命"的发生让该领域研究受到重视，俄罗斯和欧亚问题研究进入第二个黄金时期。中国社会科学院等研究机构实施创新工程以后，对科研人员和学术成果的投入大幅增加，与对象国学术机构的交流非常频繁、顺畅。互联网和现代技术手段的应用，让学者获得信息的渠道更为便捷。

2013年9月，习近平主席在哈萨克斯坦提出"丝绸之路经济带"建设的重要倡议，中亚因此成为"一带一路"的首倡之地，而其与俄罗斯主导的欧亚经济联盟对接又成为新的尝试。俄罗斯、中亚、乌克兰、白俄罗斯、南高加索等国家和地区的研究因此又迎来一个新的契机，各高校纷纷成立相关的国别研究中心，中国社会科学院也在俄罗斯等国成立中国研究中心。对俄罗斯和欧亚问题的研究进入一个全新的百花齐放的时期。

二 苏联问题研究：起步、发展与反思

1949年中华人民共和国成立后，由于中国与苏联的特殊关系，中国对苏联问题的研究还是比较重视的。中华人民共和国的苏联问题研究，既受中苏关系变化的影响，也受苏联及俄罗斯本国对苏联问题研究的影响。中华人民共和国成立后中国的苏联问题研究大致经历了三个发展阶段：改革开放前为第一阶段；改革开放到苏联解体为第二阶段；苏联解体后是第三阶段。

（一）改革开放前中国的苏联问题研究

改革开放前中国的苏联问题研究，因中苏关系的变化大致经历了两个时期：对苏建设经验的学习宣传时期和对苏批判时期。

1949年中华人民共和国成立后，在当时复杂的国际形势下中国对苏联奉行"一边倒"外交。中国与苏联结盟，在政治、经济、文化等领域全面学习苏联成了当时的主题。在这样的历史背景下，宣介苏联建设经验及中苏友好成为学术领域关注的主题。

苏联对华的无私援助和中苏友谊的不可动摇性成为当时中国学者研究的主题，很多学者都从友好交往的视角对中苏两国人民交往的悠久历史进行梳理。国际主义贯穿于中苏关系的许多具体而复杂的历史事件中。[1]俄国革命对中国知识分子及中国革命运动的影响也是当时研究的主题。[2]当时的学术观点基本上都是正面的宣传需要，加上很多研究刚刚起步，独创的成果不多。

当时出于全面学习苏联的需要，中国也译介出版了一些苏联的历史著作，如《联共（布）党史简明教程》多次再版，苏联著名历史学家潘克拉托娃的《苏联通史》《苏联近代史》《苏联工会运动史教材》《苏联简史》《反对波克罗夫斯基历史观点》等著作也在此时出版。此时的期刊上也经常有一些介绍苏联学术成果的文章。[3]

中苏之间的友好合作期没有持续多长时间。20世纪50年代末60年代初，中苏两党两国关系恶化。中苏关系破裂后，中国由全面地学习苏联转为以苏为戒，反修防修，反对"苏修"霸权，中苏展开了公开论战，两党两国进入了全面对抗时期。

学术界也受此形势影响，学术研究以批判苏联为主题。学术界由之前的只说苏联的成绩

和中苏之间的友谊而讳言问题的"隐恶扬善"的叙述模式，转向了对苏联的激烈批评。"老沙皇""新沙皇""苏修""赫鲁晓夫修正主义"等成为当时常用词。这一时期重点研究沙皇俄国侵略扩张，尤其是侵华问题，以适应中苏论战和对抗的形势。不过，当时在批"苏修"的过程中对列宁和斯大林的评价还是正面的。除沙俄侵略扩张这一主题外，也有些关于列宁、斯大林的文章。[4]

总体来讲，这一时期的苏联问题研究政治色彩鲜明，全力为政治服务是这一时期苏联问题研究的突出特色，严格来讲很难说是学术研究。而且研究内容单一，苏联政治、经济、文化、历史方面的丰富内容无法进入研究者的视野。

这一时期内部出版了一批资料。例如，15卷的《赫鲁晓夫言论》于1964—1966年由世界知识出版社出版；18卷的《勃列日涅夫言论》从1974年开始由上海人民出版社陆续出版；《普列汉诺夫机会主义文选（1903—1908年）》（上、下）于1964年由生活·读书·新知三联书店出版；《托洛茨基言论》（上、下）于1979年由生活·读书·新知三联书店出版；等等。这些资料为后来更深入的研究准备了材料，打下了基础。

（二）中苏关系逐渐缓和、走向正常化阶段的苏联问题研究

20世纪八九十年代，中国苏联研究进入了一个繁荣时期，也可以说是中国苏联问题真正走向学术研究的开始。这个时期是中国改革开放起步时期，苏联问题的研究就是要回答改革开放过程中提出的问题，同时，也是对以前过于政治化研究的反思期。这一时期的研究基本上是要从学术上解放思想，冲破《联共（布）党史简明教程》的固定框架，对苏联问题进行深刻反思和重新研究。

这一时期推出了一批有关苏联问题的各类基础性成果。[5]出版了一些工具书和重要资料。[6]

这一时期苏联问题的研究要为改革开放政策的落实提供借鉴，论证改革开放的合理性，无论是选题还是内容都与以前有很大不同。

就政治方面来看，主要集中在"十月革命"、"战时共产主义"、列宁思想、斯大林体制、布哈林思想、赫鲁晓夫改革等问题上。学者们从不同视角对这些问题进行探讨，提出了很多独到的见解。

"十月革命"问题是改革开放初期学术界讨论的一个重点问题。"十月革命"的物质前提是否具备、"十月革命"是普遍规律还是俄国特殊性的产物、"十月"与"二月"的关系、"十月革命"与苏联模式关系等问题，学术界都有观点争鸣。[7]

关于苏俄内战时期推行的"战时共产主义"政策的功过问题，当时在中国学术界也争议很大。一部分学者对"战时共产主义"持完全否定的态度，重点强调了其负面影响。另一部分学者则对"战时共产主义"政策持肯定态度。除了上述两种对立的观点外，还有一些学者提出了"战时共产主义"政策具有双重性的观点。[8]

列宁的社会主义建设思想，尤其是列宁的最后思想也是当时学术界研究的一个重点课题。研究列宁社会主义建设思想的人较多。学者们普遍认为，对俄国社会主义道路，即使是列宁，也经历了一个不断探索的过程。在实践中列宁不断否定已被证明不符合俄国具体情况的理论，同时总结正反两方面的教训，提出新观点，经过不断摸索和反复实践，终于认识到，在小农占优势的国家，要建设社会主义的经济基础，关键在于发展商品生产和商品经济，利用资本主义国家的资金、技术，通过国家资本主义建设社会主义。[9] 有专家对所谓的"列宁遗嘱"进行了专门研究，认为列宁最后文章和书信都是为俄共（布）第十二次代表大会做的准备，是要极力促成自己的建议在他生前实现，根本没有留给后人作"遗嘱"的意思，所谓"遗嘱"二字完全是妄加的。这些文件是列宁最后思想的有机组成部分。[10] 此外，还有学者研究了列宁的民族自决理论、列宁的知识分子政策、列宁的国家所有制思想、列宁的社会主义自治思想。[11]

布哈林是新经济政策的捍卫者，改革开放后布哈林也成为学界研究的重点。当时出版了大量有关布哈林的研究成果，学界就布哈林的思想展开了热烈的争论。[12]

对斯大林的研究，更多的是将目光放在了斯大林模式上。有学者认为，斯大林模式的经济体制是俄国历史传统和社会条件的产物，是对俄国历史上特有的经济发展战略的继承。[13] 也有学者分析了斯大林时期苏联政治经济体制特征，强调了对旧体制进行改革的必要性。[14]

在改革年代赫鲁晓夫改革也备受苏联问题专家关注。学者们对赫鲁晓夫时期的各种问题展开了探讨。研究这一问题的学者普遍认为，赫鲁晓夫"秘密报告"对斯大林的严重错误在揭露和分析批判上有重大的明显的失当之处，但这一切都仍然不应认为是"秘密报告"的主要方面。从整体来看赫鲁晓夫的"秘密报告"基本上是在用事实说话，它引用的大部分材料都是不容置疑的。正是"秘密报告"的这种真实性使它具有了科学的价值。"秘密报告"并非突然袭击，而是苏联社会发展的必然结果，"秘密报告"是苏联20世纪50年代反对个人崇拜的重要组成部分，不能简单地予以否定。"秘密报告"全盘否定的是斯大林的严重错误，而绝不是全盘否定斯大林。"秘密报告"开创了二战后国际共产主义运动的新局面，在苏联国内及国际共产主义运动中起到了拨乱反正、解放思想的作用，促进了苏联的政治经济改革，促进了社会主义模式的多样化。从主要方面来看，批判个人崇拜的斗争是不能看作权力斗争的。赫鲁晓夫在反个人崇拜中的作用不可低估；"秘密报告"造成的消极影响毕竟是次要的和暂时的。根据这个时期中国有关赫鲁晓夫的文章及讨论可以看出，学者们在赫鲁晓夫的评价问题上分歧不大，普遍认为，赫鲁晓夫是个矛盾的历史人物，他在苏联历史上、在国际社会主义发展史上开创了一个时代。他的改革为苏联和其他国家的改革事业提供了借鉴，苏共二十大是苏共二十七大的先驱。同时学者们也承认他的改革并没有完全冲破斯大林模式，仍是传统体制框架内的改革,改革的失败多于成功。[15]

苏联的民族政策和民族关系问题也是政治方面的重要问题,备受学界关注。当时不仅有这方面的资料出版,也发表了大量从各个角度论述苏联民族政策的研究成果。[16]这些成果深化了中国的苏联民族问题研究。

此外,这一时期学者们对苏联党建、苏联干部制度及苏联国家机关和管理机关等问题也有了一些介绍。[17]

就经济方面来看,这一时期的研究重点在苏联的新经济政策、农业集体化、农民和农业问题,赫鲁晓夫时期的工业改组问题、经济理论、经济体制等问题上。

在对苏联新经济政策的总体评价上,学者们分歧不大,普遍认为,新经济政策是农民的、小生产的俄国奔向社会主义的必由之路。它不是权宜之计,而是通过建立同农民经济的结合点,引导农民走社会主义道路,通过国家资本主义实现向社会主义过渡的正确政策。新经济政策思想有一个发展完善的过程,是在实践中不断纠正错误、不断完善的。新经济政策是列宁社会主义建设思想的新的发展,并不仅仅是由余粮征集制到粮食税的转变。[18]

新经济政策实际上是对农民的让步,常常被称为"农民的布列斯特"。在中国改革的大背景下,苏联新经济政策实施后对农村产生的影响成为国内学者研究的重点。更多的学者将目光放在了新经济政策实施过程中农村出现的富农的阶级属性问题上。学者们普遍认为,在实现土地法令的过程中,基本上已经消灭了富农。新经济政策时期出现的富农,实际上是新经济政策条件下富裕起来的农民,由于对富农划分标准的模糊性造成了政策的偏差,对农业发展造成了不良影响。当时的农村分化问题,并不是两极分化,而是普遍的富裕化。研究者普遍认为当时农村的租佃雇佣关系不是纯粹的资本主义关系。但不同学者在提法上略有不同。[19]还有学者专门探讨了新经济政策推行过程中出现的"耐普曼"问题,认为把"耐普曼"看成是新生资产阶级是不恰当的,承认了"耐普曼"在活跃苏维埃经济中的作用。[20]新经济政策初期同资产阶级意识形态的斗争、苏维埃政府的私营工商业政策、苏维埃俄国的租让政策也受到了学者的关注。[21]在新经济政策结束的时间问题上,当时中国学术界存在着分歧。[22]

与新经济政策的中止相关联的农业集体化问题,是斯大林社会主义道路的重要内容。农业集体化运动产生的原因及其后果也是当时改革背景下中国苏联问题专家关注的重点课题。学者们认为,20世纪30年代苏联发生的农业集体化运动,是复杂的历史条件下的产物,是当时诸种历史因素综合起作用的结果。而农业全盘集体化运动在很大程度上就是适应高速发展的工业的要求而产生的。它虽然有一些严重缺点,但在当时的历史条件下又是不可避免的。[23]也有学者就全盘集体化和农业集体化两者的关系及全盘集体化运动的期限问题进行了阐述。[24]

关于赫鲁晓夫时期的工业改组、苏联奖金制度、苏联国民经济中的浪费现象、苏共的建设及领导干部的培训、苏联最高权力机关及最高行政管理机关的演变、经济政策及经济体制等问题,这个时期也有很多研究。[25]

苏联外交问题,也是学者关注的重点。一些学者从宏观角度对苏联的全球扩张、苏联的霸权及苏联外交的性质进行了分析探讨。[26]关于中苏关系,也有很多成果。关于苏联头两次对华宣言的内容和文本问题,学者的研究更加深入。[27]学者们对1945年《中苏友好同盟条约》的评价也出现了变化,改变了长期对该条约的肯定态度,认为苏联此举既有协助对日作战的一面,也有恢复沙俄已失去的权益的一面,不应全面肯定。[28]赫鲁晓夫时期的外交战略受到了学者的关注。[29]对戈尔巴乔夫时期的中苏关系,也有学者开始涉及。[30]

这一时期的苏联问题研究,为中国改革开放的深化做了思想上和舆论上的准备,为深刻地研究社会主义发展道路问题作出了贡献。但这些成果由于出版时间较早,还是带有时代局限性。有些文章完全割裂了列宁和斯大林时期的联系,往往以列宁为标准来评判斯大林,没有把列宁和斯大林都作为研究对象来进行学术层面的研究。

(三) 苏联解体后的苏联问题研究

1991年苏联解体。苏联成为一个历史的存在,但这不意味着苏联问题研究的终结,只能说苏联问题由之前的现实问题变成了历史问题。苏联问题仍是很多学者关注的重点。如果说前一时期的苏联问题研究基本上是从学术上解放思想,冲破《联共(布)党史简明教程》的固定框架,那么,苏联解体后对苏联问题转向了更深刻、全面的研究。

这一阶段的苏联问题研究主要有两个目标:一个是翻译、整理苏联解体后大量解密的苏联时期的档案,丰富苏联史的史实;另一个是根据史实对新问题和旧问题进行重新研究。在这两方面学界都取得了不小的成就。

在史料的翻译方面出版了一系列文件集。[31]在研究方面,不仅推出了大量有关苏联问题的文章,也出版了大量的著作。苏联解体后,对苏联解体问题的讨论成为热点,关于苏联解体的论文集和著作出版了不少,[32]也出版了大量研究苏联时期各类问题的专著。[33]

就这一时期发表的论文来看,研究的内容更丰富,既有对老问题的新研究,也有对一些重要问题的争鸣,还关注到了以前没有研究的一些重大问题。

学者们关注最多的还是政治方面的问题。这一时期学者们已经不再是对苏联重大问题作简单的价值判断,而是对一些重大事件的事实本身进行探讨。典型的例子就是关于苏联时期"大清洗"问题的研究。学者们根据各自掌握的材料和标准对"大清洗"的时间和人数进行了考证,展开了争论。[34]对于苏俄内战及俄国革命中的德国经费问题,学者们也对过去的认识提出了新的看法。[35]

一国能否建成社会主义是整个20世纪20年代俄共(布)党领导集团争论的一个核心问

题。苏联解体后，中国学术界又对这一理论的评价问题展开了热烈的讨论，对"一国社会主义"与"闭关锁国"的关系、列宁与"一国社会主义"、社会主义的标准等都提出了不同的看法。[36] 针对斯大林模式的概念、作用、危机及对斯大林模式的改革等问题和马林科夫对斯大林模式的冲击等，国内学者也展开了争论。[37]

苏联的民族问题是政治方面的一个重要问题，苏联解体后，学者们根据新公布的材料，对苏联民族问题有了更深刻的认识，对苏联的联邦制、列宁和斯大林的分歧、苏联在民族地区的"本土化"政策以及对少数民族的迁移、赫鲁晓夫时期的民族政策、民族文化自治理论等都有了新的认识。[38] 改变了过去夸大列宁和斯大林在民族问题上的分歧的状况。

对"十月革命"问题，除了"十月革命"的原因、影响、意义等传统选题外，这些年出现了一些新的研究视角。[39] 这一时期还有一些关于苏联的"富农"和农业集体化问题、赫鲁晓夫改革、贝利亚事件、苏联文化政策、戈尔巴乔夫改革及对苏联发展变化宏观认识的重要成果。[40]

苏联对外政策也是这一时期学术论文关注的重点。中苏关系问题研究者较多，涉及早期中苏关系问题、中东路问题以及抗战胜利前夕的苏联对华政策、苏联出兵东北的目的、外蒙古问题、新中国成立初年中苏关系等。学者们基本上认为苏联在对华政策上存在着民族利己主义的企图，对华政策完全是以服从和服务于本国利益为出发点，[41] 也发表了一些关于苏联外交政策的文章。[42]

此外，这一时期新华出版社还推出了"回顾与反思：苏联东欧问题译丛"，翻译出版了一批苏联解体亲历者的著作。这些材料的翻译出版为人们提供了理解和认识苏联解体的不同视角，有助于对苏联解体问题的更深入研究。

苏联解体后中国学术界对苏联问题的研究，比苏联解体前更加深入了。改变了之前有些研究完全割裂苏联不同时期之间联系，以前一个时期否定后一个时期或以后一个时期否定前一个时期的状况。而且这一时期的著作不同程度上都使用了一些新的材料，研究的问题很具体，基本实现了苏联问题研究在史实方面的创新。

三 俄罗斯问题研究：建立、调整与完善

俄罗斯研究属于国际问题研究范畴，是以政治学、外交学、经济学、社会学等的理论与方法和各方面相关知识研究具体对象国俄罗斯的区域国别研究。俄罗斯问题研究，具有重要的学科价值。苏联解体以来，随着俄罗斯形势的发展，俄罗斯问题研究经历了建立、调整与完善的发展阶段。俄罗斯问题的研究方法主要是系统研究、综合研究和理论研究。中国的俄罗斯研究形成了突出强调科学意识、问题意识和质量意识的良好学术传统，坚持关注区域发展、侧重学科视角、强化理论内涵。

(一)叶利钦时代的俄罗斯问题研究

从1708年中国设立第一所俄文学校,即康熙皇帝下旨创立俄罗斯文馆开始,至今中国的俄罗斯研究已经有300多年的历史。1949年新中国成立以来,俄罗斯研究有了质的飞跃。20世纪50年代,中苏友好和"全面学习苏联"的形势,促成了俄文大普及的热潮。[43]从单纯的俄文教育转向苏联政治经济外交的研究,20世纪60年代以来波诡云谲的国际形势起到了推波助澜的作用。中国与俄罗斯的关系经历了中苏关系和中俄关系两个大的历史阶段。1989年,中苏关系实现正常化。1991年底苏联解体以后,中苏关系变成中俄关系。俄罗斯进入叶利钦时代。叶利钦时代的俄罗斯问题研究是在原有的苏联问题研究的基础上发展起来的。与其他国际问题研究相比,俄罗斯问题研究有其特殊性,并经历了一个从建立到逐步发展、成熟的过程,其间随着研究对象本身发展逐渐成熟和相对定型。

20世纪60年代中央决定新建一批国际问题研究机构,国内最早的专门研究苏联东欧国家的机构成立,如中联部的苏联东欧研究所等。就当时哲学社会科学的研究需求而言,苏联问题研究的重心实际上是政治问题,包括主要关注苏共领导层的内部斗争、人事变动、理论观点、方针政策等。在这一阶段,苏联问题研究的主要成果有《斯大林时期苏联政治体制中的若干问题》《勃列日涅夫时期的苏联民主和法制问题》《安德罗波夫时期的苏联国内政治形势》《苏联政治制度的理论与实践》等。关于苏联的社会主义理论和苏联政治经济模式,研究成果有《苏联发达社会主义理论综述》《列宁关于反对国家官僚化的理论与实践》《苏联关于社会主义精神文明建设的理论》《苏联社会主义理论概述》《苏联的精神文明建设》等。上述研究成果大多具有开创性甚至具有学科奠基性。

1991年,苏联解体,苏联不复存在。15个加盟共和国都成为独立国家。除5个中亚国家外,俄罗斯、乌克兰等10个国家均在欧洲东部地区。"东欧"这个地理概念涵盖了上述十国的地理范围。当时,中国外交部、新华社等单位也用"东欧"这一概念泛指原来的苏联东欧国家。因此,从1992年1月起,一些研究机构开始改名。例如,中国社会科学院苏联东欧研究所改名为"中国社会科学院东欧中亚研究所"。但是,"东欧中亚研究所"这个名称并没有将研究所最为重要的研究对象"俄罗斯"强调出来。直到2002年10月,研究所更名为"中国社会科学院俄罗斯东欧中亚研究所",并沿用至今。

20世纪80年代末90年代初的苏联解体、东欧剧变,改变了中国俄罗斯问题研究的学科建设重点。剧变之前,重点研究的是苏联东欧国家社会主义建设的经验教训,如何发展同它们的友好关系。剧变之后,中国的俄罗斯研究机构主要面临崭新的研究任务。从转型学的角度看,苏联解体后,俄罗斯东欧中亚地区从传统的社会主义制度向所谓"现代文明"社会转变。这样的转变在人类社会发展史中还未曾有过。这是俄罗斯人自己的选择。毫无疑问,不管这种转变是顺利还是遭受挫折,是成功还是失败,都会在人类社会活动实践的历史中占有重要位置。从社会科学的角度看,这种转变无疑会为政治学和经济学的发展,特别是为转型政治学和转型经济学的形成和发展,提供丰富和新鲜的材料。与此同时,从中国的国家安全和现代化建设事业的角度看,这一地区同中国直接接壤,涉及中国极为重要的地缘政治和地缘经济利益。研究俄罗斯等国的基本国情,以及这些国家的政治、历史、民族和文化等各个方面的基本情况具有重要意义。

苏联解体前,当时中国从事苏联问题研究的机构和学者主要是对作为一个整体的苏联进行研究,而对其加盟共和国之一的俄罗斯的研究尽管也有涉及,但总的情况是俄罗斯研究包含在苏联研究之中,并且一般更注重对苏联联盟中央的研究,而1985—1991年这方面的研究的确是必须加以重点注意的。由此导致对作为苏联重要组成部分的俄罗斯的研究明显不足,主要表现是,以对叶利钦等民主派与苏共和联盟中央之间的斗争的研究为主,而对俄罗斯本身的研究略显不足,对俄罗斯联邦内部的研究也是从苏联角度来进行研究的,对俄罗斯的联邦制,即中央与地方的关系问题、民族问题、对外关系、经济社会等方面的研究也存在一些空白。

苏联解体后的叶利钦时代(1991—1999年),俄罗斯开始成为新的研究对象并受到极大的重视。俄罗斯独立之初,俄罗斯国内政治斗争十分激烈、形势错综复杂。俄罗斯研究的主要任务是观察、分析俄罗斯政治形势的发展,预测其发展的基本趋势。重点是研究俄罗斯政治制度转型、国家权力体系建立、党派斗争等迫切问题。这时的研究在很大程度上是追踪研究、分析各种政治现象并对发展趋势作出预测。经过近10年的发展、变化,到叶利钦总统辞职前后,该学科的研究领域逐渐扩展,研究不断深入,从开始时集中于政治领域特别是联邦中央权力斗争的研究,扩展到对联邦制及地方问题、民主政治、法制建设、政党体制、社会结构、社会思潮、社会文化等问题的研究,从一般的形势分析研究,转向对俄罗斯发展的内在规律性进行理论探讨,进而对俄罗斯转轨及发展道路作出理论总结。

叶利钦时代中国对俄罗斯经济问题的研究主线是俄罗斯经济转轨问题。俄罗斯经济转轨问题囊括的问题较多:从经济体制的角度对苏联解体的深层次原因进行再探讨;经济转轨的基本要素和全部内容,包括转轨的理论和学说;转轨的起始条件、目标模式、外部环境以及转轨战略、转轨的绩效;转轨中中观和微观层面的所有问题,包括所有制改造、宏观经济体系确立及运行、对外经济关系的发展、社会保障体制的重建、政府职能转换、中央和地方关系的调整;经济转轨的国际比较;等等。1992年俄罗斯独立以来,中国对俄罗斯的经济转轨问题进行了持续的关注,截至20世纪90年代末,发表了大量的研究成果。[44]该时期对俄罗斯经济的应用性研究成果颇丰,主要以对中俄经贸关系的研究为主。对中俄两国经贸合作的历史进行梳理,对合作的重要领域、发展潜力、合作的主要方式进行了深入的探讨,提出了有分量的带有前瞻性和指导性的对策建议。

关于叶利钦时代俄罗斯总体外交政策的研究成果,主要有李静杰和郑羽主编的专著《俄罗斯与当代世界》(世界知识出版社 1998 年版)、学刚和姜毅主编的专著《叶利钦时代的俄罗斯·外交卷》(人民出版社 2001 年版)。《俄罗斯与当代世界》论述了在 20 世纪 90 年代俄罗斯社会政治与经济转型的背景下,俄主要政治力量与学术派别对国家外交政策方针的争论,俄外交政策的演变及其主要内容,俄对"近邻"、西方、原苏联盟友及亚洲国家的外交。《叶利钦时代的俄罗斯·外交卷》论述了叶利钦时代俄罗斯外交政策的形成和演变过程,阐述了这一时期俄对美国、欧洲、独联体、亚太和中国外交的实施情况,探讨了影响俄外交政策制定和实施的一些深层次问题,诸如俄外交文化与决策机制、俄传统安全观和美国因素等。其他关于俄罗斯外交的著述包括:薛君度、陆南泉主编的《新俄罗斯——政治 经济 外交》(中国社会科学出版社 1997 年版);郑羽的专著《从对抗到对话:赫鲁晓夫时期的苏美关系》(中国社会科学出版社 1998 年版);倪孝铨的论文《初具轮廓的俄罗斯对外政策》(《苏联东欧问题》1992 年第 3 期)和《西方援助和俄罗斯对外政策走向》(《东欧中亚研究》1993 年第 3 期);顾志红的论文《乌俄关系的现状及其发展前景》(《东欧中亚研究》1993 年第 2 期);姜毅的论文《俄罗斯对独联体的政策》(《东欧中亚研究》1995 年第 4 期)和《俄罗斯与独联体的军事一体化》(《欧洲》1995 年第 6 期);等等。

(二)普京前八年的俄罗斯问题研究

中国学者一般认为,苏联解体后,俄罗斯的发展进程可以分为四个特点鲜明的阶段:叶利钦时代是大破、大立和大动荡的时期;普京前八年是调整、恢复和实现稳定的时期;"梅普组合"时期是应对经济危机、开启全面现代化进程的时期;2012 年俄罗斯举行总统大选,普京重返克里姆林宫,学术界一般称为"普京新时期"。从时代内容和历史发展的主导力量来看,苏联解体后俄罗斯转型与发展的 25 年可以划分为:叶利钦时代和普京时期。

对于普京前八年的俄罗斯,中国学术界较为一致的看法是,普京执政前八年完成了三件大事。第一,调整国家发展战略:建设强大的俄罗斯。第二,重建国家的权威和垂直的权力体系,实现国家的政治和法律的统一。第三,把经济命脉重新掌握在国家手中,从自由资本主义转向国家资本主义。通过这三项有的放矢的国家治理,俄罗斯建立了统一的国家政权,经济快速恢复,民众生活水平提高,以强国的姿态重返世界舞台。

这一时期由于俄罗斯发展战略的重大转变,中国学者对于俄罗斯政治、经济与外交领域的国家治理进行了深入研究。

中国学者对于俄罗斯国家治理模式进行了深入研究。张慧君指出,俄罗斯的制度转型彻底改变了传统的全能主义国家治理模式,并促使政府、市场和社会各自内部的制度结构以及三者之间的互动关系发生了剧烈重构。张慧君构建了一个由政府—市场—公民社会三大要素构成的国家治理模式的分析框架。运用这一分析框架对俄罗斯国家治理模式的演化路径进行系统研究,在此基础上对俄罗斯的制度改革进程以及秩序治理和社会经济发展绩效给予深入解读，并从中得出一些对转型国家的制度改革与现代国家治理模式构建具有借鉴意义的启示。[45]全能主义国家治理模式虽然一度对俄罗斯社会经济发展有积极作用，但随着社会经济发展的深入推进，其固有的弊端凸显出来。当全能主义国家治理模式解体之后，现代国家治理模式的构建就提上议事日程。虽然俄罗斯的国家治理模式进行了长时间的边际性调整，但只有到普京执政以后，俄罗斯的国家治理模式的重大调整才取得显著成效。[46]

另外，杨光斌、郑伟铭探讨了苏联—俄罗斯转轨中国家形态与国家治理的关系。他们指出，国家形态，是指一个国家在特定时期所形成的治理结构以及由此治理结构而产生的行为特征和治理绩效。任何一种国家形态都具有历时语境中的周期性或相对性，而不是国家类型学所规定的国家类型的稳定性或绝对性，与具有相对稳定性的国家类型相比，"失败国家"、"依附性国家"和"自主性国家"等国家形态具有周期性震荡的特点。戈尔巴乔夫"新思维"指导下的改革导致的是一个失败型国家，叶利钦"新自由主义"下的俄罗斯是一个具有勾结性和掠夺性的依附性国家，普京的国家主义式的"俄罗斯思想"所形成的是一个典型的自主性国家。[47]

景维民、张慧君指出，国家权力与国家能力是影响国家治理的关键变量，能否有效协调二者之间的关系将直接影响国家整体的秩序治理与社会经济发展的长期绩效。他们从国家权力与国家能力的关系入手，对俄罗斯20世纪中期以来的国家治理模式的演化路径以及其间的制度变迁与社会经济绩效变化进行了深刻剖析，对"梅普组合"的国家治理与社会经济发展前景进行了展望。在此基础上，归纳总结出俄罗斯国家权力与国家能力转换关系的倒"U"形曲线。[48]

对于转型政治学和制度经济学的研究也与国家治理研究紧密相关。朱晓中指出，20世纪人类进行了两项伟大的社会实验，其一是1917年"十月革命"肇始的社会主义实验，其二是始于20世纪80年代末的转轨实验。由于东欧政局剧变及随后展开的转型涉及如何看待和应对全球化、市场化、民主化，以及是否存在"普世价值"等重大问题，因此，以客观和理性的思维，重新检视东欧政局剧变原因，深入分析中东欧转型20年过程中的问题及其解决之道，有助于人们拓展对人类社会发展模式及其前景等问题的认识视角。[49]

陆南泉指出，俄罗斯经济转轨过程中出现了诸多复杂问题。作者分析了经济转轨最后选择激进的"休克疗法"的缘由；出现严重经济转轨危机的原因；国有企业改革的成效与问题；普京与梅德韦杰夫经济转轨的趋向。[50]孔田平从制度变迁的角度探讨苏联和东欧经济转轨的经验教训。对"华盛顿共识"与"后华盛顿共识"的讨论进行评论，认为其理论贡献在于强调了制度在经济转轨中的重要性。产权、法治与责任政府是转轨国家取得成功的必要因素。[51]田春生指出，来自俄罗斯的转型经验证明，以移植资本主义为转型路径的经济转轨，是叶利钦时代俄罗斯经济危机和衰退的根源之一。普京时期，俄罗斯推行适合其国情的转型策略并加强国家治理,为俄罗斯实现正式制度与非正式制度的有效叠合开创了一条新路,这是俄罗斯实现经济增长和社会稳定的一个重要原因。[52] 他还另撰文指出,俄罗斯基本上完成了大规模的制度变迁,正在努力构建一种与俄罗斯本土价值观念相适应的制度安排。这种制度安排的基本特点体现在"可控的民主"与"可控的市场",它们被认为是俄罗斯"可控式"制度安排的主要内容。这一制度安排的产生基于以下社会背景:第一,叶利钦时期所推行的"自由式"的制度安排,被俄罗斯转型10多年的实践证明在俄罗斯行不通;第二,普京治理国家的理念及普京政府的政策措施的推动;第三,"可控式"制度安排是俄罗斯民族价值观的体现,并成为俄罗斯经济增长及其未来崛起的一个重要推动因素。[53] 此外,中国学者从政治进程、政治思潮、政治文化、政治冲突、利益集团、社会分层等各个角度均对俄罗斯国家治理问题有不同程度的涉及。[54]

很多俄罗斯问题的中文译著也对国家治理问题有所涉及。[55] 例如,俄罗斯国家电视广播集团总裁尼古拉·斯瓦尼热对梅德韦杰夫进行了一系列的访谈,从梅德韦杰夫还是总统候选人的时候开始,一直到他成为总统。内容涉及政治、社会、文化、生活等,体现了梅德韦杰夫国家治理的政治倾向和治国思路。[56]

综观普京前八年,中国俄罗斯问题的学术研究特点是,在研究内容的专业性、研究方法的科学性和研究体系的系统性等方面的建设上取得了长足进步。俄罗斯问题的研究成果数量大幅攀升,涌现出一批在国内颇有影响的学术著作;一批学科带头人在国内学术界的影响力逐步扩大,在国外相关学术领域开始奠定自己的学术地位;中国逐渐形成了一支朝气蓬勃的科研队伍。

中国学者对于俄罗斯联邦发展史上的普京前八年基本认识较为一致,大部分学者认为,普京前八年在政治上是根据本国国情完善和强化新权威主义下的宪政体制的时代,是从社会动荡走向政局稳定的时代,是"主权民主"主流价值观确立的时代;在经济上是以发展能源原材料部门为现实依托,以建立创新经济为长远规划,由自由市场经济向加强国家对经济的控制过渡,实现经济复苏和快速增长的时代;在外交上是对西方由以妥协求合作向以斗争保安全过渡的时代,是由反恐伙伴被迫成为美国的战略竞争者的时代,是俄中战略协作全方位发展的时代,是突出务实外交、经济外交和能源外交的时代,是加速强军过程和恢复全球性大国影响的时代。

(三)"梅普组合"时期和普京新时期的俄罗斯问题研究

"梅普组合"时期,普京事实上继续掌权,应对金融危机,实施从"普京计划"到梅德韦杰夫"新政治战略"的转变,开启现代化战略,宣称现代化是全面的,包括人的现代化,力求打破俄罗斯社会广泛存在的家长式作风。2012年普京新时期开启。总体来看,中国学者对于普京时代的认识越加深入,普遍认为,俄罗斯继续坚持宪政民主的政治制度和市场经济的经济制度，虽然是不完善的，但同时也是不可移转的。俄罗斯基本实现了社会和政治的稳定，尽管现在遭遇西方制裁等困难，但为现代化战略的实施创造了社会条件。与此同时，俄罗斯面临严重的困难和潜在的危机。贯穿俄罗斯发展的基本线索是处理好传统与现代的关系。赶超西方，实现国家现代化，这是贯穿俄罗斯历史的一条红线，也是当代俄罗斯发展进程的基本内容。普京执政以来，俄罗斯从全盘西化向俄罗斯传统回归，在继承叶利钦改革成果的同时，强调俄罗斯新思想和主权民主，在俄罗斯历史、文化和精神的基础上保持俄罗斯特色并实现现代化。

这一时期大量优秀的论文集中出现在国际政治类的核心期刊上。[57]不仅如此，国内已经形成了老中青三代结合的关于俄罗斯研究的科研队伍，并拥有一批国内外知名的研究俄罗斯问题的专家学者，这些研究人员主要集中在科研机构和高校。[58]

"梅普组合"时期与普京新时期俄罗斯最大的一个特点是共同面临金融危机以来的诸多挑战。中国学者普遍认为，这一时期俄罗斯首先面临复杂的国际局面。2008年国际金融危机以来，国际形势发生了深刻变化，呈现很多新特点，不稳定、不确定因素明显增加，世界多极化、经济全球化继续深入发展，全球竞争与合作向多层次全方位拓展。全球经济复苏乏力、大国博弈加深、国际安全局势恶化、地区冲突加剧、国际秩序调整加速，和平与发展受到来自各方面的挑战。国际金融危机深层次影响还在继续，世界经济仍然处在深度调整期，各国传统经济体制和发展模式的潜能趋于消退。同时，发展不平衡问题远未解决，现有经济治理机制和架构的缺陷逐渐显现。国际反恐形势也日益严峻。

中国学者普遍认为，这一时期俄罗斯还面临复杂的欧亚地区形势。欧亚地区国际战略环境继续发生深刻变化，地区内各国求稳定、求发展所面临的内外压力进一步加大。俄罗斯经济增长速度大幅下降，甚至出现停滞和衰退危险；对外政策积极主动，在国际重要热点地区和重大热点问题上频频出牌，赢得关注和重视；俄罗斯主导的后苏联空间一体化继续深化，并呈现不断扩大趋势；新东欧国家在西向和东向之间徘徊，乌克兰由此引发大规模抗议浪潮；中亚国家保持总体稳定，但安全与稳定仍是各国面临的挑战，经济增长与社会发展仍是亟待破解的难题。

因此，中国学者一致认为，俄罗斯向何处去仍然是值得关注和研究的重大战略问题。虽然普京致力于实现俄罗斯重新崛起与复兴，但是俄罗斯的发展面临三大挑战：一是如何把政治稳定与政治现代化结合起来，既能增强政治活力又能确保政治控制；二是如何调整经济结构和经济发展模式避免经济衰退；三是如何应对俄罗斯与外部世界的变化以实现大国崛起的欧亚战略。

近年来，随着研究的深入，中国学术界对于俄罗斯问题研究的方法论开始进行系统的总结与研讨。例如，2014年11月，中国社会科学院俄罗斯东欧中亚研究所俄罗斯政治研究室组织召开了一次学科建设会。明确以学科建设的本体论和方法论为主题的研讨会，这还是

"俄罗斯政治"学科的第一次。研讨会后,在对研讨会发言整理的基础上,经过与会学者精益求精的修改,形成了23篇笔谈,以"夯实理论基础 建立学科规范——'俄罗斯政治社会文化'学科建设笔谈"为题发表在《俄罗斯学刊》上。这组笔谈的作者涵盖了目前国内研究俄罗斯问题的主要专家学者。这组笔谈的内容涉及俄罗斯问题研究的方法论及俄罗斯政治学科的本体论。这组笔谈的意义在于:在国内刊物上大规模讨论俄罗斯研究的方法、内容与层次,尚属首次。这是对学科发展的一次重要推进。[59]

总之,苏联解体以来中国俄罗斯研究的核心问题主要包括以下六个方面。第一,俄罗斯政治体制的特点及发展道路的选择。第二,政治发展与经济模式之间的关系,即垄断性经济结构与政治集权之间的关系。第三,内政外交的联动性问题,即俄罗斯精英的国际政治观及俄罗斯与外部世界的关系对转型与发展的影响。第四,历史传统与社会发展的关系,即保守主义取向的社会国家性质与政治稳定之间的关系。第五,传统文化与国家治理之间的关系,即对内集权、对外扩张的国家特性与国家治理之间的相关性联系。第六,俄国史与当代史的关系,即赶超西方、实现国家的现代化,使俄罗斯立于世界先进民族之林,这是贯穿俄罗斯历史的一条红线。从大历史观的视角看,当代俄罗斯的转型与发展也是俄罗斯追求现代化进程中的一个阶段,要从在俄国历史中理解历史俄国。

与此同时,苏联解体以来,中国的俄罗斯研究在研究方法上逐渐达成以下三点基本共识。

第一,系统研究。重视史实资料的系统性,重视对俄罗斯发展横向线索与纵向脉络的把握,重视对俄文原始文献的实证性研究。资料的基础性作用无论如何强调都不过分。同时,也要非常重视对英文文献的阅读,注意理解西方学者基于俄罗斯历史沉淀来分析当代政治与未来前景的研究方法及成果。系统性有利于形成历史思维,坚持实事求是的认识路线,通过掌握事物运动的全过程,实现研究工作中历史和现实的统一。

第二,综合研究。俄罗斯的转型与发展是一个复杂的系统工程,涉及政治、经济、社会、历史、文化和国际关系等诸方面,这需要在跨学科基础上加强综合性研究,理解这些要素之间的相互联系与相互影响,从而形成战略思维,把握住影响俄罗斯全局的、长远的、根本性的重大问题。除了学科的综合,还要有全球、地区与国别三个研究层面的综合意识。了解一国和地区的事情是不够的,还需要关注时代特征。

第三,理论研究。俄罗斯研究需要运用一定理论对研究对象进行剖析。理解和掌握理论对于研究俄罗斯问题是有用且必要的。现代政治学、经济学、社会学等是人类研究政治、经济、社会生活等行为思想的结晶,其基本原理、视角和分析工具是可以也需要运用的。有了这些学科作为参照系,才能把俄罗斯问题放在一个比较研究的国际视野上,就有可能在研究中体悟出哪些是一般性的规律问题,而哪些又具有研究对象国的特殊性。当然,仅仅运用理论是不够的。科学研究上升到理论是研究过程的飞跃和归宿。需要把对俄罗斯问题的再认识重新上升到理论高度，进而提出新的理论观点和方法。

可以说，苏联解体以来，中国的俄罗斯问题研究一直突出强调科学意识、问题意识和质量意识，提出并牢牢抓住亟待研究和解决的关键问题，通过深入的研究和深刻的理性思辨，推出了一系列经得起时间检验的高质量科研成果。

展望未来，俄罗斯研究将一直坚持关注区域发展、侧重学科视角、强化理论内涵等多元化目标，提倡在现实问题研究中探索出具有深刻理论内涵的方法和观点，为"一带一路"建设、构建"欧亚经济伙伴关系"建言献策，为国家外交决策贡献自己的力量。未来将致力于世界政治中的俄罗斯研究，深入研究内政外交的联动性，并在重大研究问题中做好政治、经济与外交的综合研究。

（四）苏联解体以来的中俄关系研究

1989年，中苏关系实现正常化。1991年苏联解体后，面对复杂的国际和国内形势，中俄关系排除了各式各样的干扰，克服了面临的种种困难，按既定的方向稳步地向前发展。1992年，中俄宣布双方"互视为友好国家"；1994年两国关系上升到"建设性的伙伴关系"；1996年双方又宣布建立"平等与信任的、面向21世纪的战略协作伙伴关系"。5年之内，中俄关系连续迈上了三个台阶。2001年中俄签署《中华人民共和国和俄罗斯联邦睦邻友好合作条约》，着眼两国人民的愿望，顺应合作共赢的时代发展潮流，开创性建立新型国家关系，其基础是相互尊重、平等信任。2011年建立平等信任、相互支持、共同繁荣、世代友好的全面战略协作伙伴关系，2014年中俄全面战略协作伙伴关系进入新阶段。2017年中俄关系设立新议程，双方提出建立"欧亚经济伙伴关系"。实践证明，中俄建立和发展战略协作伙伴关系，不仅为两国人民带来了实实在在的利益，也有利于世界的和平与发展。新的历史条件下，双方将致力于进一步发展和巩固平等信任、相互支持、共同繁荣、世代友好的中俄全面战略协作伙伴关系，推动深化政治互信、务实合作、安全合作、人文交流、国际协作。

中国学者普遍认为，新时期的中俄关系顺利发展。1992—1996年是中俄关系顺利过渡与提升时期。1997—2012年是中俄战略协作伙伴关系的充实和提高时期。2012年至今是中国特色大国外交与中俄全面战略协作伙伴关系的新阶段。

中国学者一致认为，一个高水平、强有力的中俄关系，不仅符合中俄双方利益，也是维护国际战略平衡和世界和平稳定的重要保障。苏联解体以来，中俄战略协作伙伴关系深化的过程也是中俄新型国家关系形成的过程，中俄新型国家关系不仅符合两国人民的根本利益，而且在当代国际关系中成为处理邻国之间以及大国之间关系的典范。

中国学者还深入研究了中俄新型国家关系的特点与动力。中俄全面战略协作伙伴关系深化的过程同时也是中俄新型国家关系形成的过程。中俄新型国家关系的特点是相互尊重，平等相待；高层交往实现了制度化、机制化；在涉及国家主权、领土完整等国家核心利益问题时，相互支持；树立新的安全观、构筑新的安全结构；不结盟、不对抗、不针对任何第三国。总之，经过10多年的共同努力，中俄已经建立起合作的最佳模式，使两国关系步入平稳发展的轨道。[60]

中俄关系发展成为战略协作伙伴关系，这有它自己的历史逻辑性。从主观方面来说，两国的政治家和人民从过去的中苏关系中吸取了经验和教训，有足够的智慧塑造新型的中俄关系。但是，中俄战略协作伙伴关系的基础还是两国在发展相互关系时所追求的国家利益。也就是说，国家利益动机是推动中俄发展战略协作伙伴关系的主要动力。首先，中俄两国面临相同的历史任务。其次，中俄都实行市场经济，都实行对外开放政策，力图加入经济全球化的进程。在区域一体化已成为世界经济发展潮流的形势下，中俄都需要加强合作，实现共同发展。最后，世界格局和国际战略形势的变化迫使中俄必须走到一起，相互倚重。[61]

对于当前的中俄关系，中国学者的看法也较为一致，核心问题集中于俄罗斯提出的"大欧亚伙伴关系"的战略构想与"丝绸之路经济带"建设之间的关系。

第一，中俄长期友好合作的政治基础没有变化。双方认为不同国情的国家不会有相同道路，但都会选择独立自主道路。坚持互不干涉内政，尊重彼此发展道路选择。这是两国关系最重要的政治基础。在这个基础上，中俄双方不讳言双边关系中存在的问题，但都认为中俄关系不是普通的双边关系，而是两个相邻的同时又具有重要影响的大国之间的关系。即使存在一些问题，也要区分战略性问题和一般性问题。而且，中俄关系既然是不存在历史遗留问题的双边关系，那在中俄双方快速发展中存在的问题，只能靠发展来解决。因此，中俄关系就必须继续发展，而且要致力于共同发展。这些都是苏联解体后中俄关系发展的宝贵共识，体现了双方的志同道合，也是未来中俄关系发展的基础。

第二，独立自主的大国外交是中共十八大后新时期中国外交的亮点。即使俄罗斯提出了"大欧亚伙伴关系"，中国也要坚持以我为主，独立运筹，并在这个基础上同时解决好稳定和改善中美关系与深化中俄战略协作之间的关系。在政治和国家安全方面，中俄关系的发展水平大大超过了中美关系。中俄关系是一种相互借重的合作关系。中俄合作牵制和抵制美国的霸权，在应对西方战略压力方面相互借重。2014年乌克兰危机爆发以来，俄罗斯与西方进入长期软对抗状态，美国不会改变俄罗斯与西方业已形成的结构性矛盾，即俄罗斯的发展道路问题、俄美战略平衡问题、俄罗斯周边地区双方的博弈问题还将长期存在。说到底，俄美关系是一个霸权守成国与新兴崛起国之间如何处理关系的问题。双方的结构性矛盾与全球化时代相互依赖的现实互为影响因素，造成了俄美之间既合作又斗争的关系。

从历史上看，俄罗斯经济一直薄弱，却长期占据大国地位，因为该国往往更重视强大的军队和安全机构，维持强势政府，与此相对应的动员型发展模式一直缺乏效率，由此俄罗斯始终处在兴起—强盛—停滞—衰败这样一个发展周期上。当前，俄罗斯在普京任内，已经越来越走上一条俄罗斯熟悉的发展道路。据俄经济部预测2030年底前俄罗斯经济增长年均预期2.5%。中俄双方经济总量不断拉大的同时，人均产值不断缩小。

第三，在与俄罗斯的交往中，既要积极争取自身的经济利益，更要考虑中俄共同发展的整体利益和长远利益。相互尊重发展差异是中俄两个世界级大国保持关系健康发展的基础。从自然禀赋、产业结构、市场规模、发展水平、生态环境，到政治制度、民族性格、发展历史、意识形态，中俄双方均存在着巨大差异。这种差异性必然会体现在对外交往中，体现在双边关系中。对俄罗斯人"利益最大化"的观念，需要以极强的战略定力，用好并拓展各领域、各层面的交流机制和方式进行沟通与合作。[62]

总之，俄罗斯既是大国，又是中国的邻国，而且是中国周边最强大的一个邻国。中苏对抗的20年就是中苏两国全面落后世界的20年。中俄关系可以也必须持续稳定的发展。"丝绸之路经济带"建设的顺利推进也需要俄罗斯方面的理解与支持。"中俄互为最主要、最重要的战略协作伙伴，深化中俄全面战略协作伙伴关系，在两国外交全局和对外关系中都占据优先的战略地位"这一战略定位必须坚持，中俄关系应保持强劲的发展势头。

四 中亚问题研究：新领域、新成果

中国始终重视与中亚国家的关系，将其视作外交优先方向。中亚国家是维护中国西部安全与稳定的重要合作伙伴，是中资企业实现"走出去"战略，以便更好地利用国内和国际两种资源的重要合作对象，是中国学习和实践新型外交理念和模式的重要场所。

中国对中亚国家的研究和关注始于20世纪80年代后期苏联解体和中亚国家独立。20世纪90年代主要关注中亚国家的国内改革发展，进入21世纪后又增加上海合作组织等区域合作机制内容，2013年"一带一路"倡议提出后，对中亚问题的研究范围更加广泛，内容也更加细致。

总体上，对中亚的研究成果丰富。研究对象按地域划分，大体分为区域和国别两大类。前者将整个中亚五国视为一个整体，关注整个地区的发展态势、各国间关系，以及与外部的联系等。后者则针对具体国家，分析其各领域政策和状态。按内容划分，研究对象主要分为政治、经济、安全、对外政策、人文等多个领域。

（一）中亚政治经济转型研究

中亚国家独立后，开始独立探索适合本国国情的国家制度和体制，尤其是政治和经济体制，学术界称作"政治转型和经济转轨"。从研究对象看，学术成果较多的领域主要涉及以下四个方面。1.政治制度与宪法改革，涉及国家根本制度，各国多次进行的宪法修改和全民公决，对各自国内发展和稳定影响较大。2.经济制度，尤其是经济结构、私有化、土地法改革、新型社会保障体系的建立与完善、货币与金融体系等。3.选举和政党制度及其引发的政局变化。4.民族宗教政策，以及新国家意识形态建设。

对中亚政治转型的研究大体有两个高潮：一是独立后初期，即建立新制度的探索和磨合期，主要表现是多次修改宪法和选举法；二是2005年"颜色革命"时期，各界对现有体制效果进行深刻反思。研究"颜色革命"的原因和前景，就是在总结政治改革经验教训。2010年吉尔吉斯斯坦"四月革命"后，学界认为经过独立后20多年的发展，中亚国家的政治制度和体制已基本固定成型，短期内大改的可能性不大，于是对此领域的研究兴趣也逐渐降低。

大部分学者都认为，尽管各国具体政策有差异，但中亚五国在转型和转轨方面具有诸多共性。1.均声称目标是建立一个面向社会的市场经济；开放的对外政策；民主法治的国家；多元化的公民社会。2.都强调和坚持的原则是从本国国情和实际出发、尊重历史文化传统、稳定优先。3.转型的实际结果是原先预想的多元化的政党和社会团体以及私营企业的作用有限，领导人的权威被强化，计划的西方式的三权分立最终变成以总统为核心的"大总统、小议会、弱总理"的威权政体，国有经济依然掌握国家经济命脉。4.政治转型与经济转轨之间存在非对称性发展态势，权威与民主的双重作用使经济转轨面临两难窘境，而缺乏经济基础的民主化在其发展进程中的脆弱性凸显，并最终导致民主政权向威权政体转变。

分析评价中亚转型和转轨效果时，一部分学者参照西方标准，如三权分立、政党作用、制度经济学、国际金融机构制定的绩效指标等，得出的结论是转型和转轨不彻底；另一部分学者则参考中国改革开放经验，认为转型和转轨符合国情和社会稳定需要，并赞同乌兹别克斯坦总统卡里莫夫提出的"五项原则"和哈萨克斯坦总统纳扎尔巴耶夫提出的"先经济后政治"思想。由于标准不同，使得学者在判断中亚政局走向的时候也出现较大差异。例如，对于总统选举和接班人制度等是否会让中亚政权不稳定，学者的观点不同。土库曼斯坦和乌兹别克斯坦的政权交接并未让国家陷入混乱，接任的新总统还通过大刀阔斧的改革，迅速为自己树立威望。于是有学者又从社会传统和法律制度设计中寻找稳定的根源。

经济转轨的基本内容是从计划经济体制向市场经济过渡，主要方式是价格自由化、产权多元化（甚至私有化）、社保社会化、发行本币等。由于经济体量不大，中亚经济转轨的影响力总体不大，缺少借鉴意义，因此，学术界总体上并未十分细致地研究各领域改革的具体实施措施办法，更多是对其实施效果作出总体评价，如私有化的利弊等。一般认为，吉尔吉斯斯坦和哈萨克斯坦基本完成转轨任务，塔吉克斯坦和乌兹别克斯坦仍需努力，土库曼斯坦遥遥无期。中亚国家在私有化和价格自由化方面走得很快，但在公司治理和金融体系方面却相对滞后，基础设施落后和老化状况仍然严峻。总体上，中亚国家面临的共同难题是市场机制建设缺乏物质基础，很多改革措施难以深入进行。

从成果数量看，研究最多的是各国的经济结构和产业结构，以及克服"荷兰病"的办法。2008年国际金融危机后，各国纷纷出台新的刺激措施，发布国家和行业发展战略，下大力气发展非资源领域经济，扩大出口，摆脱对自然资源的依赖。这些新政策蕴含大量商机，市场需求增加的同时也带动了研究需求增长。除经济整体形势分析外，学界对各具体领域有更多研究，如能源、交通、经济特区、税收、贸易结构和通关便利化、农业、货币金融等。学界几乎一致认为，中亚国家经济较单一，严重依赖自然资源出口，受外部经济影响大。尽管国际金融危机后各国努力调整经济结构，但这个过程需要较长时间，对外资的需求也很大。

在关注中亚国家政治经济改革发展的同时，学术界也未忽视中亚国家的意识形态建设，并将此过程与"去俄化"进行比较研究。热点问题如下。1.苏联民族宗教政策的经验教训。认为过度强调民族自决或无原则地消灭民族差异等，都是贻害无穷的错误做法。2.塑造新独立国家的国民意识。其间经历了从独立初期强调主体民族地位和权利，到后期探索符合多民族多宗教国情的"公民意识"。3.民族宗教事务管理体制。国家事务管理中不突出民族宗教事务，相关部门通常归口社团管理，不列入政府序列，即使列入，也是司局级最多副部级。4.语言工作。在突出国语的同时，赋予俄语族际交流语言的地位，国语文字也基本恢复拉丁化。5.国籍管理。不允许存在"双重国籍"。6.努力挖掘文化遗产，继承和发扬传统文化，如修订历史教科书等。

（二）中亚外交与地区安全合作研究

学术界感兴趣的问题主要有：1.中亚与大国关系，尤其是与中国、俄罗斯、美国和欧盟的合作；2.中亚各国的对外政策，解读其重点和难点；3.区域合作机制，尤其是欧亚经济共同体、欧亚经济联盟、中亚一体化等；4.大国的中亚政策及其比较。

关于中亚国家对外政策，中国学者认为至少具有如下四个特点。1.平衡之中有侧重。尽管中亚国家均实行全方位和大国平衡外交，与所有国家发展友好往来，但中亚国家将周边国家和独联体视作最优先方向，其次是俄、中、美、欧等地区大国，再次是其他地区大国，如土耳其、伊朗、印度、东南亚、日本、韩国等。2.利用不同身份特征，发展与相关对象的友好合作，如与原苏联成员在独联体框架内紧密合作；借助身处亚洲，组织亚信会议；加入伊斯兰合作组织，与同样有伊斯兰信仰的伊斯兰国家友好合作；与土耳其建立突厥语国家联盟等。3.积极提出各种国际合作倡议。尽管身处内陆，但中亚国家并不被动接受国际机制，而是在参与过程中提出自己的想法，如中亚无核区、中亚安全论坛、亚信会议、世界和传统宗教领袖会议、建立联合国预防性外交中亚分部等。4.各国对外政策随着国家发展而差异逐渐加大。土库曼斯坦是联合国承认的中立国；哈萨克斯坦和吉尔吉斯斯坦是欧亚经济联盟成员，与俄罗斯关系紧密；塔吉克斯坦虽对俄罗斯依赖较大，但对加入欧亚经济联盟仍存疑虑；乌兹别克斯坦外交独立性更强，是影响中亚内部关系的最主要因素。

关于中亚区域合作，大部分学者认为，为维系苏联时期的原有经济联系以及加强与国际社会的交流合作，中亚国家独立后纷纷加入众多一体化机制。这些机制各具特色，能以不同方式满足各成员国需要。实践证明，它们确实在不同程度上起到了整合区域经济资源以及促进当地经济发展的作用。但各机制赋予中亚国家多重身份，有时会产生许多交织在一起的协定义务及对问题的不同处理方法，增加中亚国家的国际合作困难。例如，哈萨克斯坦和吉尔吉斯斯坦成为欧亚经济联盟成员，会在一定程度上限制它们与中国的一体化合作。

关于中亚地区内部一体化，大部分学者认为，由于各国国情和利益差异大，以及外部力量对中亚国家的牵制和吸引作用很强，以致独立后至今各国都将注意力转移到区域外，希望借助区域外部力量推动本国发展。2016年米尔济约耶夫就任乌兹别克斯坦总统后，中亚区域内部一体化合作趋势加强，但鉴于前期影响合作的因素仍然存在（例如，国界划分、水资源、海关政策、基础设施联通程度等），地区一体化仍任重道远。

关于大国在中亚的合作与竞争。中国学者阐述了中、俄、美、欧盟、日本、韩国、土耳其、伊朗、印度、中东国家的中亚政策及其落实措施，分析其中异同，思考加强合作和减弱竞争的办法。大部分学者认为，俄罗斯在中亚的影响力无处不在，美国的影响力侧重外交和经济，中国的影响力强在经济。从态势看，2005年"颜色革命"前，美趁俄虚弱之际，利用私有化从中亚获得大量优势资源，凭借阿富汗战争强化军事存在，中亚地区呈现"美进俄退"，但"颜色革命"后，中亚国家对美提高警惕，俄则利用经济恢复良机加速推进一体化，呈现"美退俄进"局面。2013年中国提出"一带一路"倡议后，在中亚影响力迅速提高，中亚地区呈现"中俄美各有优势"的相对平衡局面。

学界对西方（尤其是欧盟）的中亚援助战略研究较多。主要原因是西方规划的战略目标和措施清晰透明且有连续性，其输出规则和规范的软实力优势明显，对其他国家具有较多借鉴意义。大部分学者认为，欧盟中亚政策大体分为1991—2006年的认知探索期、2007—2013年的集中强化期以及2014年以来的调整提升期。从核心特征看，欧盟中亚政策的主要实现手段是援助外交，主要目的是价值输出和利益共享，但援助工具在不同时期、对不同国家有所差别。经过20余年发展，欧盟在中亚地区形成了一定影响，援助政策取得一定效果，诸多领域的合作机制相继确立，但相对于中、俄、美在中亚的影响力而言，欧盟仍然是边缘者和次要行为体，影响有限。原因是欧盟不具备地理优势，与中亚的经济合作未达到"压舱石"地位，政治合作根基也不深，安全合作以提供援助和开展对话为主，缺乏提供直接安全保护的能力，对中亚的控制力总体有限，只能属于利益相关者的次要行为体。

（三）中亚安全形势研究

尽管安全是个大概念，但鉴于传统安全风险极低，学界对中亚安全形势的研究总体上偏重于非传统安全。"冷战"结束后，中亚国家面临的安全威胁主要来自外部：一是美俄争夺中亚，与中亚国家建立各种军事合作关系；二是阿富汗局势，及其对中亚南部边境安全和跨国有组织犯罪活动的影响；三是宗教极端活动。这三个问题也是学术界关注的安全重点。

关于中亚宗教极端活动的产生根源。学者们从民族、宗教、地缘、经济、社会、大国势力等诸多角度探索分析,其中最主要的是以下四个方面:1.独立后为填补苏联意识形态消失后的思想真空,中亚伊斯兰复兴以及中东宗教思想传播对极端主义的产生有重要促进作用;2.世界范围内利用宗教追求政治目标的宗教政治化全球性趋向起了催化作用;3.文化全球化引发的世俗力量与宗教力量冲突,加快产生宗教极端思想和极端势力;4.传统社会文化的解体和重构、国家体制转型与民生需求的不对称性、民族社会分层与贫困化等国内经济社会问题为极端主义和恐怖主义营造了社会温床。

学者对比2010年中东和北非爆发"阿拉伯之春"运动前后的中亚安全形势,认为中亚地区的暴恐和极端活动2010年后出现如下新特点。1.犯罪手段升级,出现自杀性爆炸袭击,旨在获得武器弹药和爆炸装置,以便从事更具破坏力和影响力的暴恐活动。2.互联网和手机取代传单和光盘,成为最主要宣传、联系、组织和指挥方式。3.境外极端分子回流成为安全威胁最大负担。尤其是"伊斯兰国"向阿富汗北部转移,对阿富汗和中亚稳定造成极大威胁。如果说2010年之前的暴恐和极端主义产生根源与中亚国内经济社会问题和意识形态真空关系较大的话,那么2010年之后的暴恐和极端主义产生根源已转移到外部,主要受中东和阿富汗等外部影响,积极分子主要是在俄罗斯打工的精神受挫群体,希望通过作战寻找安全感和自我满足感。

学者非常关注中亚国家的反恐和反极端措施,希望从中得到借鉴,以及找出地区安全合作的途径与内容。公认的效果较好的措施归纳起来如下。1.界定传统宗教和非传统宗教,以此从法律和政策层面区分本土宗教和外来宗教、温和教派和激进教派、世俗传统和宗教规范等。2.重视家庭和家长的作用,提高家长对孩子的监督和管束责任。3.多管齐下。教育、宣传、就业、培训、严厉打击、国际合作等软硬措施综合实施。4.重视社会服务,防止极端宗教组织乘虚而入,过多介入本应属于世俗社会的生活领域。5.关注跨国犯罪和网络安全。中亚地区的有组织犯罪通常具有多重性,如某一组织可能既从事有组织犯罪,也从事极端活动,一个人可能同时是恐怖分子和贩毒分子。

学者们对阿富汗国内形势及其与中亚国家关系作了较多分析,涉及阿富汗北部的中亚部族、阿富汗对中亚安全的影响途径及中亚国家应对措施、美俄利用阿富汗战争在中亚地区的合作与竞争等。大家均认为阿富汗始终是影响中亚安全稳定的最大外部因素,其境内的暴恐训练营是中亚恐怖和极端分子最主要的受训基地和来源地。阿富汗的安全始终面临"叠加型压力",包括暴恐塔利班生命力强大、现政府在民众中威望不足、美军总是处在撤军和驻军的决策徘徊和反复中、来自中东和巴基斯坦的外部极端分子不断涌入挑战本土权威等。这些因素让阿富汗局势始终变化莫测。

2018年阿萨德政府取得叙利亚内战决定性胜利后,中东很多暴恐和极端分子转移到阿富汗和中亚。由此引发学术界关于阿富汗和中亚地区未来安全形势前景的讨论,可谓言人人殊。

其中之一，认为当前形势总体可控，尽管存在变数，但地区各国均以发展经济社会为重心，执政当局管控能力较强，能够把握局势稳定。其中之二，认为地区形势走向不确定，即便总体可控，也会问题不断。美国遏制中俄的目标不变，可能会利用阿富汗、伊朗问题和"三股势力"等制造更多"混乱"，牵涉地区国家精力，引发部分国家内部或国家间矛盾斗争。其中之三，认为地区形势可能陷入动荡。由于极端势力从中东转移到阿富汗，不排除整个地区出现第二个叙利亚的可能。

（四）中国与中亚国家关系研究

中国与中亚国家关系是中亚学界的最重要研究对象，尽管内容广泛，但在"一带一路"倡议提出之前，关注最多的是贸易投资、安全、政治和历史文化等议题。"一带一路"倡议提出后，则主要围绕落实推进过程中的风险和机遇展开讨论，其中安全合作关注跨国有组织犯罪和反极端；人文合作比较关注语言和旅游；产能合作以农业为重点；金融合作以人民币互换为重点；基础设施以交通和能源管道为重点；风险分析主要涉及经济政策、投资环境、法律保障。

关于经贸合作。学界借助各种经济分析工具，对中国与中亚国家的经贸投资合作现状、结构特点、难点、机遇前景等作出详细分析。一般认为，互补性增强、政治互信程度提高、营商环境改善、基础设施改进、市场规模扩大等，是促进双方合作规模不断增加的原因，与此同时，贸易商品品种有限、国际市场原材料价格波动、汇率不稳等，是影响和限制双方贸易的主要因素。2010年以来，中国与中亚贸易额大幅增长主要受益于从中亚进口的油气和矿产增加，未来，随着中国市场进一步开放，以及提升通关便利化，从中亚进口量有望大幅增长，这是提升双方贸易规模和质量的重要方式之一。

关于中哈跨界水资源。哈萨克斯坦独立后不久，中哈两国就启动有关跨界河流的磋商活动，至今为止已签署大量政府间协议，包括水质监测、管理引水工程、互换水文资料、开展科研等。学界基于文献和遥感数据，针对哈方的担忧（主要是上游新疆用水量增加引起下游哈萨克斯坦入境水量减少，带来生态灾难），指出气候变化才是引起巴尔喀什湖水位变化的主要原因，哈方的水利工程建设和农牧业灌溉加剧了巴尔喀什湖水位的变化过程，中国对伊犁河流域水资源的开发利用对下游影响不大。当前，中哈两国学者就跨界河流水量分配争论较多的问题主要有两点。一是如何理解"公平合理"。因历史原因，中国北疆地区长期落后，很多经济社会指标均低于哈萨克斯坦，不能仅仅为了保障下游利益而限制上游用水，固化这种发展差距。二是以何种方式解决跨界河流问题，是中哈双边谈判还是河流沿线所有国家共同参与。

关于"中国威胁论"。主要观点有：1.中国对中亚有野心，要收回被沙俄侵占的国土；2.中国要掠夺资源；3.很多中国项目不注重环保和劳工保护；4.中国在中亚有大量非法劳工和商贩，抢占当地公民就业岗位；5.中国在中亚项目的运作和招投标过程不透明，与当地主管官员之间存在严重腐败关系；6.中国项目挤垮很多中亚本土企业；7."一带一路"倡议是地缘政治战略，把中亚作为势力范围。大部分学者分析后认为，尽管缺乏事实依据，但"中国威胁论"在一定范围的中亚民众中可谓根深蒂固，主要原因有苏联时期关于中国的歪曲教育、媒体为追求轰动效果的片面报道、个别竞争对手的恶意宣传、西方的挑拨离间、整个欧亚地区泛起的民粹思潮等。对此局部现象，既要重视，也无须过度担心，毕竟合作需求和意愿是主流。

关于共建"一带一路"。大部分学者认为，"一带一路"倡议不仅理念创新（提出人类命运共同体），还有规则创新（共商共建共享）和方法创新（对接、产能合作、工业园区、经济走廊、亚投行、丝路基金等）。当前对接合作的主要难题是中亚市场规模小，投资和贷款风险高。尽管存在一些困难和问题，但共建"一带一路"的方针已定，需要保持信心和耐力，将各项工作精细化，用实实在在的成果赢得各国及其民众的支持，如加强顶层设计，制定实施细则，使其具有可操作性；增加亚投行、丝路基金、产能基金等对中亚项目的金融支持力度；收购或参与一些中亚金融机构的经营；继续扩大人文交流；提高中小企业合作积极性；等等。

关于安全合作。学界认识到中亚对中国安全的重要意义，分析了双方安全合作的背景和条件、内容与形式、影响与前景等。一般认为，双方维护地区稳定的决心和意志强烈，已形成防务、执法、司法等具体领域的合作机制，成果显著。在探索安全合作模式的同时，双方在合作理念层次上形成很多共识，包括新安全观等。中国也支持哈萨克斯坦倡议的亚信会议，并担任主席国4年。除反恐反极端、打击有组织犯罪、网络安全、司法互助外，与中亚国家一道防范阿富汗风险外溢、避免敌对势力在周边搞事等，也是双方合作的目标所在。

关于人文合作。学界对中国与中亚国家合作历史做了很多考察，学者们依据中国史书记载，结合外国典籍，对很多部落、民族、汗国、文学艺术、农耕文明与游牧文明交往、人种、语言等进行详细考察，追根溯源，辨析和辨伪。由于信息源不同，阿拉伯语、突厥语、希腊语、汉语等不同语言文字的古书所记载的内容也往往有很大差异，如中亚的土著塞人、中亚各民族的族源、突厥和匈奴关系等。尽管有诸多争论，但学术界的共识是：中国人民与中亚人民的交往历史和交往的内容，远比史书文字记载的久远和丰富，中亚地区自古就是各部落人群和文化你来我往的交汇地，人种、民族、文化碰撞交融，为今日各族人民提供共同的历史记忆和共享的文明成果，为双方今日的交流合作打下坚实的历史根基。

（五）上海合作组织研究

自成立伊始，中国便是上海合作组织（简称上合组织）最主要的推动者，投入巨大。自该组织成立之日起，学术界便始终倾注较大精力跟踪研究，借助区域合作、国际组织、社会学等理论,以及多种经济模型,分析其合作理念、合作内容、组织方式、机遇与挑战等,并提出建设性意见。

关于上合组织对中国的意义。该组织是中国在当今世界唯一以中国城市命名的国际组织,既是中国"脸面",也是实现中国战略意图的良好平台。如果说上合组织最开始的目的是继承"上海五国"的合作友谊与合作成果、维护安全稳定、发展经济的话,那么后来则上升到助推中国和平崛起,成为一个能够体现中国新外交思维和理念的合作模式和机制、维护和延长战略机遇期、构筑周边安全防火墙、整合西部周边资源(欧亚大陆中部)的重要依托、经营西部的重要工具、推进"丝绸之路经济带"的平台。大部分学者认为,上合组织对于维护西部稳定以及中国与中亚关系的作用不可替代。上合组织不是地缘政治博弈的工具,不是东方的北约,不是结盟机制,而是践行新型安全观的重要平台,代表区域合作方向的新型机制。作为一个地理范围涵盖从北冰洋到印度洋广大地区的合作机制,上合组织可为中国陆上的"丝绸之路经济带"和陆上的经济走廊建设(孟中缅印、中国—中亚—西亚、中国—中亚—俄罗斯、中蒙俄、中俄)构筑一个稳定的国际合作机制与平台。通过上合组织成员国各领域务实合作,可切实打造地区命运共同体和利益共同体。

关于"上海精神",即"互信、互利、平等、协商、尊重多样文明、谋求共同发展"。学界一致认为:它与"丝路精神"一脉相承,是国际关系理论中的新合作观和新安全观的集中体现,是上合组织的灵魂和旗帜,以及身份认同的核心理念,不仅是处理相互关系的经验总结,也是对推动建立公正合理的国际政治经济新秩序的重要贡献。中华人民共和国主席习近平在上合组织青岛峰会上将"上海精神"进一步诠释为"五观",即创新、协调、绿色、开放、共享的发展观;共同、综合、合作、可持续的安全观;开放、融通、互利、共赢的合作观;平等、互鉴、对话、包容的文明观;共商共建共享的全球治理观。

关于协商一致原则。学术界对上合组织的这一决策原则始终争议较大。一部分学者认为其影响合作效率,容易被某些成员拖后腿,因此建议适当修改,甚至取消该原则。另一部分学者认为现阶段上合组织宜继续坚持该原则,强调各成员平等,与周边国家增信释疑。学者们建议,为提高决策效率,在实践中只要与会人员无人提出反对,就可视为协商一致,还可采取"能者先行"(2+X)的合作方式,根据各成员的具体需求和能力,决定是否参加合作项目,不必苛求所有成员一致参加。这并不违反协商一致原则,也无损组织团结。

关于扩员。在扩员之前,一部分学者坚决反对扩员,认为上合组织应继续加强内部建设,吸收印巴加入会带来很多不确定性。支持者认为,扩员既可扩大区域合作范围,提供更广阔合作空间,又能回应俄罗斯倡议,还有助于中国与南亚国家交往,并换取印度支持中国加入南亚国家联盟。扩员之后,大部分学者认为,上合组织进入"磨合期"。尽管中印和印巴之间出现矛盾,但未将此双边分歧带入上合组织,上合组织总体上仍保持合作发展态势,国际影响力也进一步提升。

关于各领域合作。上合组织的主要合作领域已从成立之初的安全与经济两个"车轮"发展至今天的安全、经济、人文、政治协商、国际交往等更多"车轮"。除总结成功经验外，学者们更关注各领域面临的困难和风险，以便为今后扩大合作寻找更多机遇，提供更多思路。学者们几乎一致认为，对于一个寻求区域合作的组织而言，上合组织成员国国情差异大，利益需求不一，但合作愿望强烈，对很多问题存在相同或相近的立场和看法，可通过扩大合作内容（例如，增加部门领导人会晤机制、建立开发银行等，以带动相关领域合作）、完善组织制度和机制（例如，改革秘书处和地区反恐机构、增加工作组等，提升便利化程度）、加强与外部联系（例如，增加观察员国和对话伙伴国、邀请主席国客人、与其他国际组织签署合作备忘录等）、发挥对接平台作用（如寻找成员国发展战略共性等）等诸多方式，保证落实完成已签署的协议和发展战略，提升上合组织的作用和影响力。

五 欧亚地区问题研究

（一）独联体问题研究

自1992年成立以来，独联体长期以来是中国学界了解欧亚地区国家间关系及政治经济转型的重要切入点。独联体研究在中国欧亚学界是一门显学。具有代表性的专著是《独联体十年：现状·问题·前景（1991—2001）》，其对独联体的整体发展进程、组织机制及面临问题做了详细梳理和分析，是中国学界研究独联体的基础性成果。[63]

中国学界对独联体的研究主要经历以下阶段。

第一阶段是20世纪90年代，"转型"或"转轨"是研究独联体的主要视角。独联体与一般性国际组织不同，它是从统一国家解体而来。一方面独联体是解决苏联"文明离婚"的平台；另一方面独联体也是成员国探索并重塑区域政治经济制度安排的平台。这两方面的特点都决定了独联体自带"转型"或"转轨"属性。转向何方、怎么转，是独联体本身及其成员国面临的共同问题。任允正、于洪君对独联体转型国家宪法进行了比较研究。[64]

第二阶段是21世纪以来，主要视角有如下两个。第一是大国博弈视角下的独联体。这是中国学界观察独联体的重要视角。域外大国，尤其是美西方对独联体地区的渗透是影响该组织健康发展的重要外因。冯绍雷指出，"颜色革命"反映着21世纪以来欧亚大陆内部各大国力量对比与竞争的态势。[65]21世纪初，随着独联体国家政治、经济形势的变化，俄美在独联体范围内新一轮争夺的加剧，独联体的确面临生存危机。[66]而美国在独联体地区策动"颜色革命"体现了三重利益诉求：追求"绝对安全"、"扩展民主"和攫取区域内的油气控制权。"颜色革命"直接导致俄罗斯对"变色国家"的影响力急剧下降，俄罗斯也成为美国策动新的"颜色革命"的潜在目标。[67]孙壮志强调，"颜色革命"是苏联解体后不同独联体国家政治进程发展及西方对独联体政策变化综合作用的产物。"颜色革命"作为一种政治现象虽然很难持久,但它给转型国家以及地区国际关系带来了巨大挑战。具体而言,美国在独联体国家的渗透,有其明确的地缘政治目标。要通过支持"革命"造成这些国家在经济上和政治上对美国的双重依赖,彻底瓦解独联体,削弱俄罗斯,同时牵制中国和伊朗,为控制里海能源创造条件。[68]在"颜色革命"冲击下,俄罗斯威信可能进一步下挫,独联体前景堪忧。[69]第二是俄罗斯对外战略下的独联体。中国学界集中讨论俄罗斯对独联体战略政策是进入21世纪后的事情。对独联体政策是俄罗斯对外战略重点。[70]在俄罗斯对外战略中,独联体是其"外交中的内政,内政中的外交",视独联体为"传统势力范围"。自苏联解体以来,俄罗斯对独联体政策演变大体经历了从叶利钦执政初期的"基本放弃",到"梅普组合"时期奉为"优先方向",从普京第二任期的"重新争取",到第三任期的"突出重点"的过程。[71]有学者指出,20世纪90年代,俄罗斯对独联体政策大体经历了三个阶段:第一阶段是1992—1993年,是俄罗斯对独联体国家采取"甩包袱"的阶段;第二个阶段是1993—1995年,是俄罗斯对独联体政策初步形成阶段;第三阶段是1995—2000年,是对独联体的战略构想最终形成的阶段,开始谋求主导独联体一体化进程。[72]21世纪头10年,面临美欧对独联体地区的渗透和独联体国家对俄罗斯的离心倾向,俄积极调整其独联体政策,以反击美西方的进攻和压力。这一时期独联体地区内大国博弈的特点归纳为:一是美欧公开叫板,与俄争夺独联体地区;二是独联体内部分裂加剧,与俄关系日益复杂;三是俄独联体政策缺乏总体规划,导致失误较多,政策调整势在必行。[73]张弘从主观层面概念的认同出发提出,苏联解体后独联体地区出现了地区认同的碎片化现象,导致俄罗斯主导的独联体一体化困难重重。重新构建地区认同是俄罗斯推动独联体一体化必须要跨越的门槛。[74]鉴于此,俄罗斯采取的对策主要有三。一是区别对待。以自身国家利益诉求为标杆,对独联体国家采取亲疏有别的态度。二是经济化。与独联体国家合作重点转向经济领域。三是"软""硬"兼施。普京政府注重"软实力"与"硬实力"搭配使用。[75]

(二)欧亚地区的次区域合作问题研究

1.关于欧亚经济联盟。自2011年,俄罗斯、白俄罗斯、哈萨克斯坦三国领导人相继发文高调支持欧亚经济联盟后,中国学界反应迅速,紧跟事态发展,取得了不少富有真知灼见的成果。成果形式多为论文,专著很少。在《国家社会科学基金项目2016年度课题指南》中首次把"欧亚经济联盟"列为重要课题,说明学界对欧亚经济联盟的关注度一直是有增无减。近来,学界对欧亚经济联盟的研究取得了阶段性成果。2015年,中俄学者合作出版俄文著作《欧亚一体化进程中的俄罗斯与中国:合作还是竞争?》[76]。该书是中俄学者对欧亚一体化、欧亚经济联盟、"丝绸之路经济带"等前沿问题开展联合研究所出版的第一部学术著作。[77]同年,中国社会科学院俄罗斯东欧中亚研究所主办的《欧亚经济》杂志组织专家笔谈,对欧亚经济联盟进行了全方位透视。[78]2016年2月，中、俄、美三国学者对亚欧中心跨区域发展体制机制进行了系统研究，涉及欧亚经济联盟、"丝绸之路经济带"、上海合作组织、金砖国家机制及"一带一盟"对接合作等。[79]

欧亚经济联盟是21世纪形成的新型的区域一体化机制。学界对其研究的学术史并不长，大体以2015年其正式成立为时间节点，分为2015年前和2015年后两个阶段。前者侧重中宏观叙事，后者更注重具体问题分析。学界对欧亚经济联盟研究的主要关注点有以下几点。

第一，俄罗斯主导欧亚经济联盟的战略动机。学界普遍认为，主导建立欧亚经济联盟是俄罗斯欧亚大战略的重要举措。王郦久指出，俄罗斯欧亚联盟的战略内涵有：欧亚联盟应当是一个恢复俄罗斯传统文化影响力的人文联盟；欧亚联盟应当是一个保障欧亚地区传统安全和非传统安全的联盟；欧亚联盟是俄提升国际地位的战略依托及应对大国和国家集团挑战的重要工具。[80]陆柏春、宋余亮认为，欧亚联盟构想体现了俄罗斯以下战略考虑：重新整合独联体，拓展并恢复传统势力范围；以欧亚联盟为依托，加大对亚太事务的介入；重振大国地位，为俄成为多极世界中强大的"一极"做准备。[81]有学者认为，普京欧亚联盟构想是俄罗斯恢复传统影响力、维护周边地区安全、重塑强国地位的重要依托。[82]有学者重点分析了欧亚联盟构想的前景。他们认为，普京的欧亚联盟并不局限于经济领域，待条件成熟时，俄罗斯定会推动政治、安全、军事全面一体化，建立安全与战略联盟，形成中、美、欧、欧亚联盟四分天下的格局。[83]李兴指出，21世纪第二个10年伊始，俄美两国围绕欧亚大陆开始了新一轮的谋篇布局：俄罗斯借助欧亚联盟谋"欧亚中心局"；美国通过战略再平衡谋"欧亚周边局"。[84]冯绍雷认为，普京所主张建立的欧亚联盟，目前还是更侧重于加强经济合作，主张将市场经济和民主观念作为建立这一合作的价值基础，然而从长远看，显然包含着同欧盟和北美等地区既合作又竞争的色彩。[85]徐洪峰认为，俄罗斯恢复的国家实力和强国意识为其在欧亚区域经济一体化进程中发挥主导作用提供了经济基础。建立横跨欧亚大陆的欧亚经济联盟是俄罗斯致力于建立多极世界的重要行动之一，它的建立符合国际社会要求建立多极世界的历史趋势。[86]

第二，欧亚经济联盟运行模式及发展前景。关于欧亚经济联盟的运行模式，王晨星、李兴基于与欧亚经济共同体的比较分析得出，欧亚经济共同体与欧亚经济联盟在职能、机构、成员国、工作人员方面存在交叉和过渡，但两者不是一码事，不能相互混淆。把欧亚经济共同体与欧亚经济联盟之间的关系简单定性为"完全承继"或"相互独立"是与事实不相符的。欧亚经济联盟与欧亚经济共同体之间存在渊源关系，然而两者又不完全一致，欧亚经济联盟是欧亚经济共同体在机制上的升级与改进，为的是使区域一体化机制更能符合本地区特点，实现因地制宜。两者目标相似，体现出成员国通过建立共同市场，在经济全球化背景下抱团取暖，恢复因苏联解体而断裂的传统经济联系，完成再工业化和后工业化两大发展任务的共同夙愿。两者发展的历史路径不同，可以看出欧亚经济联盟框架内的"渐进式"一体化进程走得更稳健。欧亚经济联盟比欧亚经济共同体更胜一筹的是创立了扩员机制，扩员不再是随意之举，而是双向选择和深思熟虑的结果，优先邀请与俄政治、军事关系紧密的独联体国家"入盟"。在法律机制方面，两者"决议"的法律效力相似，说明新独立国家不愿为一体化放弃过多国家主权，对区域一体化进程仍然存在戒备心理，然而欧亚经济联盟又与时俱进地把世贸组织相关规则纳入法律体系，这是开放姿态的体现。[87]徐向梅指出，欧亚经济联盟内部采用统一的对外贸易管理措施，其贸易救济措施，即内部市场保护措施在其中起到特殊作用，旨在消除外部商品供应对联盟内部生产商产生的负面影响。[88]

关于欧亚经济联盟的前景，学者们观点比较客观。王维然、王京梁认为俄罗斯与其他成员国的相互需求是欧亚经济联盟成立的现实动因，但是欧亚经济联盟不具备向更高层次一体化水平——货币联盟——发展的条件。[89]王海滨指出，欧亚经济联盟是具有世界影响力的国际组织，它将改变欧亚地区经济格局，提升俄罗斯的国际地位。[90]顾炜指出，欧亚经济联盟成立后对不同国家和地区采取不同的合作模式将会对地区和国际产生积极和消极两方面影响。[91]刘丹认为，在未来，欧亚经济联盟的发展也会受到外部环境，尤其是美国、欧盟、北约向独联体地区介入的风险。[92]

2. 关于欧亚经济共同体。欧亚经济共同体于2001年5月正式启动。然而，在诸多内外因素作用下，欧亚经济共同体并未真正发展起来，致使体制机制运行"空心化"，区域一体化效应微乎其微。传导到学术研究上，中国学界对欧亚经济共同体的研究成果也是凤毛麟角，并无相关著作出版。学界对欧亚经济共同体的研究集中在以下方面。

第一，国际比较视野下的欧亚经济共同体。王树春、万青松把欧亚经济共同体与上合组织进行比较，并认为这两个组织内的成员国大部分重叠、所处地域大面积交叉以及组织功能局部重合决定了上合组织与欧亚经济共同体之间存在某种程度的竞争关系。但是，这两个组织之间没有展开竞争，却表现出一定程度的合作意愿，并启动了合作进程。这种合作关系取决于两组织主导国的合作关系、美国在中亚对中俄构成的压力和两组织面临实现区域经济一体化的共同任务这三个因素。因此，两组织的关系是既竞争又合作的关系，但合作关系大于竞争关系。[93]

第二，对欧亚经济共同体发展进行形势跟踪。张宁对海关、能源及交通领域合作进行追踪分析。[94]潘广云关注欧亚经济共同体在经贸领域合作。[95]

3. 关于独联体集体安全条约组织。独联体集体安全条约组织（简称集安组织）是基于独联体集体安全条约建立的地区性国际组织，其性质是军事政治联盟。1992年5月15日，6个独联体国家在塔什干会晤时签署独联体集体安全条约。1999年，条约第一个5年期满，6国又续签了该条约。2002年5月14日，独联体集体安全条约改为独联体集体安全条约组织。目前，该组织有俄罗斯、哈萨克斯坦、白俄罗斯、吉尔吉斯斯坦、塔吉克斯坦和亚美尼亚6个成员国。中国学界对集安组织的研究可以分为两个阶段,俄格战争前有关集安组织的研究成果不多,且以资料和信息为主。"颜色革命"以后,集安组织在军事合作机制和军事能力建设方面取得较大突破,在地区事务中的存在感显著提高。2008年俄格战争引发独联体地区震荡,学术界开始对独联体展开热议,对于集安组织的研究才有所增多,但总体关注度远不及欧亚经济联盟。

中国学界对集安组织的研究主要有以下三个方向。

第一,集安组织自身的发展。中国学界密切跟踪集安组织不同时期的表现,对于其内外功能和影响及时作出客观评价。马建光等指出,集体安全条约组织已成为维护中亚地区安全稳定的重要力量,同时,也是俄罗斯维持其在中亚战略存在与安全利益的重要支撑。[96]孙壮志指出,2013年集体安全条约组织在发展军事合作、加强军事力量、应对集体安全条约组织成员国安全面临的挑战和威胁、打击非法毒品交易和非法移民、打击信息领域犯罪、消除极端和恐怖行为、协调成员国合作、增进同其他国际组织联系等方面都开展了广泛活动并取得一定成效。其认为,集安组织的军事联盟性质被进一步强化,在新的安全形势下,俄罗斯主导的独联体集体安全条约组织缺乏凝聚力;无论是俄罗斯主导的具有军事同盟性质的集安组织,还是徒具框架的欧洲安全与合作组织,都难以真正在保障中亚稳定、促进区域安全合作方面有所作为。[97]杨恕、王术森认为,集安组织是俄罗斯在独联体范围内维护地区安全与稳定的重要力量,但由于组织自身凝聚力有所下降,加之部分成员国与西方之间的合作不断加强,导致该组织对抗北约的功能呈现不断弱化的趋势。[98]

第二,集安组织与成员国的关系。学界对于俄罗斯与集安组织关系的论述相对较多。普遍认为该组织是俄罗斯外交的重点。[99]赵华胜指出,集安组织是俄罗斯倚重的多边框架之一,但政治代表性不强,参与国际政治受到较大限制。[100]集安组织成员国覆盖区域,是俄罗斯影响力发挥较为有效的地区,俄罗斯借助集安组织这一多边安全机制与自己拥有影响力的核心区国家构建了军事联盟关系。除了俄罗斯,乌兹别克斯坦与集安组织的关系也备受关注。[101]

第三,集安组织与上合组织和"丝绸之路经济带"倡议的关系。王海运提出应探讨上合组织与集安组织开展地区维稳合作的问题。[102]王树春、朱震认为两者存在功能性冲突,集安组织与上合组织之间的合作大于竞争。[103]李世强认为,上合组织与集安组织是两个独立的国际机制,安全职能方面存在一定的重叠,集安组织相对于上合组织具有一定的优势,对中国不是毫无益处,至少不是威胁。[104]李兴、牛义臣提出集安组织能否保护"丝绸之路经济带"建设的问题。他们认为,集安组织在中亚地区安全中所发挥的积极作用,客观上符合"丝绸之路经济带"建设的安全需要,"丝绸之路经济带"建设的顺利进行也将有利于集安组织的未来发展,两者可以相互借助。[105]

(三) 乌克兰问题研究

乌克兰独立后，中国与乌克兰建立外交关系。中国的科研院所根据形势变化纷纷设立针对乌克兰问题的研究机构。中国社会科学院俄罗斯东欧中亚研究所组织撰写的《俄罗斯东欧中亚国家年鉴》、《俄罗斯东欧中亚国家发展报告》、《列国志·乌克兰》[106]、《十年巨变——新东欧卷》[107]等成果中均有关于乌克兰的章节，是乌克兰研究的重要参考书目。

国内的乌克兰研究以乌克兰危机为界大体可以划分为两个阶段，乌克兰危机发生前，乌克兰研究成果不多，关注点也较分散；乌克兰危机发生后，有关乌克兰的研究呈井喷式上升，很多成果围绕乌克兰危机探讨大国关系、地缘政治、乌俄关系等问题。2015年中国社会科学院俄罗斯东欧中亚研究所召开乌克兰学科建设学术研讨会。2016年中国社会科学院把乌克兰学科列为特殊学科。国内一些高校相继设立了乌克兰研究中心。[108]全国范围内出版了一批有关乌克兰历史、政治、经济以及俄乌关系等的专题性著作。[109]

中国学界对乌克兰的研究主要集中在三个方面：一是乌克兰国情，包括乌克兰的国际地位、历史、政治、经济、外交、社会、语言文化等；二是乌克兰与世界的关系，包括乌俄关系、乌欧关系、乌美关系、乌克兰与北约关系等；三是中国与乌克兰的关系。

乌克兰国情研究方面，成果颇丰。论文《乌克兰在欧亚大陆的地缘政治地位和地缘战略》较早关注到乌克兰的重要战略地位。[110]赵云中的《乌克兰：沉重的历史脚步》（华东师范大学出版社2005年版）是首部中国学者撰写的乌克兰历史著作，所述时段涵盖远古时期至20世纪20年代。此外，中国还翻译出版了外国学者撰写的乌克兰历史著作。[111]经济领域，学者们主要关注乌克兰宏观经济、产业结构、所有制改革、税法、财务会计制度、公司治理等问题。[112]

政治领域，中国学者主要关注政治制度、"橙色革命"、乌克兰危机等主题，其中有关乌克兰危机的成果数量最多，其次是"橙色革命"。关于乌克兰的政治制度和政治生态，学者们主要从政体、选举、政党、精英、寡头、地方治理、政治稳定等视角进行观察。乌克兰宪法最初确定乌克兰政体为总统议会制，后经历三次调整，目前为议会总统制。赵会荣认为，当前乌克兰政治的基本特征是，政治制度回归议会总统制；政治力量西升东落；政治极化；政治寡头化；内政同质化，外交亲西抗俄；政治的独立性减弱，对外依附性增强。乌克兰政党制度发育迟缓，政党林立，呈碎片化状态。政党在法律意义上具有全国属性，但在实践中只具有地区属性。[113]叶麒麟通过比较分析得出结论，乌克兰的弱政党政治无法弥合社会分裂。[114]杨雷指出，乌克兰的政治精英无力建立高效的威权政治体系，责任意识较弱，缺乏明确和坚定的政治立场，热衷现实利益，彼此不够团结，导致政治发展始终走不出激烈政治斗争的旋涡。[115]李秀蛟指出，乌克兰的寡头不仅是富可敌国的商人，还有重要的政治身份——政党的组织者、领导者或拉达议员、政府要员。乌克兰寡头不仅通过实力雄厚的金融工业集团控制国民经济命脉,掌控媒体舆论工具,同时,每一个体面的寡头都拥有自己的军队,这使得他们在乌克兰经济改革过程中能够更为有效地捍卫自己的利益。[116]寡头或走上前台或躲在幕后成为政治斗争的主要推手。地方分立、民族国家认同和发展道路问题是乌克兰政治研究中的主要问题,中国学者对此问题的探讨不断深入。[117]政治文化的多元性以及地区亚文化存在的冲突性是导致乌克兰冲突的主要原因之一,能否在混合、多元的文化中找到一致性从而建立起民族国家认同是关系到乌克兰独立与稳定的关键问题。

"橙色革命"是后苏联空间"颜色革命"的重要组成部分,相对于格鲁吉亚的"玫瑰革命"和吉尔吉斯斯坦的"郁金香革命",乌克兰的"橙色革命"影响更广。西方学者一般认为"橙色革命"是和平的民主革命,中国学者则倾向于把"橙色革命"看作一场政治危机,认为乌克兰的经济、社会、腐败、政治斗争等国内问题是引发"橙色革命"的主要因素,俄罗斯与西方之间的地缘政治较量是外部因素,美国及其盟国的直接干预是"橙色革命"发生的外部原因,"橙色革命"对乌克兰以及后苏联地区的稳定产生了消极影响。[118]

乌克兰危机是苏联解体后欧亚地区转型发展和欧洲安全体系演变的重大事件。[119]它不仅冲击到学术界对于国际格局、地缘政治、大国关系、民族国家构建、国家治理、国际法等问题的认识,也引发了学者们对于有关理论问题的深度思考。中国学界普遍认为乌克兰危机具有复杂性和综合性,源于国内、国外一系列政治经济变动和复杂历史文化因素的相互交织,内因为主,外因为辅,并从权力与资本关系、央地关系、国家治理、地缘政治、制度转型、历史文化、国家认同、国际秩序、帝国研究、大国因素等多元化的视角进行分析。[120]一些学者指出乌克兰危机引起俄罗斯外交战略的重大调整以及俄罗斯与西方关系的转折性变化,对全球地缘政治和国际关系格局的影响是深远的。[121]也有学者通过分析乌克兰危机透视俄罗斯的外交政策、美国的外交政策、美俄关系和欧俄关系。[122]

在乌克兰与世界的关系方面,乌俄关系最受学界重视,研究成果丰硕。有成果认为,乌俄关系20余年来曲折的发展历程既受到历史因素的影响,也是两国在战略定位上存在根本矛盾的必然结果。乌美关系、乌克兰与欧盟及北约的关系也有成果论及。[123]学者们普遍认为,乌克兰加入欧盟和北约的可能性不能排除,但道路坎坷。关于中乌关系,学者们一致认为"一带一路"倡议的提出给中乌关系的发展带来契机,未来双边合作有很大的潜力。[124]

30多年来,中国的乌克兰研究经历了从介绍国情起步,到抓住基本问题进行专题性研究,再到从现象到本质的理论探索的艰辛路程,取得了长足的进步。这主要体现在:研究对象的选择趋于多元化,宏观层面与微观层面紧密结合;基础研究与应用研究齐头并进;问题意识、历史意识和全局意识逐渐突出;研究视角和研究方法日益丰富,运用跨学科方法和理论思考越来越多。不过,要构建有中国特色的乌克兰学科,中国学界还需要在资源整合、人才培养、跨学科交流等方面继续做出努力,不断提升研究的科学性、系统性、综合性和理论性。

（四）"丝绸之路经济带"与欧亚经济联盟对接研究

2015年5月，"丝绸之路经济带"与欧亚经济联盟正式启动对接合作。"一带一盟"对接合作研究很快成为中国学界关注的新议题及研究重点，相关学术成果和讨论也较多。学者从对接机制、功能领域、机遇风险等多个方面，就"一带一盟"对接合作问题进行了深入研究。

从宏观层面来看，大多数学者对推动两者对接持积极态度。李永全指出，"丝绸之路经济带"与欧亚经济联盟是两个不同的合作形式。前者谋求的是互利共赢的经济合作，而后者是追求具有政治、经济、文化、安全等多领域密切合作的一体化进程。二者的利益并不矛盾，完全可以实现协同发展，并共同应对来自不同方向的各种挑战。[125] 李兴指出，欧亚经济联盟的组织建设将有利于"丝绸之路经济带"建设。欧亚经济联盟统一经济空间，对外采取统一的经济政策，有利于中国与它们整体发展经济关系。"丝绸之路经济带"是中国在总结、吸收、整合国内外各种关于丝绸之路的主张、倡议的基础上提出来的，可以说是最具有包容性、可行性和可持续性的国家构想。两者的博弈是客观存在的，然而这种博弈是多层次博弈、重复博弈、正和博弈。[126]

刘清才、支继超认为，"丝绸之路经济带"和欧亚经济联盟对接合作具有良好的现实基础，在对接合作进程中应该遵循开放包容、市场主导、平等互利、合作共赢等原则。对接合作机制应该由以下三个层次构成，即中国与欧亚经济联盟对话合作机制、中国与欧亚经济联盟成员国对话合作机制以及中国与欧亚经济联盟各国企业和金融机构间的对话合作机制。其中交通运输基础设施建设、贸易便利化、投资和产能合作、金融领域合作应该成为对接合作的优先领域。[127] 张宁、张琳关注对接合作的基本原则和实施路径。注重实体项目、推动区域和全球多边的规则合作、推动自贸区建设构成对接合作的基本原则，"对接"包含战略对接、项目对接、信息对接和机制对接等四部分内容，具体到实践中，可以在以下领域发力，即发展工业园区、加强基础设施合作、加强产能合作、加强金融合作、加大"走出去"与"引进来"力度。[128]

李新认为，世界经济区域一体化发展趋势客观地为实现"丝绸之路经济带"与欧亚经济联盟对接创造了必要条件。在具体路径方面，一是软环境对接，即在中国与欧亚经济联盟对话和上合组织框架内讨论贸易、投资规则和商品技术标准的对接，实现贸易投资便利化，以及商品、资本和技术、服务自由流动，从上合自贸区经过经济伙伴关系到整个欧亚大陆经济空间；二是硬环境对接，即务实推进六大经济走廊贯通整个欧亚共同经济空间，实现基础设施互联互通，推进产能合作，促进中国对相关国家的投资。[129] 李建民认为，上合组织是推动"一带一盟"对接合作的重要平台，原因是上合组织与欧亚经济联盟在成员国、地域涵盖、经济功能方面有重合，况且上合组织已经完成区域经济合作的法制化和机制化建设，形成了比较完善的组织架构，有条件成为"一带一盟"对接合作的平台。在具体对接领域方面，有互联互通、电力、农业，以及金融四大领域。[130]

王维然提出应该在以下领域进行重点对接：对发展经济的认识对接，建立扩大开放的发展共识；有利于经济增长的制度对接；重视工业合作对接。[131]秦放鸣、冀晓刚指出互联互通、能源、贸易、产能是"一带一盟"对接的重点方向。[132]陆南泉更进一步指出，交通基础设施和能源两大领域是"一带一盟"对接合作的核心领域。[133]吴大辉、祝辉指出能源合作是"一带一盟"对接合作的基石。[134]张艳璐关注人文因素在"一带一盟"对接过程中的作用。[135]

注　释

[1] 彭明：《中苏友谊史》，人民出版社1957年版；曹锡珍：《中苏外交史》，世界知识出版社1951年版；余元安：《中俄两国人民友好关系三百年》，《历史研究》1957年第11期。

[2] 荣孟源：《俄国一九零五年革命对中国的影响》，《历史研究》1954年第2期；黎澍：《一九〇五年俄国革命和中国》，《历史研究》1955年第1期；刘弄潮：《十月革命对中国五四运动的鼓舞》，《历史教学》1954年第5期；陈慧生：《十月革命对中国先进分子的影响》，《历史研究》1957年第11期；丁守和、殷叙彝、张伯昭：《十月革命对中国革命的影响》，《历史研究》1957年第10期；刘文英：《十月革命与五四运动》，《历史教学问题》1959年第4期；黎澍：《十月革命与中国工人运动》，《历史研究》1958年第2期；等等。

[3] 林耀华：《苏联民族学近年来的成就》，《历史研究》1956年第10期；潘润涵：《苏联史学界重新评价伊万四世的讨论》，《历史研究》1957年第7期；陈启能：《关于苏联苏维埃时期史学史分期问题的讨论》，《历史研究》1961年第1期；等等。这种文章很多，不一一列举。

[4] [苏联] А. П. 西多罗夫：《列宁论俄国军事封建帝国主义》，孙成木译，《历史研究》1962年第2期；丁守和：《列宁和民族解放运动》，《历史研究》1964年第2期；等等。

[5] 据笔者的不完全统计，这一时期出现的重要作品如下。孙成木等：《十月革命史》，生活·读书·新知三联书店1980年版；张义德主编：《苏联现代史（1917—1945）》，吉林文史出版社1988年版；柳植：《苏联社会主义道路研究》，陕西师范大学出版社1989年版；林军：《中苏关系（1689—1989）》，黑龙江教育出版社1989年版；林军：《中苏外交关系（1917—1927）》，黑龙江人民出版社1990年版；陈之骅主编：《苏联史纲（1917—1937）》（上、下），人民出版社1991年版；叶书宗、张盛发：《锤子和镰刀——苏维埃文化与苏维埃人》，浙江人民出版社1991年版；周尚文、叶书宗、王斯德：《新编苏联史（1917—1985）》，上海人民出版社1990年版（此书后来又进行了增补，更名为《苏联兴亡史》，将下限一直延伸到苏联解体）；刘克明、金挥主编：《苏联政治经济体制七十年》，

中国社会科学出版社1990年版；金挥、陆南泉、张康琴主编：《苏联经济概论》，中国财政经济出版社1985年版。

[6] 工具书如下。夏林根、于喜元主编：《中苏关系辞典》，大连出版社1990年版；陈之骅主编：《苏联历史词典》，吉林文史出版社1991年版。重要的资料如下。陆南泉等编：《苏联国民经济发展七十年》，机械工业出版社1988年版；中国社会科学院世界经济与政治研究所编：《苏联和主要资本主义国家经济历史统计集（1800—1982年）》，人民出版社1989年版；孟宪章主编：《中苏贸易史资料》，中国对外经济贸易出版社1991年版。

[7] 白述礼：《略论十月革命的历史前提》，《宁夏大学学报（人文社会科学版）》1988年第1期；夏景才：《试论十月社会主义革命的前提和特点》，《东北师大学报（哲学社会科学版）》1984年第3期；丁士超：《俄国的资本主义和十月社会主义革命》，《史学月刊》1992年第5期；傅树政：《论俄国社会主义革命前提的几个问题》，《史学集刊》1984年第2期；丁笃本：《苏联选择社会主义的历史必然性》，《湖南师范大学社会科学学报》1990年第6期；柳植：《十月革命与历史的选择性》，《历史研究》1988年第5期；李植枬、胡才珍：《十月革命是世界历史的产物》，《武汉大学学报（哲学社会科学版）》1988年第5期；吴仁彰：《十月革命与苏联模式的改革》，《苏联东欧问题》1987年第6期；徐葵：《社会主义实践七十年——纪念苏联十月革命70周年》，《苏联东欧问题》1987年第5期。

[8] 荣欣：《功绩有限 错误严重》，《世界历史》1981年第1期；姜义华：《列宁主义与"战时共产主义"》，《复旦学报（社会科学版）》1981年第1期；姜长斌：《"战时共产主义"体制和直接过渡思想研究》，《苏联东欧问题》1987年第2期；李树藩：《战时共产主义政策的终结与新经济政策的实施》，《苏联东欧问题》1987年第2期；谢有实：《"战时共产主义"是一种功劳》，《世界历史》1981年第1期；叶书宗、王斯德：《也论列宁主义与"战时共产主义"》，《世界历史》1982年第3期；王树桐、钱亚军：《评"战时共产主义"与直接过渡道路》，载《世界历史》编辑部编《苏联现代史论文集》，生活·读书·新知三联书店1985年版。

[9] 柳植：《在小生产占优势的国家怎样建立社会主义的经济基础？——学习列宁著作的笔记》，《陕西师范大学学报（哲学社会科学版）》1979年第1期；于沛：《列宁社会主义经济建设思想的发展》，载《世界历史》编辑部编《苏联现代史论文集》，生活·读书·新知三联书店1985年版；薛妮珍：《略论列宁领导社会主义建设的思想和实践》，《江西师范大学学报（哲学社会科学版）》1985年第2期；施九青：《列宁关于社会主义道路的理论和实践》，《山东师范大学学报（哲学社会科学版）》1985年第6期；李子猷：《列宁对过渡时期的和社会主义的商品货币关系的探索》，《陕西师范大学学报（哲学社会科学版）》1985年第3期；等等。

[10] 柳植:《论列宁的最后思想》,《世界历史》1987年第5期;郑异凡:《列宁"遗嘱"考》,《世界历史》1987年第6期。

[11] 姚海:《列宁与民族问题》,《史学集刊》1989年第2期;白坚:《列宁晚年解决苏联民族问题的两个原则》,《西北大学学报(哲学社会科学版)》1989年第3期;陈联璧:《列宁的民族自决权思想新议》,《苏联东欧问题》1989年第4期;叶伯华:《略谈列宁对待知识分子的政策》,《苏联历史问题》1993年第3—4期。吴仁彰:《列宁论苏联社会主义国家所有制》,《世界历史》1984年第2期;董晓阳:《列宁对社会主义自治思想的继承和发展》,《苏联东欧问题》1989年第6期。

[12] 郑异凡:《有关布哈林的若干问题》,《世界历史》1981年第1期;郑异凡:《列宁和布哈林在国家问题上的分歧及其消除》,《世界历史》1983年第4期;郑异凡:《论布哈林社会主义经济建设思想》,《世界历史》1984年第4期;周耀明:《也谈谈有关布哈林的若干问题——与郑异凡同志商榷》,《兰州学刊》1982年第2期;王炳煜、陈凤荣:《关于列宁和布哈林在国家问题上的争论》,《世界历史》1981年第6期;李振海:《实事求是地评述列宁和布哈林在国家问题上的争论》,《世界历史》1983年第4期;张镇强:《布哈林的"和平长入社会主义"符合马克思主义理论》,《世界历史》1981年第6期;周耀明:《布哈林的"和平长入社会主义"决不是马克思主义理论》,《世界历史》1981年第6期。

[13] 姜长斌:《论十月革命的道路和斯大林模式若干问题》,《史学理论》1988年第3期。

[14] 吴仁彰:《斯大林时期苏联政治经济体制初探》,《苏联东欧问题》1985年第2期。

[15] 参见刘克明《赫鲁晓夫执政时期苏联社会主义的几个问题》,《苏联东欧问题》1986年第1期、第2期;徐庶《是恢复、调整,还是改革突破——对"赫鲁晓夫政治体制改革"说的质疑》,《苏联东欧问题》1987年第4期;徐天新《赫鲁晓夫和斯大林模式》,《苏联历史问题》1987年第1期;柳植《赫鲁晓夫、社会主义改革与历史研究》,《苏联历史问题》1990年第3—4期;邢广程《矛盾的改革年代和矛盾的改革人物——对赫鲁晓夫改革的总体评价》,《苏联历史问题》1991年第3—4期;袁奋光《重评赫鲁晓夫的"秘密报告"》,《苏联东欧问题》1987年第1期;邢广程《关于赫鲁晓夫反对个人崇拜的几个问题》,《苏联东欧问题》1987年第2期。

[16] 著作如中国社会科学院俄罗斯东欧中亚研究所编《苏联民族问题文献选编》,社会科学文献出版社1987年版。重要文章如赵常庆《苏联学术界对国内民族理论问题的反思与探索》,《苏联东欧问题》1990年第1期;赵常庆《苏联学术界讨论国内民族问题》,《国外社会科学》1989年第10期;董晓阳、刘庚岑《浅谈苏联波罗的海地区民族争取独立的斗争》,《苏联东欧问题》1982年第2期;刘庚岑《浅议苏联各加盟共和国通过的"独立宣言"或"主权宣言"》,《苏联东欧问题》1991年第2期;董晓阳《赫鲁晓夫时期民族

政策初探》,《苏联东欧问题》1985年第3期;陈联璧《苏维埃联邦制问题新探》,《苏联东欧问题》1990年第5期;陈联璧《当前苏联民族问题探讨》,《苏联东欧问题》1990年第1期;沈晋《苏联民族语言问题的历史与现时》,《苏联东欧问题》1991年第6期;等等。

[17] 肖桂森:《苏共改革党的建设工作》,《苏联东欧问题》1989年第5期;肖桂森:《苏联领导干部的培训工作》,《苏联东欧问题》1982年第6期;陈联璧、吕强:《勃列日涅夫时期的干部制度》,《苏联东欧问题》1986年第1期;刘庚岑:《苏联国家最高行政管理机关的历史演变》,《苏联东欧问题》1991年第5期;刘庚岑:《苏联最高权力机关的历史演变》,《苏联东欧问题》1989年第3期。

[18] 谢有实:《实践对"新经济政策"的修正》,《世界历史》1981年第5期;闵宝利、何宝骥、李英才:《列宁新经济政策理论的初探》,《东北师大学报(哲学社会科学版)》1980年第3期;何保罗、叶伯华:《关于苏俄新经济政策的几个问题》,《苏州大学学报(哲学社会科学版)》1984年第4期。

[19] 金雁:《关于苏联集体化前夕富农经济"自行消灭"问题》,《陕西师范大学学报(哲学社会科学版)》1988年第1期;闻一:《是富农,还是走上富裕道路的农民?——苏联二十年代农村阶级关系变化剖析》,《世界历史》1986年第1期;姜长斌:《关于苏联的富农阶级问题》,《苏联东欧问题》1990年第6期;黄立茀:《苏联新经济政策时期农村的雇佣关系》,《历史研究》1988年第5期。

[20] 吴恩远:《论耐普曼的组成、性质及作用》,《世界历史》1987年第4期;闻一:《对"耐普曼"的再认识》,《社会科学》1984年第8期。

[21] 参见《世界历史》编辑部编《苏联现代史论文集》,生活·读书·新知三联书店1985年版。

[22] 卢文璞:《新经济政策的产生、实施及其意义》,载《世界历史》编辑部编《苏联现代史论文集》,生活·读书·新知三联书店1985年版;沈志华:《关于苏联新经济政策的断限问题》,《苏联东欧问题》1986年第4期。

[23] 吴仁彰:《关于三十年代苏联的农业集体化的几个问题》,载《世界历史》编辑部编《苏联现代史论文集》,生活·读书·新知三联书店1985年版;姜长斌:《从新经济政策到农业全盘集体化运动》,载《世界历史》编辑部编《苏联现代史论文集》,生活·读书·新知三联书店1985年版。

[24] 吴恩远:《关于苏联农业全盘集体化的两个问题》,《世界历史》1984年第6期。

[25] 陆南泉:《对八十年代苏联经济若干问题的分析》,《世界经济》1983年第12期;陆南泉:《苏联经济管理体制对其技术发展的影响》,《世界经济》1982年第11期;陆南泉:《近几

年来苏联东欧国家经济改革理论的发展》,《马克思主义研究》1985年第3期;高中毅:《苏联奖金制度的沿革》,《苏联东欧问题》1982年第2期;高中毅:《苏联国民经济中的严重浪费现象》,《苏联东欧问题》1982年第3期;陆南泉:《工业和建筑业的大改组》,《世界历史》1989年第1期。

[26] 刘克明:《浅析苏联霸权主义的根源》,《苏联东欧问题》1983年第2期;邢书纲:《关于苏联全球扩张战略的几个问题》,《苏联东欧问题》1981年第1期;邢书纲:《关于苏联对外政策性质的探讨》,《苏联东欧问题》1987年第6期;李静杰:《当前苏联对外政策中的若干问题》,《苏联东欧问题》1984年第3期;李静杰:《改革时期苏联内外政策的辩证关系》,《苏联东欧问题》1988年第2期。

[27] 方铭:《关于苏俄两次对华宣言和废除中俄不平等条约问题——兼答苏联学者》,《历史研究》1980年第6期;薛衔天:《试论"苏俄第一次对华宣言"内容变化问题》,《社会科学战线》1991年第3期。

[28] 朱瑞真、单令魁:《一九四五年的中苏友好同盟条约》,《苏联东欧问题》1984年第2期;潘志平:《关于1945年中苏友好同盟条约的评价》,《世界史研究动态》1985年第9期。

[29] 郑羽:《赫鲁晓夫执政年代相互对峙的苏美军事战略论述》,《苏联东欧问题》1990年第3期;郑羽:《赫鲁晓夫时期苏美经济关系述论》,《苏联东欧问题》1991年第2期。

[30] 单令魁、朱瑞真:《苏联的新政治思维与中苏关系》,《苏联东欧问题》1988年第4期;单令魁、朱瑞真:《新时期的中苏关系》,《苏联东欧问题》1989年第2期;李静杰:《戈尔巴乔夫访华和新型的中苏关系》,《苏联东欧问题》1989年第4期。

[31] 重要的文件集如下。沈志华执行总主编:《苏联历史档案选编》(34卷),社会科学文献出版社2002年版;薛衔天、李嘉谷等编《中苏国家关系史资料汇编》1917—1924年卷、1933—1945年卷、1945—1949年卷,中国社会科学出版社1993年版、1997年版、1996年版;沈志华主编:《俄罗斯解密档案选编:中苏关系》(12卷),中国出版集团东方出版中心2015年版;《中国与苏联关系文献汇编(1949年10月—1951年12月)》,世界知识出版社2009年版;《中国与苏联关系文献汇编(1952年—1955年)》,世界知识出版社2015年版;中共中央党史研究室第一研究部组织翻译和编辑的21卷本《共产国际、联共(布)与中国革命档案资料丛书》,中共党史出版社2020年版。

[32] 据笔者的不完全统计有如下文献。江流、徐葵、单天伦主编:《苏联剧变研究》,社会科学文献出版社1994年版;宫达非主编:《中国著名学者:苏联剧变新探》,世界知识出版社1998年版;陆南泉、姜长斌主编:《苏联剧变深层次原因研究》,中国社会科学出版社1999年版;陆南泉、姜长斌、徐葵等主编:《苏联兴亡史论》,人民出版社2002年版;陈之骅、吴恩远、马龙闪主编:《苏联兴亡史纲》,中国社会科学出版社2004年版;韩克

敌:《美国与苏联解体》,经济管理出版社2011年版;等等。

[33] 主要专著如下。沈志华:《新经济政策与苏联农业社会化道路》,中国社会科学出版社1994年版;赵常庆、陈联璧、刘庚岑、董晓阳:《苏联民族问题研究》,社会科学文献出版社1996年版;白建才主编:《美苏冷战史》,陕西师范大学出版社1996年版;陈之骅主编:《苏联史纲(1953—1964)》,人民出版社1996年版;马龙闪:《苏联文化体制沿革史》,中国社会科学出版社1996年版;郑异凡:《布哈林论稿》,中央编译出版社1997年版;姜长斌主编:《斯大林政治评传(1879—1953)》,中共中央党校出版社1997年版;邢广程:《苏联高层决策七十年》(五卷本),新华出版社1998年版;陈之骅主编:《勃列日涅夫时期的苏联》,中国社会科学出版社1998年版;郑羽:《从对抗到对话:赫鲁晓夫执政时期的苏美关系》,中国社会科学出版社1998年版;张盛发:《斯大林与冷战》,中国社会科学出版社2000年版;左凤荣:《致命的错误——苏联对外战略的演变与影响》,世界知识出版社2001年版;吴伟:《苏联与"波兰问题"(1939—1945)》,世界知识出版社2002年版;沈志华主编:《中苏关系史纲(1917—1991)》,新华出版社2007年版;沈志华:《苏联专家在中国(1948—1960)》,中国国际广播出版社2003年版;马龙闪:《苏联剧变的文化透视》,中国社会科学出版社2005年版;黄立茀:《苏联社会阶层与苏联剧变研究》,社会科学文献出版社2006年版;薛衔天、金东吉:《民国时期的中苏关系史》,中共党史出版社2009年版;张泽宇:《留学与革命——20世纪20年代留学苏联热潮研究》,人民出版社2009年版;徐曰彪编:《中苏历史悬案的终结》,中共党史出版社2010年版;李玉贞:《国民党与共产国际(1919—1927)》,人民出版社2012年版;周尚文等编著:《新中国初期"留苏潮"实录与思考》,华东师范大学出版社2012年版;姚海:《俄国革命》,人民出版社2013年版;郑异凡:《新经济政策的俄国》,人民出版社2013年版;徐天新:《斯大林模式的形成》,人民出版社2013年版;叶书宗:《勃列日涅夫的十八年》,人民出版社2013年版;左凤荣:《戈尔巴乔夫改革时期》,人民出版社2013年版;梁强:《苏联与大同盟(1941—1946年)——基于新解密档案的研究》,中国社会科学出版社2014年版;左凤荣、刘显忠:《从苏联到俄罗斯:民族区域自治问题研究》,社会科学文献出版社2015年版;张举玺等:《苏联晚期媒介生态与体制》,中国社会科学出版社2016年版;赵玉明:《西伯利亚的"罪与罚":苏联地区日本战俘问题研究(1945—1956)》,中国社会科学出版社2018年版。

[34] 吴恩远:《苏联"三十年代大清洗"人数考》,《历史研究》2002年第5期;郑异凡:《论斯大林镇压问题研究中的某些概念和方法》,《历史研究》2005年第5期;马龙闪:《苏联"大清洗"受迫害人数再考察》,《历史研究》2005年第5期;吴恩远:《苏联"大清洗"问题争辩的症结及意义》,《历史研究》2006年第6期;郑异凡:《斯大林时期镇压规

考》,《世界历史》2003年第4期;吴恩远:《从档案材料看苏联30年代大清洗数字的夸大——兼答郑异凡先生》,《世界历史》2003年第4期。

[35] 张盛发:《关于帝国主义三次联合武装进攻苏俄问题的再思考》,《东欧中亚研究》1997年第1期;徐天新:《评"十四国武装干涉苏俄"及其它》,《历史教学问题》2004年第3期;姚海:《俄国革命中的德国经费问题》,《史学月刊》2012年第6期;徐天新:《"德国金钱"与布尔什维克的革命谋略》,《历史教学问题》2012年第1期。

[36] 有关"一国社会主义"的争论参见郑异凡《"一国建成社会主义"理论中的若干问题》,《当代世界社会主义问题》1995年第4期、1996年第1期;陈开仁《实事求是地评价"一国建成社会主义"理论——与郑异凡同志商榷》,《当代世界社会主义问题》1995年第2期;陈开仁《关键在于实事求是——再论"一国建成社会主义理论"的有关问题》,《当代世界社会主义问题》1996年第4期;左凤荣《也评斯大林"一国建成社会主义"理论——与陈开仁同志商榷》,《当代世界社会主义问题》1996年第2期;林建华《历史地、辩证地认识斯大林"一国建成社会主义"理论》,《当代世界社会主义问题》1996年第4期。

[37] 邢广程:《目标偏移和结构缺陷——从系统的观点研究苏联模式》,《东欧中亚研究》2001年第2期;吴恩远:《冲击"斯大林模式"的首次尝试》,《世界历史》1994年第1期;闻一:《对马林科夫评价之我见——与吴恩远同志商榷》,《世界历史》1995年第5期。

[38] 张建华:《论苏联联邦制变形的历史原因》,《东欧中亚研究》1999年第4期;余伟民:《在帝国废墟上重整山河》,《华东师范大学学报(哲学社会科学版)》1999年第4期;杨恕:《关于苏联联邦制的再思考》,《俄罗斯中亚东欧研究》2003年第4期;张祥云:《关于苏联联邦制的几点思考》,《世界民族》2004年第6期;初智勇:《苏联民族联邦制浅析》,《西伯利亚研究》2004年第2期;刘显忠:《对列宁斯大林在建立联盟问题上分歧的再认识——兼论苏联联邦体制的问题和缺陷》,《史学月刊》2013年第4期;韩克敌:《民族问题 苏联之殇——再谈苏联解体的原因》,《俄罗斯东欧中亚研究》2013年第6期;左凤荣:《苏联民族理论与民族区域自治政策的得失》,《当代世界社会主义问题》2014年第4期;刘显忠:《20世纪20—30年代苏联"本土化"政策在乌克兰的实践》,《俄罗斯东欧中亚研究》2014年第4期;刘显忠:《列宁的民族自决权理论及其在苏联的实践》,《俄罗斯学刊》2016年第4期;王希恩:《列宁和斯大林对"民族文化自治"的批判》,《民族研究》2018年第4期。

[39] 柳植:《1917年俄国革命原因与后果的相悖现象》,《东欧中亚研究》1998年第5期;陈金龙:《十月革命与中国共产党早期革命话语的建构》,《历史研究》2018年第4期;张盛发:《从"十月革命"到"俄国大革命"——俄罗斯修改十月革命名称和定义》,《俄罗斯

学刊》2018年第6期；刘显忠：《俄罗斯对1917年俄国革命研究的百年变化》，载孙壮志主编《俄罗斯发展报告（2018）》，社会科学文献出版社2018年版；吴伟：《中国报刊即时报道中的1917年俄国革命》，《历史教学（下半月刊）》2019年第2期；叶书宗：《大历史视野下的十月革命与当代文明》，《史林》2017年第3期；余伟民：《十月革命对20世纪世界历史的影响》，《史林》2017年第3期；姚海：《从列宁的认识发展看十月革命的特殊性》，《史林》2017年第3期；等等。

[40] 徐天新：《苏联农业现代化历史经验的初步探讨》，载罗荣渠主编《各国现代化比较研究》，陕西人民出版社1993年版；沈志华：《试论苏联新经济政策时期的富农问题》，《世界历史》1994年第4期；刘克明：《苏联社会主义由盛转衰的根源》，《世界历史》1996年第4期；张盛发：《20世纪上半叶"世界革命"的理论和实践问题》，《东欧中亚研究》1998年第3期；马龙闪：《从斯大林到戈尔巴乔夫：历史的辩证的演化——有关苏联剧变根源的几点思考》，《东欧中亚研究》1998年第2期；吴恩远：《论戈尔巴乔夫的"加速发展战略"》，《中国社会科学》2000年第5期；王桂香：《"贝利亚事件"的历史考察》，《俄罗斯东欧中亚研究》2011年第1期；张盛发：《苏共中央对传达赫鲁晓夫秘密报告后所出现问题的应对和处理——写在苏共20大召开60周年之际》，《俄罗斯学刊》2016年第6期；张盛发：《60年前苏联国内对赫鲁晓夫秘密报告的反应——写在苏共20大召开60周年之际》，《俄罗斯学刊》2016年第5期；白晓红：《早期苏维埃文化的基本特征》，《俄罗斯学刊》2011年第4期；白晓红：《苏联早期文化中的虚无主义倾向》，《俄罗斯学刊》2017年第5期；等等。

[41] 重要的成果有王真《抗战初期中苏在苏联参战问题上的分歧》，《历史研究》1994年第6期；沈志华《苏联出兵中国东北：目标和结果》，《历史研究》1994年第5期；张盛发《建国初期中苏两国的龃龉和矛盾及其历史渊源》，《东欧中亚研究》1999年第5期；沈志华《毛泽东、赫鲁晓夫与一九五七年莫斯科会议》，《历史研究》2007年第6期；张盛发《中长铁路归还中国的历史考察》，《历史研究》2008年第4期；陈晖《马歇尔使华与苏联对华政策》，《历史研究》2008年第6期；刘显忠《中东路事件研究中的几个问题》，《历史研究》2009年第6期；刘显忠《中东路事件与黑瞎子岛问题之史实澄清》，《俄罗斯学刊》2018年第5期；等等。

[42] 曹胜强：《论1939年苏联的外交选择》，《史学集刊》1997年第4期；王哲：《试论三十年代苏联的"集体安全"政策——兼评〈苏德互不侵犯条约〉的签订》，《史学集刊》1995年第2期；徐天新：《论苏联在二战结束前后的对外政策》，《世界历史》1995年第5期；张盛发：《雅尔塔体制的形成与苏联势力范围的确立》，《历史研究》2000年第1期；等等。

[43] 李明滨:《北京大学"俄罗斯学"发展历程》,载李永全主编《"俄罗斯学"在中国》,社会科学文献出版社 2017 年版。

[44] 其中主要的专著如下。陆南泉主编:《独联体国家向市场经济过渡研究》,中共中央党校出版社 1994 年版;陆南泉、李建民、朱晓中:《经济转轨的进程与难题》,黑龙江教育出版社 1996 年版;薛君度、陆南泉主编:《新俄罗斯:政治·经济·外交》,中国社会科学出版社 1997 年版。

[45] 张慧君:《俄罗斯转型进程中的国家治理模式演进》,经济管理出版社 2009 年版。

[46] 景维民、许源丰:《俄罗斯国家治理模式的演进及其对中国的启示》,《俄罗斯中亚东欧研究》2009 年第 1 期。

[47] 杨光斌、郑伟铭:《国家形态与国家治理:苏联—俄罗斯转型经验研究》,《中国社会科学》2007 年第 4 期。

[48] 景维民、张慧君:《国家权力与国家能力:俄罗斯转型期的国家治理模式演进——兼论"梅—普"时代的国家治理前景》,《俄罗斯研究》2008 年第 3 期。

[49] 朱晓中:《转型九问:写在中东欧转型 20 年之际》,《俄罗斯中亚东欧研究》2009 年第 6 期。

[50] 陆南泉:《对俄罗斯经济转轨若干重要问题的看法》,《经济社会体制比较》2010 年第 2 期。

[51] 孔田平:《制度变迁与经济转轨:对原苏联和东欧 10 年经济转轨的思考》,《东欧中亚研究》2001 年第 1 期。

[52] 田春生:《关于俄罗斯制度移植的评析》,《俄罗斯中亚东欧研究》2007 年第 4 期。

[53] 田春生:《论俄罗斯新制度安排及其特点》,《俄罗斯研究》2006 年第 2 期。

[54] 参见潘德礼主编《俄罗斯十年》,世界知识出版社 2003 年版;许志新主编《重新崛起之路——俄罗斯发展的机遇与挑战》,世界知识出版社 2005 年版;张树华、刘显忠《当代俄罗斯政治思潮》,新华出版社 2003 年版;冯绍雷、相蓝欣主编《俄罗斯经济转型》,上海人民出版社 2005 年版;白晓红《俄国斯拉夫主义》,商务印书馆 2006 年版;庞大鹏《从叶利钦到普京:俄罗斯宪政之路》,长春出版社 2005 年版。此外,还有《叶利钦时代的俄罗斯》、《俄罗斯与当代世界》、《新俄罗斯》、《制度变迁与对外关系——1992 年以来的俄罗斯》、《冷眼向洋》(下卷,第三部)、《俄罗斯利益集团》、《俄罗斯联邦宪政制度》、《车臣始末》、《俄罗斯国家安全决策机制》等。

[55] 参见[俄]谢·格拉济耶夫《俄罗斯改革的悲剧与出路——俄罗斯与新世界秩序》,佟宪国、刘淑春译,经济管理出版社 2003 年版;[俄]米哈伊尔·杰里亚金《后普京时代——俄罗斯能避免橙绿色革命吗?》,金禹辰、项红译,社会科学文献出版社 2006 年

版;[俄]列昂尼德·姆列钦《权力的公式:从叶利钦到普京》,徐葵等译,新华出版社、中国财政经济出版社2001年版;[英]卡瑟琳·丹克斯《转型中的俄罗斯政治与社会》,欧阳景根译,华夏出版社2003年版;[俄]格·萨塔罗夫《叶利钦时代》,高增训等译,东方出版社2002年版;[俄]德·谢·利哈乔夫《俄罗斯思考》,杨晖、王大伟等译,军事谊文出版社2002年版;[俄]安德兰尼克·米格拉尼扬《俄罗斯现代化之路:为何如此曲折》,徐葵、张达楠等译,新华出版社2002年版;[俄]Л.Я.科萨尔斯、P.B.雷芙金娜《俄罗斯:转型时期的经济与社会》,石天、董英辅等译,经济科学出版社2000年版。此外,中文译著值得关注的还有《寡头:新俄罗斯的财富与权力》《俄罗斯式的私有化》《俄罗斯在崛起吗?》《普京——俄罗斯最后的机会?》《俄罗斯共产主义的悲剧》《俄罗斯社会结构变化和社会分层》等。

[56] [俄]尼古拉·斯瓦尼热:《大国思维:梅德韦杰夫总统访谈录》,外交学院俄罗斯研究中心译,法律出版社2010年版。

[57] 论文集中在如下杂志:《俄罗斯中亚东欧研究》《俄罗斯学刊》《俄罗斯研究》《欧亚经济》《现代国际关系》《国际问题研究》《欧洲研究》《世界经济与政治》《当代世界与社会主义》《当代世界社会主义问题》等。俄文译文主要集中在《国外理论动态》等。

[58] 主要研究机构有中国社会科学院俄罗斯东欧中亚研究所、国际关系研究院、国际问题研究院、当代世界研究中心以及华东师范大学俄罗斯研究中心、复旦大学俄罗斯研究中心、上海市社会科学院、上海国际问题研究院、北京大学、中国人民大学、清华大学、南开大学、山东大学、辽宁大学、东北财经大学、黑龙江社会科学院、黑龙江大学、吉林大学等。

[59] 李永全、冯玉军、薛福岐等:《夯实理论基础 建立学科规范:"俄罗斯政治社会文化"学科建设笔谈》,《俄罗斯学刊》2015年第2期。

[60] 著作参见姜毅主编《新世纪的中俄关系》,世界知识出版社2007年版;郑羽、庞昌伟《俄罗斯能源外交与中俄油气合作》,世界知识出版社2003年版;郑羽主编《多极化背景下的中俄关系(2012—2015)》,经济管理出版社2015年版;等等。论文参见姜毅《安全两难与中俄关系》,《东欧中亚研究》2002年第5期;姜毅《中俄边界问题的由来及其解决的重大意义》,《欧洲研究》2006年第2期;柳丰华《中俄战略协作模式:形成、特点与提升》,《国际问题研究》2016年第3期;等等。

[61] 李静杰:《新世纪的中俄关系》,载关贵海、栾景河主编《中俄关系的历史与现实》第2辑,社会科学文献出版社2009年版。

[62] 季志业、冯玉军主编:《俄罗斯发展前景与中俄关系走向》,时事出版社2016年版。

[63] 郑羽主编:《独联体十年:现状·问题·前景(1991—2001)》,世界知识出版社2002年

版；郑羽主编：《独联体（1991—2002）》，社会科学文献出版社 2005 年版。

[64] 任允正、于洪君：《独联体国家宪法比较研究》，中国社会科学出版社 2001 年版。

[65] 冯绍雷：《"颜色革命"：大国间的博弈与独联体的前景》，《俄罗斯研究》2005 年第 3 期。

[66] 王海运：《独联体发展的主要影响因素分析》，《俄罗斯研究》2005 年第 3 期。

[67] 吴大辉：《美国在独联体地区策动"颜色革命"的三重诉求——兼论中俄在上海合作组织架构下抵御"颜色革命"的当务之急》，《俄罗斯东欧中亚研究》2006 年第 2 期。

[68] 详见孙壮志主编《独联体国家"颜色革命"研究》，中国社会科学出版社 2011 年版；孙壮志《美国在独联体国家推动"颜色革命"的主要策略和做法》，《中国党政干部论坛》2005 年第 8 期。

[69] 冯玉军：《"色彩革命"与独联体的未来》，《俄罗斯研究》2005 年第 3 期。

[70] 柳丰华：《俄罗斯与中亚——独联体次地区一体化研究》，经济管理出版社 2010 年版；毕洪业：《俄罗斯对独联体外交政策研究》，中央编译出版社 2014 年版。

[71] 李兴、王心怡：《俄罗斯独联体政策论析》，《俄罗斯学刊》2016 年第 4 期。

[72] 许志新：《俄罗斯对独联体政策（1992—2000 年）》，《欧洲》2001 年第 5 期；郑羽：《俄罗斯的独联体政策：十年间的演变》，《东欧中亚研究》2001 年第 4 期；李建民：《独联体经济一体化十年评析》，《东欧中亚研究》2001 年第 5 期。

[73] 王郦久：《俄独联体政策新调整及其前景分析》，《和平与发展》2007 年第 3 期。

[74] 张弘：《独联体经济一体化中的认同困境》，《俄罗斯东欧中亚研究》2014 年第 3 期。

[75] 柳丰华：《普京时期俄罗斯的独联体政策》，《国际论坛》2008 年第 5 期。

[76] Ли Син, Братерский М.В., Савкин Д.А., Ван Чэньсин Россия и Китай в евразийской интеграции: сотрудничество или соперничество? Москва, Санкт-Петербург: Нестор-История, 2015.

[77] 牛义臣：《欧亚一体化进程中的俄罗斯与中国：合作还是竞争？——评李兴教授俄文同名新著》，《俄罗斯学刊》2015 年第 6 期。

[78] 李建民等：《欧亚经济联盟：理想与现实》，《欧亚经济》2015 年第 3 期。

[79] 李兴、[俄]阿·沃斯克列先斯基编著：《亚欧中心跨区域发展体制机制研究》，九州出版社 2016 年版。

[80] 王郦久：《俄"欧亚联盟"战略及其对中俄关系的影响》，《现代国际关系》2012 年第 4 期。

[81] 陆柏春、宋余亮：《普京"欧亚联盟"战略成效和前景评估》，载李凤林主编《欧亚发展研究 2013》，中国发展出版社 2013 年版。

[82] 王郦久：《俄"欧亚联盟"战略及其对中俄关系的影响》，《现代国际关系》2012 年第 4

期；李新:《普京欧亚联盟设想：背景、目标及其可能性》，《现代国际关系》2011 年第 11 期；左凤荣:《欧亚联盟：普京地缘政治谋划的核心》，《当代世界》2015 年第 4 期。

[83] 欧阳向英:《欧亚联盟——后苏联空间俄罗斯发展前景》，《俄罗斯东欧中亚研究》2012 年第 4 期；王树春、万青松:《试论欧亚联盟的未来前景》，《俄罗斯研究》2012 年第 2 期。

[84] 李兴:《普京欧亚联盟评析》，《俄罗斯研究》2012 年第 6 期。

[85] 冯绍雷:《普京倡建"欧亚联盟"地区一体化前景可期》，《社会科学报》2011 年 10 月 20 日。

[86] 徐洪峰:《欧亚经济联盟建立的背景及未来发展》，《俄罗斯学刊》2016 年第 3 期。

[87] 王晨星、李兴:《欧亚经济共同体与欧亚经济联盟比较分析》，《俄罗斯东欧中亚研究》2016 年第 4 期。

[88] 徐向梅:《欧亚经济联盟贸易救济体系研究》，时事出版社 2017 年版。

[89] 王维然、王京梁:《试析欧亚经济联盟的发展前景》，《现代国际关系》2015 年第 8 期。

[90] 王海滨:《欧亚经济联盟及其世界影响》，《现代国际关系》2015 年第 8 期。

[91] 顾炜:《欧亚经济联盟的新动向及前景》，《国际问题研究》2015 年第 6 期。

[92] 刘丹:《欧亚经济联盟的内部结构、外部联系与前景分析》，《俄罗斯学刊》2016 年第 6 期。

[93] 王树春、万青松:《上海合作组织与欧亚经济共同体的关系探析》，《世界经济与政治》2012 年第 3 期。

[94] 张宁:《欧亚经济共同体在海关、能源和交通领域的合作现状》，《俄罗斯东欧中亚市场》2007 年第 1 期。

[95] 潘广云:《欧亚经济共同体的经贸合作现状及其前景》，《俄罗斯东欧中亚市场》2010 年第 5 期；潘广云:《欧亚经济共同体经济一体化及其效应分析》，《东北亚论坛》2010 年第 4 期。

[96] 马建光、张超、孙冉:《中亚地区安全态势与未来发展趋势》，《和平与发展》2014 年第 5 期。

[97] 孙壮志:《中亚地区安全格局与多边机制的作用》，《新疆师范大学学报（哲学社会科学版）》2013 年第 6 期。

[98] 杨恕、王术森:《独联体集体安全条约组织对外功能弱化的原因分析》，《俄罗斯东欧中亚研究》2018 年第 2 期。

[99] 于滨:《普京三任外交启动：光荣、梦想与现实》，《俄罗斯研究》2012 年第 6 期。

[100] 赵华胜:《俄罗斯与阿富汗问题》，《国际问题研究》2011 年第 3 期。

[101] 杨恕、张会丽:《评上海合作组织与独联体集体安全条约组织之间的关系》，《俄罗斯中亚

东欧研究》2012年第1期；曾向红：《乌兹别克斯坦与集安组织的曲折关系》，《国际问题研究》2012年第6期；罗英杰、崔珩：《乌兹别克斯坦再次退出集体安全条约组织的原因及影响》，《西伯利亚研究》2013年第4期。

[102] 王海运：《中亚地区安全形势及强化上合组织维稳合作的思考》，《俄罗斯中亚东欧研究》2011年第1期。

[103] 王树春、朱震：《上合组织与集安组织为何合作大于竞争？》，《国际政治科学》2010年第2期。

[104] 李世强：《上海合作组织与独联体集体安全条约组织的安全职能比较》，《法制与社会》2009年第32期。

[105] 李兴、牛义臣：《独联体集体安全条约组织能否保护丝绸之路经济带建设》，《创新》2016年第1期。

[106] 马贵友主编：《列国志·乌克兰》，社会科学文献出版社2003年版。

[107] 何卫主编：《十年巨变——新东欧卷》，中共党史出版社2004年版。

[108] 武汉大学、浙江师范大学、大连外国语大学、北京外国语大学、上海外国语大学、哈尔滨商业大学、哈尔滨工业大学、陕西职业技术学院均建立了乌克兰研究中心。其中，武汉大学乌克兰研究中心出版了中国第一本乌克兰语教材《基础乌克兰语》和第一本《中乌会话手册》。浙江师范大学乌克兰研究中心出版了两辑《乌克兰研究》。

[109] 顾志红：《非常邻国：乌克兰和俄罗斯》，国防大学出版社2000年版；闻一：《乌克兰：硝烟中的雅努斯》，中信出版社2016年版；任飞：《乌克兰历史与当代政治经济》，经济科学出版社2017年版；沈莉华：《苏联解体后的俄罗斯与乌克兰关系研究》，黑龙江大学出版社2017年版；张弘：《冲突与合作：解读乌克兰与俄罗斯的经济关系（1991—2008）》，知识产权出版社2010年版；张弘：《转型国家的政治稳定研究：对乌克兰危机的理论思考》，社会科学文献出版社2016年版；[乌] 列昂尼德·库奇马：《乌克兰：政治、经济与外交》，路晓军、远方等译，东方出版社2001年版；[乌] 米·安·帕夫洛夫斯基：《过渡时期的宏观经济：乌克兰的改革》，何宏江等译，民主与建设出版社2001年版；刘祖熙主编：《斯拉夫文化》，浙江人民出版社1993年版。

[110] 董晓阳、李静杰：《乌克兰在欧亚大陆的地缘政治地位和地缘战略》，《东欧中亚研究》1996年第1期。

[111] [美] 保罗·库比塞克：《乌克兰史》，颜震译，中国大百科全书出版社2009年版；[美] 浦洛基：《欧洲之门：乌克兰2000年史》，曾毅译，中信出版社2019年版。

[112] 王志远：《乌克兰经济：从"辗转腾挪"到"内忧外患"》，《欧亚经济》2015年第2期；米军、黄轩雯：《当前乌克兰经济形势及影响因素分析——兼论中乌经贸合作》，《俄罗斯

中亚东欧研究》2011年第4期；张聪明：《乌克兰的公司治理》，《俄罗斯中亚东欧研究》2006年第4期；朱红根：《乌克兰税法法典及新规评析》，《经济论坛》2018年第9期。

[113] 赵会荣：《当前乌克兰政治基本特征与影响因素》，《俄罗斯学刊》2016年第2期。

[114] 叶麒麟：《社会分裂、弱政党政治与民主巩固——以乌克兰和泰国为例》，中央编译出版社2014年版。

[115] 杨雷：《乌克兰危机与美俄新冷战》，《和平与发展》2015年第1期。

[116] 李秀蛟：《浅析乌克兰寡头现象》，《俄罗斯中亚东欧研究》2015年第2期。

[117] 沈莉华：《乌克兰东西部纷争的历史根源》，《贵州社会科学》2013年第10期；张晓东：《乌克兰的国家认同危机》，《社会观察》2014年第5期；张弘：《新乌克兰的道路选择》，《世界知识》2014年第6期；张弘：《社会转型中的国家认同：乌克兰的案例研究》，《俄罗斯中亚东欧研究》2010年第6期。

[118] 孙壮志主编：《独联体国家"颜色革命"研究》，中国社会科学出版社2011年版；何卫：《乌克兰的"橙色革命"是怎么回事？》，载陆南泉、左凤荣、潘德礼等主编《苏东剧变之后：对119个问题的思考》，新华出版社2012年版；李兴、周雪梅：《乌克兰"橙色革命"：内外因素及其影响分析》，《俄罗斯中亚东欧研究》2005年第4期；赵晨：《"橙色革命"中的欧盟和两种推广民主的模式》，载李慎明主编《2006年：世界社会主义跟踪研究报告——且听低谷新潮声（之三）》，社会科学文献出版社2007年版；[英]蒂莫西·加顿·阿什、[美]蒂西·斯奈德：《橙色革命》，吴言译，《国外社会科学文摘》2005年第6期。

[119] 冯玉军：《乌克兰危机：多维视野下的深层透视》，《国际问题研究》2014年第3期。

[120] 李永全：《乌克兰危机折射出的大博弈》，《俄罗斯学刊》2014年第3期；冯绍雷：《乌克兰危机意味着什么？》，《当代世界》2014年第4期；刘显忠：《乌克兰危机的历史文化因素》，《当代世界社会主义问题》2015年第1期；杨友孙：《乌克兰地方自治：问题、改革与前景》，《俄罗斯研究》2016年第2期；梁强：《乌克兰危机一年：回顾、反思与展望》，《俄罗斯研究》2015年第1期；姜毅、文龙杰：《被撕裂的乌克兰：一种国内政治与国际关系的互动视角》，《中国社会科学院研究生院学报》2014年第5期；孙超：《分离冲突的起源：基于国内外联动的视角——乌克兰与摩尔多瓦的配对比较》，《欧洲研究》2016年第6期。

[121] 王海运：《乌克兰危机、俄罗斯战略调整与国际格局演变》，《国际石油经济》2014年第10期；钱文荣：《乌克兰危机对国际地缘政治的影响深远》，《和平与发展》2014年第4期；季志业主编：《国际战略与安全形势评估（2014/2015）》，时事出版社2015年版；孙壮志：《围绕乌克兰危机的博弈升级》，《世界知识》2014年第16期；陈新明、宋天阳：

《论俄欧争夺中的乌克兰事件》,《国际论坛》2015年第1期;陈新明、刘在波:《欧洲政治中的俄罗斯与乌克兰》,《俄罗斯东欧中亚研究》2015年第2期;赵会荣:《乌克兰东部热战的冷思考》,《世界知识》2017年第5期。

[122] 王铁军:《角逐"近外国家":批判建构主义视角下的欧俄关系》,《俄罗斯学刊》2015年第3期;柳丰华:《俄罗斯对乌克兰政策视角下的乌克兰危机》,《欧洲研究》2015年第3期;李勇慧:《俄罗斯亚太战略与乌克兰危机》,《东北亚学刊》2015年第3期;康晓:《乌克兰危机与大国地缘战略新态势》,《国际展望》2015年第2期;黄登学:《新"冷战":臆想抑或是现实?——乌克兰危机背景下的俄美博弈透视》,《东北亚论坛》2015年第3期;邢骅:《乌克兰危机背景下的北约改革》,《国际问题研究》2015年第3期。

[123] 沈莉华:《乌克兰与北约关系及其对俄罗斯的影响》,《俄罗斯东欧中亚研究》2016年第2期;高华:《乌克兰欲加入北约:路途上的高墙》,《世界知识》2015年第2期;梁强:《美国在乌克兰危机中的战略目标——基于美乌关系的分析(1992—2014)》,《俄罗斯东欧中亚研究》2015年第2期;李兴:《乌克兰独立以来与俄、美、欧(盟)关系演变述评》,《东欧中亚研究》2002年第4期;周明:《乌克兰—欧盟联系国协定与乌克兰危机》,《欧洲研究》2014年第6期;李燕:《乌克兰与欧亚联盟战略关系分析》,《俄罗斯学刊》2015年第6期。

[124] 赵会荣:《中国与乌克兰经贸合作的最新进展及发展潜力》,《欧亚经济》2018年第6期;荣慧:《中国和乌克兰合作的春天到来了吗》,《世界知识》2018年第13期;张弘:《中国与乌克兰"一带一路"合作的风险与应对》,《和平与发展》2017年第4期。

[125] 李永全:《和而不同:丝绸之路经济带与欧亚经济联盟》,《俄罗斯东欧中亚研究》2015年第4期。

[126] 李兴:《"丝绸之路经济带"与欧亚经济联盟:比较分析与关系前景》,《中国高校社会科学》2015年第6期。

[127] 刘清才、支继超:《中国丝绸之路经济带与欧亚经济联盟的对接合作——基本架构和实施路径》,《东北亚论坛》2016年第4期。

[128] 张宁、张琳:《丝绸之路经济带与欧亚经济联盟对接分析》,《新疆师范大学学报(哲学社会科学版)》2016年第2期。

[129] 李新:《丝绸之路经济带对接欧亚经济联盟:共建欧亚共同经济空间》,《东北亚论坛》2016年第4期。

[130] 李建民:《丝绸之路经济带、欧亚经济联盟与中俄合作》,《俄罗斯学刊》2014年第5期。

[131] 王维然:《"丝绸之路经济带"与欧亚经济联盟对接的经济学分析》,《欧亚经济》2016年

第 5 期。

[132]秦放鸣、冀晓刚:《丝绸之路经济带建设与欧亚经济联盟对接合作研究》,《俄罗斯东欧中亚研究》2015 年第 4 期。

[133]陆南泉:《丝绸之路经济带与欧亚经济联盟关系问题》,《西伯利亚研究》2015 年第 5 期。

[134]吴大辉、祝辉:《丝路经济带与欧亚经济联盟的对接:以能源共同体的构建为基石》,《当代世界》2015 年第 6 期。

[135]张艳璐:《丝绸之路经济带与欧亚经济联盟对接的基础、阻碍与对策思考》,《战略决策研究》2018 年第 3 期。

2021年俄罗斯政治与社会研究综述

马强　吴德坐　刘博玲[*]

2021年，俄罗斯政治社会与文化领域的热点问题有：2020年俄罗斯修宪后的系列法律修正、2021年国家杜马选举、苏联解体30周年的总结和反思、新冠肺炎疫情下俄罗斯的政治和社会形势、数字化时代对政治参与和社会治理的影响等。

一　中国的俄罗斯政治社会文化研究热点议题

2021年，国内对俄罗斯政治社会文化研究紧随国际俄罗斯研究的主流，主要研究议题多有重合，但也有中国特色。相关议题主要包括以下方面：2020年俄罗斯宪法改革及改革后一系列相关法律修正、2021年国家杜马选举、俄罗斯政党制度、俄罗斯地方政治、俄罗斯政治参与、中俄政党合作、俄罗斯政治和社会转型30年等。

（一）俄罗斯修宪及修宪后的法律体系构建

中国社会科学院俄罗斯东欧中亚研究所研究员庞大鹏发表的《论俄罗斯的宪法改革》一文对俄罗斯2020年宪法改革进行深度解析。作者认为，此次宪法改革是对普京20年执政经验的总结，是将普京行之有效的治国举措以法律语言的形式进行理论化、制度化和法律化的结果，标志着俄罗斯宪法从叶利钦时代过渡到普京时代；新冠肺炎疫情是宪法改革的刺激性影响因素，政治聚集效应明显。宪法改革引发俄罗斯内政外交的联动性明显，并将对俄罗斯的稳定与发展产生深远影响。[1]

俄罗斯宪法改革后进行了一系列相关法律修改，这一动向引起了国内俄罗斯研究者的注意。中国社会科学院俄罗斯东欧中亚研究所研究员李雅君、副研究员马强和助理研究员吴德坐（与庞大鹏合著）分别发表了《俄罗斯加速立法传递了什么信号》[2]、《俄罗斯〈外国代理人法〉及其法律和政治实践》[3]、《俄罗斯新国务委员会"新"在何处》[4]，对俄罗斯《外国代理人法》、新国务委员会法等相关法律进行了分析。研究者认为，俄罗斯的制度体系正在

---

[*] 马强，中国社会科学院俄罗斯东欧中亚研究所俄罗斯政治与社会研究室副主任，副研究员，博士；吴德坐，中国社会科学院俄罗斯东欧中亚研究所助理研究员，博士；刘博玲，中国社会科学院俄罗斯东欧中亚研究所助理研究员，博士。

被重塑,且以总统权力为核心的国家权力结构并没有发生根本性改变。

(二)俄罗斯政治和社会转型 30 年评述

2021 年是俄罗斯政治和社会转型 30 周年。转型一直以来是国内俄罗斯东欧中亚学界的核心概念。在俄罗斯转型 30 周年之际,诸多学者讨论了 30 年来俄罗斯政治和社会转型的经验和教训。

中国社会科学院俄罗斯东欧中亚研究所研究员薛福岐总结了俄罗斯政治发展 30 年的特点、成效和前景。薛福岐认为,转型以来,俄罗斯政治发展的显著特点是,"单一中心政治权力"在与社会的互动中得以重建且不断固化,对经济活动和社会生活的控制不断强化,政治发展呈现相当强的连续性;从绩效角度,"单一中心政治权力"及其与社会的"管制型"关系,足以维持政治社会稳定,但却一直没能解决发展问题,这是俄罗斯当下和未来一个时期面临的最大风险。[5]

中国社会科学院俄罗斯东欧中亚研究所副研究员郝赫从政治参与视角看俄罗斯转型历程。郝赫认为,处理政治参与问题几乎是影响俄罗斯政治稳定与社会发展的决定性因素。从叶利钦时代的动荡到普京 1.0 时代的中兴再到普京 2.0 时代的回落,从政治参与这个主线可以看到,如何处理好对参与需求的有效吸纳、如何设计安排好参与需求的次序与秩序,一直都是关乎当局掌握和提高国家治理效能的关键。从俄罗斯转型 30 年的历程和经验来看,处置好有效的政治参与不仅可以实现政权树立合法性的目的,同时更是政权需要赖以提高治理能力的核心手段。[6]

中国社会科学院俄罗斯东欧中亚研究所副研究员马强关注俄罗斯社会转型 30 年的变化,试图通过"国家—社会"关系的视角来审视俄罗斯的社会转型,即从总体性社会向市民社会转型。按照西方市民社会理论,俄罗斯的社会转型并不成功,公民自组织程度不高、公民的权利并没有切实得到保障、国家权力对市民社会干预不断。但俄罗斯的社会转型却实现了社会团结的目标,这启发人们反思社会转型这个概念,要在文化逻辑和历史脉络中理解俄罗斯社会的结构和变化。[7]

(三)俄罗斯国家杜马选举和政党政治

2021 年俄罗斯举行了第八届国家杜马选举,各政党为选举纷纷进行了调整,政党政治成为俄罗斯政坛的一大看点。

庞大鹏研究员在《新一届国家杜马选举折射俄罗斯政治基本特点》一文中对选举结果的特点和结果折射出的俄罗斯政治特点进行了分析和解读,认为俄罗斯现在回归传统,国家形式虽然在不同的历史时期表现不一,但内在的本质是一样的,即俄罗斯国家的历史结构要素是一致的,都凸显了意志坚强领导人作为最高权力的重要性。[8]

针对俄罗斯政党制度、政党和中俄政党合作的研究主要有中国社会科学院大学特聘教授李永全撰写的《作为政治反对派的俄共及俄罗斯共产主义运动》[9],兰州大学政治与国际关系学院院长汪金国、魏宸宇发表的《普京执政后的俄罗斯政党制度改革》[10]，北京第二外国语学院政党政治与政党外交研究院研究员石晓虎撰写的《"统一俄罗斯"党数字政党建设：挑战与转型》[11]，庞大鹏研究员发表的《中俄政党合作的战略价值和独特作用》[12]。

李永全在文章中指出，俄共是俄罗斯共产主义和社会主义运动的主要代表，也是苏联地区最活跃的共产党组织，它的成功与根据俄罗斯政治进程发展不断做出战略和策略调整有密切联系。与此同时，俄共在未来也面临巨大挑战。汪金国、魏宸宇认为，普京执政后通过法律手段规范俄罗斯的政党组建和杜马选举，积极组建、培养政权党，构建以总统为核心的政治体制，在规范俄罗斯政党制度的同时也为俄政治制度的稳定创造了条件。石晓虎认为，"统一俄罗斯"党成立以来就面临国内社会政治生态复杂演变以及激烈的政党博弈局面，党建压力始终存在。针对社会利益多元化、信息社会发展带来的冲击以及自身运作模式的缺陷，"统一俄罗斯"党在俄罗斯政党中第一个提出建设数字政党，谋求更好地联系民众并将民众纳入党的政策制定和实施过程当中，结合有关项目和活动深化同社会大众的沟通与合作，借助人事制度改革扩大对年轻精英的招募和使用，塑造党的良好形象，在一定程度上提升了党的政治竞争力。未来，"统一俄罗斯"党数字政党建设的推进，无疑受到普京治党治国理念以及接下来诸多选举结果的影响。庞大鹏认为，中俄政党合作发挥了独特的政治作用，是中俄交流治党治国经验的独特平台、中俄宣示外交理念的独特阵地、中俄传递外交信号的独特渠道。中俄政党合作必将不断彰显其独特的战略价值和作用，推进中俄关系向更高水平发展。

（四）俄罗斯地方政治

2021年对俄罗斯地方政治研究的主要成果有福建技术师范学院赖海榕教授和福建师范大学张小瑛博士撰写的《2008—2020年俄罗斯地方政治态势演变及其影响》以及中国社会科学院大学博士研究生马天骄发表的《2018—2019年俄罗斯地方议会选举综述》。

赖海榕、张小瑛认为，从2008—2020年的情况来看，普京及"统一俄罗斯"党在地方政治中的支持度明显不如在联邦中央，自2018年以来其他党派赢得一些地方选举的趋势仍在延续甚至加强，但"统一俄罗斯"党在地方的表现未直接影响到联邦层级。[13]马天骄认为，2018—2019年俄罗斯地方议会选举结果暴露了俄政治生态中存在的两个问题：一是即便"统一俄罗斯"党在地方领导人选举中获胜，但其在地方议会的支持率仍然处于低水平；二是反对派和外部势力纷纷指责"统一俄罗斯"党在地方议会选举中存在舞弊现象，致使"统一俄罗斯"党形象严重受损。地方议会选举是俄各党派在2021年国家杜马大选前的演练，同时也为新党获得免征集签名进入国家杜马选举提供了平台。[14]

（五）俄罗斯宗教与政治的关系

在俄罗斯文化领域的研究中，宗教（特别是东正教）一直以来是研究重点。俄罗斯的宗教与政治关系密切，宗教价值观与政治思想有千丝万缕的联系，教会（特别是东正教会）对地区局势、地缘政治也具有特殊的影响。

中国社会科学院俄罗斯东欧中亚研究所助理研究员刘博玲在《俄乌教会纷争引发的东正教世界的危机与应对》一文中就俄乌教会纷争的起因、引发的东正教世界的动荡与危机，以及东正教世界对危机的应对措施进行了充分的论证。该文指出，当前东正教世界不稳定性增强，东正教世界的统一被打破。而"安曼模式"会议为各方提供了平等对话、和平解决争端的平台。[15]

喜君发表的《俄罗斯传统价值观与苏联前期对外战略》一文探讨了东正教思想对苏联前期对外战略的影响。作者指出，俄罗斯传统价值观的历史根源来自心底的宗教情结，主要包括"救世主义思想"、"帝国主义扩张欲望"及"皇权思想"三方面。东正教的传播和自认负有"弥赛亚使命"在一定程度上造就了俄罗斯特有的民族性格。而苏联前期对外战略则在极大程度上继承了俄罗斯传统价值观：苏联将其国家权益视为社会主义阵营全体利益；苏联总是披着传播意识形态的外衣实现其国家利益；苏联前期战略具有无产阶级革命和霸权主义的"双重性"。[16]

余海涛在《历史与反思：斯大林的弥赛亚意识》一文中指出，斯大林作为一个伟大的马克思主义者却具有很强的弥赛亚意识，这对整个国际共产主义运动产生了极大影响。斯大林的弥赛亚意识形成原因很复杂，俄罗斯东正教弥赛亚传统提供了深厚的社会文化氛围；马克思主义俄国化过程中的弥赛亚化思维起到进一步的强化作用；斯大林个人的家庭和教育因素也不容忽视。[17]

二 国外俄罗斯政治社会文化学科领域研究的新进展

（一）2020年俄罗斯修改宪法

2020年俄罗斯政治的核心议题是修改宪法，学术界关于修宪的讨论热度不减，同时也关注修宪后其他法律作出的相应修改。

俄罗斯高等经济学院哲学教授马琳诺娃在《宪法发展进程中的政治象征意义：1993—2020年俄罗斯修宪争论》一文中通过对1993年叶利钦时代宪法和2020年俄罗斯修宪进行梳理，认为宪法对政治意识和意识形态有决定性影响。[18]伊万诺夫在《俄罗斯联邦修宪后的地方自治：发展前景与法律管理》一文中分析了2020年修宪后俄罗斯地方自治机关的地位以及过去25年俄罗斯地方自治发展的情况。重点分析了西方地方自治体制没有在俄罗斯成功的原因，并对相关地方自治法律修改提出了建议。[19]

西方主要研究俄罗斯政治的期刊是《俄罗斯政治》（Russian Politics）。它是由英国邓迪大学政治学教授卡梅隆·罗斯（Cameron Ross）创办并担任主编，专门对俄罗斯政治社会问题进行研究的学术期刊，主要关注俄罗斯政治社会变革、国家治理和俄罗斯政治民主化等问题。2021年该期刊聚焦于俄罗斯修宪改革，对俄罗斯2020年宪法改革专门设立了专题研究，其中包括美国华盛顿威尔逊中心凯南研究所副所长威廉·波莫兰兹的文章《普京2020年宪法修正案：发生了什么变化？什么没有改变？》[20]和《俄罗斯2020年宪法改革：将现状制度化的政策》[21]（第一作者），圣彼得堡高等经济大学比较政治研究中心副教授伊万·格里高利耶夫的《俄罗斯新宪法对宪法法院有什么改变？》[22]，德国莱布尼茨东欧和东南欧研究所研究员法比安·博科哈特发表的《制度化的个人主义：宪法改革后的俄罗斯总统》[23]。这些文章分析了2020年俄罗斯修宪后政治体制的变化及其对俄罗斯政治产生的影响，以及2020年修宪后总统权力的变化。

瑞典马尔默大学文化与社会学院全球政治研究教授德里克·哈奇森和澳大利亚国立大学艺术与社会科学学院教授伊恩·麦卡利斯特撰写的《巩固普京政权：2020年俄罗斯宪法修正案公投》分析了2020年修宪是如何取得俄罗斯民众普遍支持的。文章还对选举结果的合法性及其对俄罗斯政治制度的影响进行了分析。[24]

（二）2021年俄罗斯国家杜马选举

俄罗斯第八届国家杜马选举是2021年俄罗斯政治领域最为重要的事件，这是2020年修宪之后的第一次全国性选举，也是普京政权为2024年权力交接作出的政治安排。学术界针对此次选举进行了广泛的讨论，议题非常丰富，包括选举制度、政治技术、政治反对派的处境等。

俄罗斯政府财政大学副教授叶若夫发表的《第八届国家杜马选举：趋势和预测》分析了第八届国家杜马选举的特征，并对选举结果进行了预测。[25] 俄罗斯政府财政大学助教阿博拉多娃发表的《当代俄罗斯政党和选举》重点分析了影响俄罗斯政党制度转型的因素。作者认为，议会选举是影响俄罗斯政党制度的最主要因素。[26] 莫斯科航空学院副教授波恰罗夫和什罗科夫在《权力》期刊上发表的《改变国家杜马政治格局的若干技术问题》从政治技术的角度对议会外政党采取的政治措施进行了分析。作者还分析了政权对选举进行严格的行政和法律控制，利用新成立的政党阻止议会外政党进入国家杜马。[27] 俄罗斯政治科学协会的阿卢久诺夫发表的《俄罗斯地方选举特点》介绍了俄罗斯五个联邦主体领导人和地方议会选举。[28]

（三）苏联解体（俄罗斯转型）30周年

2021年是苏联解体30周年，俄罗斯学术界对于苏联解体和转型进行了丰富而又热烈的讨论。其中，俄罗斯社会学最具重量级的杂志《社会学研究》在第8期推出专栏"1991年：对30年前事件的认识"。

托谢尼科在《苏联的地缘政治灾难是人为的吗？》一文中基于苏共中央社会科学院1985—1991年所做的社会意识研究的结果，分析了1991年苏联解体的起点性事件的原因、条件。[29]

谢苗诺夫在《1991年的回声：灾难的社会意义》一文中认为，苏联的解体是在社会主义和资本主义这两个世界体系之间斗争的条件下，苏联最高领导层行动的结果。根据亚列缅科的理论，苏联社会是由四个阶层组成的金字塔结构，处于统治地位的官僚阶层位于金字塔顶层，与其他阶层不同，官僚阶层再没有垂直升迁的机会，导致其专注于融入西方社会。苏联解体以后，新官僚阶层的形成得益于国有财产的私有化和社会财富的再分配，而这种财富和资本的集中并没有促进经济的增长，反而导致生产和消费的下降。[30]

米罗诺夫在《民族精英的形成是苏联解体的一个因素》一文中认为苏联解体是苏联民族政策的必然结果，该政策旨在治理的本土化，加速加盟共和国的现代化并使其发展水平趋于平衡。与此同时，俄罗斯促进了当地现代民族精英的形成，民族—国家建设导致民族和民族关系国家化以及加盟共和国主权化成为苏联解体的根本因素之一。[31]

西蒙尼扬在《如何保存苏联（波罗的海的观点）》一文中认为，领导人戈尔巴乔夫推动的改革以及反对改革的顽固力量，推动苏联陷入深刻的系统性危机和随后的灾难。[32]雅科文科在《苏联为鉴：作为并未实现的人文主义前景》一文中认为，苏联解体应被视为拒绝金融—经济集团倡导的共同发展理念的后果，这种理念是构建以人文精神为导向的全球社会。而这在很大程度上造成了未来的不确定性，甚至是灾难性的恶果。[33]

吉洪诺娃在《俄罗斯社会结构的转变：20世纪80年代末至21世纪10年代末》一文中总结了从20世纪80年代末到21世纪10年代末俄罗斯社会结构经历的三次转型。苏联末期社会分层的关键因素（权力和资本的结合、非货币特权的作用等）在20世纪90年代持续保持其重要性。在20世纪90年代，积累财富、收入水平、就业稳定性和社会网络等社会分层因素的作用急剧增强。21世纪以来，社会分层标准中加入了职业和社会出身的认知偏好因素。[34]

德罗宾热娃在《20世纪90年代的经验和文化多样性治理》一文中认为，俄罗斯国家和社会可以从20世纪90年代经历的制度性矛盾和暴力冲突中吸取教训，即找到妥协、互动方式来解决地方社会关于语言、生态、参与利用当地自然资源的要求，增加经济独立性和发展文化的要求。文章的最后部分讨论了21世纪10年代俄罗斯在调节民族关系中文化多样性的治理经验，并认为，对于构成社会和文化共同体的各民族群体，最为重要的是满足他们经济、政治和文化利益。[35]

（四）新冠肺炎疫情下的俄罗斯社会

2020年来，新冠肺炎疫情在全球肆虐，深刻地改变着全球秩序，影响了每个人的生活。2021年，新冠肺炎疫情在俄罗斯依旧十分严峻，疫情也如一面镜子，反映俄罗斯国家与社会的关系、国家和社会治理的信度和效度，俄罗斯学界对此有诸多讨论。

新冠肺炎疫情对各社会群体有怎样的影响成为社会学家关注的焦点，也成为认识俄罗斯社会分层和结构的独特视角。吉洪诺娃在《2020—2021年危机的后果：俄罗斯社会各职业群体的区别》一文中认为，新冠肺炎疫情引起的经济危机对俄罗斯经济形势和就业产生了深远的影响。其最常见的后果是减薪和工作量增加，社会保障状况恶化。危机对不同的专业群体来说也不尽相同，工人，尤其是非国有部门的工人面临着最严重的后果。[36]

阿布罗斯金等在《新冠肺炎疫情期间向民众提供社会援助的问题》一文中探讨了俄罗斯政府于2020年在新冠肺炎疫情期间向民众提供的社会援助措施，主要包括稳定居民收入、支持就业、稳定工作收入和实施家庭援助的措施。[37]

在社会危机中，信任关系得以较为充分的呈现。塔尔塔科夫斯卡娅关注新冠肺炎疫情中的信任问题，考察了新冠肺炎疫情大流行的情况下个人间的信任、对政府机构的信任和官方信息来源的信任。[38]

（五）俄罗斯青年人的政治参与

近年来，在俄罗斯政治光谱中，青年人和中老年人的政治取向有着较为显著的差异。青年人的政治参与被认为是俄罗斯政治的重要变量。

阿尔泰国立大学两位作者阿谢耶夫和沙什科娃的文章《青年人对政治的态度和领导潜力——以阿尔泰地区和新西伯利亚地区为例》分析了俄罗斯部分地区青年人对政治的看法和对政治的参与程度。他们认为，当前俄罗斯青年人对政治的影响力逐渐扩大，有必要详细分析青年人对政治参与和国家治理的看法。[39]

马林在2020年对符拉迪沃斯托克18—24岁和25—30岁两个年龄组的年轻人访谈基础上撰写了论文《俄罗斯远东地区青年对社会抗议的认知》，作者通过语义重构的方法分析了受访者对请愿、集会、罢工、暴动和起义五种社会抗议形式的认知。[40]

（六）数字化背景下的俄罗斯政治和社会

当前，数字技术的不断演进，已经深入地嵌入俄罗斯社会生活，并对政治技术、政治参与和政治生态产生影响。学术界将其作为新的学术增长点进行了广泛深入的讨论。

俄罗斯政治学者伊戈纳多夫斯基发表的《数字化在俄罗斯政治抗议中的作用》分析了数字化在当前俄罗斯抗议活动中的作用。作者认为主要有四个趋势：第一，社交媒体已经成为动员俄罗斯社会各阶层参与抗议活动的主要工具；第二，数字化调动了青年人参加抗议活动的情绪；第三，社会抗议运动有转移至网络虚拟平台的可能；第四，体制外反对派通过社交媒体有机会实现自身政治诉求。[41]

东布罗夫斯卡娅等将社交媒体比作俄罗斯公民参与的基础设施，通过俄语网站中社会—政治网络社区用户交叉分析展现民众之间的联系，反映了俄罗斯社交媒体用户对现任政府的态度和俄罗斯公民在实施社会倡议方面的努力。[42]

韦谢洛夫等在《数字化转型时代的信任：社会学研究的经验》一文中认为，数字社会中信任问题更加紧迫,信任经历了从个人信任到机构信任再到数字信任的转型。[43]索洛德尼科夫等则关注俄罗斯青少年社交网络的使用和社会化的问题,认为俄罗斯青少年已经将他们的在线状态(包括在社交媒体上)视为他们生活中自然的、日常的状态。一方面,社交网络有机地融入了教育、个人亲密关系交流并从中发挥了积极作用。另一方面,过度使用互联网可能会给线下交流和身心健康造成障碍。[44]

有关社交媒体在政治参与中作用的分析已经非常细致,叶廖缅科等通过眼部神经生理学的方法对青少年对于社交网络中政治内容的感知特征进行研究。研究结果显示,青年人最感兴趣的是政治领袖的模因和照片,对海报最不感兴趣。各种类型的视觉感知数据能使政权进行调整并提高政治权力运行的能力,也能提高社交媒体账户传播策略的有效性。[45]

(七)俄罗斯央地关系的调整

央地关系一直是俄罗斯政治的核心议题,学术界一直存在联邦制和中央集权制的名实之争。2021年《统一公共权力体系法》出台,俄罗斯致力于构建垂直的权力体系以确保政权的持续稳定。这使得央地关系再次成为学术热点。

德国不来梅商业与经济学院制度经济学教授叶卡捷琳娜·波斯迪安发表的《富人和政治忠诚者的条约?解释后苏联时期俄罗斯的双边中心地区条约》分析了1994—1998年俄罗斯联邦政府与地方政府签署的双边条约,对64个条约进行了比较分析。作者认为叶利钦通过签署双边条约换取了地方政治支持,使自己赢得了1996年的总统选举,但从长远看为俄罗斯地方威权主义的建立奠定了基础。[46]

美国乔治·华盛顿大学政治学博士后亚当·莱顿撰写的《办公厅政治:鞑靼斯坦总统和地区主义政治象征》分析了俄罗斯联邦中央与鞑靼斯坦共和国之间的央地关系发展。文章对鞑靼斯坦共和国三个特殊事件进行了分析,从政治象征的角度解释了鞑靼斯坦共和国采取的政策。[47]

(八)俄罗斯公民身份的构建

统一的身份认同对于政治和社会稳定而言是极为重要的因素,俄罗斯学者普遍认为在传统主义中能够找到构建公民身份的资源,这与当前俄罗斯以"温和的保守主义"为主导的意识形态相吻合。

库兹涅佐夫认为要在传统中找到俄罗斯人统一价值的基础。他指出,当前绝大多数(70%)俄罗斯人坚持传统主义思想,即需要加强自己的历史传统、道德和宗教价值观。民众对这种价值统一的支持水平实际上保持了20年不变。同时,公民价值取向的内涵也发生了显著变化,绝大多数俄罗斯人支持根据俄罗斯新的社会—政治现实作出相对应的判断。[48]

有学者认为这种价值统一要靠公民身份来实现,而共同的语言和教育是实现公民身份认同的有效路径。阿鲁秋诺娃认为语言是人们认知中民族(公民)身份的"基石"。全俄民意调查还表明，在俄民众的大众认知中，俄语是俄罗斯身份最重要的标志之一，这在民族地区中更为明显。俄语在俄罗斯公民身份中的潜力与长期因素（俄语与母语关系的对立），以及最近与强调俄语作为国家语言的作用相关。[49]恩德留什科考察俄罗斯公民身份在教育空间中的构建，在文中分析了后苏联时期国家通识教育标准的演变，从只规范学校教育内容的文件，到形成学校教育功能的纲领性文件，促进了俄罗斯公民教育的形成。[50]

三 中国社会科学院俄罗斯东欧中亚研究所俄罗斯政治与社会研究室的学科建设工作

中国社会科学院俄罗斯东欧中亚研究所俄罗斯政治与社会研究室主要侧重于国别研究，即中国社会科学院优势学科"俄罗斯学"下的俄罗斯政治社会文化研究。该研究室的特色是应用多学科的理论和方法关注俄罗斯政治、社会和文化，主要学科包括政治学、法学、社会学、宗教学、民族学、人类学等。多年以来，俄罗斯政治与社会研究室在学科建设和创新工程项目设计上都紧紧围绕着当代俄罗斯政治社会文化的核心议题，采用形势跟踪、文献分析、历史档案、田野调查等多种研究方法对当代俄罗斯的政治体制、治国理念、政治和社会治理实践、国家与社会的关系、政治和社会思想、政教关系等议题进行深入探讨。

2021年，中国社会科学院俄罗斯东欧中亚研究所俄罗斯政治与社会研究室在学科建设中继续发挥俄罗斯政治研究的传统优势，将俄罗斯社会文化研究作为新的知识增长点。在研究议题上，聚焦2021年俄罗斯第八届国家杜马选举、2020年修宪后的法律体系构建，长期关注政党政治、联邦制度、央地关系、国家与社会的关系、宗教与政权的关系，以及更深入地思考30年以来的政治和社会转型、普京治国理政的思想、俄罗斯人的价值观和国民性等问题。2021年俄罗斯政治与社会研究室的科研活动和成果如下。

在俄第八届国家杜马选举前后，俄罗斯政治与社会研究室科研人员密切关注俄罗斯的政治态势，对普京政权在选举前的布局和选举后的变化进行形势跟踪。郝赫副研究员、吴德堃助理研究员均撰写了相关论文和内部报告。在国家杜马选举结束以后，俄罗斯政治与社会研究室组织召开了"俄罗斯国家杜马选举后的政治态势"研讨会，这也是俄罗斯政治社会文化沙龙的第一期。会议设置了"俄罗斯杜马选举进程"和"选举后俄罗斯的政治态势"两个单元，旨在分析俄罗斯第八届国家杜马的选举情况及其对俄罗斯政治态势的影响。来自中国社会科学院俄罗斯东欧中亚研究所、中国国际问题研究院、中国现代国际关系研究院、新华社世界问题研究中心、北京大学、首都师范大学的代表出席了会议并发言。此次会议由俄罗斯东欧中亚研究所副所长庞大鹏研究员和俄罗斯政治与社会研究室副主任马强副研究员主持。共有40余人与会并参与讨论，获得了良好的反响。

2020年俄罗斯修宪议题热度不减，一直影响到2021年。2021年，最为显著的政治进程便是相关法律围绕着宪法修正案进行修订。俄罗斯政治与社会研究室李雅君研究员、马强副研究员、吴德堃助理研究员都撰写了相关文章进行论述（详见前文），对修宪后俄罗斯权力体系的重新构建进行了阐述。俄罗斯修宪的影响还在持续，这也是该研究室关注的重点议题。

2021年是苏联解体30周年，也是俄罗斯政治和社会转型30周年。俄罗斯政治与社会研究室全员参与了研究所《俄罗斯转型30年（政治卷）》的编撰工作。同时，郝赫副研究员和马强副研究员也撰写了相关文章（详见前文），总结俄罗斯政治和社会转型的特征、前景。其中，马强的论文刊发在《中国社会科学（英文版）》上，增强了中国俄罗斯学研究的学术传播力。

俄罗斯社会态势和社会情绪也是俄罗斯政治与社会研究室关注的重要领域，是理解和阐释俄罗斯政治体制和实践的重要参照。《俄罗斯发展报告（2021）》首次将"俄罗斯社会形势"纳入分报告之中，还设置了"社会文化"单元，体现了研究所对俄罗斯社会文化研究的重视。马强副研究员撰写了《2020年俄罗斯社会形势：国家—社会关系的视角》[51]，刘博玲助理研究员撰写了"社会文化"单元的相关文章[52]。俄罗斯新冠肺炎疫情下的社会形势也是该研究室关注的重要议题，马强副研究员撰写了《新冠肺炎疫情下俄罗斯的志愿者行动》[53]，重点关注新冠肺炎疫情下俄罗斯社会的互助互信与社会韧性。

俄罗斯民族和宗教问题是俄罗斯政治与社会研究室重要的研究领域。2021年，马强副研究员继续负责跟踪俄罗斯的民族热点问题。6月，马强参加《世界民族》举办的青年论坛，发表有关俄罗斯人口较少土著民族的论文。近年来，俄罗斯政治与社会研究室开始对宗教问题持续关注。6月22日，马强和刘博玲参加了由中国社会科学院世界宗教研究所举办的"第三届世界宗教热点研究论坛——全球宗教走向与新态势"研讨会，刘博玲为《世界宗教报告（2021）》撰写了研究报告。

注 释

[1] 庞大鹏：《论俄罗斯的宪法改革》，《俄罗斯研究》2021年第3期。

[2] 李雅君：《俄罗斯加速立法传递了什么信号》，《世界知识》2021年第3期。

[3] 马强：《俄罗斯〈外国代理人法〉及其法律和政治实践》，《俄罗斯研究》2021年第1期。

[4] 吴德堃、庞大鹏：《俄罗斯新国务委员会"新"在何处》，《世界知识》2021年第2期。

[5] 薛福岐：《俄罗斯政治发展30年：特点、成效与前景》，《俄罗斯学刊》2021年第6期。

[6] 郝赫：《从政治参与视角看俄罗斯转型历程》，《俄罗斯东欧中亚研究》2021年第6期。

[7] Ma Qiang, "Three Decades of Social Transformation in Russia: From a Totalist Society to a Civil Society," *Social Sciences in China*, Volume 42, Issue 4, 2021.

[8] 庞大鹏:《新一届国家杜马选举折射俄罗斯政治基本特点》,《世界知识》2021年第21期。

[9] 李永全:《作为政治反对派的俄共及俄罗斯共产主义运动》,《俄罗斯东欧中亚研究》2021年第5期。

[10] 汪金国、魏宸宇:《普京执政后的俄罗斯政党制度改革》,《西伯利亚研究》2021年第2期。

[11] 石晓虎:《"统一俄罗斯"党数字政党建设:挑战与转型》,《俄罗斯东欧中亚研究》2021年第4期。

[12] 庞大鹏:《中俄政党合作的战略价值和独特作用》,《人民论坛》2021年第25期。

[13] 赖海榕、张小瑛:《2008—2020俄罗斯地方政治态势演变及其影响》,《俄罗斯学刊》2021年第1期。

[14] 马天骄:《2018—2019年俄罗斯地方议会选举综述》,《西伯利亚研究》2021年第1期。

[15] 刘博玲:《俄乌教会纷争引发的东正教世界的危机与应对》,《世界宗教文化》2021年第3期。

[16] 喜君:《俄罗斯传统价值观与苏联前期对外战略》,《西部学刊》2021年第18期。

[17] 余海涛:《历史与反思:斯大林的弥赛亚意识》,《湖南工程学院学报(社会科学版)》2021年第3期。

[18] Малинова О. Ю. Конституционный процесс как символическая политика: дискуссии о поправках к Конституции РФ, 1993-2020. - Полис. Политические исследования. 2021. № 3. С. 17-37.

[19] Иванов О. Б. Местное самоуправление после принятия поправок к Конституции Российской Федерации: перспективы развития, правовое регулирование // Власть. 2021. Том 29. № 2. С. 118-122.

[20] W. E. Pomeranz, "Putin's 2020 Constitutional Amendments: What Changed? What Remained the Same?" *Russian Politics*, 6(1), March 2021, pp. 6-26.

[21] W. E. Pomeranz & R. Smyth, "Russia's 2020 Constitutional Reform: The Politics of Institutionalizing the Status-Quo," *Russian Politics*, 6(1), March 2021, pp. 1-5.

[22] I. S. Grigoriev, "What Changes for the Constitutional Court with the New Russian Constitution?" *Russian Politics*, 6(1), March 2021, pp. 27-49.

[23] F. Burkhardt, "Institutionalizing Personalism: The Russian Presidency after Constitutional Changes," *Russian Politics*, 6(1), March 2021, pp. 50-70.

[24] D. S. Hutcheson & I. McAllister, "Consolidating the Putin Regime: The 2020 Referendum on Russia's Constitutional Amendments," *Russian Politics*, 6(3), July 2021, pp. 355-376.

［25］Ежов Д. А. Выборы депутатов Государственной думы Российской Федерации восьмого созыва: тенденции и прогнозы // Власть. 2021. Том 29. № 3. С. 91-93.

［26］Абрадова Е. С. Партии и выборы в современной России // Власть. 2021. Том 29. № 2. С. 102-106.

［27］Бочаров Ю. Б. Широков О. А. О некоторых аспектах технологии изменения конфигурации политических сил в Государственной думе России // Власть. 2021. Том 29. № 2. С. 94-102.

［28］Арутюнов А. Г. Особенности региональных выборов в современной России // Власть. 2021. Том 29. № 3. С. 99-103.

［29］Тощенко Ж. Т. Была ли рукотворной геополитическая катастрофа СССР? // Социологические исследования. 2021. № 8. С. 3-13.

［30］Семенов Е. В. Долгое эхо 1991 года: социальный смысл катастрофы // Социологические исследования. 2021. № 8. С. 14-21.

［31］Миронов Б. Н. Становление национальных элит как фактор дезинтеграции СССР // Социологические исследования. 2021. № 8. С. 33-48.

［32］Симонян Р. Х. Как можно было сохранить Советский Союз (Балтийский ракурс) // Социологические исследования. 2021. № 8. С. 62-71.

［33］Яковенко А. В. СССР как зеркало нереализованной гуманистической перспективы // Социологические исследования. 2021. № 8. С. 72-81.

［34］Тихонова Н. Е. Трансформации социальной структуры российского общества: конец 1980-х-конец 2010-х гг. // Социологические исследования. 2021. № 8. С. 22-32.

［35］Дробижева Л. М. Опыт 1990-х гг. и управление культурным многообразием // Социологические исследования. 2021. № 8. С. 49-61.

［36］Тихонова Н. Е. Последствия кризиса 2020-2021 гг. для различных профессиональных групп российского общества // Социологический журнал. 2021. Том. 27. № 2. С. 46-67.

［37］Аброскин А. С. Аброскина Н. А. Проблемы информационного обеспечения социальной помощи населению в период пандемии COVID-19 // Социологическая наука и социальная практика. 2021. Том. 9. № 3. С. 7-24.

［38］Тартаковская И. Н. Доверие перед лицом пандемии: в поисках точки опоры // Социологический журнал. 2021. Том. 27. № 2. С. 68-89.

［39］Асеев С. Ю. Шашкова Я. Ю. Инновационный и лидерский потенциал в структуре политических установок молодежи (на примере Алтайского края и Новосибирской области).-Полис. Политические исследования. 2021. № 2. С. 113-124.

[40] Марин Е. Б. Представление о социальном протесте у молодёжи российского Дальнего Востока // Вестник Института социологии. 2021. Том 12. № 17. С. 62–92.

[41] Игнатовский Я. Р. Роль цифровизации в трансформации российского политического протеста // Власть. 2021. Том 29. № 1. С. 84–89.

[42] Домбровская А. Ю. Парма Р. В., Азаров А. А. Социально-медийная инфраструктура гражданского участия россиян: анализ графов пересечения аудитории сообществ социально-политической направленности в Рунете // Вестник Института социологии. 2021. Том 12. № 18. С. 158–174.

[43] Веселов Ю. В. Скворцов Н. Г. Доверие в эпоху цифровых трансформаций: опыт социологического исследования // Социологические исследования. 2021. № 6. С. 57–68.

[44] Солодников В. В. Зайцева А. С. Использование социальных сетей и социализация российских подростков // Социологическая наука и социальная практика. 2021. Том. 9. № 1. С. 23–42.

[45] Ерёменко Ю. А. Жаворонкова З. А. Нейрофизиологические исследования восприятия визуального политического контента в социальных сетях // Вестник Института социологии. 2021. Том 12. № 17. С. 153–169.

[46] E. Paustyan, "A Treaty for the Rich and Politically Loyal? Explaining the Bilateral Center-Region Treaties in Post-Soviet Russia," *Russian Politics*, 6(2), June 2021, pp. 185–209.

[47] A. C. Lenton, "Office Politics: Tatarstan's Presidency and the Symbolic Politics of Regionalism," *Russian Politics*, 6(3), July 2021, pp. 301–329.

[48] Кузнецов И. М. Основания ценностной консолидации россиян: традиционализм и обновление // Социологические исследования. 2021. № 8. С. 93–102.

[49] Арутюнова Е. М. Русский язык в российской идентичности: теоретические подходы и актуальный контекст // Социологическая наука и социальная практика. 2021. Том. 9. № 1. С. 111–123.

[50] Эндрюшко А. А. Российская идентичность и школьное образование: современный контекст // Социологическая наука и социальная практика. 2021. Том. 9. № 1. С. 95–110.

[51] 马强：《2020年俄罗斯社会形势：国家—社会关系的视角》，载孙壮志主编《俄罗斯发展报告（2021）》，社会科学文献出版社2021年版。

[52] 刘博玲：《俄罗斯文化政策进程及2020年国家项目"文化"的实施情况》，载孙壮志主编《俄罗斯发展报告（2021）》，社会科学文献出版社2021年版。

[53] 马强：《新冠肺炎疫情下俄罗斯的志愿者行动》，《欧亚经济》2021年第2期。

2021年俄罗斯经济研究综述

高际香　徐坡岭[*]

一　2021年中国俄罗斯经济学科研究

2021年中国从事俄罗斯经济学科研究的学者共发表期刊论文20篇，撰写皮书报告9篇。在20篇涉及俄罗斯经济学科研究的期刊论文中，17篇由中国社会科学院俄罗斯东欧中亚研究所所内学者完成，皮书报告9篇全部由所内学者撰写。主要研究成果涉及5个领域：第一，新冠肺炎疫情下的俄罗斯宏观经济形势研究；第二，俄罗斯实体经济、农业经济、数字经济、科技创新、去美元化和公共卫生支出等热点问题研究；第三，双边和多边合作框架内的中俄经贸合作、金融合作、科技合作、中俄在中亚市场的出口竞争、欧亚经济联盟运行情况和上合组织框架内的区域经济发展等问题的研究；第四，从历史研究和经济环境与制度考察的视角，对俄罗斯工业化200年、苏联解体30年的经济转型与增长和俄罗斯经济现代化，以及俄罗斯经济的多重二元结构与发展困境等问题的研究；第五，对新发展格局下区域国别研究方法和范式创新进行系统的梳理。其主要观点如下。

（一）新冠肺炎疫情下俄罗斯宏观经济形势

有关新冠肺炎疫情下的俄罗斯宏观经济形势研究包括俄罗斯东欧中亚总体形势，俄罗斯宏观经济总体形势，俄罗斯农业经济、实体经济、对外贸易发展形势和财政金融形势，共发表学术文章9篇。分别是：中国社会科学院俄罗斯东欧中亚研究所年终形势课题组共同撰写的《2020年俄罗斯东欧中亚形势：特点与趋势》；徐坡岭研究员撰写的《新冠肺炎疫情冲击下俄罗斯2020年宏观经济运行与宏观政策措施》以及徐坡岭与王晶共同撰写的《2020年俄罗斯实体经济发展》；郭晓琼研究员撰写的《俄罗斯对外贸易发展：形势、政策与前景》、《2020年俄罗斯对外贸易形势及政策》和《新冠肺炎疫情下上海合作组织区域经济发展的新挑战与新方向》；蒋菁副研究员撰写的《疫情背景下俄罗斯农业产出、粮食安全与农业政策变化》；丁超助理研究员撰写的《2020年俄罗斯财政金融形势及政策方向》；余南平、夏菁

---

[*] 高际香，中国社会科学院俄罗斯东欧中亚研究所俄罗斯经济研究室副主任，研究员；徐坡岭，中国社会科学院俄罗斯东欧中亚研究所俄罗斯经济研究室主任，研究员。

撰写的《俄罗斯经济：结构现状及在全球价值链中的角色》。上述论文的主要观点如下。

1. 俄罗斯宏观经济的总体形势

从俄罗斯宏观经济的总体形势看，学者的研究成果认为，疫情对俄罗斯国家发展战略产生严重影响。疫情中断了俄罗斯经济从2015年危机中复苏并逐渐加速的势头，对普京2018年"五月总统令"所确立的经济战略造成重大打击。受疫情冲击，俄罗斯全年GDP下降3.1%，就业率下降，居民实际可支配收入下降，投资负增长，对外贸易大幅萎缩，财政赤字上升，公共债务占GDP比重上升。从部门看，第三产业受疫情冲击影响最为严重，加工业相对平稳，采矿业受外部行情影响陷入负增长，但农业实现了正增长。总体上，俄罗斯不存在系统性的金融危机，但缺乏恢复经济增长的动力。在抗疫和反危机背景下，俄罗斯全面实施宽松的财政货币政策，同时通过预算执行机制改革和机构调整等措施，确立了以国家项目为中心的经济增长战略，这是国家经济体制方面的重大改革。

2. 俄罗斯的农业、工业和实体经济的发展形势

从俄罗斯的农业、工业和实体经济的发展形势看，研究成果表明，在2020年新冠肺炎疫情持续大流行背景下，俄罗斯经济受到巨大冲击，但相比其他经济部门，农业受新冠肺炎疫情的影响相对较小，且依旧呈现积极的增长态势，这对俄罗斯尽早摆脱当前的经济危机将起到巨大的拉动作用。新版《俄罗斯联邦粮食安全学说》的签署，对明确俄罗斯农业未来发展方向和防范系统性粮食安全风险具有重要的战略指导意义。未来，俄罗斯作为世界粮食主要供给国，在参与全球农产品和食品市场方面具有广阔的前景。实体经济受国际大宗商品价格下调、全球经济增长乏力和新冠肺炎疫情传播抑制需求增长等不利因素影响下滑比较明显。俄实体经济经历了2015年经济危机以来最严重的产出下滑。采矿业衰退明显，建筑业整体低迷，服务业受疫情冲击较大，制造业面临国内外市场需求放缓的困境，2020年中后期凭借医药、纺织和食品等行业的强劲反弹而勉强走出衰退。

3. 俄罗斯对外贸易形势和政策

从俄罗斯的对外贸易形势和政策来看，研究成果认为新冠肺炎疫情背景下，俄罗斯的对外贸易额大幅减少，其主要原因是出口商品价格的普遍下降。为调整产业结构，应对疫情冲击，俄罗斯在对外贸易政策方面实施了一系列调整。2020年，为配合国家产业政策，俄罗斯加大对非能源和非原材料商品出口的支持，希望逐步摆脱经济对资源出口的依赖；为配合国家外交政策，着力推进欧亚经济联盟一体化进程，并加强与亚太国家的经济贸易联系；为应对新冠肺炎疫情，配合国家反危机计划及国家经济复苏计划，俄政府对关税及非关税政策进行了调整，以达成保障国家粮食安全及重要物资供应安全、平抑物价、稳定国内市场等政策目标。在中期内，俄罗斯对外贸易发展将呈现增长趋势，但从长期看，全球经济低碳发展趋势加速，俄罗斯对外贸易发展前景并不乐观。

4. 俄罗斯财政金融形势和政策方向

从俄罗斯财政金融形势和政策方向来看,研究成果认为,财政货币政策在俄罗斯抗疫反危机和经济重启过程中起到了关键性的作用。2020年俄罗斯财政部通过预算规则及其内置的反周期稳定机制和突破规则限制的额外预算刺激,为实施抗疫反危机政策提供了充分资金。俄罗斯银行则通过放宽货币信贷条件和监管松绑,稳定了企业和公民的信心,刺激了消费市场的复苏。在经济重启过程中,俄罗斯遵循财政整顿的逻辑,在增收节支的基础上深挖投资潜力,并注重经济的结构性调整。货币政策仍致力于维稳,同时强化与财政政策的协调。

(二)俄罗斯经济发展中的热点问题

俄罗斯经济发展中的热点主要包括数字经济发展、科技创新发展、去美元化中的大国博弈,以及福利基金投资机构调整和公共卫生支出领域的研究。共发表学术文章5篇:分别是高际香研究员撰写的《俄罗斯数字经济发展与数字化转型:目标设定、方向选择与主要进展》;蒋菁副研究员撰写的《俄罗斯科技创新体系的构建与发展》;许文鸿副研究员撰写的《去美元化:俄罗斯在俄美金融战中的反击》;徐坡岭研究员撰写的《俄罗斯调整国家福利基金投资结构的考量》;童伟和宁小花共同撰写的《俄罗斯公共卫生支出:绩效管理机制构建与改革路径选择》。上述论文主要观点如下。

1. 数字经济

有关俄罗斯数字经济发展,研究成果表明,俄罗斯的数字经济发展和数字化是充分发挥政府作用,自下而上系统推动的过程,主要以国家机构数字化转型、公共服务数字化和国有企业数字化转型为抓手。今后,进一步激发基层数字化转型的积极性,实现政府作用和基层动能双向发力,才能保证数字经济发展和数字化转型持续稳定推进,完成普京布置的"十年数字化转型"任务。

2. 创新体系

有关俄罗斯创新体系构建与发展,研究成果表明,科技创新发展是俄罗斯经济能否实现结构转型和突破增长的关键,也是关乎国家经济安全战略成败的重中之重。近年来,俄罗斯高度重视科技创新经济发展,依托原有的科研发展实力,围绕科技创新体制改革和科技创新引领经济发展做了诸多尝试性的改革。普京就任总统以来,政府陆续出台一系列措施,旨在不断完善科技创新体系建设,强化科技创新管理效率,提升科研机构的创新能力。与此同时,还从国家层面出台创新发展战略和科技发展计划,加大国家对支撑科技创新发展关键要素方面的投入力度,努力营造科技创新发展的内外部环境,全方位推进国家经济向创新型发展加速转型。

3. 俄罗斯去美元化

有关俄罗斯去美元化,研究成果表明,俄罗斯实施的去美元化政策有维护本国货币主权、与美国进行战略博弈、反制美欧金融制裁、对美元的霸权地位与美国经济实力不匹配的担忧、推动国际金融秩序多元化等多重动因。为实施去美元化，俄罗斯制定了完整的策略，采取了减少美元直接使用、降低美元在外汇储备中的比例、大幅抛售美国国债、拓展非美元融资、增持黄金、建立本国的支付系统和金融信息交换系统等去美元化措施。俄罗斯的去美元化措施是在俄美金融战中的防守反击之举，虽不能在短期内消除美元霸权对俄罗斯经济的影响，但对世界范围内去美元化潮流的形成具有显著的示范效应，对打破以美元为主导的国际货币体系、建立新的国际经济金融体系具有重要的历史意义。

4. 福利基金的投资结构的调整

有关俄罗斯调整国家福利基金投资结构，研究结果表明，俄罗斯联邦财政部宣布调整国家福利基金的投资结构，首次把人民币纳入国家福利基金，并把份额确定为15%。这无疑是对人民币国际信用的巨大肯定。与此同时，调低了美元和欧元的占比。俄罗斯在国际储备中的去美元化操作，一开始是制裁下迫不得已的选择，2018年之后，俄国际储备投资转向主动的风险规避和投资保值操作。俄罗斯国际储备投资中，最成功的是购买和持有黄金货币储备。2015年以来俄罗斯不断提升国际储备中人民币外汇资产组合比重。其背后的政治动因，从政治上看，美国对俄罗斯的持续制裁，中美关系从合作竞争转向对抗竞争，意味着美元霸权将继续给俄罗斯和中国带来巨大的政治和经济风险。在此情况下，俄罗斯放弃美国国债作为国际储备投资对象，增加人民币资产的投资比重，进一步增加在中国市场投资的比重，是符合俄罗斯国家利益的正确选择。

5. 公共卫生支出

有关俄罗斯公共卫生支出，研究成果表明，俄罗斯为克服公共卫生领域面临的诸如人力资源投入不足、医务人员数量奇缺、卫生防疫力量薄弱、医疗服务缺口巨大、初级医疗机构设备陈旧、医疗服务水平亟待提升等问题，一方面以国家战略助推公共卫生支出快速增长，另一方面改革公共卫生财政预算管理模式，通过规划预算的引入，改变预算编制本位，强化预算管理流程，完善绩效评价体系，使公共卫生资源配置效应得以改进，公共卫生支出更加直观、具象和高效，为有针对性地解决俄罗斯公共卫生领域存在的重点难点问题，促进全民医疗健康状况的普遍改进以及医疗卫生服务水平的全面提升构筑了通道与平台。

（三）中俄双边经济合作与区域经济合作发展

关于中俄双边经济合作与区域经济合作发展研究主要包括中俄经贸合作、金融合作、科技合作、中俄在中亚市场出口竞争方面的研究，共发表学术文章6篇，包括：徐坡岭研究员撰写的《睦邻友好环境下，中俄经贸合作从量变到质变》；郭晓琼研究员撰写的《疫情下中俄经贸合作的新进展》以及其与蔡真合作撰写的《新时代中俄金融合作：问题与对策——基于虚拟经济过度膨胀的风控视角》；许文鸿副研究员撰写的《中俄在金融领域的合作》；高际香研究员撰写的《中俄科技创新合作：模式重塑与路径选择》；曲文轶教授和张霞合作撰写的《中俄在中亚市场的出口竞争研究——基于动态促进效应的实证分析》。上述论文的主要观点如下。

1. 中俄经贸合作

对于中俄经贸合作，研究成果表明，面对严峻的疫情，中俄经贸合作没有因此而停滞不前。尽管双边贸易额出现了下降，但中俄两国经贸合作意愿强烈，在能源、金融等传统合作领域中，中俄合作仍持续推进。中欧班列在疫情期间展现出前所未有的生机和活力。同时，疫情也为两国开展数字经济合作提供了发展机遇。2020年中俄双边贸易额占俄罗斯外贸总额的比重高达18.6%。这些成就的取得是由中俄双边经贸合作的战略属性和互利共赢特征决定的。中俄经贸合作的稳定向上发展是在两国全面战略协作伙伴关系不断成熟和提升的背景下发生的，但又在很大程度上遵循自己的原则，独立于政治关系的发展。中俄良好的政治关系为经贸合作奠定了良好的基础，引领两国经贸务实合作的发展。同时，经贸务实合作又相对独立于政治关系发展的进程。中俄经贸合作的模式特征和机制特征表明，两国经贸合作还有巨大的发展空间。中俄在双边层面上推动国家发展战略对接，在多边层面上推动区域分工网络的连接与合作，都具有非常重要的意义，也有着广阔的合作前景。

2. 中俄金融合作

对于中俄金融合作，研究成果表明，两国在金融领域的合作涉及国际金融信息的传输和跨国资金的流通调拨，是所有国际经济合作的关键和核心。2020年以来，美国先后对俄罗斯和中国使用金融制裁。在此背景下，中俄在金融领域进行了广泛而务实的合作。其主要措施包括：加强在货币领域的合作，拓宽在支付领域的合作，加深在建立公正合理的国际金融新秩序方面的合作。今后，拓展金融创新、数字经济等新兴领域合作是两国合作的重点。当前，中俄金融合作面临的主要问题包括：合作机制尚不完善；本币结算覆盖范围小，支付清算渠道不畅；对俄投资风险高，保险业合作进展缓慢；金融监管合作尚需加强。相应的对策建议为：进一步完善合作机制；扩大本币结算规模，助推人民币国际化；在认真评估风险和收益的基础上开展对俄投资；完善投融资配套措施；运用金融科技手段，加强金融监管合作。

3. 中俄科技合作

对于中俄科技合作，研究成果表明，苏联解体后，中俄科技合作向纵深发展，形成了多层次、多领域、全链条的合作格局。整体而言，中俄科技创新合作正待寻求向产学研一体协同创新方向演进。新时期深化中俄科技创新合作的主要方向包括：完善合作机制的顶层设计；深化基础研究领域合作；进一步加强高技术产业合作，推进创新和产业深度融合；合力推进重点项目，重在取得实效；充分发挥企业在科技创新合作中的主体作用；着力打造科技创新合作服务平台；共同推进多边机制下的科技创新合作。

4. 中俄在中亚市场的出口竞争

对于中俄在中亚市场的出口竞争，研究结果表明，尽管中国在中亚的市场地位持续提升，但俄罗斯在中亚的影响力大体保持稳定。中国出口并未挤占俄罗斯在中亚的出口空间。相反，无论是整个中亚区域还是单个国家，无论是全部商品层面还是聚焦制成品领域，中国出口对俄罗斯出口均具有积极带动作用。而中国出口的带动作用部分源于中国投资的正向外溢效应。

5. 区域经济发展与合作前景

对于区域经济发展与合作前景，研究成果认为，新冠肺炎疫情导致全球经济严重衰退，对国际格局变动和全球化趋势也产生深远影响，在疫情冲击下上海合作组织成员国经济增长率下降，通货膨胀率高企，对外贸易萎缩，汇率大幅波动，国家治理能力面临严峻考验。随着疫情在全球范围内的扩散，上合组织区域经济合作也面临一系列新的困难和挑战：成员国间贸易下降，区域内一些重要的合作项目难以推进，非传统安全问题被置于更加重要的地位，等等。疫情背景下，应充分发挥上合组织重要的平台作用，协调各方立场，凝聚更多共识；加强各国经济发展战略的对接，挖掘新的合作潜力；分层次推进上合组织框架内的经济合作；继续优化营商环境，提高区域内贸易与投资便利化水平；加强数字经济领域的合作。

6. 欧亚经济联盟

对于欧亚经济联盟的运行情况，研究成果表明，在新冠肺炎疫情冲击下，欧亚经济联盟保持高水平运转。在制度建设、抗疫合作等方面，联盟框架内多边合作机制的有效性得到彰显。在经济一体化方面，联盟内部和对外经济活动锐减。欧亚经济联盟通过的《2025年前欧亚经济一体化发展战略方向》是联盟2020年取得的最大成果。而俄罗斯在联盟框架内主导的抗疫合作充分表明，俄罗斯不仅能为欧亚经济联盟成员国提供军事安全保障、政权安全保障，还能提供公共安全保障。这使俄罗斯在联盟中的威望得到进一步巩固。欧亚经济联盟下一阶段的工作重点转向疫后推动成员国和区域经济复苏。

（四）从历史研究和经济制度环境等视角对俄罗斯经济问题展开研究

从历史研究和经济制度环境等视角对俄罗斯经济问题展开的深入研究主要包括对俄罗斯经济转型、工业化、现代化、经济结构和经济增长方式等问题展开研究。共发表学术文章8篇，包括：陆南泉研究员撰写的《从经济结构视角对俄罗斯经济现代化的历史考察》、《俄罗斯经济转型30年评析》和《俄罗斯经济发展中的苏联经济因素分析——以经济机构与经济增长方式为例》；李建民研究员撰写的《苏联解体30年以来的俄罗斯经济：转型与增长论析》；高际香研究员与清华大学刘伟和杨丽娜共同撰写的《俄罗斯工业化200年：回顾与展望》；高际香研究员撰写的《俄罗斯经济30年：从"去工业化"到"新工业化"》；李中海研究员撰写的《俄罗斯经济的多重二元结构与发展困境——基于经济环境与制度视角的考察》；

高晓慧研究员翻译的俄罗斯科学院经济研究所苏哈列夫教授的文章《俄罗斯经济增长的结构：影响的测度与评估》。上述论文的主要观点如下。

1. 俄罗斯经济结构与现代化

关于俄罗斯经济结构与现代化问题，研究成果表明，无论在俄国、苏联，还是在当今的俄罗斯，不平衡的经济结构始终是影响苏联—俄罗斯经济发展的重要因素，也是影响其经济发展与现代化进程的重要因素。而落后、低效的经济增长方式也一直是阻碍苏联—俄罗斯经济高质量发展的重要因素。在苏联解体前，经济发展已日益呈现对能源等原材料部门的依赖。俄罗斯推进经济现代化的进程，要着力解决改变以能源等原料产品为主的经济结构、大力发展创新型经济与工业本身的再工业化三个相互有密切关联的问题。此外，俄罗斯经济中存在的多重二元结构，是造成俄罗斯经济难以克服能源依赖、实现经济多元化和现代化的重要因素。俄罗斯经济要突破发展困境，走上均衡发展的轨道，需要破除多重二元结构，为不同经济主体赋予平等的经济环境和制度条件。

2. 俄罗斯经济转型

关于俄罗斯经济转型问题，研究成果表明，转型30年以来，无论是其经济体制转型还是经济发展都经历了一个曲折与复杂的过程。近30年俄罗斯经济发展呈现三个特点：第一，极不稳定，跌宕起伏；第二，近年出现不断下滑的趋势；第三，多年出现负增长，有些年份负增长的幅度很大。2012年以来，俄罗斯经济进入其经济史上最长的停滞期。细究之，经济对资源的高度依赖、制造业发展滞后、国家对经济高度垄断带来的低效率以及地缘政治竞争导致外部环境恶化等成为制约俄经济增长的内外因素，其中内部因素的影响相对更大。普京时期俄罗斯经济转型和增长的实践表明，制度、自然资源与经济增长之间存在必然联系。在今后一个时期，俄罗斯经济形势较为复杂，短期内难以解决结构性问题，较难使经济很快出现持续稳定快速增长，但也不太可能发生经济进一步的恶化与危机。

3. 俄罗斯工业化

关于俄罗斯工业化问题，研究成果表明，纵观俄罗斯工业化发展历程，其不同时期的政策与实践无不是在力图有效解决资金、技术和劳动力三个维度的问题，在合理处理政府与市场、国内市场与国际市场之关系中辗转腾挪。当前，在新一轮科技革命和产业变革深入发展的大背景下，俄罗斯通过"新工业化"实践，力图在第四次工业革命中获得战略竞争优势。为扭转在全球产业链分工中处于低端的被动局面，俄罗斯开启了"新工业化"探索，其主要目的是对传统优势产业部门进行现代技术改造，推动高技术新兴产业发展，最终摆脱能源原材料型增长模式，实现从全球产业链价值链低端向高端的跃升和经济结构的转型升级。俄罗斯"新工业化"探索将至少面临四大挑战，即技术支撑不足、高素质劳动力供给相对不足、资金投入不足、制度体系亟待健全。

4. 俄罗斯经济增长模式

关于俄罗斯经济增长模式问题，研究结果表明，只有通过结构性变化和相应的结构性政策才能确保俄罗斯国民经济各部门之间，特别是制造业、原材料业和服务业之间的资源流动，形成一种新的经济增长模式。此外，以俄罗斯经济面板数据为基础建立的经济模型反映了不平等、贫困与国内生产总值之间的关系，并确定了经济政策的目的不仅在于为居民提供有针对性的帮助以减少贫困，而且还应采取刺激经济增长的措施以降低不平等。

（五）新发展格局下区域国别研究方法和范式创新

冯绍雷等联合撰文笔谈文章1篇。研究结果表明，近年来区域国别研究向精深发展。首先，必须坚持科学精神，从社会科学的高度认识区域国别研究。其次，要认识到不同地区不同国家的特殊性，从特殊性角度研究区域国别问题。最后，区域国别研究要增强学科意识，广泛吸收其他学科的理论方法和研究工具。主要着力点：第一，加强基础研究；第二，加强人才培养；第三，为学术成果的展示提供更多平台。此外，要以知识生产为核心来推动中国的区域国别研究。当前，区域与国别研究中存在的若干问题包括：区域与国别研究的学科化问题；区域与国别研究的深度与广度问题；区域与国别研究的立场主体问题；区域与国别基础研究和应用对策研究之间的关系问题。而加强和改进区域国别研究，第一，需要提高站位，从服务党的治国理政的高度开展区域与国别研究；第二，需要按照交叉学科设置区域与国别研究；第三，需要秉持从下至上和从上至下视角相结合的研究方法；第四，需要将从中国看世界与从世界看中国两种视角统筹起来；第五，需要坚持区域与国别研究方法的创新。此外，还要正确处理好区域国别研究中的五对关系，分别是：区域与国别的关系；区域国别研究与全球的关系；区域国别研究与专业领域研究之间的关系；区域国别研究中的跨学科研究之间的关系；学术、理论等基础研究与决策咨询研究之间的关系。

二 2021年国外俄罗斯经济学科研究综述

（一）俄罗斯本土经济学者的研究

俄罗斯本土经济学者的研究主要发表在《俄罗斯经济问题》《社会与经济》《世界经济与国际关系》《全俄经济杂志》《预测问题》等学术期刊上，研究力量主要集中在俄罗斯科学院各经济类研究所、盖达尔经济政策研究所、高等经济大学、总统所属政府行政学院、圣彼得堡经济大学以及各地方经济类院校等。2021年俄罗斯经济学界的研究主要涉及如下专题。

1. 重大历史题材研究：对推行新经济政策100年的历史回顾

2021年是列宁推行新经济政策100周年，《全俄经济杂志》组织了专题，从多个视角对新经济政策进行再审视。主要论文有《致新经济政策100年》（Г. Ханин, В.Клисторин）、《新经济政策经济史分析》（В. Клисторин）、《新经济政策时期的体制改革》（В. Клисторин）、

《新经济政策时期的权力危机和劳动冲突》(С. Красильников)、《20世纪20年代国内经济中的私营企业模式：世纪审视》(А. Килин)、《新经济政策时期新尼古拉耶夫斯克—新西伯利亚工业的恢复和发展》(В. Кокоулин)、《新经济政策时期的经济能否为工业项目奠定基础？》(М. Фельдман)等。

2. 疫情下的经济社会发展与经济政策研究

论述疫情总体影响的论文主要有《疫情的宏观经济影响和经济复苏前景》(А. Шохин, Н. Акиндинова, В. Астров, Е. Гурвич, О. Замулин, А. Клепач, В. May, Н. Орлова)、《大流行期间经济结构特征和经济危机深度》(И.Николаев, В. Черепов, О. Соболевская)等；研究疫情对行业产生影响的论文包括《俄罗斯汽车工业：主要特征、疫情影响与发展前景》(Ю. Сисачёв, М. Кузык, А. Бутов)、《疫情期间俄罗斯的药品生产：老问题与新挑战》(Т.Долгопятова, А. Федюнина, А. Назорова)、《疫情和国家反危机政策对俄罗斯IT行业的影响》(А.Яковлев, М.Кузык, И. Седых)、《俄罗斯零售贸易：疫情之前、之中和之后》(Ю. Симачёв, А. Федюнина, Н. Ершова, С. Мисихина)、《危机或曰新现实：疫情对俄罗斯旅游业的影响》(А. Яковлев, О. Балаева, М. Предводителев, С. Мисихина, Н. Ершова)、《疫情对俄罗斯文化组织的经济影响》(Т. Абаннкина, Е. Мацкевич, Е. Николаенко, В. Романова)等；研究疫情对区域经济发展影响的论文有《2020年冠状病毒危机对俄罗斯最大城市群经济的影响》(Т. Полиди, А. Гершович)；揭示疫情对社会发展影响的论文有《大流行时期对远程就业态度的实证分析》(Эльмира Наберушкина)、《大流行之下俄罗斯的贫困问题：职业和地区视角》(Е. Кубишин, А. Седлов, И. Соболева)；研究疫情对企业影响的论文有《疫情期间谁退出了市场》(Е. Бессонова, С. Мякишева, А. Цветкова)；研究疫情下宏观经济政策和纾困政策的论文主要包括：《冠状病毒大流行与经济政策趋势》(В. May)、《大流行时期的宏观经济政策：IS-LM模型揭示了什么？》(О. Буклемишев, Е. Зубова, М. Качан, Г. Куровский, О. Лаврентьева)、《大流行期间的生产力与信贷》(Е. Бессонова, С. Попова, Н. Турдыева, А. Цветкова)、《冠状病毒危机期间的税收支持：该帮助谁？》(М. Пинская, Ю. Стешенко, К. Цаган-Манджиева)等。

3. 低碳与绿色发展研究

从联邦预算视角解读低碳发展的论文有《直面俄罗斯第一个"绿色"联邦预算：解读与分析》(М. Афанасьев, А. Беленчук)；阐述绿色金融的论文有《绿色债券在世界市场和俄罗斯的发展趋势》(Е. Киселева)；聚焦亚太地区低碳发展对俄罗斯影响的论文包括《亚太国家——全球主要碳氢化合物需求中心》(С. Жуков, О. Резникова)、《亚太地区脱碳条件下俄罗斯石油公司的前景》(И. Копытин)、《中国作为道路电气化全球引擎：石油市场面临的风险》(М. Синицын)；研究新能源发展前景的论文有《能源转型背景下氢能的未来》(С.

Ковалев, И. Ю. Блам）；研究能源公司转型的论文有《碳氢化合物公司的低碳未来：以美国和欧洲石油公司为例》（Н. Пусенкова）；聚焦电网公司发展的论文有《完善电网公司组织模式：国外经验与俄罗斯实践》（Б. Файн）等。

4. 数字经济与数字化转型研究

对数字经济进行理论梳理和度量研究的论文有《数字经济理论》（Ю. Швецов）、《度量数字经济的空间方法》（Т. Шарифьянов）；研究数字货币的论文有《数字卢布或数字环境中的卢布：制度变革的前景》（Н. Куницына, Е. Дюдикова）、《信息社会中数字货币发展模式》（Я. Долгов）、《与数字人民币竞争新路径》（М. Жариков）、《央行的数字货币：世界经验》（Д. Кочергин）、《世界金融架构的现行趋势：金融技术、数字技术、密码技术与数字货币》（В. Андрианов）；研究经济数字化的论文有《多边数字平台对零售企业生存的影响》、《数字化和经济衰退挑战下的价值链打造》（В. Дементьев）、《俄罗斯现实催发经济数字化难度》（Ю. Швецов）；研究数字经济和数字经济合作的论文有《全球背景下俄罗斯数字经济发展的社会挑战》（Е. Садовая）、《为发展数字经济俄韩在大数据、网络和人工智能领域的合作前景》（Ючжон Ким）；研究智慧城市的论文包括《对抗冠状病毒的智慧城市技术》（Е. Костина, А. Костин）、《智能城市可持续发展的构想：生态视角》（О. Бурматова）等；探究数字技术在抗疫中作用的论文有《新数字技术在危机（2019—2021 年大流行）中的作用》（Т. Ровинская）。

5. 创新经济研究

主要论文包括《俄罗斯产学互动：痛点与堵点》（Ю. Симачев, М. Кузык）、《俄罗斯油气行业知识储备分析：发明专利》（В. Крюков, А. Токарев）、《俄罗斯和德国的科学拨款：方法和结果比较》（Л. Цедилин）、《关于初创企业的国家支持》（В. Кузенкова, М. Кузьмина）、《拥有知识产权的公司：一种新型的经济组织》（О. Сухарев）、《生态系统作为业务增长的创新手段》（В. Маркова, С. Кузнецова）、《政企在科技园区基础设施长期项目中的互动》（В. Нефедкин）等。

6. 金融和财政专题研究

涉及金融领域发展的重要论文包括系统阐述俄罗斯股市发展的论文《俄罗斯股市：趋势、挑战、发展方向》（А. Абрамов, А. Радыгин, М. Чернова）；强调零售金融重要意义的论文《零售金融是金融行业发展的催化剂》（В. Панкова）；涉及货币政策效应的论文《通胀干预期间俄罗斯实际中性利率评估》（С. Дробышевский, П. Трунин, Е. Синельникова-Мурылева, Н. Макеева, А. Гребенкина）和《俄罗斯货币政策在各地区的非对称性效应》（О. Демидова, Е. Карнаухова, Д. Коршунов, А. Мясников, С. Серегина）；诠释货币政策与汇率之间关系的论文《货币政策透明度和汇率传导》（Ф. Картаев, В. Тубденов）；阐释货币投放与通胀之间关系的论文《利用高频方法模拟货币冲击对通货膨胀的影响》(В. Банникова, А. Пестова)；关注伊斯兰金融在俄罗斯发展的论文《俄罗斯的伊斯兰金融：市场参与者的视角》(А. Нагимова)；研究财政问题的论文主要涉及预算间关系，如《俄罗斯和世界的财政分权：趋势和效应》(Е. Тимушев) 和《联邦无偿向各地区划拨资金的目标和形式》(М. Печенская-Полищук) 等。

7. 工业经济研究

研究俄罗斯工业发展的论文有《俄罗斯工业：发展研究方法和发展目标》(О.Сухарев)、《论军工行业多元化发展》(Д. Файков, Д. Байдаров)、《全球挑战和俄罗斯汽车工业可持续发展战略形成》(Л. Журова, И. Краковская)、《俄罗斯制造业——是时候重点关注了》(А. Алексеев)、《制造业发展战略：实现突破的幻觉》(А. Алексеев)、《稀土工业发展国家支持与经济现代化》(О. Маликов, А. Максимова) 等。

8. 对俄罗斯区域经济的研究

研究主要从如下视角展开。第一，地区发展差异视角，如《俄罗斯地区的民族异质性：评估、变化、对经济发展的影响》(А. Буфетова, Е. Коломак)。第二，央地关系视角，如《俄罗斯的预算联邦制：是与否？》(Б. Лавровский, Е. Горюшкина)。第三，对远东、西伯利亚和北极地区发展的专题研究，对远东和西伯利亚的研究论文有《远东发展新模式实施背景下俄罗斯联邦东部地区经济结构变化》(И. Забелина, Л. М. Фалейчик)、《布里亚特共和国经济发展和环境状况预测》(А. Базаров, А. Баранов, В. Павлов, Ю. Слепенкова, Т. Тагаева)、《全俄城市环境质量指数中的西伯利亚和远东城市》(Т. Ратьковская)、《马加丹之梦：迷思、现实、前景》(Н. Галыцева, О. Фавстрицкая, О. Шарыпова)、《俄罗斯和西伯利亚的土地市场：从资源到资产》(О. Фадеева, Д. Хлопцовл)；研究北极地区的论文有《俄罗斯北部地区的产业竞争力：从利润到人员》(М.Стыров, Л. Носов)、《北极集团：新理论构建方法》(А. Пилясов, А. Богодухов)、《北极资产：从规模到转型？》(В. Крюковр, Д. Меджидова) 等。第四，对城市及城市群的研究，如《俄罗斯和世界的城市发展战略：比较分析》(В. Комаров, В. Акимова, А.Волошинская)、《全球挑战下城市群作为俄罗斯经济增长的驱动力》(И. Волчкова, Е. Уфимцева, Н.Шадейко, А. Селиверстов) 等。

（二）欧美日经济学者的研究

欧美日学界研究俄罗斯经济的机构主要有世界银行、欧洲复兴开发银行、日本北海道大学斯拉夫研究中心，此外，哈佛大学、斯坦福大学也有部分学者出版或发表了部分相关作品。2021 年欧美日学界的研究主要涵盖如下方面。

1. 对俄罗斯宏观经济形势的研究

世界银行每月发行一期《俄罗斯经济月度发展》，针对国际油价、新冠肺炎疫情等因素对俄罗斯经济的影响做了比较细致的分析。《俄罗斯联邦贫困与公平简报》对俄罗斯的贫困问题和社会公平问题的情况有相关论述。斯坦福大学教授凯瑟琳·E.斯托纳（Kathryn E. Stoner）出版了《俄罗斯的崛起》；北海道大学斯拉夫和欧亚研究中心的田畑伸一郎教授发表的《俄罗斯经济：国家资本主义与外汇储备》分析了俄罗斯国际储备增长背后的原因。

2. 有关新冠肺炎疫情对俄罗斯经济影响的研究

世界银行发布了《俄罗斯经济报告：经济复苏强劲，新冠肺炎疫情和通胀上升的风险》和《新冠肺炎疫情对俄罗斯私营部门影响的10个图景》两份报告。国际货币基金组织发布了报告《冠状病毒病的政策应对》。该报告中主要归纳了俄罗斯应对新型冠状病毒的主要措施。其中包括重新开放经济、病毒的变异及采取的措施。同时，对俄罗斯的货币和宏观金融政策也做了一定的分析。北海道大学斯拉夫和欧亚研究中心举行了"新冠肺炎疫情下的俄罗斯经济"研讨会。

3. 对俄罗斯农业和能源行业的研究

世界银行发表了报告《俄罗斯联邦农业部门的补贴和恢复》，其主要观点为疫情中俄罗斯农业在政府的补贴下有恢复性增长。世界银行发表了《俄罗斯与全球绿色转型：风险与机遇》《俄罗斯的能源补贴：规模影响与改革潜力》等工作报告。

4. 对俄罗斯区域经济的研究

日本北海道大学斯拉夫和欧亚研究中心2020—2024年的在研课题为"能源资源开发与区域经济"，是ARCS Ⅱ项目的一部分。在其框架内，田畑伸一郎先后发表了《自然资源生产部门对萨哈雅库特共和国经济发展的贡献》《全球变暖和俄罗斯的萨哈雅库特共和国》等文章。上述研究揭示了采矿业如何为地区经济增长和财政收入作出贡献。作为一项研究创新，文章中不仅有萨哈雅库特共和国层面的统计数据，还包括市（36个县市）层面的统计数据。文章分析了该共和国市政生产总值、矿业生产、财政、石油和钻石等数据，以及这些因素对新技术发展的影响。

5. 对俄罗斯对外经济关系的研究

北海道大学斯拉夫和欧亚研究中心的田畑伸一郎教授发表了《近期日俄经济关系》的短文。该文分析了日俄进出口在2009—2020年的结构变化，尤其以汽车和能源领域为例，从而得出俄罗斯人均可支配收入是影响日俄贸易重要因素的结论。哈佛大学戴维斯俄罗斯和欧亚研究中心的学者英格丽德·伯克·弗里德曼（Ingrid Burke Friedman）发表了《美国对俄罗斯的制裁可能会重新调整，但不太可能进行全面改变》一文。

2021年俄罗斯外交研究综述

柳丰华　李勇慧　韩克敌　吕萍　刘丹[*]

一　2021年中国俄罗斯外交学科发展最新动态

（一）俄罗斯对上海合作组织外交

关于俄罗斯对上海合作组织外交，孙壮志认为，上海合作组织既是俄罗斯实施多边外交的重要国际组织之一，又是中俄两国开展战略协作的重要平台。2021年是上海合作组织成立20周年。上海合作组织秉持的合作理念多为中国提出的外交倡议，同中国在国际和地区事务中扮演的角色关系密切，充分体现了"中国智慧"和"中国方案"。这些合作理念得到了俄罗斯的理解和认同。近年来，多边外交已经成为中国特色大国外交的重要组成部分，而上海合作组织的实践有效支撑了中国多边外交的发展和突破。在后疫情时代，上海合作组织需要继续发挥中俄两国的引领作用，积极作为，深化务实合作，维护多边主义，基于地区实际凝聚更多共识，发挥规则和制度的引领作用，争取在重点领域取得更多突破。[1]

（二）俄美关系

2021年俄美关系研究主要涉及以下领域：对特朗普四年俄美关系的总结、对拜登政府对俄政策的展望、俄美中导竞争与中国应对方略、中俄美三边关系、俄美博弈背景下俄罗斯在乌克兰的"混合战争"策略等。

1. 俄美关系

关于俄美关系的现状和拜登执政后俄美关系的前景，柳丰华认为，乌克兰危机以来，由于美国对俄罗斯实施经济制裁和政治军事遏制，俄美关系陷入长期对抗。俄美对抗的根源在于美国不断削弱俄罗斯对其周边地区的影响力和企图改造俄罗斯政治制度。同时，基于军事安全互动的俄美关系基本结构也使两国难以摆脱安全困境。拜登执政后，美国对俄推行"强

---

[*] 柳丰华，中国社会科学院俄罗斯东欧中亚研究所俄罗斯外交研究室主任，研究员，博士；李勇慧，中国社会科学院俄罗斯东欧中亚研究所俄罗斯外交研究室副主任，研究员；韩克敌，中国社会科学院俄罗斯东欧中亚研究所副研究员，博士；吕萍，中国社会科学院俄罗斯东欧中亚研究所副研究员，博士；刘丹，中国社会科学院俄罗斯东欧中亚研究所助理研究员，博士。

力遏制+有限合作"政策，普京政府可能以反制与合作两手策略应对，既避免与美国发生军事冲突，也不会卑躬屈膝地与之和解。未来一段时期内，俄美关系仍将延续对抗状态，难以实现正常化。[2]

2. 俄美中导竞争与中国应对方略

关于俄美中导竞争与中国应对方略问题，柳丰华认为，2019年8月美俄两国正式退出《中导条约》，公开研发陆基中短程导弹。俄美重启中导竞争，将会刺激俄美在反导和其他战略军备领域的竞赛，侵蚀全球战略稳定，破坏亚洲和欧洲地区战略稳定，从而对中国战略安全构成威胁。俄美短期内在中导和反导领域展开竞争，中长期内可能寻求政治解决中导竞争问题。美国将在关岛和日本等亚太盟国部署陆基中程导弹，以中导制衡中国导弹，谋求对华军事优势。柳丰华建议中国的应对方略包括：不参加新的《中导条约》谈判；提升中国核武器质量，确保核威慑的可靠性；一旦美国在亚太部署陆基中程导弹，中国将以导弹反制美国中导。[3]

3. 中美俄三边关系

关于当前的中美俄三边关系问题，季志业认为，有必要将今天的中美俄关系与历史上的中美苏关系从本质上加以区别。今天的中国不是当年的苏联，今天的俄罗斯不是当年的中国，今天的美国也不是当年的美国，今天的国际格局更不是当年的格局。美国国内形成了强硬对付中俄的共识，拜登政府也不例外，并且会联合其盟友共同对中俄施压。美国习惯了"冷战"思维，习惯了霸权主义，中俄两国不能简单地"以其人之道，还治其人之身"，那样只能重回对抗和冲突的轨道，这正是美国那些政客所乐见的。中俄是在国际舞台上拥有重要影响力的两个大国，不应伴随美国的节拍起舞，而应紧紧围绕国内的主要目标和任务，为做好自己的事情深化合作，为稳定周边局势和加强国际合作共同努力。[4]

4. 俄美博弈背景下俄罗斯与乌克兰的关系

关于俄美博弈大背景下俄罗斯在乌克兰采用的"混合战争"的战略及战术问题，韩克敌认为，尽管美国、其他北约国家和俄罗斯对"混合战争"的概念仍然存在不同的理解，但是双方也拥有很多类似的看法，即都认为这是一种新的战争组织形式，更强调使用非传统的手段、非常规的手段、隐蔽的手段，解决以往纯粹的公开战争问题，其中最重要的是控制和主导"信息"。美国和北约认为俄罗斯在乌克兰实施了"混合战争"，克里米亚和顿巴斯的事件是"俄罗斯之春"。而在俄罗斯看来，乌克兰的政府更迭就是一场"违宪政变"，是由美国和欧盟挑动的反俄的"颜色革命"。俄罗斯在乌克兰主要应用了四种"混合战争"的形式：代理人战、信息战、网络战、特种战。这四种新的战争形式和传统的常规战争相结合，构成了俄罗斯版"混合战争"的主体。[5]

5. 美国政府对俄政策

关于美国时任总统特朗普的对俄政策，李秀蛟认为，特朗普谋求与俄罗斯缓和关系，以扭转因乌克兰危机而深陷泥潭的美俄对抗。然而，特朗普的胜选及其与俄罗斯缓和关系的意图遭到美国建制派的猛烈抨击和抵制。美国对俄政策不仅是美国政策制定者与俄罗斯的互动，更是美国政策制定者内部激烈博弈的结果。由于美国政治体制及国内政治斗争的影响，特朗普制定和实施对俄政策的总统权力受到国会及反俄势力强有力的束缚和规制。事实证明，特朗普政府的对俄政策并未出现逆转，而是延续了奥巴马执政后期对俄罗斯的对抗、遏制和威慑，并在一定程度上有所升级，导致美俄关系进一步恶化。特朗普时期，美国加大了对乌克兰和格鲁吉亚等所谓欧洲前线国家的支持，取消了对乌克兰和格鲁吉亚获取进攻性武器的限制。尽管如此，美国并没有完全放弃对俄罗斯的接触。[6]

（三）俄欧关系

2014年乌克兰危机发生之后，俄罗斯与西方关系急剧恶化，并与欧盟开始相互实施经济制裁，双方关系陷入自"冷战"结束以来的低谷。拜登就任美国总统后美国重新"回归欧洲"，竭力拉拢特朗普时期与美国疏远的欧洲盟友，俄罗斯也因此重新被塑造为西方的"敌人"。在这一背景下，俄欧关系的发展态势、俄欧之间的合作以及俄罗斯对欧盟政策的变化是中国学者在研究俄欧关系时的重点关注问题。与此同时，2021年适逢苏联解体30周年，30年来俄罗斯在与欧盟关系上的得失成败以及未来发展也是研究的重点。

1. 俄罗斯对欧洲政策调整

关于跨大西洋关系重塑背景下的俄罗斯对欧政策调整问题，赵隆认为，跨大西洋关系的重塑进程是影响俄罗斯与欧洲关系的重要变量。拜登上台后改变了特朗普的对欧政策，着手重塑跨大西洋伙伴关系。受此影响，在对欧盟政策上俄罗斯强化了对欧"切割—冻结—分化"的政策公式，通过增强前沿威慑能力并构建环黑海"安全弧"，推动"议题脱钩"以重塑俄欧非敌非友的关系定位。首先，依照"非对等反制"原则切割"俄罗斯—北约"联系，彻底"切断"俄罗斯和北约之间的所有直接沟通渠道；其次，采取"对等约束"原则冻结"俄罗斯—欧盟"互动，尝试在保留低政治议题接触的前提下，等候与欧盟恢复常态化联系的契机；最后，坚持分化对冲原则构筑"俄罗斯—欧盟成员国"的有限"议题联盟"，区别对待欧盟国家，以分化政策影响欧洲对俄制裁的整体性，扩大欧盟对"俄罗斯威胁"的认知差异，对冲欧盟有关延续对俄制裁的内部压力。在调整对欧政策的同时，俄罗斯以"黑海—波罗的海"为支点强化前沿部署与安全威慑，加快俄白联盟国家一体化、俄罗斯—亚美尼亚安全合作、俄罗斯—顿巴斯地区以及南高加索地区融合等进程、加强对黑海和波罗的海的军事前沿部署与常态化侦巡，以维护俄欧边界地带的政治和军事安全，构建环黑海"安全弧"。俄罗斯希望通过调整对欧政策在应对"美国回归"后的俄欧政治安全新常态的同时，促进欧洲战略自主，强化"能源杠杆"和利益互嵌，主动塑造俄欧美三方博弈模式和框架。[7]

2. 俄欧围绕欧盟东扩及其"东部伙伴关系"计划的斗争

关于俄欧围绕欧盟东扩及其"东部伙伴关系"计划的斗争问题，宋黎磊认为，欧盟通过东扩实现了对后苏联空间的基本整合，此后又通过"东部伙伴关系"计划继续东进到独联体国家。对于欧盟的东扩，俄罗斯认为在欧盟考虑俄罗斯利益的情况下俄罗斯也可以受益，因此持默认态度。但对欧盟随后推行的"东部伙伴关系"计划俄罗斯却明确表示反对。独联体地区国家是俄罗斯最重要的外交方向，也是其与西方之间最后的缓冲区，"东部伙伴关系"计划挤压了俄罗斯的"势力范围"，压缩了俄罗斯的安全战略空间。因此，俄罗斯视"东部伙伴关系"为反俄倡议和北约东扩的替代品而强烈反对。蕴含欧盟欧洲化理念的"东部伙伴关系"计划主要满足欧盟对周边的期待而不考虑对俄罗斯造成的战略压力，因而"东部伙伴关系"计划并没有给欧洲带来安全和稳定。2014年乌克兰危机的爆发成为俄欧关系的转折点，虽然欧盟承认之前低估了俄罗斯的战略意志，但依然将"东部伙伴关系"计划作为稳定其东部边界的一个重要环节而持续推进。因此，俄欧在欧盟东进问题上的激烈博弈还将持续，并在三个方向上展开角力：第一，世俗化的基督教文明与泛斯拉夫正统主义的文明的角力；第二，后威斯特伐利亚的国际规范与国家主权规范的角力；第三，欧盟代表的欧洲经济区域与俄罗斯主导的欧亚经济联盟的经济一体化模式的角力。[8]

3. 俄罗斯的"欧洲选择"策略

关于俄罗斯对欧洲政策，吕萍认为，苏联解体后，俄罗斯选择了西方道路，将"融入欧洲"与"欧洲一体化"作为国家的发展方向。但30年的实践证明，俄罗斯的"欧洲选择"并没有取得预期的效果，总体而言是失败的。在事关俄罗斯利益的重大问题上欧盟并没有与俄罗斯相向而行，俄罗斯也未能实现其"融入欧洲"的目标。乌克兰危机的爆发终止了俄罗斯"回归欧洲"的道路。希望、失望、争执、对抗一直都伴随着俄欧关系发展的始终。吕萍指出，俄罗斯将俄欧关系的失败归咎于欧盟，认为欧盟应承担双方关系破裂的主要责任，如欧盟在东扩过程中无视俄罗斯利益、在双方关系中置俄罗斯于不平等地位、在俄罗斯与欧洲之间人为制造分界线、排挤孤立俄罗斯、在独联体地区国家制造政治动荡、不谋求外交自主而听命于美国等，都是导致俄欧关系不畅以致失败的重要因素。其对俄欧关系的未来发展前景并不乐观，认为在欧盟坚持自己的价值观、欧盟内部实行协商一致原则的前提下俄欧双方没有实现关系正常化的现实条件，同时在美国的主导下欧盟没有外交自主权，而美国并不乐见俄罗斯与欧盟保持良好的关系，因此，美国着力将俄罗斯打造为欧盟的"敌人"以拉拢欧盟盟友。俄欧关系处于"冷战"以来的最低水平并可能持续恶化，俄罗斯距离与欧盟"握手言欢"仍遥遥无期。[9]

（四）俄罗斯与欧亚地区关系

2021年是苏联解体30周年，对苏联解体的回顾与反思成为该年度国内学界研究的重点。

国内学界研究还涉及俄罗斯对欧亚地区及国家政策、欧亚地区一体化等问题。

1. 苏联解体30周年的研究

关于苏联解体30周年的回顾与思考，冯绍雷从文明史视角出发对苏联解体进行了长时段考察，认为，俄罗斯只能在东西方文明结合部的历史轨迹之上，以顾盼东方与西方，但既不是东方，又不是西方的特立独行姿态，以其艰苦的博弈和有时需付出巨大的代价，方能彪炳显赫于世。这样一种结合部文明形态，虽能兼取东方与西方之优长，但又必定使俄罗斯在诸多文明汇集于结合部的空间之时，经常更多面临需迅速作出究竟是抗争、均衡、合作，还是结盟的艰难选择……对处于世界上最大、最复杂、绵延时间最长的东西方文明结合部，在20世纪80—90年代面临着政治、军事、经济、信息、人文等几乎所有领域内外挑战的苏联而言，这一艰难局面不仅前所未见，而且早已是不堪负担的千钧重压。由此，苏联的解体命运在所难免。[10] 于滨从个人（戈尔巴乔夫）、国家（苏联）和国际体制三个维度，审视了"20世纪最大的地缘政治灾难"的偶然与必然，评判政治精英的沉浮，以及国际体制转型的震荡。他认为，作为苏联最后一位领导人，戈尔巴乔夫在"冷战"体系终结和帝国解体中负有主要责任，直接导致了苏联体制的瘫痪和瓦解，尽管这并非戈尔巴乔夫本意，也完全超出西方预想。在国际层面，苏联解体而导致的单极世界并未"终结"历史，而是开启了所谓"自由国际秩序"盛极而衰的过程。面对中国历史性的崛起，新一轮大国博弈已见端倪。[11]

2. 俄罗斯对欧亚地区外交

关于俄罗斯对欧亚地区外交，刘丹认为，后苏联空间是伴随苏联解体出现的一个单独的地缘政治区域，呈现"一大多小""一强多弱"结构。在俄罗斯主导下，各国在政治、经济、人文和军事上建立了紧密联系。该地区构成了俄罗斯的战略安全和战略发展空间，是俄罗斯的"战略利益区"、"传统利益区"和"切身利益区"，对俄具有重要的地缘政治意义。同时美欧对后苏联空间的介入与影响日益增强，极大恶化了俄罗斯的地缘战略环境，使俄在该地区的政策实施受到掣肘。俄罗斯在后苏联空间积极发展以俄罗斯为主导的依靠独联体、俄白联盟国家、集体安全条约及欧亚经济联盟等组织框架内的合作，积极推动地区一体化建设。尽管国际形势瞬息万变，后苏联空间在俄罗斯对外战略中的重要地位和优先方向这一原则不会改变。[12]

（五）俄罗斯与亚太关系

2021年在俄罗斯亚太外交政策研究中，中国学者关注的方向包括：中俄关系、俄印（度）关系、俄罗斯亚太能源战略布局等。对中俄关系的研究包括多边框架内的中俄战略协作、中俄共建"冰上丝绸之路"及在大变局中的中俄关系等方面。

1. 中俄关系

关于中俄关系，孙壮志认为，中俄在多边框架内的合作，包括主导成立上海合作组织等新型区域合作机制,具有特殊的意义。中俄还在联合国、金砖机制、G20、APEC、亚信会议等全球和地区框架内进行互动,推动"一带一路"倡议和欧亚经济联盟的对接合作。双方对很多国际和地区问题有相同或相似的看法,在安全、经济、政治等领域具有广泛的利益共同点,这是开展多边合作的重要前提和基础。两国虽然在地区问题上存在目标上的差异,但这没有成为两国在多边层面上开展合作的实质性障碍。未来中俄在一系列多边机制和框架内的合作,积极参与完善全球和地区治理体系,对维护多边主义,推动国际格局向着更加公正合理的方向发展,能够起到越来越举足轻重的作用。[13]李兴、董云认为,"冰上丝绸之路"建设是发展中俄全面战略协作伙伴关系的新亮点,前景广阔,大有可为。但是,由于两国环境和内外障碍因素,"冰上丝绸之路"未来发展具有某种不确定性,甚至反复性。中俄两国需要继续发挥地缘优势和互补优势,加强顶层设计与战略引领,深化合作机制,把中俄战略协作伙伴关系与市场经济原则和国际法规则有机灵活地结合起来,推动多方多边参与,开放式合作建设,促进亚欧北部的互联互通,平衡和重塑欧亚大陆的地缘经济政治格局。[14]左凤荣认为,中俄全面战略协作伙伴关系,不同于盟友关系,它保障了各自的独立性与灵活性。在中俄关系的未来发展中,两国仍需坚持不结盟、不对抗、不针对第三国的原则,承认中俄利益和国际诉求的差异性,加强在国际舞台上的战略协作,遏制单边主义与霸权主义,保障国际战略力量平衡,促进世界和平与可持续发展。[15]

2. 俄罗斯亚太能源战略及远东油气管道项目

关于俄罗斯亚太能源战略及远东油气管道项目问题,陈小沁认为,21世纪初,俄罗斯能源战略明确提出开发东西伯利亚和远东油气资源、加快能源基础设施建设的倡议,并将亚太地区作为未来俄罗斯油气出口地理结构多元化的优先发展方向。"西伯利亚力量"天然气管道和"东西伯利亚—太平洋"石油管道是俄罗斯通往亚太地区的两大油气运输基础设施项目,2019年底这两大项目草案均取得了重要进展。随着远东油气管道的建设与开通,中俄能源关系日益密切。俄罗斯也在积极发展与亚太其他国家的能源关系,推动建立亚太能源安全体系。然而,资金、消费市场、地缘安全环境等不确定因素对俄罗斯亚太能源战略的未来走势形成制约。[16]

3. 俄罗斯和印度关系的新变化

关于俄罗斯和印度关系的新变化及其前景问题,楼春豪等认为,俄印关系在大国关系中相对稳定,近年来在国际和地区战略环境深刻调整之下,印度对外战略趋向差异性增大,加之双边传统合作动能减弱,两国的分歧逐渐增多并公开化。特别是围绕"印太"的不同看法和政策,成为两国之间的重大战略性分歧。在可预见的未来,俄印战略合作根基不会受到根本动摇,但两国对外战略"渐行渐远"的态势难以扭转,双边之间的分歧将客观存在且可能扩大。俄印关系的变化将牵动国际和地区形势的变化,而其总体稳定符合中国利益。[17]

二 2021年国外俄罗斯外交学科发展最新动态

(一)重要理论观点

1. 美国智库对俄罗斯的研究

关于美国智库对来自俄罗斯的"威胁"的反思,新美国安全中心高级研究员泰勒(Andrea Kendall-Taylor)和华盛顿威尔逊国际中心凯南研究所研究员柯夫曼(Michael Kofman)在《外交》上撰文认为,美国不应将俄罗斯视为一个衰落的大国,俄罗斯是一个坚持不懈的国家,在未来10—20年愿意并能够威胁美国的国家安全利益。事实上,俄罗斯领导人认为俄是其本地区的权力中心,也是全球政治自信的参与者,而美国是一个正在衰落的大国。忽视这一观点将对俄罗斯的行为造成错误的期望,使美国及其盟国无法预见俄罗斯的行动。[18]

2. 美俄战略稳定问题

关于美俄战略稳定问题,美国国家公共政策研究所分析师科斯特洛(Matthew R. Costlow)认为,美国官员必须研究什么样的政策可以实现最佳的军备控制结果,帮助美国达成可接受的军备控制协议的一个重要因素是其核现代化计划。过去,美国的核现代化努力一直是苏联同意走上谈判桌的主要诱因。美国的核现代化计划也可以进一步激励各国遵守其在军备控制协议中的承诺。美国核武器现代化的主要目标,应该是有助于美国及其盟友和伙伴的国防。[19]

3. 俄罗斯"大欧亚伙伴关系"构想

关于俄罗斯"大欧亚伙伴关系"构想问题,俄罗斯外交部对外政策规划司副司长尼古拉·马卡罗夫撰文认为,在新冠肺炎疫情大流行的背景下,许多问题需要国际社会共同努力才能找到有效的解决办法。但是,两大外交政策思想流派正在交锋:包括俄罗斯在内的世界多数国家都以联合国为平台,在普遍公认的国际法准则的基础上开展合作;而以美国为首的一些西方国家则认为联合国及其安理会不再能够制定出有效的解决方案,对该组织的批评越来越多。欧洲不再是政治潮流的引领者、无条件的榜样以及民主和繁荣的理想,因此,欧洲一体化议程无法在欧亚大陆占据主导地位。而普京总统提出的"大欧亚伙伴关系"构想可以融合各种一体化项目,并向所有欧亚国家开放。这一大型项目的成功实施,将带来一个稳定、安全、共同繁荣的大陆空间。[20]

4. 中俄在核心利益方面的立场

关于中俄在核心利益方面相互支持问题,俄罗斯学者认为,对中国领土领海争端问题的政策虽然不是俄罗斯外交政策的优先方向,但是俄应支持中国。在中美关系对抗、俄美关系恶化的情况下,俄罗斯同样面临美国"印太战略"中四方安全对话机制带来的紧张局势和安全威胁,在这样的背景下,俄要对中国予以明确支持,对有争议岛屿归属持中立立场,同时要坚持俄利益优先。[21]

(二)热点问题

1. 北约东扩

关于北约东扩问题。约翰·霍普金斯大学教授M.E.萨罗特（M.E.Sarotte）认为，普京接替叶利钦上台后，俄美关系出现了逆转。北约扩张的方式导致美俄关系的衰退，美俄对抗重新成为时代的主流。美俄可以竞争，但是要重视方式选择。不考虑地缘政治现实的联盟扩张方式是不明智的。北约的基础设施——外国基地、军队、核武器——离俄罗斯越近，与俄合作的政治成本就越高。美国的错误不是扩大联盟，而是以最大限度地加剧俄罗斯的愤怒并给俄罗斯火上浇油的方式行事。2014年，普京为自己接管克里米亚辩护，称这是对北约在俄罗斯边境部署军事基础设施的必要回应。[22]

2. 俄罗斯与亚太国家经济合作

关于俄罗斯与亚太国家经济合作问题，俄罗斯学者认为，"转向东方"政策是未来俄罗斯的战略方向，使外交和经济关系多样化。俄罗斯与中国、日本、韩国的关系，与东亚地区的关系以及"一带一盟"对接，能扩大俄传统商品出口，促进远东地区交通基础设施改造。俄罗斯远东与亚太国家经济互动的主要方向是强化经贸关系和市场联系，发展与中国经济有关联的资源过境，参与亚太经济一体化。中国方向是长久的优先方向，原材料出口和过境功能是突出的优势。传统商品销售市场的多样性能对冲制裁带给俄罗斯经济的复杂性，提供技术进口的渠道将得到扩大。[23]

3. 欧盟对中国和俄罗斯的态度

关于欧盟高调反俄、反华问题，俄罗斯学者指出，在美国减少对欧洲盟友的关注，越来越重视中俄的背景下，欧洲国家开始高调反俄、反华，其目的在于吸引美国的关注。欧洲国家希望美国将其纳入美战略计划，但是，随着北约东扩，美国在东欧获得了距离其对手俄罗斯更近的前沿基地，美国有能力自己解决所有问题，西欧国家对于美国不再具有重要的战略意义。与此同时，欧洲不够强大，不足以对中国或俄罗斯构成威胁，从而为双方对话提供客观依据。鉴于欧洲拥有的外交手段有限，美国在其战略规划中较少考虑盟国的利益，未来欧洲可能加强反俄和反华论调。[24]

(三)其他问题

1. 俄罗斯与西方的地缘政治冲突

关于俄罗斯与西方的地缘政治冲突，施密斯（Oxana Schmies）等认为，俄罗斯试图在俄罗斯和欧盟之间的国家建立一个俄专属势力范围，从2008年的格鲁吉亚冲突到2014年的乌克兰危机，再到2020年的白俄罗斯事件，它通过军事干预、领土兼并、经济压力和秘密活动扩大了控制范围。俄罗斯一再强调，北约扩张是俄罗斯与西方对峙的主要根源。[25]

2. 俄欧关系前景

关于俄欧关系的前景，俄罗斯专家认为，俄罗斯和欧盟未能找到有效的合作方式应对新冠肺炎疫情，疫情也中断了欧盟与俄罗斯民众之间的联系。疫情及其对经济的影响也促使双方更加关注国内问题。虽然欧盟和俄罗斯开始讨论气候变化问题，但在这一领域的政策仍有巨大差异。因此，俄罗斯和欧盟似乎还没有接近"冷伙伴关系"，双方在未来10年内无法弥合根本分歧。[26]

3. 独联体及地区一体化

2021年是苏联解体30周年，俄罗斯学者专家对独联体及该地区一体化等问题进行了反思。俄罗斯外交部独联体国家第一司司长米哈伊尔·叶夫多基莫夫认为，独联体从"文明离婚工具"变成独联体国家联系沟通的平台，是建立独联体区域合作体系的关键。只有在新的平等互利的基础上恢复20世纪90年代中断的联系，独联体地区才能成为具有竞争力的地区。[27] 安纳托利·肖金认为，独联体一体化潜力尚未耗尽，虽然出现了欧亚经济联盟等新的次区域一体化组织，独联体"柔软"、灵活的合作形式更为可取。独联体和次区域一体化组织并行不悖。[28] 弗拉基米尔·沙马霍夫认为，独联体的存在为解决联盟内所有主权国家之间复杂的问题提供了可能性。但与此同时，独联体不能转变为一个具有高度一体化和超国家治理要素的真正经济实体，独联体内部也无法出现真正的政治联盟。经过长期探索，确定欧亚经济联盟是一条成熟的一体化之路。[29]

注　释

[1] 孙壮志：《上海合作组织与新时代中国多边外交》，《世界经济与政治》2021年第2期。

[2] 柳丰华：《俄美关系的走向及其影响》，《国际问题研究》2021年第2期。

[3] 柳丰华：《俄美中导竞争与中国应对方略》，《北方论丛》2021年第4期。

[4] 季志业：《对当前中美俄关系的几点判断》，《东北亚学刊》2021年第3期。

[5] 韩克敌：《俄罗斯在乌克兰的"混合战争"》，《战略决策研究》2021年第6期。

[6] 李秀蛟：《特朗普政府对俄罗斯的政策》，《美国研究》2021年第3期。

[7] 赵隆：《跨大西洋关系重塑背景下的俄罗斯对欧政策调整》，《国际问题研究》2021年第6期。

[8] 宋黎磊：《欧盟的东扩之路：和俄罗斯的较量》，载简军波主编《复旦国际关系评论》第28辑，上海人民出版社2021年版。

[9] 吕萍：《俄罗斯的"欧洲选择"分析》，《俄罗斯东欧中亚研究》2021年第6期。

[10] 冯绍雷：《苏联解体的长时段考量——文明史视角的探讨》，《俄罗斯研究》2021年第

6期。

[11] 于滨:《苏联解体30年:回顾与思考》,《俄罗斯研究》2021年第3期。

[12] 刘丹:《后苏联空间:俄罗斯的战略依托及大国博弈》,《俄罗斯东欧中亚研究》2021年第6期。

[13] 孙壮志:《多边框架内的中俄战略协作:问题与前景》,《东北亚论坛》2021年第3期。

[14] 李兴、董云:《中俄共建"冰上丝绸之路"的地缘政治经济分析》,《人文杂志》2021年第10期。

[15] 左凤荣:《在大变局中坚定把握中俄关系发展方向》,《当代中国与世界》2021年第3期。

[16] 陈小沁:《俄罗斯亚太能源战略评析——基于远东油气管道项目的视角》,《东北亚论坛》2021年第2期。

[17] 楼春豪、王瑟、李静雅:《俄印关系的新变化及其前景》,《现代国际关系》2021年第4期。

[18] Andrea Kendall-Taylor and Michael Kofman, "The Myth of Russian Decline: Why Moscow Will Be a Persistent Power," *Foreign Affairs*, Vol.100, Iss.6 (Nov/Dec 2021), p.152.

[19] Matthew R. Costlow, "An Overlooked Aid to Arms Control: US Nuclear Modernization," *Strategic Studies Quarterly*, Vol. 15, No. 3 (FALL 2021), pp. 34-47.

[20] Николай Макаров, Постпандемийное мировое развитие, в том числе в контексте интеграционных процессов в Евразии, Международная жизнь, 2021. No.12.

[21] Дикарев Андрей, Подход КНР к территориальным спорам в южно-китайском море и внешняя политика России, Мировая экономика и международные отношения, 2021.02.

[22] M. E.Sarotte, "Containment Beyond the Cold War: How Washington Lost the Post-Soviet Peace," *Foreign Affairs*, Vol. 100, Iss. 6, Nov/Dec 2021, pp.22-28.

[23] Изотов Дмитрий, Генезис политики экономических взаимодействий России со странами АТР: случай Дальнего Востока, Проблемы Дальнего Востока, 2021.02.

[24] Титофей Бордачёв, Чего на самом деле хочет Европа? 09 нояб, 2021, https://globalaffairs.ru/articles/chego-hochet-evropa/.

[25] Oxana Schmies ed., *NATO's Enlargement and Russia: A Strategic Challenge in the Past and Future*, Ibidem Verlag (Stuttgart), 2021.

[26] Иван Тимофеев, Сабина Фишер, ЕС-Россия в 2030 году: альтернативные сценарии, 28 окт. 2021, https://ru.valdaiclub.com/a/highlights/es-rossiya-v-2030-godu-alternativnye-stsenarii/?sphrase_id=514014.

[27] Михаил Евдокимов, Постсоветское пространство: от «мирного развода» к разноскоростной и многоформатной интеграции, Международная жизнь, 2021. No.12.

[28] Щёкин Анатолий, Роль СНГ в подсистеме международных отношений на постсоветском пространстве: к 30-летию Организации, 14 декабря 2021, https://russiancouncil.ru/blogs/NSO_MGIMO/35651/?sphrase_id=86940013.

[29] Николай Межевич, Владимир Шамахов, После 30 лет постсоветской интеграции. Почему потери заметны, а приобретения не так очевидны? Международная жизнь, 2021. No.12.

2021年俄罗斯历史与文化研究综述

周国长[*]

尽管面临新冠肺炎疫情的影响，2021年国内外俄罗斯历史与文化学科的发展仍稳健前行，并且在档案出版、理论方法和研究成果等方面亮点纷呈，为国内的世界史学科提供了扎实的俄罗斯历史知识。由于2021年是俄罗斯卫国战争爆发80周年、列宁实施新经济政策100周年以及苏联解体30周年，因而上述历史事件都成为中俄学界关注的热点问题。除此之外，中俄学界还有一些新的研究成果问世，诸如美苏"冷战"起源的经济因素，这都体现了双方学者的现实关怀与对时代号召的响应。

一 2021年中国俄罗斯历史与文化学科研究

2021年中国俄罗斯历史与文化研究者响应时代号召，对一些热点问题予以关注，取得了较为丰硕的成果。总体而言，2021年在俄罗斯历史与文化研究方面的学术论文较多，而专著较少。

（一）2021年中国俄罗斯历史与文化研究的重要学术著作及主要内容

2021年中国出版的有关俄罗斯（苏联）历史的学术著作不多，据不完全统计，主要有以下几部。肖瑜、江艺鹏著《从蜜月走向对抗：冷战初期的苏联与以色列关系研究（1948—1953）》（社会科学文献出版社2021年版）。该书以俄罗斯、美国、英国和以色列的解密档案为基础，并结合相关的研究著作，以第二次世界大战后初期苏联和以色列关系发展变化为线索和切入点，逐步分析两国关系。庄宇、施越主编《俄罗斯国家建构的历史进程》（商务印书馆2021年版）。该书主要收录了国内外俄罗斯研究专家的十余篇文章，它们从历史、政治、文化等角度抽取具有代表性的问题展开研究分析，以期深入揭示俄罗斯国家建构的内在逻辑。

（二）2021年中国俄罗斯历史研究的热点问题及主要观点

2021年是列宁实施新经济政策100周年、苏联解体30周年，国内学界对这两个问题进行了重点研究，发表了不少文章，同时也对美苏"冷战"、苏联的核武器等问题予以关注。

---

[*] 周国长，中国社会科学院俄罗斯东欧中亚研究所俄罗斯历史与文化研究室助理研究员，博士。

1. 对新经济政策的研究

对于新经济政策的研究，主要参与者是国内研究国际共产主义运动和科学社会主义的学者，他们主要是从新经济的原因、历史意义等角度进行探究。俞良早的《列宁政治视野下的新经济政策——研读〈政治家札记〉等著作》一文指出，列宁将新经济政策纳入政治的视野，在国际政治和国内政治的背景下进行审视，以政治的观点分析和说明新经济政策的有关问题并以政治行动为手段解决这些问题。[1]王进芬、杨秀芹的《列宁新经济政策的理论精髓及其当代价值》一文，则从中国的现实关怀出发，认为把握列宁新经济政策的精髓在于以人民满意为党制定政策的依据和判断党工作得失成败的标准。[2]张乾元、尹惠娟的《列宁的改革思想及其中国意义——纪念新经济政策 100 周年》一文则认为，列宁的改革思想是对马克思恩格斯社会变革理论的丰富和深化，也是其他社会主义国家特别是中国改革开放的"源头活水"，具有承上启下的重要地位。在中国全面深化改革的关键时期，深入研究列宁改革思想，有助于我们"啃下"改革的"硬骨头"、渡过改革的"深水区"，将改革进行到底。[3]此外，马拥军的《新经济政策的"道路"特征及其当代启示》[4]、李爱华的《新经济政策对世界社会主义发展的守正与创新》[5]、郭春生的《在改革与革命之间——俄共（布）新经济政策实施和中国共产党成立一百周年的双重纪念》[6]、王晓南的《新经济政策终结的多重原因及其当代启示》[7]、奚广庆的《列宁改良渐进革命思想与中国改革开放伟大革命》[8]、闫娟的《列宁关于政府与市场关系思想的当代价值》[9]等论文也对新经济政策做了研究。

2. 对苏联解体的研究

2021 年是苏联解体 30 周年，《俄罗斯研究》《世界社会主义研究》《人民论坛》《政治学研究》等刊物刊登了关于苏联解体的相关文章。

李瑞琴发表了《苏联共产党解散与脱离人民的教训》《什么决定了一个政党的兴衰——苏联共产党没能走过百年的历史警示》两篇文章，从政党政治的角度分析了苏联解体中党的因素。[10]在党国高度一体的模式下，苏联共产党尽管创造了巨大的成就，但没有从制度上消除脱离人民的隐患，最终丧失其先进性，失去人民的拥护，随着党的解散联盟也解体了。

《政治学研究》2021 年第 5 期也针对苏联解体 30 周年进行了组稿，发表了 3 篇文章，分别是张树华的《政治蜕变、制度崩溃与国家分裂——苏共败亡 30 周年》、汪亭友的《戈尔巴乔夫时期苏联历史虚无主义的表现、实质及危害》以及程春华的《苏联解体 30 年：极端民族主义的滋生、演化与后果》。张树华认为苏联与苏共命运密不可分。苏联是布尔什维克党领导社会主义革命的产物；苏共是苏联大厦的政治支柱，是苏联社会主义政治体系的根本与核心。苏共后期思想变质和组织蜕变，党内高层放弃思想信仰、否定历史，追捧西式"自由民主"，鼓吹"民主化""公开性"是导致苏共败亡、制度崩溃与国家分裂的重要原因。[11]汪亭友认为苏联亡党亡国的原因和教训十分复杂，其中历史虚无主义泛滥无疑是一个重要方面。

戈尔巴乔夫时期的历史虚无主义以"公开性"为突破口，以否定列宁、斯大林等苏共领袖为切入点，以偏概全，混淆是非，全面否定苏共与苏联的历史，全面否定苏军的历史，结果把苏联共产党、人民以及军队的思想搞乱了，为敌对势力趁乱瓦解苏军、苏共和苏联提供了可乘之机，教训极其深刻。[12]程春华则认为苏联后期极端民族主义的滥觞是苏联解体的重要因素，同时联盟国家的解体又进一步刺激了它的发展。苏联解体30年来，极端民族主义继续演化为民族分离主义、泛民族主义运动，造成领土争夺型、族群矛盾型、地缘与民族混合型等民族冲突，导致领土纷争、生灵涂炭、民不聊生、流离失所、经济衰退、国力衰落等灾难性后果。[13]

3. 有关中苏关系、核武器问题等的研究

中苏关系研究始终是中国学者关注的一个重要问题。对于第二次世界大战时期的中苏关系，国内研究也有新的进展。陈开科对于抗日战争前期的苏联军事物资援华以及中苏西北国际交通线上的伊宁航校进行了研究。他利用俄文和中文档案分析了苏联基于国家利益的对华物资援助以及在西北交通线上的伊宁航校。[14]郝江东则对第二次世界大战结束后初期斯大林对中共政策的缘起与形成进行了分析，提出斯大林对中共政策的三个阶段都是基于苏联国家自身安全利益的考量。[15]此外，他还对1945—1946年中共中央与东北抗联的关系进行了再考察，认为东北抗联在1937年同中共中央失去联系后，相继退入苏联，被苏军整编。抗日战争结束后，周保中率领东北抗联中国官兵返回中国东北，很快与中共中央取得联系并重建组织关系。[16]肖钊、罗玉明专门对新中国成立初期赴苏参观代表团进行了研究，认为这些参观代表团为中国的各项建设事业积累了一定的经验，培养了大批人才，增强了民众对社会主义的认同，既增进了中苏友谊，也塑造了中国良好的国家形象。[17]

苏联核武器研究是吉林大学新兴的学术点，张广翔教授及其团队以国家社会科学基金重大课题"苏联核计划档案资料翻译整理研究"为依托，发表了一系列的学术论文，对第二次世界大战以后苏联的核武器进行了具体的研究，主要论文有：张广翔、王金玲的《德国专家与苏联核计划（1945—1956）》[18]，张广翔、金丹的《苏联原子弹之父库尔恰托夫与苏联核计划》[19]，赵万鑫的《"干部决定一切"——苏联核计划人才政策探析（1945—1953）》[20]，许金秋的《赫洛平镭学研究所与苏联核计划》[21]，梁红刚的《莫斯科大学与苏联核计划》[22]，钟建平的《苏联科学院化学物理研究所与苏联核计划》[23]等。在美苏"冷战"期间，苏联与美国的核对抗政策、核武器研发也是学界研究的重点。吴日强根据俄罗斯和美国档案，以美苏核军控为例，对"冷战"过程中的大国军备竞赛和全球战略稳定进行了研究。[24]

此外还有一些其他方面的研究，如周嘉滢的《美苏意识形态分歧与经典现代化理论的形成》[25]、沈志华关于美苏"冷战"的经济起源方面的一些文章[26]。

二 2021年俄罗斯的历史学科研究

2021年俄罗斯学界在俄罗斯历史研究、档案整理与出版以及理论方法等方面都有所进展，呈现出自己的研究特色。

（一）档案的整理与出版

档案是历史研究的基石。俄罗斯历史学界一直重视实证研究，也注重对档案的整理与出版。2021年，俄罗斯历史学界对苏联时期的外交档案持续发力，出版了几部重要的档案集：一本是由俄罗斯科学院通史研究所研究员А.О.丘巴里扬主编的《1943—1953年的苏英关系：文献与资料》(Советско-британские отношения в 1943 -1953 гг.: Документы и материалы)，这本文献集是俄罗斯和英国历史学家首次出版的有关"冷战"时期苏英关系的档案[27]；另外一本则是《1965—1970年的勃列日涅夫与纳赛尔：苏埃关系史（文献与资料）》(Брежнев и Насер 1965-1970. Из истории советско-египетских отношений. Документы и материалы)，这本档案集为研究这一时期的苏联与埃及关系提供了第一手资料，特别是展现了勃列日涅夫与纳赛尔的性格对两国关系有不可忽视的影响[28]。

（二）重要学术著作及内容

俄国革命和苏俄内战研究一直是俄罗斯学界的热点问题。2021年关于这一主题的著作有А.В.波萨尔茨基的《国内战争中红色骑兵的罕见现象》，作者利用档案和回忆录等资料，分析了国内战争中红色骑兵军的阶级基础、社会情绪以及胜利的原因。[29]小说《静静的顿河》对于俄国革命和战争时期顿河哥萨克波澜壮阔的历史有极为精彩的描述，但是对于它的作者也一直存在争议。对于这一问题，21世纪俄罗斯社会研究者协会出版社于2021年度出版了三本著作进行解答，分别是И.А.穆拉什金的《〈静静的顿河〉的乌斯季-梅德维季察发源地》、А.Г.玛卡洛娃编著的《〈静静的顿河〉作者是谁？根据研究者的档案》[30]、С.Н.博季耶夫的《〈静静的顿河〉比较研究：谢拉菲莫维奇、克留奇科夫、肖洛霍夫比较研究中》。上述三本著作各有特色。博季耶夫把计量史学研究方法和大数据结合起来，将《静静的顿河》中的文本关键词与谢拉菲莫维奇、克留奇科夫、肖洛霍夫等的著作进行对比，认为其行文叙事风格以及关键词与肖洛霍夫的《顿河故事集》非常符合。[31]穆拉什金则根据新的资料，认为《静静的顿河》作者是白卫军军官克留奇科夫，并赞美了他对俄罗斯文学的贡献。[32]

2021年是列宁实施新经济政策100周年，俄罗斯科学院经济研究所的А.达维多夫研究员出版了《新经济政策：革命后俄罗斯的政治、人民与经济（1921—1929）》（欧亚出版社2021年版）一书，该书认为新经济政策的实施不仅恢复了1914—1921年大动荡时期的俄罗斯经济，并且为俄罗斯的现代化奠定了基础。对于苏联领导人研究一直是俄罗斯学术研究的一大亮点，特别是对存在争议的斯大林和勃列日涅夫，2021年度出版了几部学术著作，主要

有历史学家 В. Н. 泽姆斯科夫的《大转折：斯大林大镇压的真相》（"Проспект"出版社2021年版）、《斯大林与人民：为何没有发生起义》（"Проспект"出版社2021年版）和 М. М. 尤里耶维奇的《斯大林与人民：古拉格真相》（祖国出版社2021年版）。莫斯科国立师范大学历史学教授 Е.Ю. 斯皮琴则利用俄罗斯的解密档案，对苏联强国时期（1945—1985年）的历史进行了整体研究。在2019年和2020年分别出版了两本关于斯大林与赫鲁晓夫时期的学术著作之后，2021年又推出了一本关于勃列日涅夫时期的著作《勃列日涅夫棋局：1964—1985年的苏联》（"Концептуал"出版社2021年版），斯皮琴也因为这三本关于苏联的历史著作获得了2021年"金武士"特别奖。В.Н. 托米林利用档案文献分析了第二次世界大战后到赫鲁晓夫下台时期苏联的国家与集体农庄的关系。[33] В. А. 科兹洛夫研究了第二次世界大战之后苏联对德国的影响，通过对苏占区管治机构的研究，描述了东德人的日常生活以及他们是如何苏维埃化的。[34] 关于苏联解体，有 С.Г. 卡拉-穆尔扎的《苏联解体：谁之罪》（祖国出版社2021年版）一书。作者仔细分析了苏联解体进程中的内外因素，认为这些因素共同导致了苏联在20世纪80年代遇到的困难，再加上领导人在改革过程中犯下的错误，最终导致国家的解体。另外还有两本重要著作需要提及，分别是希科廖鲁克与斯诺帕科夫合著的《1918—1940年苏联的政治宣传画》（文化出版社2021年版）和加林的《斯大林联盟：政治经济战争》（"Алисторус"出版社2021年版）。

（三）学术热点与研究的新进展

2021年俄罗斯历史学家对本国历史的研究不仅有宏观的把握，力图深化对俄罗斯历史发展有深远影响的热点问题研究，而且也强调了俄罗斯历史研究中的区域、宗教和文化的差异性，从中观和微观的角度出发，开辟了新的研究领域。

1. 战争与革命研究（1914—1921年）

第一次世界大战、俄国大革命和苏俄内战的研究一直是俄罗斯历史学界长盛不衰的话题。对于第一次世界大战时期尼古拉二世的皇后玛利亚·亚历山大洛夫娜与俄罗斯红十字会的关系，有学者提出了新的观点，认为皇后积极参与红十字会的活动，吸引了大量的社会名流，同时扩展了红十字会的活动空间，在俄罗斯社会形成了一个救助伤残士兵的社会网络。[35] 第一次世界大战时期俄罗斯与中亚穆斯林的关系尤为受到关注。Д. 基里尔契克研究了1916年中亚穆斯林起义中当地俄罗斯移民自卫的历史。[36] Д. 阿曼诺洛娃则以第一次世界大战时期哈萨克斯坦出现的地方自治运动为案例，分析了红军和白军对其采取的措施。[37] С. 奥利申则分析了1919—1920年南俄白卫军在达吉斯坦实施的政策。[38] И.К. 博格莫洛夫对国外有关俄国大革命的研究动态进行了追踪，认为经过30年的发展，英国、美国、法国等国历史学家对俄国大革命的研究在材料使用、研究理论、研究方法等方面都有诸多的变化，特别是2017年俄国大革命100周年时，出版了许多著作，摆脱了传统的"革命史范式"和"帝国范式"的研究潮流，从新文化史的角度对革命作出了新的解读。尽管如此，作者仍然认为现有的研究成果对俄国革命进程中的中央与地方（边疆）、性别（女性史）、民族因素、宗教因素重视不够。[39] И.А.苏兹达利采夫则对英语世界的共产国际研究进行了史学综述，认为随着俄罗斯国家社会政治史档案馆档案的开放，"修正主义"和"后修正主义"学派在英语世界的共产国际学术研究中完全占据上风。[40]

2. 新经济政策研究

2021年是列宁实施新经济政策100周年，这一政策对苏联的社会主义建设具有重要意义。俄罗斯学界为此召开了一系列学术会议，对新经济政策的根源、进程和影响进行了探讨。

2021年3月21日，俄罗斯历史学会乌里扬诺夫斯克州分会举办了"100年后：新经济政策"的档案展览。4月27日，莫斯科大学以网络视频会议形式举行了"苏俄推行新经济政策100年"的国际学术会议。会议的议题分为两个单元，分别是新经济政策时期的苏俄国家与社会关系以及新经济政策时期的苏俄文化、教育与医疗。与会者对上述议题进行了相关的讨论。6月9日，俄罗斯科学院经济研究所举行了"新经济政策和社会市场100年：历史与现代"的学术会议。与会者根据20世纪20年代计划与市场相结合的成功经验，探讨了新经济政策的历史经验，并且认为列宁的新经济政策可以为当代俄罗斯政府进行的经济改革提供借鉴。9月16—17日，俄罗斯历史学会新西伯利亚州分会为了纪念新经济政策100年，举办了"地区维度的俄罗斯经济改革"学术研讨会。11月26日，奥廖尔国立大学历史系举办了名为"新经济政策时期的苏联：国家、经济与社会"的学术研讨会。

《历史问题》杂志第7期也刊登了一篇关于布哈林与新经济政策的论文。作者认为布哈林的新经济政策模式是建立在列宁观点的基础上的，在无产阶级专政制度下将国家资本主义、私有财产与"文明"市场的要素结合起来，并在此基础上发展了混合经济模式。布哈林和他的思想在20世纪80年代末成为苏联经济改革的旗帜。[41] 现阶段，布哈林的新经济政策方案在俄罗斯成为讨论的主题。新经济政策的经济原则、混合社会经济的思想以及布哈林的其他概念仍然具有现实意义和需求。

3. 卫国战争研究

2021年是俄罗斯卫国战争爆发80周年，特别是在当下俄罗斯与西方关系持续紧张的情况下，对卫国战争的纪念与研究更具有现实意义。据笔者不完全统计，相关研究的学术会议如下。

2021年2月18—19日，在克里米亚的雅尔塔举行了"雅尔塔1945：历史的教训"国际学术会议，以此纪念雅尔塔协定签订76周年。来自俄罗斯、波兰和美国的29名学者出席了此次会议，并对雅尔塔协定的相关历史进行了探讨；5月19—20日，普斯科夫国立大学举办了"历史、档案与社会——纪念卫国战争80周年"学术会议；6月16—17日，俄罗斯科学院圣彼得堡历史研究所举办了"1941年北部边界——纪念卫国战争80周年"学术会议；7月2日，俄罗斯联邦政府立法与比较法研究所在莫斯科举行了"世界大战：政治与战争权"学术研讨会；9月23—24日，俄罗斯南联邦国立大学在顿河罗斯托夫举办了"南俄人民历史和记忆中的卫国战争：事件与象征"学术会议；10月16日，俄罗斯科学院历史研究所举办了"伟大卫国战争80周年：苏联领土上的占领制度与大屠杀"学术研讨会；12月3日，俄罗斯军事科学院举办了"退无可退……身后就是莫斯科——纪念1941年莫斯科战役80周年"学术研讨会；12月7—8日，俄罗斯科学院学术委员会在莫斯科举行了"21世纪的俄罗斯：卫国战争与历史记忆"学术研讨会。

对于卫国战争的研究，俄罗斯学界跨越了宏大叙事阶段，从中观和微观的角度出发，对第二次世界大战的研究也更细致和地方化。历史学家们大量使用地方档案馆的材料，以此呈现第二次世界大战时期苏联军民的精神风貌和爱国主义以及纳粹在苏联犯下的罪行等。

如А.И.戈尔萨克利用圣彼得堡中央国家档案馆和白俄罗斯国家档案馆的档案，研究了1941—1944年纳粹占领西北俄罗斯和白俄罗斯时期对当地居民的犯罪行为，指出，纳粹占领军对当地的游击队和居民进行了各种镇压以及肃清活动[42]；Б.Н.科瓦廖夫则研究了同一时期纳粹及其追随者在西北俄罗斯的占领制度，提出俄罗斯西北地区的特殊性在于它被希特勒等纳粹领导人视作未来"大德意志"的一部分，因此，纳粹占领军摧毁了当地的文化古迹，苏军俘虏和居民被杀害和驱逐[43]。

也有部分学者关注到了第二次世界大战时期苏联的对外关系。А.В.舒宾对1939—1941年苏联领导层开展苏德军事和经济合作的动机进行了分析，认为苏联领导层根据西班牙战争的经验选择了与德国进行有限度的军事和经济合作，以改善自己的武器装备技术，在苏德战争爆发后发挥了重要作用。[44] К.С.戈里耶维奇以第二次世界大战时期美国著名的历史学家、美共产党员摩西·芬利发起的"战时援助俄罗斯"（Помощь России в войне）组织为案例，分析了美苏之间的民间合作，以及历史学家独有的人文关怀和政治观点。[45] В.А.涅维任从国际关系的角度分析了1945年在克里米亚举行的雅尔塔会议，认为雅尔塔会议是苏美英三国战时合作的高峰，此后各国的冲突愈发激烈，遂进入漫长的"冷战"时期。[46]

4.历史记忆与历史政策研究

历史记忆对塑造国家认同、民族认同具有重要作用。同时，历史记忆也被大国当作外交政策中的软实力而运用，诸如强调国与国之间共有的历史记忆，纪念共同的重大历史事件等。因此，从20世纪开始，俄罗斯学界就一直非常重视历史记忆和历史政策研究，出版了不少著作，写了不少论文。2021年俄罗斯学界关于历史记忆研究主要强调的是历史记忆与国家认同，苏联时期的历史记忆可以是强大国家认同的资源等。

普京担任俄罗斯总统后，对俄国历史发表了一系列的论述，也成为学界研究的材料。С.И.列斯扬斯基等收集了克里姆林宫网站上普京关于俄罗斯历史和文化的公开讲话，分析了普京对俄国主要历史事件、历史人物的看法，认为普京继承了俄国历史上"国家学派"的思想精髓，秉承国家是俄国历史发展的动力的传统，并以此为基础，对俄罗斯的历史记忆和历史政策作出了新的规划。[47]

Е.В.伊里因则研究了苏联的历史记忆对当代俄罗斯国家认同的作用。他发表在《历史问题》上的《苏联和俄罗斯的历史记忆建构是民族自我认同的方式》一文从俄罗斯民间自发的寻找并未记载在册的第二次世界大战时期苏联阵亡士兵的"搜索运动"出发，认为这项运动极大地鼓励了社会与民间的参与，这些团队的活动为集体历史记忆的形成开创了先例，这是民族自我认同的一个组成部分。[48] О.В.安德烈耶夫等介绍了当今俄罗斯主要国家和公共机构的构成，评估了它们在保存文献记录、建立和开展研究、召开科学会议、反对伪造和修改战争历史、普及前线和后方的战绩、参加军事纪念活动和行动、对青年进行爱国主义教育等方面的贡献。[49]

5. 中俄关系史研究

中国作为俄罗斯的邻国与大国，一直受到俄罗斯学界的关注，对两国关系史研究可谓源远流长。2021年是中国共产党建党100周年，俄罗斯学界对中国共产党的历史也予以了关注。Д.А.阿连切娃和А.В.潘佐夫对中国共产党的第一个女党员缪伯英进行了研究，发表了文章《缪伯英：第一个中国共产党女党员——纪念中国共产党一百周年》[50]；俄罗斯科学院东方学研究所中国部研究员Е.Г.卡尔卡耶夫对1937—1938年"大清洗"中遭到苏联内务人民委员会镇压的中共留苏学生进行了研究，认为苏联内务人民委员会以清洗在苏联的中共留苏学生中的托派组织为名，签署了第00593号法令，扩大了镇压规模[51]。И.Н.索特尼科娃对1921—1949年苏联汉学界对中共党史资料的保存与研究进行了探讨。[52]此外，《远东问题》杂志第3期刊登了一组针对中国共产党建党100周年的圆桌会议笔谈。与会学者就中国共产党的起源、中共一大、共产国际与中国共产党的关系、中国共产党与当代中国的关系等展开了论述，并对中国改革开放取得巨大成就的原因进行了总结。[53] И.В.图里齐恩发表了《中俄银行业合作：历史经验与数字时代的现实问题》一文，文章概述了19世纪末以来中俄在金融和银行领域合作发展的历史经验，以及在数字化时代中俄银行合作开展的路径。[54] А.А.舍尔契科夫则研究了20世纪60—70年代中苏冲突对拉丁美洲的影响。[55]

6. 其他苏联历史问题研究

对于其他苏联历史问题的研究，也有不少的成果，主要集中在苏联的工农业政策和对外政策方面。《俄罗斯历史》杂志第3期刊登了一组20世纪中期农业政策的文章，包括俄罗斯学者В.А.伊里因耐赫的《1934年在西西伯利亚边疆区的粮食收购运动》、中国学者庄仕琪的

《1953—1959年苏联的农业政策与农业经济发展》。[56]对于苏联时期的工业管理机制研究,则有М.В.米赫耶夫的《行政命令制度下列宁格勒工业发展的特征(1944—1949年)》[57]。对于苏联晚期的社会史研究,则有С.Ф.列奥尼德维奇的《两种社会主义:20世纪60年代上半期到70年代苏联社会对斯堪的纳维亚模式的认知》[58]和Ю.С.尼基弗洛夫的《苏联晚期"官僚主义原野上的""雅罗斯拉夫人"康拜因》[59]。前者分析了20世纪60—70年代苏联社会不同阶层对北欧社会主义模式的认知;后者以俄罗斯现代史档案馆(РГАНИ)和雅罗斯拉夫尔州档案馆的档案为基础,以雅罗斯拉夫尔州的农业康拜因为案例,分析了苏联晚期官僚主义是如何影响国民经济发展的。关于苏联的对外政策研究,则有Р.Т.弗拉基米罗夫娜的《20世纪80年代苏联的盟友与苏联的阿富汗政策》[60],作者根据苏联的对外政策档案,分析了苏联盟友支持苏联阿富汗政策的原因及其后果。

三 2021年俄罗斯历史与文化研究室的研究状况

2021年,尽管面临新冠肺炎疫情的影响,中国社会科学院俄罗斯东欧中亚研究所俄罗斯历史与文化研究室的成员在防疫抗疫的同时,仍积极开展学术研究和学术交流,按时完成了年度内应完成的目标任务。根据统计,2021年研究室人员一共发表中外文学术论文17篇。其中核心期刊论文8篇,分别是陈余的《卫国战争中的爱国主义宣传——以〈塔斯之窗〉为例》(《俄罗斯东欧中亚研究》2021年第3期)和《俄罗斯卫国战争爱国主义教育的实践及特征》(《俄罗斯学刊》2021年第5期)、许华的《中国当代文学作品在俄罗斯的传播:脉络与演进》(《国外社会科学》2021年第2期)和《新冠疫情背景下中俄民间外交新形式及新内涵探索》(《俄罗斯学刊》2021年第4期)、周国长的《〈十月革命给了我们什么〉的翻译与传入》(《湖南社会科学》2021年第1期)、白晓红的《〈论粮食税〉的方法论意义及其当代启示——兼论列宁在实践中把握社会主义的基本方法》(《世界社会主义研究》2021年第10期)、刘显忠的《苏共话语权丧失的历史教训及其警示》(《人民论坛》2021年第29期)和《民族问题与苏联解体》(《世界社会主义研究》2021年第10期)。发表一般文章5篇,分别是刘显忠的《俄罗斯民族国家建设的历程》(载庄宇、施越主编《俄罗斯国家建构的历史进程》,商务印书馆2021年版)和《俄罗斯历史学科发展报告》(载李永全主编《"俄罗斯学"在中国》,社会科学文献出版社2021年版)、周国长的《国内战争时期南俄"白卫军"的政权建设与管理研究》(载庄宇、施越主编《俄罗斯国家建构的历史进程》,商务印书馆2021年版)、许华的《谈新时代中俄学术资源的交流与合作》(《对外传播》2021年第12期)。发表研究报告2篇,分别是陈余的《2020"纪念和荣耀年"框架下的俄罗斯爱国主义教育实践》(载孙壮志主编《俄罗斯发展报告(2021)》,社会科学文献出版社2021年版)和王桂香的《俄罗斯积极抗击新冠肺炎疫情》(载孙壮志主编《俄罗斯发展报告(2021)》,社会科学文献出版社2021年版）。俄语文章和英语文章各1篇，共计2万余单词。翻译文章1篇，计1.8万字。提交内部报告4篇，共计1.2万余字。

此外，俄罗斯历史与文化研究室的相关人员，根据各自的研究兴趣，参加了十几次各类的国内国际视频学术会议和线下会议。同时，俄罗斯历史与文化研究室还于2021年11月主办了"百年变局下的俄罗斯历史与文化研究"学术研讨会，30余名京内学者出席，与会学者围绕当代俄罗斯哲学问题、俄罗斯民族性与俄罗斯历史相互关系、疫情下的俄罗斯东正教会管理、当今俄罗斯史学动向、共产国际与中国、俄罗斯价值观外交、俄罗斯《苏德互不侵犯条约》评价演变等俄罗斯历史与文化问题进行了深入探讨。俄罗斯历史与文化研究室科研人员在各类学术会议上积极发言交流，扩大了研究室在国内外学术界的影响，传播了俄罗斯东欧中亚研究所的声音和中国声音。

就俄罗斯历史与文化研究室2021年公开发表的核心论文来看，主要有以下几类。

（一）中俄关系问题

许华的《中国当代文学作品在俄罗斯的传播：脉络与演进》探讨了中国当代文学在俄罗斯的传播历程及其对中俄人文交流的意义[61]；许华的《新冠疫情背景下中俄民间外交新形式及新内涵探索》分析了新冠肺炎疫情之下，"云端"民间外交得以凸显，促进了中俄民众的精神交流，孕育出两国人文合作的新契机[62]；周国长的《〈十月革命给了我们什么〉的翻译与传入》根据俄罗斯国家社会政治史的馆藏文本，分析了《十月革命给了我们什么》这本小册子对中国先进知识分子的影响[63]。

（二）苏联解体研究

刘显忠的《苏共话语权丧失的历史教训及其警示》分析了苏共话语权由盛而衰的历史现象以及对中国的启示[64]；刘显忠的《民族问题与苏联解体》从民族问题的角度对苏联解体的原因进行了阐释[65]。

（三）俄罗斯历史研究

白晓红的《〈论粮食税〉的方法论意义及其当代启示——兼论列宁在实践中把握社会主义的基本方法》分析了列宁在《论粮食税》中的辩证法精神[66]；陈余的《卫国战争中的爱国主义宣传——以〈塔斯之窗〉为例》分析了以《塔斯之窗》为代表的苏联政治宣传画在战时爱国主义宣传中的重要作用[67]。

（四）俄罗斯文化研究

陈余的《俄罗斯卫国战争爱国主义教育的实践及特征》分析了普京第四任期以来，面对国际上新一轮历史虚无主义的挑战，俄罗斯通过再现卫国战争历史符号、历史荣耀的方式不断重复时代记忆，强化国民的历史记忆和国家认同，塑造国民的价值观，激发民众的自豪感和自信心，凝聚民心于当下。[68]

注 释

[1] 俞良早:《列宁政治视野下的新经济政策——研读〈政治家札记〉等著作》,《当代世界与社会主义》2021年第4期。

[2] 王进芬、杨秀芹:《列宁新经济政策的理论精髓及其当代价值》,《当代世界与社会主义》2021年第4期。

[3] 张乾元、尹惠娟:《列宁的改革思想及其中国意义——纪念新经济政策100周年》,《科学社会主义》2021年第4期。

[4] 马拥军:《新经济政策的"道路"特征及其当代启示》,《当代世界与社会主义》2021年第4期。

[5] 李爱华:《新经济政策对世界社会主义发展的守正与创新》,《当代世界与社会主义》2021年第4期。

[6] 郭春生:《在改革与革命之间——俄共(布)新经济政策实施和中国共产党成立一百周年的双重纪念》,《科学社会主义》2021年第4期。

[7] 王晓南:《新经济政策终结的多重原因及其当代启示》,《马克思主义理论学科研究》2021年第7期。

[8] 奚广庆:《列宁改良渐进革命思想与中国改革开放伟大革命》,《当代世界社会主义问题》2021年第2期。

[9] 闫娟:《列宁关于政府与市场关系思想的当代价值》,《人民论坛·学术前沿》2021年第8期。

[10] 李瑞琴:《苏联共产党解散与脱离人民的教训》,《马克思主义与现实》2021年第3期;《什么决定了一个政党的兴衰——苏联共产党没能走过百年的历史警示》,《人民论坛》2021年第19期。

[11] 张树华:《政治蜕变、制度崩溃与国家分裂——苏共败亡30周年》,《政治学研究》2021年第5期。

[12] 汪亭友:《戈尔巴乔夫时期苏联历史虚无主义的表现、实质及危害》,《政治学研究》2021年第5期。

[13] 程春华:《苏联解体30年:极端民族主义的滋生、演化与后果》,《政治学研究》2021年第5期。

[14] 陈开科:《抗战前期中苏交通线与苏联军事物资输华》,《俄罗斯学刊》2021年第4期;《抗战前期苏联与中国中苏西北国际通道上的伊宁航校》,《社会科学研究》2021年第

4 期。

[15] 郝江东:《二战后初期斯大林对中共政策的缘起与形成》,《首都师范大学学报(社会科学版)》2021 年第 3 期。

[16] 郝江东:《一九四五年至一九四六年中共中央与东北抗联关系再考察》,《中共党史研究》2021 年第 3 期。

[17] 肖钊、罗玉明:《1949—1956 年中国赴苏参观代表团研究》,《当代中国史研究》2021 年第 2 期。

[18] 张广翔、王金玲:《德国专家与苏联核计划(1945—1956)》,《史学月刊》2021 年第 10 期。

[19] 张广翔、金丹:《苏联原子弹之父库尔恰托夫与苏联核计划》,《吉林大学社会科学学报》2021 年第 4 期。

[20] 赵万鑫:《"干部决定一切"——苏联核计划人才政策探析(1945—1953)》,《历史教学问题》2021 年第 5 期。

[21] 许金秋:《赫洛平镭学研究所与苏联核计划》,《吉林大学社会科学学报》2021 年第 4 期。

[22] 梁红刚:《莫斯科大学与苏联核计划》,《吉林大学社会科学学报》2021 年第 4 期。

[23] 钟建平:《苏联科学院化学物理研究所与苏联核计划》,《吉林大学社会科学学报》2021 年第 4 期。

[24] 吴日强:《大国竞争中的军备控制与全球战略稳定——以美苏核军控谈判为例》,《外交评论》2021 年第 6 期。

[25] 周嘉滢:《美苏意识形态分歧与经典现代化理论的形成》,《史学月刊》2021 年第 6 期。

[26] 如沈志华:《"无条件援助":租借与战时美苏经济关系——关于美苏冷战起源的经济因素(讨论之三)》,《清华大学学报(哲学社会科学版)》2021 年第 5 期;沈志华:《战后赔偿:美苏对德占领政策中的合作与冲突——关于美苏冷战起源的经济因素(讨论之四)》,《华东师范大学学报(哲学社会科学版)》2021 年第 5 期等。

[27] Чубарьян А. О. Советско-британские отношения в 1943-1953 гг.: Документы и материалы. М.: Аспект Пресс. 2021.

[28] Беляков В. В. Брежнев и Насер 1965-1970. Из истории советско-египетских отношений. Документы и материалы. Санкт-Петербург.: Алетейя. 2021.

[29] Посадский А.В. Феномен красной конницы в Гражданской войне. М.: АИРО-XXI. 2021.

[30] Макарова А. Г. «Тихий Дон». Кто автор? Из архива исследователей. М.: Актуальная история. 2021.

[31] Бозиев С.Н., «Тихий Дон» в сравнениях. А.С. Серафимович, Ф.Д. Крюков, М.А.

Шолохов. М.: АИР0-ХХ1, 2021.

[32] Мурашкин И.А., Усть-Медведицкая колыбель «Тихого Дона» М.: АИРО-XXI., 2021.

[33] Томилин В.Н., Государство и колхозы: 1946–1964 гг. М.: АИРО-XXI, 2021.

[34] Козлов В. А., Маленький СССР и его обитатели. Очерки социальной истории советского оккупационного сообщества в Германии. 1945–1949., НЛО.2021.

[35] Володько А.В. Императрица Мария Александровна: у истоков создания и развития Российского общества Красного Креста // Новая и Новейшая история. 2021. № 2.

[36] Кирильчик Д. Самооборона русских переселенцев в период Среднеазиатского восстания 1916 года//Российская история. 2021. № 1.

[37] Аманжолова Д. Казахский автономизм в 1918 году:конкуренция проектов и динамика альянсов//Российская история. 2021. № 1.

[38] Орешин С. Политика белогвардейцев в Дагестане в 1919 – начале 1920 г.// Российская история. 2021. № 1.

[39] Богомолов И.К. Великая российская революция в современной зарубежной историографии // Российская история. 2021. № 5.

[40] Суздальцев И.А. Современная англоязычная историография Коммунистического интернационала //Новая и Новейшая история. 2021. № 4.

[41] Кислицын С.А. Бухаринская модель новой экономической политики и ее судьба // Вопросы истории. 2021. № 7.

[42] Корсак А.И. Карательные операции и их жертвы: 1941—1944 гг. (на материалах Беларуси и Северо-Запада России)// Вопросы истории. 2021. № 3.

[43] Ковалёв Б.Н. Преступления нацистов и их пособников на оккупированной территории Северо-Запада России (1941-1944 гг.// Вопросы истории. 2021. № 3.

[44] Шубин А.В. Пределы сотрудничества: советско-германские военные и экономические поставки 1939–1941 годов и мотивы советского руководства // Новая и Новейшая история. 2021. № 4.

[45] Георгиевич К.С. "Помощь России в войне": свидетельство Мозеса Финли // Новая и Новейшая история. 2021. № 2.

[46] Невежин В.А. Ялтинская конференция 1945 г. через призму кулинарной дипломатии// Российская история. 2021. № 2.

[47] Багдасарян В.Э., Реснянский С.И. История России в оценках и интерпретациях президента Российской Федерации В.В. Путина: опыт целостной реконструкции//

Вопросы истории》. 2021. № 3.

[48] Ильин Е.В. Формирование исторической памяти в СССР и России как способ самоидентификации нации// Вопросы истории . 2021. № 4.

[49] Андреев О.В., Ялтаев Д.А. Формирование и развитие в СССР, Российской Федерации центров изучения и увековечения памяти о Великой Отечественной войне// Вопросы истории . 2021. № 7.

[50] Аринчева Д.А. , Панцов А. В. Мяо Боин — первая китайская коммунистка (К 100-летию Коммунистической партии Китая)//Проблемы Дальнего Востока. 2021. № 1.

[51] Калкаев Е.Г. Троцкистская террористическая организация: китайцы и начало «Харбинской» операции НКВД в Москве//Проблемы Дальнего Востока. 2021. № 2.

[52] Сотникова И.Н. Вклад отечественных историков в источниковедение первого периода истории Коммунистической партии Китая (1921–1949 гг.// Проблемы Дальнего Востока. 2021. № 4.

[53] Верченко А. Л. Круглый стол «100 лет КПК».// Проблемы Дальнего Востока. 2021. № 3.

[54] Турицын И.В. Российско-китайское сотрудничество в банковской сфере: исторический опыт и реалии эпохи цифровизации// Вопросы истории . 2021. № 1.

[55] Щелчков А.А. Латинская Америка и советско-китайский конфликт (60-е – середина 70-х годов XX века) // Новая и Новейшая история. 2021. № 4.

[56] Ильиных В.А. Хлебозаготовительная кампания 1934 г. в Западно-Сибирском крае// Российская история. 2021. № 3;Чжуан Шици Аграрная политика и развитие сельского хозяйства СССР в 1953–1959 гг.// Российская история. 2021. № 3.

[57] Михеев М. В. Особенности индустриального развития Ленинграда в условиях административно-командной экономики (1944–1949 гг.)// Российская история. 2021. № 3.

[58] Леонидович С. Ф. «Два социализма»: «Скандинавская модель» и СССР во второй половине 1960-х – 1970-х гг. // Новая и Новейшая история. 2021. № 3.

[59] Никифоров Ю. С. Комбайн «Ярославец» на «бюрократических полях» поздней советской эпохи// Российская история. 2021. № 3.

[60] Владимировна Р. Т. Союзники СССР и советская политика в Афганистане в 1980-е годы. // Новая и Новейшая история. 2021. № 3.

[61] 许华:《中国当代文学作品在俄罗斯的传播：脉络与演进》,《国外社会科学》2021年第2期。

[62] 许华:《新冠疫情背景下中俄民间外交新形式及新内涵探索》,《俄罗斯学刊》2021 年第 4 期。

[63] 周国长:《〈十月革命给了我们什么〉的翻译与传入》,《湖南社会科学》2021 年第 1 期。

[64] 刘显忠:《苏共话语权丧失的历史教训及其警示》,《人民论坛》2021 年第 29 期。

[65] 刘显忠:《民族问题与苏联解体》,《世界社会主义研究》2021 年第 10 期。

[66] 白晓红:《〈论粮食税〉的方法论意义及其当代启示——兼论列宁在实践中把握社会主义的基本方法》,《世界社会主义研究》2021 年第 10 期。

[67] 陈余:《卫国战争中的爱国主义宣传——以〈塔斯之窗〉为例》,《俄罗斯东欧中亚研究》2021 年第 3 期。

[68] 陈余:《俄罗斯卫国战争爱国主义教育的实践及特征》,《俄罗斯学刊》2021 年第 5 期。

2021年中亚研究综述

刘畅[*]

作为国际问题研究以及区域国别学术体系的一部分，中亚学科算是一个比较年轻的学科，它起步于苏联解体前的20世纪七八十年代，至今有40多年的发展历史。苏联解体后，国内单位开始陆续建立中亚学科，以中亚五国（哈萨克斯坦、乌兹别克斯坦、吉尔吉斯斯坦、塔吉克斯坦和土库曼斯坦）为核心，聚焦欧亚大陆中部地区和国际关系领域的问题，如各国基本国情、地区内国际关系、大国在地区内的活动，以及区域内的多边合作机制等。

2021年，中亚学科继续在广泛领域深入研究。从国别分布看（以国家为篇名），哈萨克斯坦一枝独秀，约占国内中亚研究成果的2/3，其次是乌兹别克斯坦约占1/6，研究其他国家的成果数量差不多，每个国家约有5篇。从研究的内容看，对各国国情的研究成果约占4/5，其余是对华合作等的研究成果。这说明，随着区域国别学规模扩大，对对象国本身的关注度大幅增加，各国的自然资源、政治制度、法律、经济状况、安全形势、社会特点、文化历史、对外政策等，都是学科研究的范围和对象。从关注的焦点问题看，相对集中在以下方面：第一，总结和反思国内中亚研究学科建设；第二，分析思考中亚国家独立30年的成功与失败；第三，分析中亚地区形势，特别是美国从阿富汗撤军、塔利班上台执政后的地区新变化；第四，围绕上海合作组织成立20年进行了系列研究；第五，继续在反恐、粮食安全、水资源等传统与非传统安全领域进行分析研究。

一 总结和反思中国中亚研究学科建设

2021年，国别区域学被确定为一级学科，中亚地区是国别区域的重要组成部分，因此很多学者对中亚学科的成绩与不足进行了深入剖析和反思。学者们认为当前中亚研究的不足主要体现为：重经验和政策应用研究，轻基础和理论研究；重大国研究，轻小国研究；重宏观研究，轻微观细节研究。尽管学科的研究对象和领域比较明确，即以中亚为核心，顾及周边，但在学科基本概念、研究方式方法、理论框架等方面仍缺乏独立体系，仍需借助其他成熟学科的概念和范式开展研究。

---

[*] 刘畅，中国社会科学院俄罗斯东欧中亚研究所中亚研究室助理研究员，博士。

另外，中亚学科的人才队伍建设也急需扩大提升。现有研究人员外语应用多以俄语为主，英语其次，应用中亚民族语言获取资料开展研究的人员少之又少。随着中亚国家独立后新生代崛起，民族语言应用越来越广泛，需要增加通晓中亚民族语言的研究人才，与研究对象国深入交流，掌握第一手研究资料。

二 中亚国家独立30年的成果与失败

2021年是中亚国家独立30周年，独立以来各国的政治、经济、文化发展模式和成效，以及对外交往成为学界讨论的热点。大部分中亚研究学者认为，中亚国家独立（转轨）30年时间里走上了具有中亚特色的发展道路，既不完全属于西方的三权分立政体（尽管宪法确定三权分立制度）和市场经济体系，也不完全是独裁体制（有社会传统和宪法制约）和私有经济为主体的经济体系，为社会科学提供了很好的样本和实践舞台，中亚学科可以对其发展作出系统整理和分析，建立自己的独有概念和方法论体系。

中国社会科学院世界历史研究所《2021年中亚现当代史研究评述》指出，在独立后的30年时间里，中亚各国利用公共空间增强国家政权的合法化与国民的认同感，经济上则从原先的单一依附向多元依附转化，开发多元化国内和国外市场。刘洋、刘文斌、李小亮认为，中亚脱离俄罗斯后，为在国内建立起新的民族身份与文化认同，获得真正的民族独立，摆脱苏联的长期影响，各国纷纷开启"去俄罗斯化"。[1]田烨、于梦杰在深入分析了中亚国家独立以来的"去俄罗斯化"后认为，尽管中亚国家与昔日相比拥有了更多话语权，但由于受俄罗斯长期影响，中亚地区的"去俄罗斯化"进程未取得预期效果。[2]曾向红在《中亚地区治理三十年：一项研究议程》一文中认为，在涉及中亚国家独立以来国家构建和社会转型历程这一庞大课题的反思和研究中，中亚地区的地区治理状况及其变迁是一个能带来诸多学理价值和政策启发的学术议程。空间重塑、治理实践、互动规则、象征政治是中亚地区治理及其变迁研究中需要特别予以注意的四个维度。从这四个维度予以考察，大体能勾勒出中亚地区治理变迁的大致轮廓及由此衍生的地区秩序类型。不过，这几个维度是涉及中亚地区治理的"骨架"，而要描绘出其"血肉"，还需要对其中的几个重点议题予以深入分析。这些议题包括中亚地区治理模式的演进及其动力、中亚地区秩序的特征及其变迁、中亚地区治理的主要领域及对地区秩序形成和维持的影响、各治理主体在中亚地区秩序形成中所扮演的角色及其策略。对涉及中亚地区治理的四个维度和四个议题进行细致考察，有望能较为清晰完整地把握30年来中亚地区的治理状况、变迁轨迹及其发展方向。[3]

国外学术界也对这一问题进行了研究与思考。例如，俄罗斯学者叶列娜在《中亚国家的对外政策：30年发展综述》一文[4]中分析了中亚国家外交政策的理论基础、全球因素对该地区各国外交政策形成的影响以及国家间合作的现状。美国巴纳德学院教授鲁塞尔·赞卡（Russell Zanca）在《关于民族的写作：一个美国人对中亚研究30年的反思》一文中认为中亚人的多重和重叠身份将在未来几年继续占据西方学术思想的大部分内容。[5]欧洲学术界也乘此机会对"冷战"结束以来的中亚研究进行了总结与反思。《中亚调查》杂志第40卷第4期收录的10位作者的7篇论文围绕这一主题进行了思考，也提出了一些颇具反思性的论点。[6]图图姆鲁（Tutumlu）和鲁塞尔·赞卡批评了欧美学术界从安全和地缘政治的角度看待中亚的单一视角，指出其忽视了中亚地区种族、语言、身份等因素的复杂性。劳伦斯·P.马尔科维茨（Lawrence P. Markowitz）和斯科特·拉德尼茨（Scott Radnitz）也主张未来的中亚研究应该关注更加具体的领域，如生活方式、宗教习俗、共同传统、性别、贸易、社会流动性、环境问题、跨境民族等，同时也应该更多地采用跨学科研究方法。

三 中亚地区新形势

2021年，中亚地区形势加速演进，除大国博弈进一步加剧、新冠肺炎疫情跌宕反复之外，另一件影响地区形势的重大事件是美军撤离阿富汗，塔利班夺取政权。未来中亚地区能否维护稳定与安全，实现繁荣与发展，很大程度上取决于对上述问题的应对。

（一）2021年中亚各国政治经济形势

2021年是中亚各国的选举年。哈萨克斯坦（简称"哈"）于2021年1月10日举行了议会选举，选出新一届马吉利斯（议会下院）。乌兹别克斯坦（简称"乌"）总统选举于2021年10月24日举行，米尔济约耶夫连任乌兹别克斯坦总统。吉尔吉斯斯坦（简称"吉"）于2021年1月10日举行总统选举，扎帕罗夫获得了超过110万张选票，以79.2%的得票率正式当选总统。

1. 哈萨克斯坦政治改革

哈议会下院选举未带来实际变化。哈萨克斯坦公民期待新议会能与以往有所不同，但表面的更新没有带来任何实际变化。由三党组建的议会下院仍由"元老"们按传统模式操纵。"祖国之光"党为哈执政党。党代表总体数量达76人，由36名党内预选候选人和40名保留席位候选人构成，席位更新程度达70%。达丽加·纳扎尔巴耶娃通过保留席位重返议会，6名国家社会信任会议成员成为议员。

哈完善《选举法》，为妇女和青年（29岁及以下）在政党选举名单中规定30%的强制性配额。此届"祖国之光"党代表整体年轻化，共包含24名妇女。得益于预选制度，85%的新议员为来自不同地区的少数民族代表。尽管民族和睦大会推荐议员的权力在严格意义上并不完全符合宪法，但政权大力强调少数民族问题，全国上下皆予以默认。"祖国之光"党强调该届代表中仅7人曾在国家单位任职，旨在自我澄清或分散群众注意力，但在任何一个正常国家，议员在中高级国家单位的工作经验都显著多于普通群众。"光明之路"党一度将自己定位为反对党。该党在此次选举中获得12个席位,相比上届议会增加5席。目前该党代表中只有两名妇女,没有青年议员。"光明之路"党内部民族与地域成分复杂,议员缺乏从政经验。2021年1月10日选举期间,多个选举点曾阻碍"光明之路"党选举观察员开展工作,但这并未引起党首佩鲁阿舍夫等的激烈反应。"光明之路"党已失去反对党性质,逐渐接受既有"游戏规则",并对选举结果持满意态度。"哈萨克斯坦人民"党原名"哈萨克斯坦共产主义人民"党,在2020年举办的第15次特别代表大会上改名。如果某一政党脱离了自己的意识形态基础,那它就应该自我崩溃,但该党却通过一次会议改变了理念,为进入议会铺平道路,群众很难信任这样的政党。该党大力推选新成员,逐步削弱原有理念影响。伊琳娜·斯米尔诺娃是该党两名女性议员之一,她因积极捍卫人权而为人熟知,与此同时,她对俄罗斯与苏联的看法也值得关注。[7]

  2021年哈萨克斯坦还颁布了《反家庭暴力法案》,引发公众强烈反响,但其起草机构内务部却对此避而不谈,相关专业机构对此也反应冷淡,而某些公共基金则对此广泛关注。任何法案的提出都得到了其设计人员和背后财团的强烈支持,并将在实施阶段为其创造巨大利益。哈法案提出的主要过程包含起草阶段和审批阶段。法案起草通常来自三个提出方,即政府机构、社会组织或公民团体。当提出方为政府机构时,行业部长需在法案中表明该法案如何解决各类公共关系的矛盾。当社会组织或公民团体提出一项法案时,首先其需要与相应政府部门取得联系并获得支持,通过政府途径提出草案;若未能得到政府支持,社会组织或公民团体只能通过议员代表提出草案。法律常重点关注如何降低在实施法案和解决问题时其所需付出的成本,但其实际费用却并未减少,而是转而由民众承担,因而,法案的推行将为其设计人员和背后势力创造巨额利益。在审批阶段,法案经政府批准后,将先后送交至政府会议、众议院主席团、相关委员会主席、多方组成的专业评议小组、参议院总司进行多轮审议,最终提交至总统府,经由国家元首签署后正式生效。尽管法案发布经历了十分严格的审批过程,但在实施阶段仍存在诸多问题,其产生原因主要来自以下两个层面。法案起草层面,客观上,法案设计人员无法计算所有适用情况,政府部门和议会在进行协调沟通时也可能出现规则和解释的矛盾;主观上,哈真正具备起草法案能力的专家和充分掌握实践经验的政府官员少之又少。法律解释和实施层面,一方面,由于哈许多现行法律和初代法律均为国外法律的复制品或使用其规则编纂的新法,语言和规则晦涩难懂,即便专业律师也难以理解其法律内涵和意义,普通民众对此更是知之甚少,故民众在了解法律规则时极易出现理解障碍;另一方面,哈萨克斯坦许多在国外接受教育的律师和法官并不了解哈立法的具体细节,而是运用他国法律体系解释本国问题,对许多现实问题进行了错误解读和判处,产生了大量法律应用错误。[8]

  2.乌兹别克斯坦选举改革

  乌提前进行总统选举。乌兹别克斯坦议会下议院提出一项有关修改乌选举流程的法案。

若该法案得以通过，乌总统选举日期将由2021年12月提前至10月。这是乌第二次尝试提前进行总统选举，2020年乌议会就曾提案将2021年总统选举提前至3月举行，但最终未能如愿。乌官方表示，此次修改选举流程的目的在于获取国际社会的正面评价，使乌选举流程与国际标准保持一致。有学者认为，有关乌提前举行总统选举的原因存在以下三种猜想。第一种，对接国际标准、融入国际社会的未来期望。乌现任总统米尔济约耶夫希望改变前总统卡里莫夫时期较为强硬的对外政策，通过选举流程的国际化以达到融入国际社会、吸引国外投资和扩大国际合作的目的。第二种，优化现有选举流程的现实需要。12月乌天气过于寒冷，民众不愿外出参加选举活动，选举候选人难以与民众见面，选举真实性也因而受到质疑。且冬季开展选举活动还需支付额外的电费、暖气费等费用，选举成本相比秋季明显更高。而10月乌天气较为适宜，民众参与选举的积极性较高，有利于选举活动的顺利开展。第三种，国家战略的长远规划。乌加入由俄罗斯控制的欧亚经济联盟的申请将于12月进行讨论与审议，提前举行总统选举能够使选举避免俄可能带来的影响。[9]

3. 吉尔吉斯斯坦选举

扎帕罗夫上台难以改变吉政治经济的不利现状。扎帕罗夫在2021年吉尔吉斯斯坦总统选举中以79%的选票获得压倒性胜利；在同日举行的宪法公投中，81%的选民支持总统共和制。吉总统权力将通过宪法进一步得到增强。扎帕罗夫获胜有如下原因。第一，扎帕罗夫在特定阶层中很受欢迎，这得益于他作为"爱国者"的声誉以及将库姆尔金矿国有化的努力。第二，扎帕罗夫选举策略高超，社交媒体宣传广泛，竞选经费充足。第三，吉民众希望尽快结束国家动荡纷争的局面。总统权力的加强对吉尔吉斯斯坦政治体系及其权力机构的权威性造成打击，腐败、组织犯罪、政治活动不受监管等诸多问题在扎帕罗夫任期内很可能仍将无法得到解决。由于长期在总统制和议会制之间摇摆不定，吉政治体系很难在短期内稳固下来。精英内斗和民众抗议已成为吉政权更迭的一种模式。扎帕罗夫若不能尽快兑现其承诺，或将落得与吉前总统一样的结局。[10]

4. 塔吉克斯坦税收改革

塔拟通过税收改革增加财政收入。虽然塔吉克斯坦经济水平相对落后，国家财政对社会公共服务和基础设施支出不高，但据普华永道（上海）资产评估事务所评估，塔国家税收负担高达67.3%，位于中亚五国之首。塔公民主要收入来自海外劳工向境内的汇款，工资水平在独联体中最低，且社会福利最差。受新冠肺炎疫情影响，国家财政收入未达到原计划税收额度的指标，塔目前正面临严重的资金短缺问题。面对财政赤字问题，塔当局认为，增加税收是理所当然的出路。在预算规划阶段，塔当局确定税收收入占总收入的比重为60%—70%。塔财政部预估，2021年国家税收收入相比2020年会增长6%。2019年是塔吉克斯坦的纳税年，国家在建筑业和旅游业增加强制性征税，政府将建筑公司的增值税由5%增至18%，对外国游客及出国旅游的塔公民每日征收 1 美元的税额。塔政府在税收改革中，拟实现对国家利润最高经济部门的管控，促进国家财政收入的增长。塔当局一直对国内电信行业虎视眈眈。2016 年 11 月，政府通过国有电信公司"Tajiktelcom"来设置机构，垄断互联网通信，实现国家对互联网通信行业的管控。所有提供移动服务的私人互联网提供商和公司被迫从国家购买互联网服务，与此同时，这些企业为补偿向国家缴纳购买费用的成本，对居民提供服务的价格有所增加。国家对互联网的管控不仅能为政府提供额外的财政收入，还能加强对数字领域的管控，却美其名曰防止极端主义组织利用互联网传播激进思想，保障网络安全。对外企的经济管控是塔税务改革中不可或缺的一环。塔对国家境内外汇款进行统一管理，各外企汇款经营者须在国家银行开立账户，才可获许在塔工作。此外，塔政府拟从 2021 年初开始引入 IT 公司税，征税对象主要是"Google""Facebook""Aliexpress""Microsoft""Apple"等大型外国企业。塔当局拟率先从俄罗斯外企入手，积极推动这一税法的实施，要求外国 IT 公司缴纳 18% 的增值税。新税收制度和对市场额外法规的实施，会给民众经济生活带来负面后果。因此，塔当局以税收改革来解决预算赤字问题，不仅无法解决国家预算方面的缺陷，还会造成更多挑战。国家应以提高人民盈利能力为优先顺序，而后国家盈利能力自然会得到提高。[11]

（二）2021 年中亚各国外交形势

1. 中亚国家努力适应周边环境变化

全球局势加速演变，冲突和风险频繁出现。中东危机持续不断，油价大幅下跌，中美关系动向、气候变化、人口增长和网络空间的威胁正在成为全球紧张局势的新诱因。2020 年新冠肺炎疫情的暴发迫使各国"自我隔离"，传统的国际关系和外交制度首次转向"不握手"制度，即以线上会议替代线下面议。例如，哈萨克斯坦学者认为，在全球地缘政治不断变化的背景下，哈萨克斯坦正迈入政治和社会经济转型的新阶段。现代化的实现要求哈对其外交政策进行建设性反思。为此，哈在外交政策规划中提出采用多样外交方式，与国际各国形成新互动。基于当前国际局势，哈学者特提出以下 5 点提议。第一，哈应在战略制定和管理方面适应周边环境的变化。中美间日益加剧的长期对抗将造成世界局势愈发紧张。哈、中、俄、美间均存在战略关系，哈将面临选择特定领域战术伙伴的持续压力。"阿富汗因素"及该区域的持续动荡仍是区域参与者的关注焦点。第二，哈应联合周边国家系统化解决区域内经济和社会问题，提高区域合作水平。在现阶段，除政府间协定外，区域间各国还应通过加强中小型企业合作以及教育和文化交流来加强一体化进程。第三，鉴于全球气候挑战，哈还面临着干旱、洪水、地震等环境和气候灾害，且中亚五国首都城市均位于地震活动区，这直接威胁到该区域各国的国家安全。第四，哈应了解新一代年轻人的信息并与其进行建设性对话，这将成为国家政策执行的必要条件。哈近几十年人口结构发生变化，年轻人总数约为 400 万人，占总人口的 22%。作为社会主要消费者和政治经济发展的关键资源，哈国际地位将取决于年轻人的竞争力。第五，在新技术引进和全球数字化背景下，哈需加强自身数字化进程。在社交网络数字化时代，传统形式的外交政策正在发生变化。全球技术公司已成为国际政治中的重要利益攸关方。由于全球政治局势的越发不可预测，外交决策的反应时间越发有限，这要求哈在某些问题上采取具体立场。在推动多媒介外交政策下，哈可以通过制定预防性措施和组织建设性区域对话，走在解决国际冲突前列。[12]

2. 中亚加强与中俄的合作

美国从阿富汗撤军正在改变中亚地区的外交和安全动态，为俄罗斯和中国加强与该地区政府接触创造了机会。塔利班卷土重来，并接管了阿富汗大片领土让中亚各国的高级官员感到不安。俄罗斯急于利用美国的撤军，加强其在中亚的影响力，加强其安全足迹，阻止华盛顿在中亚任何国家恢复军事行动。中国也在加强与中亚的外交，增加与吉尔吉斯斯坦的双边安全援助，并努力提高其在塔吉克斯坦的影响力和存在。塔利班获胜或阿富汗内战的前景及其对中亚的影响，有可能推动中亚各国政府加强与俄罗斯和中国的合作。

3. 俄罗斯仍是中亚各国的首要安全盟友

近年来，中亚国家内乱频发使俄罗斯陷入左支右绌的境地。从恐怖主义与极端主义到能源安全和毒品走私，中亚地区长期以来存在诸多安全隐患。于俄罗斯而言，中亚地区的重要性不亚于白俄罗斯和阿塞拜疆纳卡地区。俄当局一直以来都高度关注中亚地区的安全问题，不仅是出于对其在"后苏联空间"霸主地位的维护，更是因为中亚地区的安全问题将威胁俄本土的经济稳定和国家安全。长期以来，俄通过建立双边和多边机制同中亚各国进行了密切的军事合作。尽管中亚地区发生大规模冲突的可能性不断降低，但在过去两年中，俄致力于对该地区的军事设施进行现代化改造。

若中亚地区发生冲突，俄手握应对危机的两张王牌：一方面，俄能够轻而易举地将地面部队和航空部队从本土军事基地转移到中亚；另一方面，俄此前已对中亚各国进行了军事培训，各国可依靠俄方经验自行应对冲突。俄积极参与中亚地区的安全领域议题，中方则加大同该地区的经济合作。总体而言，俄在中亚地区无疑仍拥有巨大的战略优势。从军事设施到广泛部署的地面部队，俄具备在该地区应对各类突发事件的能力。与此同时，尽管俄仍是中亚五国的首要安全盟友，但随着世界大国在这一地区的地缘政治博弈日益激烈，俄需坚定地捍卫其在中亚安全领域的绝对优势地位。[13]

4. 集安组织在维护区域安全上似乎缺乏效力

集体安全条约组织最初是为打击恐怖主义、极端主义、贩毒、非法移民和人口贩运等威胁而成立的。该组织只分段覆盖中亚、南高加索和白俄罗斯的部分地区，与这些地区互动的主要参与者是俄罗斯。目前看来，该组织仍没有解决当代国际和其成员国国内冲突的有效运作机制，并且从未在任何冲突中使用其维和部队。在2010年吉尔吉斯斯坦政治危机以及亚美尼亚与阿塞拜疆的纳卡武装冲突中,集安组织均采取"不干涉"战略。当前,集安组织在维护区域安全方面的效力,以及与俄罗斯在军事方面的合作还存在不足。俄罗斯作为该组织的财政和军事核心,支付了其军费等开支预算50%的份额,这50%的份额使俄能够保持其在后苏联空间的军事和政治影响力。而集安组织的军事力量也主要取决于俄军队,目前,俄罗斯在亚美尼亚、白俄罗斯、吉尔吉斯斯坦和塔吉克斯坦都有军队驻扎。这意味着,在武装冲突的情况下,俄只能依靠自身力量。2020年12月2日,集安组织安全理事会的线上会议中发表了一项有关该组织工作轨迹转变以及建立可持续世界秩序的声明,意图通过与上海合作组织、欧安组织、北约等区域组织加强合作,确保全球稳定的切实成果。

此外,集安组织将重点从只保护自身利益转向创造共同安全空间,在各成员国之间进行诚实透明的信息交流。要增强组织的运作效力,不仅需要集安组织开展公关活动,而且需要为人道主义方案分配资金。此外,会议通过的一些文件,包括预算核准和开支计划,应在官方平台上公布。[14]

5. 欧亚经济联盟发展或遭美国搅局

世界局势发生巨变,世界体系正在从单极向多极过渡。不同于特朗普,拜登作为美国民主党代表,很可能会强调自由主义的所谓民主方法,但两者都是单极世界的支持者,美国政府的重点打击对象始终是中国和俄罗斯,其次是伊朗和朝鲜,最后是国际恐怖主义和毒品贩运。拜登上台后,美国总体外交战略与特朗普政府时期保持一致,但与欧盟,特别是德国的关系将会有一定调整。由于"北溪-2"天然气管道项目推行受阻,德国国内经济下滑,民众不满情绪上升。因此,德需重建其跨大西洋伙伴关系,加强与美国的合作。虽然拜登已经开始调整对待包括中俄在内的多方面外交政策,但美主导世界的目标并没有改变。未来,美将持续对中、俄施压。近期,俄军事能力恢复、"卫星-V"疫苗获得国际认可等充分说明俄仍有能力应对时代挑战。在此情况下,美不再以较为强硬的姿态与俄对话,而是从意识形态入手,试图唤醒俄内部和后苏联空间内的民族主义力量,并利用纳瓦利内作为进一步分裂俄社会的工具。同时,美试图将欧亚经济联盟国家与俄分离,阻止欧亚经济联盟成为普京提出的新的地缘政治和地缘经济联合体,即"大欧亚伙伴关系"的核心。对此,欧亚经济联盟成员国应集中精力寻求与欧盟创建合作的途径,同时通过共建"一带一路"建立从符拉迪沃斯托克到上海的新欧亚伙伴关系。总体而言,世界将面临越来越多的双重标准,而美将中、俄视为主要竞争对手的同时自然会影响到欧亚大陆一体化的建设。因此,欧亚经济联盟亟须建立人才库以应对美方干预。[15]

(三) 2021年中亚地区大国博弈新形势

1. 中国与俄罗斯

中国与俄罗斯在中亚地区的良性合作是维护地区稳定的关键。中俄在中亚的合作氛围是推动地区安全和稳定的首要因素。中俄外交部长几乎同时与中亚五国的外交部长举行了"5+1"机制的会议。这可能意味，中俄不仅仅打算与该地区的国家发展双边关系，更是视中亚地区为一个统一整体，且中俄很有可能在制定其中亚政策时相互协调。俄与中亚的"5+1"集团发表的声明反映了各方在地区合作问题上的立场。该文件主要强调相互尊重参与国的安全和领土完整，各国将在必要时相互提供必要的援助和支持。各国将继续在打击恐怖主义、毒品和武器走私方面密切合作，并共同打击网络战。在中国与中亚五国"5+1"机制下，中方则宣布准备为中亚伙伴建立"绿色走廊"，以确保跨境贸易的持续发展。外长们特别阐述了在数字化、电子商务、金融服务、智慧城市、现代工业技术应用等新工业革命驱动因素方面开展合作的新机遇。双方更是表示愿意加强和深化在高技术和医药产业领域的合作。在这些创新中，值得注意的是，外长们纷纷决定加强多边政治对话。可以预见，"一带一路"倡议下的现有经济关系和上海合作组织内的相互安全承诺，将通过更密切的政治关系得到加强。创新模式不仅是中国传统作用的扩大，也是一个信号，表明中国准备在必要时会增强影响该地区的具体事件。中俄在中亚问题上的相似表态不是偶然。这两个中亚最重要的邻国很多立场是一致的，这是一个非常积极的事实。中俄在中亚地区相互信任、良性竞争，是维护中亚地区安全和地区稳定的最重要因素。该地区各国本身的主要任务也应该是在经济和政治领域进行真正和更深入的合作。只有这样，各国之间的友谊才会向更高层次发展。[16]

孙壮志认为，在新冠肺炎疫情下，中国与欧亚国家在政治、经济、科技、医疗卫生等各个领域进一步合作，各国携手抗疫意义重大。疫情促使人类命运共同体深入人心，加之中国在参与全球抗疫中作出的重大贡献，对新形势下中国开展"一带一路"建设、恢复地区经济重建、在上海合作组织等多边机构下参与全球治理和欧亚地区多边合作具有积极作用。[17]嵩琨认为，"一带一路"倡议在中亚的成功推进有赖于中国与中亚沿线国家，尤其是枢纽国家进行政策沟通和战略对接。哈萨克斯坦和乌兹别克斯坦可以被视为共建"一带一路"在中亚的沿线枢纽国家。将"丝绸之路经济带"倡议与哈萨克斯坦"光明之路"新经济政策对接，中哈可以在基础设施、产能和金融三个领域开展重点合作。将"丝绸之路经济带"倡议与乌兹别克斯坦"发展行动战略"对接，中乌可以在基础设施、贸易、投资和农业四个领域开展重点合作。"一带一路"倡议与哈乌发展战略对接不仅可以推动哈乌成为亚欧大陆互联互通的枢纽，而且有助于应对新冠肺炎疫情给中国与哈萨克斯坦、乌兹别克斯坦经济合作带来的挑战。但对接还需要引导俄罗斯共同对接中亚沿线枢纽国家的发展战略需求。[18]

2. 美国

曾向红分析了美国中亚政策的调整趋势和原因，以及美国中亚政策调整给中亚地区带来的潜在影响，认为在美军撤离阿富汗、塔利班夺取政权，阿富汗和中亚地区形势发生剧烈变化的背景下，美国不得不重新调整其中亚政策，以适应阿富汗形势和美国国家安全利益需求的变化。[19]肖斌认为，近30年来，美国与中亚国家基本保持了平稳发展的关系，这得益于美国的中亚政策。作为全球性大国，美国中亚政策引起了诸多学者的研究兴趣，取得了很多开拓性研究成果，促进了美国中亚政策研究的发展。但是，既有研究中的"埃尔斯伯格悖论"较为普遍，降低了研究结论的信度。借助猎鹿博弈可以发现，风险和互利是影响美国中亚政策的关键性要素，中亚国家的合作意愿和大国关系的性质（对抗、竞争、合作）则是推动关键性要素变化的核心力量。受中美俄三国竞争关系的影响，在美国中亚政策时间维度中，绝大部分时间都处于风险占优的状态。因此，美国的中亚政策更倾向于选择猎兔策略，在中亚地区维护美国的战略利益，即打击恐怖主义，确保美国的国家安全；支持中亚国家的独立性，减少中亚国家对中国和俄罗斯的过度依赖，寻求美国在中亚地区的支配性权力。[20]

3. 相关地区大国

郭曼若认为，互联互通在巴基斯坦与中亚国家外交关系发展中扮演核心角色。实现互联互通的经济、和平、文化效应是巴基斯坦与中亚国家的共同目标、现实需求和关系发展的互动推力，构成双方外交关系发展的基础。巴基斯坦与中亚国家的互联互通与双方关系同向而行，跨区域能源和交通基础设施建设以及政策、贸易、投资、人文等领域的互联互通合作实践持续推动着双方外交关系发展。与此同时，阿富汗问题、地缘政治博弈以及巴基斯坦与中亚国家投资和营商环境欠佳等阻碍对双方外交关系发展造成很大威胁与挑战。为加强巴基斯坦与中亚国家的互联互通建设以及同"一带一路"倡议的对接合作，中国应着力推进中巴经济走廊及"CPEC+"建设，提升中国—巴基斯坦—中亚三边关系；发扬并宣传"一带一路"倡议开放包容精神，提高中、南、西亚互联互通，加强上海合作组织凝聚力与行动力，协调区域安全与经济合作。[21]

四　对上海合作组织的研究

2021年是上海合作组织成立20周年。该组织成立以来，成员国在"上海精神"指引下，遵循《上海合作组织宪章》《上海合作组织成员国长期睦邻友好合作条约》确定的宗旨和原则，不断加强团结协作，持续深化安全、经贸、人文等领域合作，将上海合作组织打造成为地区国家维护安全稳定、促进发展繁荣的重要平台。学界也围绕上海合作组织与中国外交的关系、上海合作组织20年来的成就与挑战、未来上海合作组织的发展方向等议题进行了研究与分析。孙壮志将上海合作组织的发展进程与新时代中国多边外交实践相结合，深入分析了中国外交倡议在组织合作理念形成过程中起到的建设性作用，论述了中国在上海合作组织发展中所发挥的特殊作用，以及上海合作组织的实践对中国多边外交的支撑作用。[22]李进峰总结了20年来上海合作组织在政治、安全、经济、人文和对外关系五大领域的合作成就，深入分析了上海合作组织在发展过程中存在的问题和面临的内外部挑战，以及上海合作组织未来发展的机遇与前景，提出上海合作组织的理论基础有三个来源、上海合作组织发展经历了五次理论创新、上海合作组织未来发展壮大将取决于三个因素，以及预测了上海合作组织未来发展的三种可能模式。[23]

李琰、王晨星通过对文献数据的研究，认为上海合作组织成立20年来，俄罗斯及中亚成员国学界从多学科、多维度对上合组织展开追踪研究，保持了水平较高、成果丰硕的学术产出，对上合组织发展发挥了助推力的作用。俄罗斯及中亚成员国学界对上合组织的研究具有全面性、动态性和政策性三大特点。全面性是指研究的范围涉及地区安全、政治、经济和人文等多个领域。动态性是指相关研究随着上合组织发展重点的变化而变化，始终紧跟时事和热点。政策性是指研究的落脚点是如何利用好上合组织的平台优势，拓展本国国家利益空间，为本国及本地区稳定发展提供政策思考。基于此，作者建议中国学界借鉴俄罗斯同行的经验教训，对上合组织的研究继续深挖研究潜力，有针对性地加强问题导向，提高学术对话的频次和质量，发挥比较优势，完善研究的理论框架，努力占据理论制高点，强化对国际上合组织研究的理论话语权引导。[24] 苏畅、李昕玮分析了上海合作组织成立以来安全领域的合作成就及其原因、合作面临的挑战以及成员国间深化安全合作的基础和共识。[25] 李自国分析了上合组织扩员后面临的内外挑战与机遇，组织再度扩员面临的内外因素以及未来扩员的方式与方向。[26]

五　安全领域相关研究

安全问题研究一直是中亚研究领域的重要议题。米尔佐耶夫（С. З. Мирзоев）于2021年7月在《后苏联研究》发表的《费尔干纳谷地局势及其对中亚稳定与安全的影响》（Ситуация в Ферганской долине и ее влияние на стабильность и безопасность в Центральной Азии）一文中分析了费尔干纳谷地局势对中亚地区稳定与安全的影响，以及影响塔吉克斯坦和吉尔吉斯斯坦两国间进行军事进攻和敌对行动、国家边界划定问题的原因。作者认为，在中亚地区新形势下，接连的冲突可能使之进入军事干预之下。

随着研究的持续深入以及与国外同行的交流学习，水资源、粮食安全、绿色发展等领域研究也渐渐被纳入国内研究者的视野。2021年中亚研究更加注重新视角和新领域，如关注健康卫生合作、穆斯林的女性权益、女性宗教极端现象、东干族女性形象等女性问题。例如，李睿思分析了新冠肺炎疫情背景下，中亚国家政治、经济、安全、外交等领域的形势变化、应对措施及对国家发展的影响，概述了疫情以来中亚地区国家发展进程，为中国综合研判周边地区形势、在中亚地区推进共建"一带一路"高质量发展，维护地区和平与稳定，推动构建人类命运共同体提出了建议。[27] 俄罗斯学者 А. 卡勒迪别克、М. 蒂内别科娃和 А. 奥雷伊别克（А. Калдыбек, М. Тыныбекова, А. Орынбек）于2021年7月在《后苏联研究》发表的《独联体内的恐怖主义和暴力极端主义——以哈萨克斯坦为例》（Терроризм и насильственный экстремизм в СНГ на примере Республики Казахстан）一文中指出，在地区武装冲突不断增加的背景下，独联体内部面临的恐怖主义和暴力极端主义风险上升，其破坏性和危害性不断加剧，并以哈萨克斯坦打击恐怖主义和暴力极端主义为分析视角，分析了独联体打击恐怖主义的主要措施，以及确定潜在恐怖分子的方法与途径，探究了独联体国家区域合作及共同防止恐怖主义蔓延的路径。

注　释

［1］刘洋、刘文斌、刘小亮:《中亚独立三十年来现代艺术史研究的视野与策略》,《西北美术》2021年第3期。

［2］田烨、于梦杰:《中亚地区"去俄罗斯化"政策》,《国际研究参考》2021年第6期。

［3］曾向红:《中亚地区治理三十年：一项研究议程》,《东北亚论坛》2021年第5期。

［4］Елена ГАРБУЗАРОВА, ВНЕШНЯЯ ПОЛИТИКА СТРАН ЦЕНТРАЛЬНОЙ АЗИИ: ИТОГИ 30-ЛЕТНЕГО РАЗВИТИЯ, Том 24, Выпуск 1,2021, https://doi.org/10.37178/ca-c.21.4.05.

［5］Central Asian Survey (IF 2.208), https://www.x-mol.com/paper/1438230293903110144/t?recommendPaper=1470860102343368704.

［6］https://www.tandfonline.com/doi/full/10.1080/02634937.2021.1994921.

［7］МирасНурмуханбетов, НовыйпарламентКазахстана: оставьнадеждывсяксюдавходящий http://www.exclusive.kz/expertiza/politika/122763/pages/3/.

［8］ЭдуардМухамеджанов, Языкказахстанскихзаконовнепонятендажеюристам, http://www.exclusive.kz/expertiza/obshhestvo/122913/.

［9］КуанышбекКари, ПочемувУзбекистанепредлагаютдосрочныевыборыпрезидента? http://www.eurasiatoday.ru/analytics/3048.

［10］Matteo Fumagalli, Challenges amid Kyrgyzstan's Return to Presidential politics, https://www.eastasiaforum.org/2021/01/21/challenges-amid-kyrgyzstans-return-to-presidential-politics/.

［11］Muslimbek Burie, Tajik Government and the Eternal Pursuit of Profit: How the Authorities Continue to Introduce New Taxes and Duties, https://cabar.asia/en/tajik-government-and-the-eternal-pursuit-of-profit-how-the-authorities-continue-to-introduce-new-taxes-and-duties.

［12］Iskander Akylbayev, The Rise of Kazakh Diplomacy: Building Bridges Out of Barriers, Five Recommendations, https://astanatimes.com/2021/03/the-rise-of-kazakh-diplomacybuilding-bridges-out-of-barriers-five-recommendations/.

[13] Camilla Gironi, Moscow Is Still Central Asia's Top Security Ally, https://russiancouncil.ru/en/analytics-and-comments/columns/asian-kaleidoscope/moscow-is-still-central-asia-s-top-security-ally/.

[14] Navruz Karimov, Effectiveness of the CSTO in the Context of the Changing Regional Security System, https://cabar.asia/en/effectiveness-of-the-csto-in-the-context-of-the-changing-regional-security-system.

[15] Булат Султанов, Байденбудетбороться с превращением ЕАЭ Свядро Евразии, https://eurasia.expert/bayden-budet-borotsya-s-prevrashcheniem-eaes-v-yadro-evrazii/.

[16] Djoomart Otorbaev, Do Russia and China Have Coordinated Strategies Towards Central Asia? https://valdaiclub.com/a/highlights/do-russia-and-china-have-coordinated-strategies/.

[17] 孙壮志主编：《新形势下欧亚地区合作（2020）》，中国社会科学出版社2021年版。

[18] 蒿琨：《"一带一路"与中亚沿线枢纽国家发展战略对接思考》，《国际关系研究》2021年第2期。

[19] 曾向红：《从阿富汗撤军看美国中亚政策的调整》，《当代世界》2021年第9期。

[20] 肖斌：《美国的中亚政策：基于猎鹿博弈视角的分析》，《俄罗斯学刊》2021年第3期。

[21] 郭曼若：《互联互通视角下的巴基斯坦与中亚关系》，《俄罗斯学刊》2021年第3期。

[22] 孙壮志：《上海合作组织与新时代中国多边外交》，《世界经济与政治》2021年第2期。

[23] 李进峰：《上海合作组织20年：成就、挑战与前景》，社会科学文献出版社2021年版。

[24] 李琰、王晨星：《俄罗斯及中亚成员国对上合组织的研究概览》，https://www.ciis.org.cn/yjcg/xslw/202109/t20210918_8148.html.

[25] 苏畅、李昕玮：《上海合作组织安全合作：成就、挑战与未来深化路径》，《国际问题研究》2021年第5期。

[26] 李自国：《上海合作组织的扩员与命运共同体建设》，《俄罗斯东欧中亚研究》2021年第4期。

[27] 李睿思：《疫情背景下中亚地区：形势、影响及应对》，《北方论丛》2021年第5期。

2021年中东欧转型和一体化研究综述

高歌　姜琍　徐刚　鞠豪　李丽娜　曲岩　贺婷　王效云*

2021年，国内外学界研究中东欧国家转型与发展、中东欧与欧洲一体化和中东欧国家对外关系问题，取得一系列成果。其中，中国社会科学院俄罗斯东欧中亚研究所转型和一体化理论研究室结合创新项目，推进转型和一体化研究，发表多篇科研成果，上报多篇要报，组织学术研讨会和学术讲座，继续举行中东欧问题研究者新年联谊会、发布电子刊物和公众号，有效提升了自身的学术影响力、决策影响力和社会影响力。

一　2021年国内学科发展动态

（一）政治转型与发展研究

国内学界对中东欧国家政治转型与发展的研究主要集中在如下两个方面。

1. 对中东欧国家共产党的研究

《当前中东欧地区共产党的基本状况与目标任务》一文认为：中东欧地区的共产党和工人党处在拓展生存空间、争取合法性、力争扩大国内外影响力的阶段。各党除了寻求合法途径通过议会参政议政外，还通过参加国际论坛、举办小型会议、建立自己的网站和网络平台等方式发挥影响。大多数中东欧地区共产党借助建党百年历史节点，重温社会主义革命和建设时期的荣光，关注21世纪世界社会主义的新进展，表达了对社会主义前景的信心。此外，中东欧共产党和工人党还面临着捍卫20世纪社会主义历史、反对霸权主义、开拓党的发展新局面的多重挑战与压力。在不利的客观环境下，各党实现社会主义振兴的道路漫长而艰巨。[1]

《21世纪初波兰共产党对社会主义的新探索》和《波兰共产党对当代资本主义发展新态

---

* 高歌，中国社会科学院俄罗斯东欧中亚研究所转型和一体化理论研究室主任，研究员；姜琍，中国社会科学院俄罗斯东欧中亚研究所转型和一体化理论研究室副主任，研究员；徐刚，中国社会科学院俄罗斯东欧中亚研究所研究员；鞠豪，中国社会科学院俄罗斯东欧中亚研究所副研究员，博士；李丽娜，中国社会科学院俄罗斯东欧中亚研究所助理研究员；曲岩，中国社会科学院俄罗斯东欧中亚研究所助理研究员，博士；贺婷，中国社会科学院俄罗斯东欧中亚研究所助理研究员，博士；王效云，中国社会科学院俄罗斯东欧中亚研究所博士后。

势的认识评析》两篇论文都回顾了波兰共产党和社会主义运动的历史。前文全面阐述了波兰共产党的理论主张、政策构想、斗争策略和实践活动,指出,波兰共产党在总结本国社会主义历史经验教训的基础上,结合21世纪的新形势提出在波兰重建社会主义社会的新构想,主张利用议会选举接管资产阶级国家机器,进而为工人阶级谋求政治、经济、文化等方面的权益。[2] 后文侧重评析波兰共产党对当代资本主义发展新态势的认识,指出,波兰共产党对资本主义发展阶段的概括和理解,对当代资本主义新动态的认识,对霸权主义的批判,对"LGBT群体"权利、女性自由堕胎权利的支持等显示了其明显的进步性,但它不加分辨地反对"帝国主义"组建的各类自由贸易联盟,反对全球化,反对天主教会,反对市场经济,又具有明显的局限性,脱离了时代和社会发展方向。不过,由于资本主义基本矛盾仍未消失、实现共产主义的阶级基础仍然存在,当前欧洲和世界共产主义政党联合自强的趋势使波兰共产党有机会获得更好发展。[3]

2. 对中东欧国家民粹主义的研究

《中东欧的民粹主义基础及其影响——兼论中国与中东欧国家关系》一文探究了中东欧民粹政党的社会基础,认为,在农业仍为关键产业的中东欧国家,当传统经济受到转型后突如其来的外部经济影响时,既有经济结构和生产关系受到严峻挑战,在本土保守势力的推动下,竞争力不足的中东欧国家呼吁保护传统经济,反对以西欧为代表的新自由主义的价值腐化、以威权整肃国内腐败、强调历史上的民族荣光、复兴宗教及家庭伦理等。这一思潮被民粹政党用以获取政治权力。在外部经济压力下,农民、城市底层民众、经济民族主义者、保守的政治精英、大文化中心论者共同构成支持民粹主义的基础,民粹政党的兴起是精英和大众共同推动的结果。[4]

《投票行为理论视角下中东欧民粹政党的兴起》一文立足投票行为理论,分析影响选民投票动机的因素,指出,生产系统转型在一些中东欧国家造成了人口结构向保守和本土主义的转变,构成民粹支持者的身份基础;转型的"非人民性"未使民众对代议民主和主流建制建立起忠诚与依赖,而"转型性衰退"和对各种危机的处理不当使主流政党产生绩效赤字;包袱更小的民粹政党通过各种提升政治正当性的策略,提高其投资附加值,导致选民将选票投给预期回报更大的民粹政党;在转型质量较差的中东欧国家,政党系统分裂度高,选举波动性强,为边缘民粹政党提供了得到选民更多关注的政治机会。[5]

《在"非自由"的表象下:中东欧地区民族民粹主义的兴起》一文将"非自由"的本质归结为民族民粹主义,认为民粹主义思潮兴起和民族主义再次抬头反映了1989年以来中东欧地区以自由主义为模板的民主转型的危机。西方国家对"非自由"的批评是为了维持其在中东欧地区的利益与霸权,而"非自由"中东欧地区国家则尝试摆脱西方的控制,夺回民族国家,改造自由主义的国家机构,开辟自己的民族道路,这也是对欧盟民主政治空心化的反抗。[6]

《欧洲左中右翼民粹政党的政治殊求——基于选民投票偏好的数据解析》一文根据选民投票偏好的数据，探讨包括中东欧国家在内的欧洲民粹政党的政治诉求，提出如下论断。中间与激进右翼民粹政党的选民体现出了相近的意识形态倾向，激进左、右翼民粹政党的选民分属不同的社会阶层，秉持完全异样的价值观念与政治诉求，因此，三类选民分别支持的民粹政党完全合流并形成反建制大联盟的可能性不高，欧洲的自由民主制度及欧盟因民粹主义而走向垮塌依然属于小概率事件。但是，秉承反建制、反精英、反移民、反欧盟立场的激进右翼选民，其价值观取向更多地决定于后物质主义范畴内的社会文化因素，并且其立场的稳定性又因有限的教育水平得以强化，欧洲的民粹主义极可能因他们的存在而成为建制派无力根除的常态化现象。[7]

此外，中国学者还研究了美国隐蔽宣传行动与东欧剧变[8]、中东欧少数民族政党[9]、波兰少数民族政策[10]和波兰反思反犹主义[11]等问题。

（二）经济转型与发展研究

有关中东欧国家经济转型与发展，国内学界主要研究了以下三个问题。

1. 中东欧国家能源安全问题

《中东欧国家能源安全问题研究》一书阐述了中东欧国家能源安全现状及历史沿革、不同时期能源安全的主要特征、能源安全问题的实质及形成原因、能源安全问题的影响，总结了能源问题的启示，并在此基础上提出构建能源安全的战略建议：通过自主开发、国际贸易和能源储备等方式改变单一能源结构；通过国际合作和外交途径改变能源对外的高依存度，尤其是对单一国家的高依存度；通过外国直接投资引进新的高效能源生产和消费设备，引导新能源的开发和消费。[12]

2. 中东欧国家去金融化改革问题

《依附型金融化与中东欧国家的去金融化改革》一文指出，20世纪90年代以来的资本主义金融化进程使中东欧国家陷入依附型金融化困境。由于国内转型战略与加入欧盟的相互影响，中东欧国家形成了维谢格拉德国家的依附型出口拉动模式和波罗的海国家的依附型贷款拉动模式。2008年国际金融危机之后，中东欧国家试图通过去金融化和金融抑制改变其依附型金融地位。不同国家的去金融化程度有所差异，以匈牙利为代表的维谢格拉德国家偏重部门税和公司国有化，以拉脱维亚为代表的波罗的海国家坚持紧缩和内部贬值策略。总体上，这些国家只是改变了一些经济机构，没有从根本上挑战潜在的增长模式。长期来看，去金融化可能会减少中东欧国家生产性行业中的外国直接投资，金融民族主义既难以同全球金融资本相对抗，也无法摆脱其自身的依附地位。[13]

3. 中东欧福利国家模式问题

《中东欧福利国家模式：波兰案例》一文指出：随着中东欧国家市场经济体制的建立，

中东欧福利国家模式进入了欧洲福利国家模式的讨论范围。对于中东欧福利国家模式是属于现有欧洲福利国家模式的变种还是属于独特的福利国家模式,学界尚未有一致的看法。在过去30多年,中东欧国家从社会主义福利国家走向欧洲福利国家,实现了福利制度的变革。波兰作为中东欧经济转轨的典范,其社会领域的改革比稳定化、自由化和私有化更加复杂和困难,并受到不同政党偏好的影响。法律与公正党政府建立波兰式福利国家的试验值得关注。[14]

此外,国内学者还研究了中东欧国家交通基础设施[15]和波兰农业发展[16]等问题,并对国外学界的中东欧经济转型研究给予了特别关注[17]。

值得一提的是,《民众对国家转型的态度——以前苏东国家为例》一文阐释了包括中东欧国家在内的前苏东国家民众对转型的态度,指出,转型初期独联体国家对转型的支持率最低,中东欧国家对转型的支持率最高,波罗的海国家位于二者之间。随着时间的不断推移,经济形势向好发展,政府质量有所提高,民众福利有所改善,独联体国家和波罗的海国家对转型的支持率不断上升,中东欧国家的支持率有所下降,三者呈现趋同性。一般而言,民众对民主的支持率普遍高于对市场经济的支持率。[18]

(三) 中东欧与欧洲一体化和中东欧国家对外关系研究

国内学界的中东欧与欧洲一体化研究主要关注了维谢格拉德集团与德国和欧盟的关系及地区合作问题。

《投入产出视角下德国经济增长对维谢格拉德四国经济影响的分析》一文探讨了德国经济对维谢格拉德四国的支撑作用,指出,德国与维谢格拉德四国建立了较为紧密的投入产出关系,德国经济增长可通过前后向关联对维谢格拉德四国经济产生相对较大的拉动及推动作用。短期内德国经济的低迷可能增加维谢格拉德四国经济发展的不确定性,但长期来看德国韧性十足的经济表现极有可能继续支撑维谢格拉德四国的经济发展。[19]

《影响维谢格拉德集团与欧盟关系发展的因素分析》一文从经济、政治、文化、国际形势四个角度分析影响维谢格拉德集团与欧盟关系发展的因素,认为维谢格拉德集团仍将在欧盟框架内推动一体化深入发展。[20]

《波兰参与中东欧区域合作机制的策略与挑战》一文讨论了波兰参与维谢格拉德集团等区域合作机制的问题,指出:波兰力图成为这些合作机制中的核心和引领国家,并希望借助这些合作机制,加强波兰的影响力;波兰的参与极大地加强了"大海之间"国家的合作,但由于波兰综合实力有限,加上中东欧各国的国家利益差异较大,并普遍存在对俄罗斯的能源依赖,波兰在实现战略目标时面临巨大的限制和挑战;如果波兰试图在区域合作中四处出击,平均用力,反而不利于其发挥"中等强国"的影响力。[21]

在中东欧国家对外关系领域,国内学界研究了以下三个问题。

1. 大国在中东欧的博弈及中东欧国家的应对

《三海倡议及其地缘政治和经济意义》一文通过对"三海倡议"地缘政治和经济意义的发掘,展示了大国博弈的态势。该文指出,"三海倡议"尝试在欧盟"连接欧洲设施"战略框架内,在对成员国具有经济和战略意义的若干领域进行双边和多边合作,因而使该倡议具有重要的地缘经济意义。欧盟和德国作为"三海倡议"次区域合作组织重要的利益攸关方,在经历了短暂的猜忌和观望之后给予该倡议正面评价,并积极参与合作项目,以期捍卫自身的地缘政治和经济利益。美国从自身全球战略出发,希冀通过向"三海倡议"诸多成员国提供液化天然气和安全担保这两种重要的公共产品,来实现其经济和地缘政治的双重目标。在美国与俄罗斯和中国关系日益复杂的背景下,"三海倡议"合作正在成为美国与俄罗斯和中国在这一地区进行地缘政治博弈的新平台。[22]

《特朗普政府以来的美国中东欧政策:调整、目标与展望》一文从能源、地缘和军事三个方面阐述了特朗普政府的中东欧政策部署:在能源方面,进一步强化将能源外交作为权力资源,平衡美欧俄关系的外交杠杆作用;在地缘方面,波兰作为该地区的政策支轴国更加受到美国倚重;在军事方面,增强在中东欧地区的军事存在和军费开支,推进驻欧美军基地的战略东移。其政策目标是制衡俄罗斯、对欧盟分而治之和排挤中国。[23]

2. 中东欧国家与北约的关系

《后冷战时代美国东欧裔族群与北约东扩——以"中欧—东欧联盟"为分析中心》一文论述了北约东扩研究中一个较少关注的问题,指出,在北约东扩过程中,美国东欧裔族群以"中欧—东欧联盟"为主要活动载体,以推动中东欧国家成为北约成员国为主要目标,期望通过重构中东欧国家形象论证加入北约的合理性,对美国北约东扩政策施加影响。"中欧—东欧联盟"游说活动的成功与自身资源、外交政策目标的一致性和相容度以及国际政治环境等主客观因素密切相关。2008年以来,受到客观政治环境的干扰,美国东欧裔族群只能有条件地施加低烈度且不可或缺的影响。[24]

3. 日本与中东欧国家的经济关系

《日本强化与中东欧经贸关系的动因、布局及影响》一文梳理了除欧盟框架内的合作外,日本在维谢格拉德集团四国、波罗的海三国和西巴尔干地区的多样化合作机制:针对维谢格拉德集团,以"V4+日本"为主要对话机制,逐步扩大双边贸易和日系企业投资,从汽车产业等制造业,到资源、服务业和技术研发领域,全面展开在该区域的经济布局;针对波罗的海三国,侧重科技创新,在信息通信技术、数字货币等领域进行重点合作;针对西巴尔干地区,以经济援助为先导,为贸易、投资及文化输出创造条件。[25]

《中国和日本对中东欧投资的比较研究》一文指出,在对中东欧投资中,中国多采取政策驱动、企业跟进、市场导向和区域公共产品供给的模式,遇到的海外障碍较多;日本强调企业主体、市场导向、政府扶助和本土化、融入当地产业链为主的发展模式，妥善规避了诸多海外障碍。[26]

《日本对匈牙利的直接投资及启示》一文指出，匈牙利是日本在中东欧地区的第一大投资东道国。日本对匈牙利的直接投资产生于特定的国内和国际背景，寻求市场和提高企业效率成为日本对匈牙利直接投资的主要驱动因素。日本对匈牙利的直接投资规模大且总体呈持续增长态势，投资行业主要集中于制造业。日本对匈牙利的直接投资形成了以大型跨国企业为主导的三级梯队形的直接投资企业结构，并积极以直接投资规避与匈牙利及欧盟的贸易摩擦，直接投资回报率较高且投资收益主要用于再投资。[27]

不应忽视的是，国内学界出版了《中东欧国家发展报告（2020）》[28]、《探秘中东欧》[29]、《中东欧国家2019年回顾》[30]、《中东欧经济研究报告2020—2021》[31]、《中东欧国家文化发展报告（2021）》[32]、《三个南斯拉夫》[33]等书，为中东欧转型和一体化研究提供了重要的文献资料。

二 2021年国外学科发展动态

（一）政治转型与发展研究

国外学界从不同角度探讨了中东欧国家政治转型与发展进程中的不同问题。

《"转型"30年后的东欧政治经济》一书立足批判性的左派观点，将政治经济学分析与政权更替的主要意识形态构想相结合，考察罗马尼亚、塞尔维亚、斯洛文尼亚、克罗地亚、乌克兰、匈牙利、捷克、波黑、阿尔巴尼亚、保加利亚、格鲁吉亚、俄罗斯、斯洛伐克和波兰等国的转型，认为后社会主义意识形态斗争的五个节点是反共产主义、西方主义、民族主义、非理性主义和反政治，其中，反共产主义对中东欧地区的左翼产生麻痹作用，民族主义意识形态是专制和仇外政治的一种手段，非理性主义是新自由主义和新民族主义政治的有力工具，反政治表现在反腐败、公民社会和技术官僚主义三个方面，是掩盖真实社会冲突的话语。[34]

《中产阶级政治与全球危机在东欧的政治经济影响：以匈牙利和罗马尼亚为例》一书一改将中东欧政治视为在民主与专制之间反复摇摆的过程或是东西方之间地缘政治碰撞的产物的常见观点，从第二次世界大战后全球资本主义衰退的视角，以匈牙利和罗马尼亚为例重新阐释中东欧国家的政治经济发展状况，深入分析转型前后中东欧国家的阶级关系与社会运动。[35]

《获得自由30年后的斯洛伐克：民主、舆论、公民社会》一书全面描述了1989—2021年斯洛伐克的政治转型进程，认为其在民主、舆论和公民社会领域有显著发展，但转型也有失败之处，如腐败严重、极端主义政治力量兴起和民族民粹主义政党长期执政。转型30年后斯洛伐克社会面临的挑战并不比1989年"天鹅绒革命"期间面临的挑战少。自由民主的脆弱性是公民社会面临的最紧迫问题。[36]

《性别与权力在东欧：权力关系中变化的女性气质与男性气概》一书回溯了中东欧国家

及俄罗斯、乌克兰等国女性主义的发展状况，认为中东欧国家的转型并没有推动女性的解放，相反，转型的负面效应造成了这些国家在性别平等问题上的再传统化。2008年国际金融危机之后，许多中东欧国家又迎来了第二波的再传统化。面对波兰、匈牙利等国在性别问题上日趋保守的立场，女权组织与社会运动进行了一系列的抗争，并形成了在性别问题上对右翼保守主义立场的抵制。[37]

《政治生涯如何影响总理的表现：来自中东欧的证据》一文从两个方面评估一国总理的执政表现：第一，是否能够出色地领导内阁并通过政策制定完成既定的目标；第二，是否能够确保自身所属政党和议会对政府的足够支持。通过对1990—2018年11个中东欧国家的131个政府进行的专家调查发现，相比于"政治素人"，仅仅拥有简单的政治经验并不足以让一位总理表现得更好。但曾担任过政党领导人的总理往往会有更好的执政表现。[38]

《后共产主义东欧的转型正义与民主巩固：罗马尼亚和阿尔巴尼亚》一文从罗马尼亚和阿尔巴尼亚的案例出发，讨论了转型正义措施的内容和转型正义与民主巩固的关系，认为早期有效采用转型正义措施能够加快民主巩固。[39]

《帝国的持久遗产：波兰的分割和选举投票率》一文分析了帝国的文化遗产对1989年以来波兰人参与议会选举的影响，指出，波兰被俄罗斯、哈布斯堡王朝和普鲁士帝国瓜分的历史造成了不同地区政治文化和经济发展的多样性，一个明显的例证是加里西亚较高的选举投票率与哈布斯堡王朝统治的遗产直接相关。加里西亚居民不仅更经常地出席宗教活动，比波兰其他地区的居民更保守，而且更接近激进右翼，更有动力去投票。[40]

此外，国外学界还研究了东南欧国家的记忆政治与民粹主义的关系[41]、东南欧国家的非自由政治现象[42]、西巴尔干国家的选举暴力[43]、巴尔干地区的伊斯兰极端思想[44]、罗马尼亚和摩尔多瓦学生对待腐败的态度[45]、波黑和克罗地亚的疫情叙事[46]、罗马尼亚应对疫情的政府能力[47]、克罗地亚少数民族权利[48]、保加利亚罗姆人融合战略[49]以及20世纪和21世纪头20年中东欧与欧亚地区国家的性别平等状况[50]等问题。

（二）经济转型与发展研究

国外学界继续关注中东欧国家的经济转型。

《新兴非自由模式国家资本主义剖析》一文以演绎实证主义的方式，遵循科尔奈的系统范式框架对当代出现的国家资本主义进行理论化和系统化分析。[51]

《由新冠肺炎疫情引发的保加利亚经济转型》一文认为新冠肺炎疫情使欧洲和世界面临新的经济现实并导致保加利亚经济衰退，同时也为保加利亚经济中一些行业的复苏和新行业的发展提供了机会，这些行业可以成为长期经济增长的基础。[52]

《走向市场经济之路的25年：进步还是倒退——立陶宛案例》一文选取竞争力指数、社会排斥和贫困风险率、GDP增长率、最低工资等指标评价立陶宛向市场经济转型后的经济发展水平,指出没有一个指标可以表明当时的经济政策正确与否,转型最重要的因素之一是过渡期的长短。[53]

《城市恢复力:解读中东欧国家后社会主义社会经济转型和城市空间转型的工具》一文从社会经济指数(社会经济复原力)和形态功能指数(空间复原力)入手调查了中东欧地区76个城市的恢复力,展现中东欧地区不同的复原速度,以此考察中东欧国家的社会经济转型,指出:中东欧地区复原速度的差异取决于其靠近或是远离西欧边界,还与不同的社会经济资源、历史和转型轨迹相关。[54]

罗马尼亚巴贝什-博尧伊大学社会稳定研究所举办主题为"中东欧资本主义转型30年:不平等与社会抵抗"的研讨会,研讨了包括欧盟与中东欧独立经济体、中东欧资本主义多样性、资本主义转型和中东欧劳动力移民等20多个议题。[55]匈牙利科学院世界经济研究所举办主题为"国家在各种资本主义中的作用"的研讨会。[56]

国外学界还研究了中东欧国家经济发展中的一些具体问题。

《中东欧国家的制度与企业财务困境》一文通过对2004—2017年823家曾面临财务困难的中东欧企业的分析,发现反腐败制度的建立对于企业的财务健康状况具有正面意义,官僚主义运作成本和行贿受贿状况的减少有助于陷入财务困难的企业更快地走出泥潭,因此更多的中东欧国家应该尝试建立专门的反腐败机构,完善反腐败制度,为企业打造良好的发展环境。[57]

《欧洲向循环经济的过渡——在保加利亚的应用》一文根据欧盟向循环经济转型的政策框架,按照主要标准构建了循环经济实施指标体系,用以分析保加利亚和来自欧盟的外国公司的活动,旨在总结欧洲在循环经济领域的良好做法,创建一个封闭的生产系统,最大限度地减少资源的使用以及废物、污染和碳排放的产生。[58]

《东南欧人口发展概况Ⅰ—Ⅱ》两篇报告分析了保加利亚、克罗地亚、罗马尼亚、塞尔维亚、阿尔巴尼亚、波黑、黑山、北马其顿等国的人口变化,认为鼓励生育的政策并没有带来生育率的显著提高,与此同时本国移民向西欧的流出带来人口结构的深层次问题。[59]

此外,有关西巴尔干国家收入不平等现象及原因[60]、外商直接投资与西巴尔干国家制度水平的关系[61]、影响外商投资西巴尔干国家的工资和劳动生产率因素[62]、前南斯拉夫国家外商直接投资情况[63]、外商直接投资对塞尔维亚经济增长的影响[64]、西巴尔干地区灰色烟草市场[65]、涉外税收变化对小型开放经济体宏观经济的影响[66]、塞尔维亚股票市场发展与经济增长的关系[67]、保加利亚1999—2018年财政政策[68]等问题,国外学界均有涉猎。

(三)中东欧与欧洲一体化研究

有关中东欧与欧洲一体化,国外学界主要研究了以下四个问题。

1. 中东欧国家"入盟"进程和对欧盟的态度

《保加利亚是如何成为欧盟成员的?》一文通过对高级政府官员和外交官进行的47次访

谈,从4个方面描述保加利亚"入盟"进程,即国际安全问题的决定性影响、欧盟成员国的不同影响、保加利亚机构参与者的特殊性、一些重要政治人物的意见的关键作用,阐释了几种截然不同的扩大政策机制,认为这些机制与假设的"欧盟变革力量"无关,正是它们导致了"入盟"结果的片面性、表面性和可逆性。[69]

《保加利亚在欧盟的成员资格:估计与期望》一文介绍了2005—2020年有关保加利亚公民对保加利亚加入欧盟的态度的民意调查,分析了保加利亚加入欧盟的利弊,指出,尽管有一些危机时刻,但民众对保加利亚"入盟"的乐观情绪没有减弱,在加入欧盟10多年后,民众仍然高度一致地认为,除了欧洲共同的未来之外,保加利亚的发展没有更乐观的选择。[70]

《西方的东方,还是东方的西方? 2008年后波兰对欧洲联盟和欧洲一体化的态度》一文从现代化理论的角度将欧洲一体化进程看作波兰继20世纪90年代体制转轨后的第二次现代化,包括经济、制度和文化的变化,指出,在经济领域,波兰人普遍接受自己的外围地位并期待来自欧盟核心的财政支持,决心要"赶上"西欧的生活水平;在制度领域,一部分波兰人信任欧盟机构,而另一部分波兰人则认为欧盟强加于波兰的政治安排可能恶化国内局势,因而对欧盟机构持不信任的态度;在文化领域,多数波兰人在平等、对多样性的宽容和生活方式的多元化方面接受欧盟的现代化价值观,少数人认为这种价值观构成对波兰价值观的威胁,波兰天主教会是其中的关键角色,它倡导文化传统,反对文化现代化。[71]

此外,《欧盟吸纳西巴尔干的成员国政治学》[72]、《欧盟与扩大的悖论:西巴尔干"入盟"的复杂性》[73]、《作为日常实践的欧洲化与国家构建:西巴尔干的经验》[74]和《欧洲化和西巴尔干的记忆政治》[75]四部专著以及《当代欧洲研究》2021年第2期的一组文章[76]全面论述了西巴尔干"入盟"问题。

2. 欧盟的中东欧新成员国的融入与趋同

《欧盟成员国资格是否推动了融合?——欧盟东扩的经验》一书从经济、社会和制度三方面评估了2004年之后加入欧盟的11个中东欧国家融入欧洲一体化的情况,特别对各国"入盟"前后制度与经济社会发展状况的差异进行了深入分析。[77]

《新老欧洲的东西分裂会避免吗?》一文指出,最近东西方的断层变得更加明显,人们从东方和西方的角度来思考和谈论对方,双方的失望情绪逐渐形成。继续深化欧洲一体化还是退后一步将某些特权归还给民族国家成为欧盟面临的主要难题。回归和平、繁荣、团结等欧盟的基本价值和目标并面对气候变化、流行病、难民危机、人工智能等共同挑战是解决难题的基础。[78]

《欧盟东西分裂:遗产或发展失败?》一文认为,欧盟内部一直存在东西分野,新老成员国之间的差异主要体现在社会经济上,但其常常被描述为政治分野。从中东欧国家发展数据来看,差异不仅在国家层面而且在次国家层面存在,不同层面上发展水平的差别导致了新老成员国之间的政治差别。[79]

《检验作为长期可持续性先决条件的真正趋同》一文评估了2004—2013年加入欧盟的新成员国与老成员国的真正趋同程度，认为，与加入欧元区的新成员国不同，非欧元区的新成员国存在缩小与欧元区平均收入差距的趋势，但没有实现经济增长的趋同，也没有实现俱乐部收敛。[80]

《东扩15年：欧洲金融一体化与经济趋同》一文研究了信贷繁荣和萧条的模式以及如何通过部门内资源配置的效率影响中东欧国家的生产力，发现信贷的快速增长对欧盟老成员国的效率产生了负面影响，而对中东欧新成员国则没有这种影响，这表明全球金融危机前中东欧新成员国的信贷快速增长部分是一种均衡现象。[81]

《保加利亚和罗马尼亚：欧盟东扩的后来者》一文通过对保加利亚和罗马尼亚的案例分析，认为欧盟成员国资格本身并不能保证其同欧盟的经济趋同，以及可持续的经济增长前景。[82]

《保加利亚经济与欧元区的产业间结构性趋同》一文发现，尽管2009年经济衰退前后的发展有所不同，但在2000—2018年整个时期内，保加利亚的产业结构正在缓慢地向欧元区靠拢。[83]

《波罗的海国家加入欧盟前后宏观经济走势》一文讨论了波罗的海国家在2004年加入欧盟前后的主要宏观经济趋势，指出，波罗的海国家经济增长迅速，与西欧国家的收入差距大幅缩小，但趋同过程伴随着周期性波动，全球金融危机后尤为严重。[84]

此外，论文集《加入欧盟是否有助于融合？欧盟东扩的经验》第一卷[85]以及论文《欧盟新成员国失败的政治趋同：克罗地亚、捷克的企业政府俘获和政党政府的解释》[86]、《采用欧元后的工资趋同——以斯洛伐克为例》[87]、《欧盟的实际收入趋同和金融一体化模式》[88]、《欧盟的区域融合：成功的故事还是未完成的目标？》[89]、《欧盟区域趋同：增长的因素是什么？》[90]、《欧盟劳动力市场制度趋同》[91]、《收敛、发散或多重稳态？欧盟内部制度发展的新证据》[92]、《欧盟国家的俱乐部收敛：部门视角》[93]等也从不同方面阐述了中东欧新成员国融入欧洲一体化及其与老成员国趋同的问题。

3. 欧洲一体化对中东欧国家经济发展的影响

《单一市场成员资格对欧盟扩大国家的经济影响》一文分析了加入单一市场给2004年后加入欧盟的11个中东欧成员国带来的宏观经济利益，指出鉴于这11国的高度开放以及欧盟内部高度的贸易一体化，这些国家都特别受益于加入欧盟内部市场。[94]

《欧盟东扩对新成员国的经济影响：经济制度的作用》一文分析了加入欧盟对2004—2007年"入盟"的中东欧新成员国的经济影响，重点对新成员国"入盟"后6年和12年的经济表现进行衡量，结果发现，新成员国加入欧盟的收益很大但并不普遍。[95]

《国际金融一体化如何真正影响转型后国家的增长？来自中东欧10国的经验证据》一文

指出，金融一体化对经济增长的影响是复杂的，在金融一体化的措施中，中东欧10国的长期增长主要受外国直接投资流入以及汇款和金融开放的驱动。以外国总资产和负债总额占GDP的比重来衡量金融一体化水平，增长与金融一体化之间存在逆转关系，这表明中东欧10国尚未达到能从金融一体化中受益的金融发展程度。[96]

《欧盟新成员国市场一体化的企业收益》一文探讨了国际贸易和全球价值链（GVC）整合对欧盟的11个中东欧成员国制造业中初创企业和高增长企业的份额的影响，发现出口、进口和前向全球价值链参与增加了初创企业和高增长企业的份额，这些影响在低技术密集型和高技术密集型产业中很明显。与后来者相比，贸易和全球价值链一体化的影响在第一批加入欧盟的中东欧国家中更为显著。[97]

《西巴尔干政治经济概览和匈牙利在该地区的经济表现》一文认为，欧洲一体化的前景和欧盟对西巴尔干地区的影响在一定程度上有助于该地区解决政治和经济发展问题，匈牙利可以通过经济活动帮助这一地区的发展。[98]

4. 中东欧国家加入欧元区的问题

《中东欧经济专家的欧元区改革偏好》一文探讨了欧盟的中东欧成员国经济专家在欧元改革辩论中的立场，指出，鉴于法国和德国在欧洲话语中的主导地位，中东欧成员国的立场明显受到忽视。只有将经济稳定与债务自我负责相结合的平衡改革方案才能增强欧元在中东欧地区的吸引力。[99]

《匈牙利何时引入欧元的困境的思考》一文指出，匈牙利的战略应该以可持续的趋同为目标，而不是引入欧元。如果该国能够大幅扭转政府赤字和债务的增长势头并将其保持在低水平，那么继续等待是值得的，直到可持续发展路径与欧元的相关性更加清晰，同时继续趋同进程。如果这是不可能的，则应优先选择尽快加入欧元区，这样可以提供更高的安全性，但自主操作的空间较小。[100]

《采用欧元的路径：斯洛文尼亚和斯洛伐克的案例研究》一文追踪了斯洛文尼亚和斯洛伐克加入欧元区的路径，发现由于有效的沟通策略推动了普遍的政治和公众共识，两国采用欧元的过程非常顺利和迅速。[101]

除上述四个问题外，国外学界还研究了"入盟"对波罗的海三国自由民主转型的影响[102]、立陶宛的欧洲议会议员对欧洲议会的忠诚度和投票倾向[103]、欧盟政治化程度的提高对中东欧小国在欧盟决策中的作用的影响[104]等。

（四）中东欧国家对外关系研究

在中东欧国家对外关系研究领域，中东欧不同国家学界的关注点有所不同。

1. 保加利亚、捷克和匈牙利学界关注中东欧国家与大国关系问题

《保加利亚与美国的关系及保加利亚在美国对巴尔干战略中的地位》一文称，美国在巴尔

干和黑海的外交政策利益集中在该地区的安全以及对美国利益的保护上。目前，保加利亚和美国的关系处于最高级别，已具有战略伙伴关系的性质。美国对巴尔干和保加利亚的政策将受到美国与俄罗斯和中国的关系、保加利亚对北马其顿共和国加入欧盟的支持、美国与土耳其的关系、"三海倡议"的发展等因素的影响。[105]

《保加利亚国家利益棱镜下的"三海倡议"——挑战与机遇》一文认为，"三海倡议"倡导在交通、能源和数字化等方面的互联互通，以提高欧盟成员国之间的经济联系，加强欧盟内部的团结和凝聚力，促进该地区国家经济发展。由于美国与欧盟作为战略伙伴参与其中，人们对其隐藏的地缘政治目标心存疑虑。该文分析了保加利亚作为倡议参与者的挑战和机遇，认为该倡议是保加利亚改善北部基础设施状况的机会，有助于克服保加利亚国内严重的经济和社会差异。[106]

保加利亚国家与世界经济大学国际关系系巴尔干研究中心、经济与国际关系研究所，保加利亚外交学会和全国国际关系协会联合举办了"21世纪的巴尔干——保加利亚的视角"第八届年会，会议主题是"美国和巴尔干：美国新政府治下会发生变化吗？"[107]

由捷克学者主编，捷克、斯洛伐克、中国、波兰、匈牙利、英国和俄罗斯等国学者共同参与撰写的专著《中国及其伙伴们：欧亚地区的互动》分三个部分讨论中国在欧亚地区的合作：一是中国模式的转型；二是中国、俄罗斯、巴基斯坦、印度和中亚国家在欧亚地区的互动；三是中国与欧洲特别是中国与中东欧国家的互动。该专著认为，中国发展是迄今为止21世纪最重要的全球事件，这也表现在中国与欧亚地区国家的互动关系中；在经历了20多年成功的经济转型后，中国于21世纪初加入世界贸易组织，并与俄罗斯和其他四个中亚国家共同成立了上海合作组织，增强了中国在欧亚地区的重要性；在2013年中国国家主席习近平提出"一带一路"倡议后，欧亚地区的互动得到加强；在2014年西方国家开始对俄罗斯实行经济制裁后，中俄合作显著加强，对全球格局产生影响。[108]

匈牙利学者编著的《大国在西巴尔干的影响》报告分别分析了美国、德国、俄罗斯、土耳其和中国在巴尔干地区的影响，认为美国和德国有责任在该地区制定可行和成功的战略，这些战略必须承认俄罗斯、土耳其和中国在该地区诸多领域的影响力。[109]

2. 斯洛伐克和匈牙利学界关注维谢格拉德集团合作问题

斯洛伐克学者的专著《舆论中的维谢格拉德四国：经验和新挑战》在2021年春即维谢格拉德集团成立30周年之际进行的民意调查结果基础上，分析维谢格拉德集团四个成员国——捷克、匈牙利、波兰和斯洛伐克所持的不同观点，包括四国民众对欧盟和其他国际组织成员国资格和防控新冠肺炎疫情的看法，以及各国对其他国家和民族的信任度及维谢格拉德集团内部的相互联系，指出，目前匈牙利民众对维谢格拉德集团合作的了解程度最高，其次是斯洛伐克、捷克和波兰；四国民众普遍认为，经贸合作是维谢格拉德集团合作最重要的领域，旨在解决各国国内的经济社会发展问题；四个邻近民族尽管在历史上不同时期属于不同的国家单位，但如今在民族独立、政治自由、民主、和平与安全的条件下毗邻共存，它们的共同命运为维谢格拉德集团合作赋予了意义。[110]

匈牙利学者的《建议和成效——维谢格拉德四国执行欧洲对各国建议的分析》一文考察了维谢格拉德四国对欧盟层面建议的执行情况，通过对比欧盟年度评估报告建议与各国执行成效，认为从长期来看，四国对欧盟建议的执行度高于欧盟年度报告中的评价。[111]

3. 捷克学界关注北约扩大和伙伴关系问题

《"冷战"后北约的扩张》一书提供了关于北约向后苏联地区扩张的案例研究，揭示扩张的地缘政治和地缘战略背景，评估扩张对欧洲国际安全关系的影响，认为，北约的扩张深刻改变了作为具有大量外部平衡组合的主动参与者美国与作为仅依赖其内部平衡的被动参与者俄罗斯之间的差距，北约和俄罗斯正在为可能的直接对抗做准备，俄罗斯战略家为避免在常规战争中迅速失败，不排除使用核武器的可能性。[112]

《排他性和包容性之间的北约：衡量北约的伙伴关系》一文重点介绍了北约与其宣布的全球合作伙伴之间的互动，认为北约主要与邻近的实力强大的国家接触，特定国家的民主水平、融入国际机构的程度和稳定性似乎没有发挥任何主导作用。[113]

值得一提的是，针对国际关系研究中过度美国化、欧洲化与西方化的问题，《国际关系与发展杂志》推出了题为《"东方"在国际关系中的使用》的特刊，评估"东方"在国际关系研究中的使用情况，阐释中东欧国家和中东欧学者在国际关系研究中的沉默。特刊中的多篇文章尝试从中东欧的视角对国际关系研究进行地方化，描述这一地方化的国际关系研究的基本面貌，并借助文献学、历史学与人类学等多种方法，对如何将中东欧研究这一区域研究与国际关系研究相结合提出自己的看法。[114]

此外，国外学界还研究了东南欧政治与安全[115]、西巴尔干地区与非西方国家的关系[116]、科索沃问题中的国际参与[117]、斯洛文尼亚与克罗地亚边界争端[118]、塞尔维亚族与阿尔巴尼亚族的关系[119]、希腊与北马其顿国内利益集团围绕《普雷斯帕协定》批准的博弈[120]等问题。

三 2021年转型和一体化理论研究室的研究状况

2021年，中国社会科学院俄罗斯东欧中亚研究所转型和一体化理论研究室主要做了以下工作。

第一，结合创新项目，推进中东欧转型和一体化研究。

转型和一体化理论研究室在研创新项目"一体化若干问题研究"计划从国别和次区域的角度探讨欧洲一体化与中东欧国家和维谢格拉德集团的关系，细化一体化研究的内容；在研究欧洲一体化对中东欧国家转型和国家治理的影响之外,注重分析欧盟的中东欧成员国和维谢格拉德集团对欧洲一体化的作用,拓宽一体化研究的视野;对欧洲一体化和欧亚一体化进行比较,提高一体化研究的水平。

该项目拟达到以下预期目标:在学术思想理论方面,通过对相关个案的研究,加深对欧洲一体化的认识,并在阐释和理解欧洲一体化实践的基础上,提炼出可被其他地区的一体化实践借鉴并有助于丰富和发展一体化理论的一般性结论;在学科建设发展方面,充分发挥项目组在中东欧区域与国别研究上的优势,探讨中东欧国家与欧洲一体化演进的互动关系,在提升中东欧研究的学科价值的同时,为一体化研究作出贡献;在资料文献发现利用方面,最大限度地利用项目组成员捷克语、斯洛伐克语、匈牙利语、罗马尼亚语和保加利亚语的语种专长,收集和参阅第一手资料文献,力求从新资料文献中发现某些之前未知的新问题,形成某些新看法。

第二,发表多篇科研成果,扩大研究室的学术影响力。

转型和一体化理论研究室研究人员发表核心期刊论文8篇、外文论文3篇和其他各类文章17篇,出版列国志《捷克》卷1卷,展现了研究室在中东欧转型和一体化研究领域的最新进展。

《中东欧国家入盟与欧盟东扩:是否为同一进程?》一文指出,中东欧国家"入盟"与欧盟东扩看似为同一进程,实际上并非完全如此。中东欧国家要求加入欧共体和欧共体决定东扩的时间不一致;中东欧国家"入盟"和欧盟东扩的动机有相同的一面,但中东欧国家更看重"入盟"的经济利益,欧盟更看重东扩的安全意义,即便在相同的动机下,二者的考量和行为模式也有所不同;中东欧国家"入盟"和欧盟东扩的路径亦非完全对称,既有围绕"入盟"条件展开的形式上对称实际上不对等的路径,又有基于各自利益的不同路径。之所以如此,不仅是由于加入与接纳的角色不同,更是由于中东欧国家与欧盟老成员国的异质性及其带来的维护和争取自身利益的不同需要。这种异质性和不同的利益需求不仅影响中东欧国家"入盟"和欧盟东扩进程,而且在中东欧国家"入盟"和欧盟东扩后依然存在,影响中东欧成员国与欧盟的关系乃至欧盟和欧洲一体化的发展。[121]

《英国与欧盟达成协议"脱欧"对中东欧国家的影响》一文认为,英国根据与欧盟达成的协议有序"脱欧",虽然避免了无协议"硬脱欧"带来的混乱和，但依然给欧盟的权力格局、欧洲一体化进程和成员国之间的关系造成影响。鉴于历史渊源、政治理念、经济联系和人员往来等方面的原因,欧盟的中东欧成员国与英国关系密切,既是政治盟友,也是重要的经贸合作伙伴。英国与欧盟达成协议有序"脱欧"给中东欧国家带来或多或少的政……大于经济影响。[122]

……地亚民主化进程为例》一文指出,在中东欧国家政治发展进程中，加入欧盟和向欧盟趋同是评估民主化的两个坐标。起初，政治转轨的开启和"入盟"的诉求在不同时期为民主化提供了动力。实现"入盟"愿景后，以治理为内容、以趋同为形式的欧洲融合成为评估民主化质量的重要参考。后冲突国家和欧盟新成员国的共同属性使克罗地亚成为考察西巴尔干地区和欧盟中东欧成员国的民主化进程及差异的极好案例和参照。从过去30年各类民主指数评级、国家治理指数得分，特别是"政府俘获"的情况可以看出，"入盟"对克罗地亚民主化的正向作用十分显著，但"入盟"后条件性约束缺失、对国内政治文化传统的"依赖"以及执政集团"政府俘获"能力强大等因素交互使得克罗地亚民主巩固的深化充满着反复、曲折甚至某种程度上的倒退。前者在西巴尔干成员"入盟"进度和民主化程度的正向关系上得到验证，后者在几乎所有欧盟中东欧成员国出现的"非自由转向"现象中获得解释。中东欧的现象是否引发了欧洲的民主回潮趋势尚难断言，但无疑为考察欧洲一体化走向，特别是欧盟政治融合能力提供了极好的视角。[123]

《捷克和摩拉维亚共产党取得的成功及面临的挑战》一文描述了中东欧地区少有的保留共产党名称并坚持马克思列宁主义的政党——捷克和摩拉维亚共产党的发展历程，分析了该党不断打破政治孤立的原因和面临的挑战，认为，捷克和摩拉维亚共产党之所以能够保持稳定的支持率、不断打破其他议会党的排斥和孤立并在政治舞台上发挥日益重要的影响力，与捷克具有深厚的共产主义传统、捷克和摩拉维亚共产党的优势和策略应对及捷克政治生态环境的变化等因素有关。但该党在取得成功的同时，也面临三个严峻的挑战：党员人数不断减少和党员年龄结构趋于老化；选民大量流失；党的领导层和发展走向可能会发生变化。如果该党在议会大选中失利，现领导层将面临辞职的压力，年轻一代的领导人将可能带领全党朝着现代化的左翼政党方向发展。[124]

《中东欧国家与冷战后北约的新变化》一文考察了中东欧国家在北约的新扩大、新战略和新行动中所起的作用：中东欧国家的加入令北约成员国从16个增至30个，拓展了北约的疆域；东欧剧变带来的国际局势的变化，特别是前南斯拉夫地区发生的战争促使北约提出新的战略概念，波黑战争、科索沃战争和马其顿危机成为北约新战略的试验场；中东欧国家参与了北约在波黑、科索沃、阿富汗和伊拉克的行动以及乌克兰危机发生后针对俄罗斯的军事部署，作出独有的"贡献"。该文还分析了中东欧国家的加入给北约在决策效率、行动能力、责任分担和价值观方面带来的新挑战，认为由于中东欧国家的军事力量和国家实力有限，在北约内部的影响力不大，这些挑战不足以危及北约的生存。[125]

《乌克兰危机后中东欧安全局势与中东欧国家的战略选择》一文认为，乌克兰危机爆发后，俄罗斯、美国以及北约不断增强在中东欧及周边地区的军事存在，导致中东欧国家面临的安全风险大为上升，地区安全格局也呈现与乌克兰危机之前截然不同的态势。面对重大的外部威胁，中东欧国家需要做出回应。但因为地理位置与历史遗产等方面的差异，中东欧国家对来自外部的安全威胁有着不同的解读，也因此选择了多样化的安全战略。[126]

《帝国遗产与现实困境中的民族认同——摩尔多瓦的民族国家构建》一文从摩尔多瓦民族认同构建的历史与现状出发，理解中东欧国家转型过程涌动的民族主义和发展道路选择问题，反思小国在民族国家形成过程中的机遇和困境，指出，生活在比萨拉比亚的摩尔多瓦民族与罗马尼亚民族有着共同的起源和语言，但在17—19世纪现代民族形成和演变的历史进程中，摩尔多瓦民族与罗马尼亚民族渐行渐远。这并非两个民族的自主选择，而是俄罗斯帝国、奥斯曼土耳其帝国以及哈布斯堡帝国地缘政治权力争夺的产物。苏联解体后，摩尔多瓦成为独立国家，其发展的首要任务仍是民族身份认同的构建。处在东西欧之间、大国夹缝中的摩尔多瓦不仅背负着帝国的遗产，又面临现实的困境。摩尔多瓦通过国家语言的塑造与民族历史的书写来不断构建摩尔多瓦民族认同。[127]

《巴尔干联邦计划研究（1944～1948）：以保南联邦为中心》一文指出，20世纪40年代巴尔干共产党人执政前后提出了建立巴尔干联邦的设想。该设想由南斯拉夫共产党领导人铁托和保加利亚共产党领导人季米特洛夫倡议推动，第一步是建立保南联邦，在此基础上商讨建立巴尔干联邦的可能性。在得到苏联当局和斯大林的肯定与指示后，保南联邦计划正式启动。该计划进展大体分为两大阶段。从1944年底索非亚会谈到1947年7月布莱德会谈期间，保南联邦计划在争论中艰难前行；从1948年1月斯大林训斥季米特洛夫关于建立东欧联邦的讲话到同年2月莫斯科会晤后斯大林接二连三攻击铁托及随后苏南关系破裂，保南联邦计划落下帷幕。在短短不到4年的时间里，保南联邦计划从轰轰烈烈出台到急转直下夭折的原因是多方面的，其中主要是由于南斯拉夫和保加利亚之间的分歧，特别是两极格局的对立以及大国政治下的南斯拉夫与苏联的冲突。建立保南联邦的尝试具有重要的转折性意义，它既是巴尔干联合史上的一次实践高地，同时也成为此后半个多世纪巴尔干联合思想的"绝唱"。[128]

新版列国志《捷克》重新撰写了历史、政治和经济三章内容，增设了社会一章，并对其他章节的内容进行了调整、修改和补充，将原有数据和资料更新到2020年，有些内容更新到2021年。几乎所有数据都来自第一手的捷克文资料，保证了数据的时效性和内容的准确性。全书突出展现了2004年捷克加入欧盟以来的政治、经济、文化、社会和对外关系的变化，为捷克转型和一体化研究提供了丰富的文献资料，打下了坚实的基础。[129]

第三，举办学术研讨会，促进学术交流，加强学科建设。

2021年9月15日，转型和一体化理论研究室举办"欧洲一体化：中东欧与西欧的对话（2021）"学术研讨会。研讨会以线下线上相结合的方式举行，外交部、北京大学、北京外国语大学、中国社会科学院欧洲研究所、中国社会科学院世界历史研究所、中国国际问题研究院、上海国际问题研究院、首都师范大学、同济大学、华东师范大学、西安外国语大学位的60余名专家学者出席会议。与会者围绕欧洲国家新形势和欧洲一体化新动向、欧洲次区域合作新特点、俄美欧关系新变化、大国关系调整下中国—中东欧国家合作新进展以及中东欧与西欧对话的意义、地缘政治、地缘经济和一体化的关系等理论和现实问题进行了深入探讨。

此外，转型和一体化理论研究室组织了多场学术讲座，俄罗斯东欧中亚研究所博士后王效云、研究员肖斌，亚太与全球战略研究院研究员沈铭辉、西亚非洲研究所研究员朱伟东和前驻塞尔维亚大使李满长分别作了关于经济一体化理论、国际问题的科学研究过程、亚洲区域一体化、非洲一体化、塞尔维亚与"一带一路"的报告。

转型和一体化理论研究室研究人员还参加了"新华丝路"中东欧四语种版本上线、"当代中捷关系：经济与政治发展"、"《中国与捷克的故事》新书发布仪式"、中国（浙江）—捷克智库论坛"推动中国与捷克务实合作，助力'一带一路'建设"、"巴尔干研究与人才培养"、第六届四川大学—华沙大学国际关系研究圆桌会"百年未有之大变局下的中国与中东欧"等国际学术会议，以及《中东欧蓝皮书：中东欧国家发展报告（2020）》发布会暨2021年北外中东欧研究论坛、欧美同学会"中东欧沙龙"、中国—中东欧国家合作全国主要智库研讨会、第十三届俄罗斯东欧中亚与世界高层论坛、中国欧洲学会中东欧研究分会2021年年会、"匈牙利大选前瞻"等国内学术会议，并作发言。

第四，加强对策研究，发挥研究室的决策影响力。

转型和一体化理论研究室研究人员被采用要报8篇；集体完成国家高端智库理事会应急课题"中国与中东欧国家应对新冠肺炎疫情的措施及经验互鉴"，成果收录在《健全国家公共卫生应急管理体系研究》[130]一书中。

第五，举办新年联谊会，办好电子刊物和公众号，拓展研究室的社会影响力。

转型和一体化理论研究室以线下线上相结合的方式举办第十届中东欧问题研究者新年联谊会。10年来，联谊会从线下到线上，从北京到全国，参加者不断增多，很好地发挥了促进学术交流、推动学科发展的作用，已成为研究室的品牌之一。转型和一体化理论研究室编辑出版电子刊物《中东欧研究简讯》6期，刊物的原创性和学术性进一步加强，作者和读者群有所扩大。微信公众号"中东欧观察"发布信息50期，关注者达4400多人，大大提升了研究室的社会知名度。

注　释

[1] 李瑞琴：《当前中东欧地区共产党的基本状况与目标任务》，《世界社会主义研究》2021年第10期。

[2] 刘春元、严梅萍：《21世纪初波兰共产党对社会主义的新探索》，《世界社会主义研究》2021年第1期。

[3] 杨友孙：《波兰共产党对当代资本主义发展新态势的认识评析》，《社会主义研究》2021年第4期。

[4] 彭枭：《中东欧的民粹主义基础及其影响——兼论中国与中东欧国家关系》，《国际展望》2021年第1期。

[5] 彭枭：《投票行为理论视角下中东欧民粹政党的兴起》，《国际论坛》2021年第3期。

[6] 李宗开、张莉：《在"非自由"的表象下：中东欧地区民族民粹主义的兴起》，《国外社会科学》2021年第3期。

[7] 贾文华、季哲忱：《欧洲左中右翼民粹政党的政治殊求——基于选民投票偏好的数据解析》，《当代世界与社会主义》2021年第2期。

[8] 白建才：《美国隐蔽宣传行动与苏东剧变》，《国际政治研究》2021年第1期。

[9] 杨友孙：《中东欧少数民族政党兴衰的自身因素探析》，《当代世界与社会主义》2021年第4期。

[10] 杨莹：《浅析波兰少数民族政策及其发展历程》，《财富时代》2021年第8期。

[11] 杨友孙：《波兰反思反犹主义的进展与问题》，《学术界》2021年第7期。

[12] 邱强：《中东欧国家能源安全问题研究》，中国经济出版社2021年版。

[13] 刘慧、李文见：《依附型金融化与中东欧国家的去金融化改革》，《当代世界与社会主义》2021年第3期。

[14] 孔田平：《中东欧福利国家模式：波兰案例》，《欧亚经济》2021年第3期。

[15] 曹跃群、赵世宽、郭鹏飞、王正攀：《中东欧国家交通基础设施的空间溢出及投入效率研究》，《统计与信息论坛》2021年第9期。

[16] 吴园、姚永红、李波：《波兰农业发展现状及前景》，《农业展望》2021年第1期。

[17] 原航：《中东欧转轨30年的过程和结果——评〈中东欧转轨30年与形态各异的资本主义〉》，《国外理论动态》2021年第3期。

[18] 张丽思：《民众对国家转型的态度——以前苏东国家为例》，《重庆理工大学学报（社会科学）》2021年第9期。

[19] 丁纯、蒋帝文：《投入产出视角下德国经济增长对维谢格拉德四国经济影响的分析》，《德国研究》2021年第2期。

[20] 范亚琼：《影响维谢格拉德集团与欧盟关系发展的因素分析》，《山西能源学院学报》2021年第2期。

[21] 杨友孙：《波兰参与中东欧区域合作机制的策略与挑战》，《俄罗斯学刊》2021年第1期。

[22] 朱晓中:《三海倡议及其地缘政治和经济意义》,《俄罗斯学刊》2021年第5期。

[23] 王弘毅:《特朗普政府以来的美国中东欧政策:调整、目标与展望》,《世界地理研究》2021年第2期。

[24] 韩磊:《后冷战时代美国东欧裔族群与北约东扩——以"中欧—东欧联盟"为分析中心》,《北方论丛》2021年第4期。

[25] 李清如:《日本强化与中东欧经贸关系的动因、布局及影响》,《日本学刊》2021年第1期。

[26] 刘作奎、李清如:《中国和日本对中东欧投资的比较研究》,《欧亚经济》2021年第6期。

[27] 宋利芳、方荷琴:《日本对匈牙利的直接投资及启示》,《现代日本经济》2021年第4期。

[28] 赵刚主编:《中东欧国家发展报告(2020)》,社会科学文献出版社2021年版。

[29] 霍玉珍主编:《探秘中东欧》,世界知识出版社2021年版。

[30] 陈新主编:《中东欧国家2019年回顾》,中国社会科学出版社2021年版。

[31] 姜建清主编:《中东欧经济研究报告2020—2021》,中国金融出版社2021年版。

[32] 茅银辉、蒋涌主编:《中东欧国家文化发展报告(2021)》,社会科学文献出版社2021年版。

[33] 马细谱:《三个南斯拉夫》,当代中国出版社2021年版。

[34] Ágnes Gagyi, Ondřej Slačálek, *The Political Economy of Eastern Europe 30 Years into the "Transition"*, Palgrave Macmillan, 2021.

[35] Ágnes Gagyi, *The Political Economy of Middle Class Politics and the Global Crisis in Eastern Europe: The Case of Hungary and Romania*, Palgrave Macmillan, 2021.

[36] Grigorij Mesežnikov ed., Slovensko po troch desaťročiach slobody/ Demokracia, verejná mienka, občianska spoločnosť, Inštitút pre verejné otázky, Bratislava 2021.

[37] Katharina Bluhm, Gertrud Pickhan, Justyna Stypińska and Agnieszka Wierzcholska eds., Gender and Power in Eastern Europe: Changing Concepts of Femininity and Masculinity in Power Relations, Springer 2021.

[38] F. Grotz et al., "How Political Careers Affect Prime-Ministerial Performance: Evidence from Central and Eastern Europe," *Comparative Political Studies,* Vol. 54, No. 11, 2021.

[39] Ilir Kalemaj, "Transitional Justice and Democratic Consolidation in Post-Communist Eastern Europe: Romania and Albania," *Eastern Journal of European Studies*, Vol. 12, Issue 1, June 2021.

[40] Piotr Zagórski, Radosław Markowski, "Persistent Legacies of the Empires: Partition of Poland and Electoral Turnout," *East European Politics and Societies and Cultures*, Vol. 35,

No. 2, May 2021.

[41] Jody Jensen, *Memory Politics and Populism in Southeastern Europe*, Routledge, 2021.

[42] Damir Kapidžić, Věra Stojarová, *Illiberal Politics in Southeast Europe: How Ruling Elites Undermine Democracy*, Routledge, 2021.

[43] Michal Mochtak, *Electoral Violence in the Western Balkans: From Voting to Fighting and Back*, Routledge, 2021.

[44] Raphael Israeli, et al., *Radical Islam in the Western Balkans*, Strategic Book Publishing & Rights Co., 2021.

[45] Aurelian-Petrus Plopeanu, Daniel Homocianu, "Analysis of Bribery Predictors for the Student Population, Evidence from Romania and Moldova," *Eastern Journal of European Studies*, Vol. 12, Issue 1, June 2021.

[46] Tamara Banjeglava, "Nicolas Moll, Outbreak of War Memories? Historical Analogies of the 1990s Wars in Discourses about the Coronavirus Pandemic in Bosnia and Herzegovina and Croatia," *Southeast European and Black Sea Studies*, Vol. 21, No. 3, 2021.

[47] Lucian Dumitrescu, "'Pockets of Efficiency' in a Low Capacity State: Dealing with the COVID-19 Pandemic in Romania," *Southeast European and Black Sea Studies*, Vol. 21, No. 3, 2021.

[48] Tamara Banjeglav, "The Alphabet War: Language, Collective Memory and National Identity in Contemporary Debates over National Minority Rights in Croatia," *Journal of Balkan and Near Eastern Studies*, Vol. 23, No. 5, 2021.

[49] Svetlana D. Hristova, Valentina Milenkova, "Self-Perceptions of the Risk of Discrimination and Social Exclusion: Assessing the Six-year Aftermath of the National Strategy for Roma Integration in Bulgaria," *Journal of Contemporary European Studies*, Vol. 29, No. 1, 2021.

[50] Katalin Fábián, Janet Elise Johnson, Mara Lazda, eds., *The Routledge Handbook of Gender in Central-Eastern Europe and Eurasia*, Routledge, 2021.

[51] Judit Ricz, "The Anatomy of the Newly Emerging Illiberal Model of State Capitalism: A Developmental Dead End?" *International Journal of Public Administration*, Volume 44, 2021.

[52] Людмил Несторов, Трансформации в икономиката на България, породени от Covid-19, Международни отношения, Брой 2, 2021г.

[53] Raimundas Duzinskas, Arturas Jurgelevicus, "25 Years on the Way to Market Economy:

Progress or Regression, The Case of Lithuania," *Journal of International Business Research and Marketing*, Vol. 6, No. 4, May, 2021.

［54］Alexandra Sandu, Alexandru Banica, Ionel Muntele, "Urban Resilience: An Instrument to Decode the Post-socialist Socio-economic and Spatial Transformations of Cities from Central and Eastern Europe," *Eastern Journal of European Studies*, Vol. 12 Special Issue, August 2021.

［55］Thirty Years of Capitalist Transformations in Central and Eastern Europe: Inequalities and Social Resistance, http://solidaritate-sociala.ro/about-conference/.

［56］The Role of State in Varieties of Capitalism Conference, https://svoc-conference.webnode.hu/.

［57］N. Stef, "Institutions and Corporate Financial Distress in Central and Eastern Europe," *European Journal of Law and Economics*, Vol. 52, 2021.

［58］Таня Горчева, Здравко Любенов, Ивайло Петров, Емял Мехмедова, Тунай Гафуров, Европейският преход към кръгова икономика-приложение в България, Алманах научни изследвания, том 29, част 1, 2021.

［59］Julianna Ármás, János T. Barabás, Ferenc Németh, Anna Orosz, Southeast European Demographic Overview I. Bulgaria, Croatia, Romania and Serbia, KKI Policy Brief, KE-2021/32; Julianna Ármás, Ferenc Németh, Southeast European Demographic Overview Ⅱ. Albania, Bosnia and Herzegovina, Kosovo, Montenegro and North Macedonia, KKI Policy Brief, KE-2021/50.

［60］Shampa Roy-Mukherjee, Ejike Udeogu, "Neo-liberal Globalization and Income Inequality: Panel Data Evidence from OECD and Western Balkan Countries," *Journal of Balkan and Near Eastern Studies*, Vol. 23, No. 1, 2021.

［61］Jelena Minović, Slavica Stevanović, Vesna Aleksić, "The Relationship between Foreign Direct Investment and Institutional Quality in Western Balkan Countries," *Journal of Balkan and Near Eastern Studies*, Vol. 23, No. 1, 2021.

［62］Maja Bacovic, Danijela Jacimovic, "Milena Lipovina Bozovic, Maja Ivanovic, The Balkan Paradox: Are Wages and Labour Productivity Significant Determinants of FDI Inflows?" *Journal of Balkan and Near Eastern Studies*, Vol. 23, No. 1, 2021.

［63］Joel I. Deichmann, *Foreign Direct Investment in the Successor States of Yugoslavia: A Comparative Economic Geography 25 Years Later*, Springer, 2021.

［64］Valentina Vukmirović, et al., "Foreign Direct Investments' Impact on Economic Growth in Serbia," *Journal of Balkan and Near Eastern Studies*, Vol. 23, No. 1, 2021.

[65] Jelena Budak, Edo Rajh, Goran Buturac and Anamarija Brković, "Tobacco Grey Market in the Western Balkans," *Journal of Balkan and Near Eastern Studies*, Vol. 23, No. 1, 2021.

[66] Milan Deskar-Škrbić, Ana Grdović Gnip and Hrvoje Šimović, "Macroeconomic Effects of Exogenous Tax Changes in a Small Open Economy: Narrative Evidence from Croatia," *Post-communist Economies*, Vol. 33, No. 6, 2021.

[67] Milka Grbić, "Stock Market Development and Economic Growth: the Case of the Republic of Serbia," *Post-Communist Economies*, Vol. 33, No. 4, 2021.

[68] Aleksandar Vasilev, "Optimal Fiscal Policy in a Model with Search-and-matching Frictions: the Case of Bulgaria (1999-2018)," *Post-Communist Economies*, Vol. 33, No. 4, 2021.

[69] Георги Д., Димитров, Как така България стана член на ЕС?/How Come that Bulgaria Became an EU-member? (A National Test of the EU-enlargement Policy), Public Policy. bg, Vol. 12, No. 2, 2021, http://www.ejpp.eu/index.php/ejpp/article/view/395/436.

[70] Petrana Stoykova, "Bulgaria's Membership in the European Union: Estimation and Expectations," *Knowledge International Journal*, Vol. 45, No. 5, 2021, http://www.ikm.mk/ojs/index.php/KIJ/article/view/5045/4801.

[71] Joanna Konieczna-Sałamatin, Maja Sawicka, "The East of the West, or the West of the East? Attitudes toward the European Union and European Integration in Poland after 2008," *East European Politics and Societies and Cultures*, Vol. 35, No. 2, May 2021.

[72] James Ker-Lindsay, Ioannis Armakolas, et al., *The National Politics of EU Enlargement in the Western Balkans*, Routledge, 2021.

[73] Tatjana Sekulić, *The European Union and the Paradox of Enlargement: The Complex Accession of the Western Balkans*, Palgrave, 2021.

[74] Vjosa Musliu, *Europeanization and Statebuilding as Everyday Practices: Performing Europe in the Western Balkans*, Routledge, 2021.

[75] Ana Milošević, Tamara Trošt, *Europeanisation and Memory Politics in the Western Balkans*, Palgrave Macmillan, 2021.

[76] Milenko Petrovic, Nikolaos Tzifakis, "A Geopolitical Turn to EU Enlargement, or Another Postponement? An Introduction"; Nicholas Ross Smith, Nina Markovic Khaze, Maja Kovacevic, "The EU's Stability-democracy Dilemma in the Context of the Problematic Accession of the Western Balkan States"; Will Bartlett, International Assistance, "Donor

Interests and State Capture in the Western Balkans"; Milenko Petrovic, Garth Wilson, "Bilateral Relations in the Western Balkans as a Challenge for EU Accession"; Ritsa Panagiotou, "The Western Balkans between Russia and the European Union: Perceptions, Reality, and Impact on Enlargement"; Nina Markovic Khaze, Xiwen Wang, "Is China's Rising Influence in the Western Balkans a Threat to European Integration?"; Maria Eleni Koppa, "Turkey, Gulf States and Iran in the Western Balkans: More Than the Islamic Factor?" *Journal of Contemporary European Studies*, Vol. 29, No. 2, 2021.

[77] Michael Landesmann, István P. Székely eds., *Does EU Membership Facilitate Convergence? The Experience of the EU's Eastern Enlargement - Volume Ⅰ*, Palgrave, 2021.

[78] Любомир Кючуков, Ще се избегне ли новото старо разделение Изток-Запад в Европа? Международни отношения, Брой 5, 2021г.

[79] Clara Volintiru, Alina Bârgăoanu, George Stefan, Flavia Durach, "East-West Divide in the European Union: Legacy or Developmental Failure?" *Romanian Journal of European Affairs*, Vol. 21, No. 1, June 2021.

[80] Marta Christina Suciu, Adrian Petre, Laura Gabriela Istudor, Mircea Ovidiu Mituca, Gheorghe Alexandru Stativa, Diana Mardarovici, Oana Raluca Tofan, Razvan George Cotescu, "Testing Real Convergence as a Prerequisite for Long Run Sustainability," *Sustainability*, MDPI, Vol. 13, No. 17, September 2021.

[81] Fabrizio Coricelli, Marco Frigerio, "15 Years from the Eastern Enlargement: Financial Integration and Economic Convergence in Europe, Studies in Economic Transition," in: Michael Landesmann, István P. Székely ed., *Does EU Membership Facilitate Convergence? The Experience of the EU's Eastern Enlargement - Volume Ⅱ*, Palgrave Macmillan, 2021.

[82] Rumen Dobrinsky, "Bulgaria and Romania: The Latecomers to the Eastern Enlargement," Studies in Economic Transition, in: Michael Landesmann and István P. Székely ed., *Does EU Membership Facilitate Convergence? The Experience of the EU's Eastern Enlargement - Volume Ⅰ*, Palgrave Macmillan, 2021.

[83] Димитър Дамянов, Конвергенция на отрасловата производствена структура на българската икономика към еврозоната, Икономически и социални алтернативи, брой 3, 2021.

[84] Martti Randveer, Karsten Staehr, "Macroeconomic Trends in the Baltic States Before and After Accession to the EU", Studies in Economic Transition, in: Michael Landesmann, István P. Székely ed., *Does EU Membership Facilitate Convergence? The Experience of the*

EU's Eastern Enlargement - Volume Ⅰ, Palgrave Macmillan, 2021.

[85] Michael Landesmann, István P. Székely ed., *Does EU Membership Facilitate Convergence? The Experience of the EU's Eastern Enlargement-Volume Ⅰ*, Palgrave Macmillan, 2021.

[86] Kristijan Kotarski, Zdravko Petak, "When EU Political Convergence Fails in New Member States: Corporate and Party State Capture in Croatia and the Czech Republic," *Europe-Asia Studies*, Vol. 73, No. 4, 2021.

[87] Kamil Kotliński, "Wage Convergence after Euro Adoption-the Case of Slovakia," *Entrepreneurship and Sustainability Issues*, Vol. 9, No. 1, September 2021.

[88] Eleonora Cavallaro, Ilaria Villani, "Real Income Convergence and the Patterns of Financial Integration in the EU, The North American Journal of Economics and Finance," *Elsevier*, Vol. 56(C), 2021.

[89] Dumitru Miron, Ana-Maria Holobiuc, "Regional Convergence in the European Union: A Success Story or An Unaccomplished Goal?" in: Alina Mihaela Dima and Fabrizio D'Ascenzo ed., *Business Revolution in a Digital Era*, Springer, 2021.

[90] Jan Pintera, "Regional Convergence in the European Union: What are the Factors of Growth?" Working Papers IES 2021/20, Charles University Prague, Faculty of Social Sciences, Institute of Economic Studies, revised June 2021.

[91] Alka Obadić, Vladimir Arčabić and Lucija Rogić Dumančić, "Labor Market Institutions Convergence in the European Union," EFZG Working Papers Series 2102, Faculty of Economics and Business, University of Zagreb, 2021.

[92] Linda Glawe, Helmut Wagner, "Convergence, Divergence, or Multiple Steady States? New Evidence on the Institutional Development within the European Union," *Journal of Comparative Economics*, Vol. 49, No. 3, 2021.

[93] Eleonora Cavallaro, Ilaria Villani, "Club Convergence in EU Countries: A Sectoral Perspective," *Journal of Economic Integration*, Vol. 36, No. 1, 2021.

[94] Werner Roeger, Jan in't Veld, "The Economic Impact of Single Market Membership on the EU Enlargement Countries, Studies in Economic Transition," in: Michael Landesmann, István P. Székely ed., *Does EU Membership Facilitate Convergence? The Experience of the EU's Eastern Enlargement - Volume Ⅱ*, Palgrave Macmillan, 2021.

[95] Jan Hagemejer, Jan J. Michałek, Pavel Svatko, "Economic Impact of the EU Eastern Enlargement on New Member States Revisited: The Role of Economic Institutions," *Central European Economic Journal*, Vol. 8, No. 55, January 2021.

[96] Mehmed Ganić, Mahir Hrnjić, "How Does International Financial Integration Really Affect Post-transition Countries' Growth? Empirical Evidence from the CEE-10 Countries," *Journal of Central Banking Theory and* Practice, Vol. 10, No. 3, 2021.

[97] Nebojša Stojčić, Ivan-Damir Anić, Tonći Svilokos, "The Entrepreneurial Gains from Market Integration in the New EU Member States," *Small Business Economics*, Vol. 57, No. 3, October 2021.

[98] Ármás Julianna, Németh Ferenc, Nyugat-balkáni politikai-gazdasági körképés a magyar gazdasági jelenlét, KKI ELEMZÉSEK, KE-2021/41.

[99] Sebastian Blesse, Annika Havlik and Friedrich Heinemann, "Euro Area Reform Preferences of Central and Eastern European Economic Experts," *Austrian Economic Association*, Vol. 48, No. 1, February 2021.

[100] Peter Gottfried, "Thoughts on the Dilemma of When to Introduce the Euro in Hungary," *Financial and Economic Review*, Vol. 20, No. 3, 2021.

[101] Dorina Clichici, "The Path to Euro Adoption: a Case Study of Slovenia and Slovakia," *Global Economic Observer*, Vol. 9, No. 1, June 2021.

[102] Nataliia Khoma, Oleksii Kokoriev, "Deconsolidation of Liberal Democracy in the Baltic States, The Issue of Compliance with the EU Standards at Institutional and Value Levels," *Romanian Journal of European Affairs*, Vol. 21, No. 1, June 2021.

[103] Sima Rakutienė, "Issue of Loyalty and Voting Tendencies in the European Parliament: The Case of Lithuanian MEPs," *Romanian Journal of European Affairs*, Vol. 21, No. 2, December 2021.

[104] Robert I. Csehi, Petr Kaniok, "Does Politicization Matter? Small States in East-Central Europe and the Brexit Negotiations," *East European Politics and Societies and Cultures*, Vol. 35, No. 1, February 2021.

[105] Веселин Вълчев, Българо-американските отношения и мястото на България в стратегията на САЩ към Балканите, Международни отношения, Брой 3-4, 2021г.

[106] Николай Цонков, Инициативата„Три морета "през призмата на българските национални интереси - предизвикателства и възможности, Международни отношения, Брой 3-4, 2021г.

[107] Осма годишна конференция, Балканите в XXI век - българският поглед, https://www.unwe.bg/bg/news/19931/осма-годишна-конференция-балканите-в-xxi-век-българският-поглед-.html

[108] Marek Hrubec, Emil Voráček a kol., Čína a Její Partneři: Interakce v Eurasii, VEDA, vydavatelstvo SAV, Bratislava 2021.

[109] Gergely Varga, Tamás Levente Molnár, *Western Balkans Playbook: Competition for Influence of Foreign Actors, Institute for Foreign Affairs and Trade*, Budapest, 2021.

[110] Oľga Gyárfášová, Grigorij Mesežnikov, V4 v názoroch verejnosti/Skúsenosti a nové výzvy, Inštitút pre verejné otázky, Bratislava 2021.

[111] Bíró-Nagy András, Laki Gergely, Ajánlások És Teljesülésük, A V4-ek országspecifikus ajánlásai európai kontextusban, Politikatudományi Szemle, 2021/1.

[112] Jan Eichler, *NATO's Expansion after the Cold War*, Springer, 2021.

[113] Branislav Mičko, "NATO between Exclusivity and Inclusivity: Measuring NATO's Partnerships," *Mezinárodní vztahy*, Vol. 56, No. 4, 2021.

[114] Maria Mälksoo, et al., "Uses of 'the East' in International Studies," *Journal of International Relations and Development*, Vol. 24, 2021.

[115] Daniel N. Nelson, *Balkan Imbroglio: Politics and Security in Southeastern Europe*, Routledge, 2021.

[116] Florian Bieber and Nikolaos Tzifakis, *The Western Balkans in the World: Linkages and Relations With Non-western Countries*, Routledge, 2021.

[117] Labinot Greiçevci, *The EU as a State-builder in International Affairs: The Case of Kosovo*, Routledge, 2021; Gjylbehare Bella Murati, *Un Territorial Administration and Human Rights: The Mission in Kosovo*, Routledge, 2021; Marius-Ionut Calu, *Kosovo Divided: Ethnicity, Nationalism and the Struggle for a State*, I.B. Tauris, 2021; Jacob Phillipps, *Local Researchers and International Practitioners: Shaping Security Sector Reform in Kosovo*, Palgrave Macmillan, 2021.

[118] Thomas Bickl, *The Border Dispute Between Croatia and Slovenia: The Stages of a Protracted Conflict and Its Implications for EU Enlargement*, Springer, 2021.

[119] Aleksandar Pavlovic, Gazela Drasko, et al., *Rethinking Serbian-albanian Relations: Figuring Out the Enemy*, Routledge, 2021.

[120] Aleksandra Maatsch, Anna Kurpiel, "Between Collective and Particularistic Interests., Ratification of the Prespa Agreement by National Parliaments in Greece and North Macedonia," *Southeast European and Black Sea Studies*, Vol.21, No.1, 2021.

[121] 高歌:《中东欧国家入盟与欧盟东扩：是否为同一进程？》,《俄罗斯东欧中亚研究》2021年第4期。

[122] 姜琍、张海燕:《英国与欧盟达成协议"脱欧"对中东欧国家的影响》,《欧亚经济》2021年第3期。
[123] 徐刚:《中东欧国家政治转型的比较与评估——以克罗地亚民主化进程为例》,《欧洲研究》2021年第4期。
[124] 姜琍:《捷克和摩拉维亚共产党取得的成功及面临的挑战》,《世界社会主义研究》2021年第8期。
[125] 高歌:《中东欧国家与冷战后北约的新变化》,《俄罗斯学刊》2021年第1期。
[126] 鞠豪:《乌克兰危机后中东欧安全局势与中东欧国家的战略选择》,《俄罗斯学刊》2021年第5期。
[127] 曲岩:《帝国遗产与现实困境中的民族认同——摩尔多瓦的民族国家构建》,《俄罗斯东欧中亚研究》2021年第3期。
[128] 徐刚:《巴尔干联邦计划研究(1944~1948):以保南联邦为中心》,《俄罗斯东欧中亚研究》2021年第4期。
[129] 姜琍编著:《捷克》,社会科学文献出版社2021年版。
[130] 蔡昉、王灵桂主编:《健全国家公共卫生应急管理体系研究》,中国社会科学出版社2021年版。

2021年乌克兰、白俄罗斯、摩尔多瓦研究综述

赵会荣　龙希　王超[*]

乌克兰、白俄罗斯和摩尔多瓦研究是区域国别研究必不可少的组成部分。1992年中国社会科学院俄罗斯东欧中亚研究所（当时用名东欧中亚研究所）根据形势变化和学科设置的需要组建了乌克兰研究室（当时用名第二东欧研究室，负责研究乌、白、摩等六国），并启动编写对应国别研究年鉴的工作，对国内乌克兰、白俄罗斯、摩尔多瓦学科的形成和发展起到了重要的引领作用。

一　2021年国内外乌克兰、白俄罗斯、摩尔多瓦学科发展最新动态

（一）乌克兰学科动态

1. 重要理论观点与研究方法

（1）模型分析法。在乌克兰与欧盟一体化问题上，M.亚历山大·涅克哈伊（M. Olexandre Nekhay）等借助GTAP CGE模型研究了欧盟—乌克兰深入广泛自由贸易协定，模拟出三种情境，第一种是单边贸易自由化，第二种是有自由贸易豁免的双边贸易自由化，第三种是没有自由贸易豁免的双边贸易自由化。对GDP增长的分析表明，乌克兰在第一种情境中的GDP增长大于欧盟，而欧盟在第二种情境和第三种情境中的受益多于乌克兰。然而，在第三种情境中，两者的GDP增长都高于第一种情境和第二种情境。[1]

（2）赢家输家理论。安赫尔·托雷斯-阿丹（Ángel Torres-Adán）评估了联系国协定国家（乌克兰、格鲁吉亚和摩尔多瓦）民意地缘政治偏好的一些因素。根据赢家输家理论，在特定社会中成功机会较高的人（赢家）比那些较低的人（输家）更倾向于支持加入欧盟。在研究政治参与、未来的移民偏好和政治价值观对这种支持的影响的过程中，由关于上述三个国家的调查数据（2015—2019年）可以发现，这三个国家的赢家和输家变量的影响模式相似，赢家更有可能是西化者，输家更有可能是东方主义者或孤立主义者，参与政治的人往往是平衡者和西化者，而不参与的人则表示支持孤立主义。[2]

---

[*] 赵会荣，中国社会科学院俄罗斯东欧中亚研究所乌克兰研究室主任，研究员；龙希，中国社会科学院俄罗斯东欧中亚研究所助理研究员；王超，中国社会科学院俄罗斯东欧中亚研究所助理研究员。

（3）身份政治。王志、王梅认为，虽然乌克兰国内存在身份裂痕，但仍将自己界定为东欧国家，致力于加入欧盟。受制于国内政治和地缘博弈干扰，乌克兰的地区一体化方向在不同政策间摇摆。当国内政治或地缘博弈削弱了国家身份对外交政策的影响时，它偏向平衡外交。当然，如果这种反作用的力量过于强大，偏离了身份塑造外交的基本方向，则将引发国内政治动荡。[3]

（4）微观历史研究。特雷沃·埃拉赫尔（Trevor Erlacher）借助微观历史研究方法，通过个人传记的方式研究乌克兰的民族主义。[4]

（5）比较分析。欧盟和俄罗斯之间在共同邻域不断升级的竞争，给双方之间的地区带来重大经济、政治和法律挑战。白俄罗斯和乌克兰收到了欧盟和俄罗斯提出的一体化建议，虽然它们接受这些提议的程度不同。艾拉·卢卡维茨（Alla Leukavets）分析了欧洲一体化和欧亚一体化如何同时给两国带来挑战，使它们作出重大战略一体化选择，揭示了乌克兰危机的原因和成因，以及欧盟等外部行为体如何能够成功地促进东部伙伴关系国家的国内改革。[5]

（6）档案分析。1917—1923年，乌克兰同时经历了争取民族解放的反殖民战争、社会主义革命和内战，造成几乎无法想象的平民伤亡。斯蒂芬·维利琴科（Stephen Velychenko）挖掘了以前未使用过的档案，将数据与该时期回忆录中的故事和报告相结合。他调查了平民的困境，详细介绍了在此期间发生的政治事件的社会经济背景，并记录了该国的人口损失。[6]

2. 热点问题

（1）乌克兰政治问题。乌克兰寡头经常能够操纵政治、经济决策过程，在其治理模式之下，乌克兰长期面临着系统性的经济、政治与社会危机以及体制弱点和内部分歧的困扰，消除寡头影响在短期内是难以实现的。[7] 2021年9月，乌克兰最高拉达（议会）在议长缺席的情况下，二读通过了一项饱受争议的《去寡头化法》，寡头干政是乌克兰政治的顽疾，乌各政治派别对该法立场分歧严重，该法不一定能够取得去寡头的效果，但仍具有一定的象征意义，可能使乌政坛重新洗牌。[8]乌克兰危机发生以后，乌克兰共产党面临新困境，通过加强党的建设，积极使用法律武器，乌共成功顶住来自右翼政府的压力，并利用国内国际两个平台，揭批乌克兰右翼当局的法西斯主义倾向，积极开展新的抗争。[9]在新冠肺炎疫情背景下，通过对乌克兰等国家的政府回应和公民评价进行研究发现，对国家机构的信任会影响对危机反应的满意度。[10]在全民公决问题上，乌克兰缺乏经验，尤其是在核心问题上存在社会分歧，但泽连斯基和他的政党人民公仆党把全民公决作为改革乌克兰民主的关键手段。[11]

（2）乌克兰经济金融问题。泽连斯基总统在执政期间，积极促成顿巴斯地区实现无限期停火，深化政治经济领域改革，有力推动中央权力下放、反腐败反垄断、开放农业用地市场以及国有资产私有化等措施落地，取得了一定成效，但乌克兰政治和经济中的结构性问题积重难返，无法在短期内彻底改变，同时西方国家对乌内政问题的影响不断加深，削弱了其政策自主性。[12] 2005—2015 年，国内政治稳定和全球经济政策不确定性对乌克兰银行的盈利能力分别产生了正面影响和负面影响，乌克兰银行盈利能力的提高在很大程度上取决于国内政治和全球风险水平的下降，同时受到银行和行业特定决定因素的影响。[13]有学者基于对敖德萨农村地区的研究，认为乌克兰加入全球经济一体化需要将全部基础设施进行重置，经济和战略重心也需重新定位以转向更偏远地区。[14]

（3）乌克兰移民问题和民族问题。乌克兰移民在意大利和西班牙大量存在，意大利的乌克兰移民主要从事住家护理工作，而由于西班牙的续签规定不太严格，乌克兰移民在西班牙的职业轨迹更加多样化。[15]在对加拿大的乌克兰侨民研究中发现，危机时期侨民通过援助动员、政治激进主义和志愿服务、汇款及其他资金流动，以及将责任委托给东道国机构，解决乌克兰的长期脆弱性问题。[16]从比较的角度探究在乌克兰的罗马尼亚人和在罗马尼亚的乌克兰人（仅限于布科维纳地区）如何根据他们的种族起源和当前居住状态来定位自己，可以发现少数民族对当前母国的自我认同更多地取决于各自所在州的经济和政治条件，而不是文化纽带或对其亲属国家的忠诚度。[17]在乌克兰危机升级背景下，俄乌两个空间的象征性边界正在发生变化，在讲俄语的乌克兰人内部引发了两种反应：接受与谈判/拒绝。有关边界叙事背后的潜在紧张关系是由民族和公民元素争夺在国家认同方面的主导地位引起的。[18]

（4）乌克兰历史问题。19 世纪乌克兰发生了俄罗斯化现象，乌克兰在俄罗斯中央集权加强后，成为俄罗斯的一部分，乌克兰贵族的俄罗斯化也使得乌克兰贵族对俄罗斯帝国的认同得到加强。[19]乌克兰独立 30 年间的转型与发展并不顺利，先后经历了多次全国性危机和变局，形成了以寡头精英、中产阶层和低收入群体为特征的社会结构，经济危机、国外变局、周边矛盾，以及国内长期的经济衰退、治理失效与社会腐败，使得乌克兰跌入"塔西佗陷阱"，导致转型期间多次爆发全国性的危机。[20]

（5）乌克兰安全问题。独立以来，乌克兰一直试图塑造其安全优先事项，并在其与安全相关的主要文件中定义和实施关键政策，2014 年以来与俄罗斯的冲突终结了乌克兰在西方与俄罗斯之间的制衡政策，乌克兰明确了其将北约和欧盟作为优先事项的转向。[21] 2014—2019 年，北约和欧盟支持乌克兰安全部门改革，北约对军队的支持以及欧盟对警察和国家安全部门的支持似乎不太可能导致乌克兰社会秩序的开放，而北约对军工复合体的支持更有可能带来这种开放。[22]为了解决战略目标与概念和手段不匹配的问题，乌克兰及其合作伙伴应该更加专注于克服在安全部门改革方面来自规范和观念的阻力——特别是苏联的政治—军事思维。[23]

（6）乌克兰危机问题。伊尔马利·卡伊霍（Ilmari Käihkö）认为顿巴斯战争的早期阶段主要是在非国家志愿者与分裂势力之间进行的，是有限且对称的升级行为和传统战争，而这种有限的升级部分源于交战方拥有共同的文化和军事规范。[24]扬·科夫罗恩（Jan Kofroň）

等重点研究乌克兰危机给欧洲国家军费开支带来的影响,认为危机动摇了"冷战"后的欧洲安全秩序,作为回应,欧洲领导人开始谈论加强欧洲国家防务的必要性,但从总体上看,欧洲国家在危机后的军事开支并没有立即增加,甚至有 2/3 的欧洲国家的军事开支不增反降。欧洲国家的军费开支变化存在显著差异,而决定差异的最重要原因是与俄罗斯的地理距离。[25]亚历山德拉·霍费尔(Alexandra Hofer)研究乌克兰危机中的制裁问题,认为制裁是互动工具,是施加污名的群体与被污名化的行为者相互作用的结果。[26]被污名化的国家并不总是接受贴在其身上的标签,可以采取一些策略来对抗或抵制污名。瓦列里·德祖萨蒂(Valery Dzutsati)将国际化的民事冲突定义为国家对叛乱或战争的适应,对乌克兰危机的分析表明,在挑战国家先前存在的政治忠诚度最高的地区、在现任国家的中央政府无法充分干预的地区和在战争对平民的影响相对较小的地区,暴力水平达到顶峰。[27]

(7)乌克兰的一体化进程与大国对乌克兰政策问题。资产申报是乌克兰独立后反腐败改革的旗舰,玛尔塔·克拉里科娃(Marta Králiková)以资产申报为例,探讨了影响欧盟规范导入过程和结果的国家特定条件。尽管有欧盟的支持和成功的法律变革,但由于改革会对国内行为者的利益和权力地位产生影响,欧盟规范改革实施受限。欧盟规范与乌克兰高级官员普遍存在的规范、制度和非正式做法之间的冲突导致了"改革模仿",还带来了制度分层和部分制度创新,证明了欧盟规范输出正式制度变革的局限性。[28]

希亚米卡·贾亚松达拉-斯密特(Shyamika Jayasundara-Smits)以欧盟外交与安全政策和规范性力量为视角,研究欧盟借助自身性别平等政策,在乌克兰等国参与对外安全领域改革的情况,认为在乌克兰等国,通过性别平等规范并将其转化为安全部门的当地实践是不够的。任何促进性别平等的政策还必须解决其他形式的等级权力关系,特别是欧盟使团与安全部门之间,以及广泛存在于社会中的当地行为者之间的地缘政治和种族权力关系。[29]

亨里克·拉尔森(Henrik Larsen)研究了对乌克兰援助问题。欧盟和美国从早期就表现出对独立革命的声援,这使它们成为革命是否成功的利害攸关方,尤其是在面对与俄罗斯博弈的时候。然而,乌克兰精英认为西方人更关心的是支持乌克兰以对抗俄罗斯,而不是促进乌克兰的政治转型。由于乌克兰需要西方而不是西方需要乌克兰,因此,乌克兰精英们无视西方附带条件的投机,对整个国家来说反而弄巧成拙。国际货币基金组织和欧盟考虑的是对乌克兰永久赞助的风险,并且新冠肺炎大流行引发的经济衰退为国际货币基金组织和欧盟提供了新的杠杆和机会来测试乌克兰对政治改革的承诺。[30]"北溪-2"天然气管道是近年来俄、美、欧、乌博弈的重点,对俄、美、欧、乌的关系产生深远影响。拜登在"北溪-2"项目上开绿灯,与德国达成一致,削弱了乌克兰对这两个国家的信任,乌克兰试图让自己的声音被听到,并意图加强自身地位以维护自身利益。[31]2021年,俄罗斯向欧洲人权法院提出国家间诉讼,指控乌克兰违反《欧洲人权公约》,这是历史上俄罗斯首次向欧洲人权法院提出国家间诉讼，这一举动被认为是俄罗斯及普京对乌克兰的耐心已经耗尽，开始着手解决乌克兰问题。[32]拜登任期内美国对乌克兰的政策也是2021年度的热点问题之一。拜登认为，俄罗斯是美国的最大威胁，美将进一步支持北约扩大，美国在东欧的角色也将进一步加强。拜登对乌克兰事务非常了解，预计在其总统任期内，美国将在乌克兰和地区事务上更加活跃，并进一步加强对乌克兰的军事支持，而与乌克兰的合作进展将取决于乌克兰对改革的承诺。[33]

瓦列里·德祖萨蒂及其团队对2010—2020年乌克兰与俄罗斯经济关系的转变进行研究，认为乌克兰和俄罗斯之间的经济关系发生了根本性的变化，为双边贸易的根本性转变奠定了基础。乌克兰的出口越来越多样化，成功地从俄罗斯市场转向其他国家市场，欧盟、中国等经济体的重要性日益增强。乌克兰出口对俄罗斯市场的经济依存度出现根本性下降，其份额在过去10年中降至原来的1/3。然而，乌克兰在世界市场上的外贸地位薄弱，缺乏对出口商的有效国家支持体系，这些都是限制乌克兰出口增加和多样化的重大制约因素。此外，乌克兰的出口主要包括原材料和初级产品，这使其容易受到世界市场价格波动的影响，且融入全球价值链的出口份额极低。近年来的经验表明，一方面，乌克兰有能力在困难条件下短时间内摆脱俄罗斯市场和整个独联体市场并重新调整外贸方向，另一方面，鉴于其地理位置、丰富的自然资源和受过高等教育的人口，乌克兰仍有进入全球市场以增加商品和服务出口的巨大潜力，特别是那些具有高附加值的商品和服务。此外，国内外投资以及高效可靠的物流系统将在发挥乌克兰出口潜力和确保经济独立于俄罗斯方面发挥越来越重要的作用。[34]

（8）"广场革命"及其后续影响得到了乌克兰学界的持续关注。西尔维娅·尼佐娃（Silviya Nitsova）认为"广场革命"之后，在乌克兰东部和南部蔓延的亲俄抗议活动使大部分相似的地区走上了截然不同的道路。顿巴斯陷入战争时，哈尔科夫和第聂伯彼得罗夫斯克设法避免了分裂，这种区别可以解释为精英战略和公民社会组织的差异。[35]塔蒂亚娜·茹尔任科（Tatiana Zhurzhenko）研究了"广场革命"后乌克兰对俄罗斯大众文化的限制，以及关于俄罗斯文化在乌克兰的作用的政治争论，解释了为什么以及如何在2014年之后演变成文化斗争。作者认为文化斗争的三个核心方面是对俄罗斯书籍和印刷品的限制、对俄罗斯影视产品的限制以及禁止俄罗斯艺术家在乌克兰巡回演出。[36]安娜·奥利尼克（Anna Olinyk）和塔拉斯·库齐奥（Taras Kuzio）全面分析了乌克兰在2015年4月通过的四项去共产主义化法案的实施情况及引发的争议，认为乌克兰的去共产主义化进程是在"广场革命"、亲俄政治力量垮台、议会亲欧联盟形成、俄罗斯出兵乌克兰的共同作用下实现的。[37]

（二）白俄罗斯学科动态

1. 白俄罗斯政局总体稳定，但风险仍然存在

对于经历2020年国内动乱的白俄罗斯而言，2021年是稳局的一年，政治风险仍是白俄

罗斯面临的主要风险。第一,新冠肺炎疫情严峻加剧了白俄罗斯各领域的矛盾和问题。2021年白俄罗斯在疫情中匍匐前行。赵会荣指出,白俄罗斯政治危机的发生既与白政治、经济、社会和对外关系领域的必然性因素有关,也与新冠肺炎疫情蔓延、当局政策失误、反对派联合等偶然性因素有关。卢卡申科总统希望通过主动修改宪法、实施政治变革等举措维护政权安全并完成本届任期,但其结果不仅取决于白俄罗斯,还取决于俄罗斯与西方国家的博弈,危机不大可能在2021年得到彻底解决。新冠肺炎疫情对白俄罗斯经济、社会和政治造成巨大冲击,暴露并加剧了白俄罗斯国家和社会治理领域存在的问题。在疫情背景下,白俄罗斯第六届总统选举触发政治危机。卢卡申科政府通过有效措施应对使紧张局势逐渐趋于缓和,国内恢复正常秩序,内外政策随之调整,对内宣布启动修宪,对外加强非西方外交,尤其加强与俄罗斯的联盟关系。疫情发生以来,中国与白俄罗斯开展了行之有效的合作,对于促进白俄罗斯稳定与发展发挥了积极的作用,并为后疫情时代构建中白卫生健康命运共同体奠定了良好基础。[38]第二,白俄罗斯面临"颜色革命"带来的政治风险。杨久成、李小鹿、汪洋认为,白政治危机在大选前早有预兆,由于欧美推波助澜,爆发后迅速升级,在俄罗斯介入后进入僵持阶段。它虽然因选举而起,实际则是经济民生、政府治理、俄白关系、大国地缘政治博弈、"颜色革命"等多种因素复合作用的结果,无论是对白俄罗斯的内政外交,还是对俄、美、欧关系,都将产生深刻影响。[39]刘雷明、陈安奇也表达了相同的观点,白俄罗斯虽然经历了三次"颜色革命"浪潮的侵袭,却没有发生政府更迭,其特殊性引起了更多的关注。[40]第三,白俄罗斯市场社会主义机制保障政治稳定。李燕、葛音分析认为,虽然白俄罗斯经历了2020年的政治动乱,但由于卢卡申科执政20多年来白俄罗斯在市场社会主义理论指导下经济社会建设取得突出成就,以及有序高效的社会管理体系的建立,此次抗议没有动摇白俄罗斯的社会根基。[41]葛音、李燕还指出,白俄罗斯第六届全国人民大会于2021年2月举行,距白俄罗斯第六届总统大选仅半年。白俄罗斯社会因"选举抗议"带来的动荡尚未完全消除,此次大会被视为政府与社会各界至关重要的对话平台,其意义不亚于白俄罗斯建国后举行的首次人民大会,受到各方高度关注。白俄罗斯第六届全国人民大会是白俄罗斯国家发展理论与实践的新探索,将对白俄罗斯未来5—10年的政治、经济与社会发展产生重大影响,尤其是宪法改革、总统权力分配、国家管理体制改革等方面。[42]程恩富、李燕从制度层面分析了白俄罗斯当前政局形势,指出,自卢卡申科执政后,白俄罗斯走上市场社会主义发展道路:停止私有化,保持国有经济成分在国家经济中的主体地位;实行垂直管理的高效国家治理模式,强化总统制领导,以社会公平和公正为主要导向;秉持多元化和多方向外交,与独联体国家、中国、欧盟等保持良好外交关系。市场社会主义使白俄罗斯经济从衰败中恢复并快速发展,国家经济基础日益稳固,构建起强有力的社会保障体系,社会福利涵盖最广泛社会群体,最大限度保证就业、保障公民权利,民众生活质量不断提高,避免了社会分化，实现了社会稳定。白俄罗斯的市场社会主义理论与实践给当今社会主义实践和资本主义制度改革以重要启示。[43]

2. 白俄罗斯经济发展仍面临较大压力

第一，制度性经济压力。孙铭研究认为，白俄罗斯将市场社会主义作为基本经济制度，这是其试错后的选择。白俄罗斯市场社会主义是以国家主义价值观为指导，坚持国有经济的主体地位，有序推进私有化，并在市场社会主义的基础上形成的独创的"白俄罗斯模式"。经过近30年的探索，"白俄罗斯模式"实现了政权的稳定和较快的经济增长，公民福利待遇得到保障。然而，在经济全球化的背景下，正处于转型过程中的白俄罗斯不仅面临经济改革的压力，也要应对美西方的干涉，这一切都考验着白当局的执政水平。此外，疫情仍然是白经济发展的最大阻力。[44]第二，新冠肺炎疫情压力。姜苹哲研究认为，新冠肺炎疫情的蔓延和俄罗斯油价的下跌给白俄罗斯经济造成了很大的打击，白俄罗斯经济体制的缺点在疫情面前全都暴露出来。如何在防疫的同时，保障经济发展是每个国家的难题，白俄罗斯也不例外。白俄罗斯政府在农业、财税、就业、医疗物资、能源安全等方面一齐发力，一定程度上减轻了疫情对经济的破坏，保障了人民的生命财产安全，但是在全球疫情常态化的背景下，产业结构落后、外债高筑、经济下滑的白俄罗斯未来还将面临严峻的考验。[45]第三，中白经贸合作逆势上扬。李孝天指出，中国与白俄罗斯的经贸合作已取得颇为丰硕的成果。两国进出口贸易总额大幅提升，中国对白投资明显增长，在白经营的中资企业不断增加，中白工业园建设成效显著。对中国而言，深化与白俄罗斯的经贸合作有助于开拓欧洲市场，推动中资企业"走出去"，对"丝绸之路经济带"的建设也有所裨益。[46]

3. 白俄罗斯文化多元发展，现代媒体趋政治化

第一，白俄罗斯文化多元。周立新指出，苏联解体之后的白俄罗斯文学有了巨大的发展，白俄罗斯语地位的提高、跨文化交流与融合及互联网作为文化空间的推动、阿列克谢耶维奇获得诺贝尔文学奖等，将白俄罗斯的文学发展推向了一个新的高度。其文学创作呈现多样化的发展趋势：现实主义、现代主义、后现代主义、"中间文学"等流派纷呈。在体裁方面，历史散文、旅行笔记和纪实文学等备受垂青。白俄罗斯当代文坛涌现出一大批优秀的中青年作家，其作品代表了白俄罗斯当代文学的主流创作。文化的多元交流为文学发展带来新的机遇。[47]第二，白俄罗斯戏剧悠久多彩。莫斯克温系统研究了白俄罗斯戏剧人物代表弗拉迪斯瓦夫·古卢博克，指出，弗拉迪斯瓦夫·古卢博克是白俄罗斯导演的先驱。他多才多艺，集导演、演员、音乐家、画家、剧作家于一身，曾长期领导自己创立的剧团。20世纪二三十年代，恰逢白俄罗斯共和国建国伊始，国家文化政策粗具雏形，第一批剧院开始建立，古卢博克的戏剧事业也由此起步。他带领一批业余人员开始学习戏剧技艺，并将他们逐步培养成专业人员。他提倡演员的表演直觉，即演员应该遵从直觉，遵从自身和他人的生活

经验，基于自己对角色的仔细研判进行表演。[48]第三，现代媒体趋于政治化发展。农雪梅认为，白俄罗斯独立后，其现代媒体领域发展一直较为平稳，传统媒体（电视、广播、报刊）长期在信息传播中占据主导地位，国家也始终对该领域保持强力监管。但随着网络时代的到来，白媒体领域发生了重大变化，传统媒体日渐式微，网络媒体异军突起，在信息传播中显示出前所未有的重要性。在当前白俄罗斯媒体领域，国家媒体在传统媒体中仍然占绝对统治地位，但在网络媒体中，非国家媒体更占优势，政府缺少对该领域的管理经验，对网络媒体的实际控制力较弱。同时，白俄罗斯媒体从根本上说并非完全的民族媒体，俄罗斯在其中具有较强的影响力，无论是从媒体数量还是从产品内容看，俄罗斯在白媒体市场中都占有较高的份额。近年，白提出信息主权概念，意欲排除别国对本国信息领域的影响，但落实到具体措施上效力较弱，基本不能对俄罗斯媒体构成威胁。在2020年白俄罗斯政治危机后，加强了国家对网络媒体的控制，制衡俄罗斯在白俄罗斯信息传播领域的影响是白政府面临的最主要问题。[49]

（三）摩尔多瓦学科动态

2021年有关摩尔多瓦的国内外研究主要集中在民族、政治、经济、外交等领域。

1. 民族问题方面

在摩尔多瓦的民族问题上，曲岩认为生活在比萨拉比亚的摩尔多瓦民族本与罗马尼亚民族有着共同的起源和语言，但在17—19世纪，摩尔多瓦民族与罗马尼亚民族渐行渐远，成为俄罗斯帝国、奥斯曼土耳其帝国以及哈布斯堡帝国地缘政治权力争夺的产物。苏联解体后，摩尔多瓦成为独立国家，不仅背负着帝国的遗产，又面临现实的困境，其发展的首要任务仍是民族身份认同的构建。[50]

2. 政治方面

在研究摩尔多瓦的政治问题方面，张伟榕认为，桑杜在总统任期内，会将重点放在解决国内的腐败问题上，外交方面尝试建立"平衡外交"，但如果没有形成亲欧洲政府，桑杜与前任总统伊戈尔·多东带领的社会主义者党之间的斗争可能会导致新一轮内政危机。摩尔多瓦或将开启全新的发展道路，但是对桑杜来说，未来仍将面临诸多挑战。[51]扬·马兰迪奇（Ion Marandici）使用2009年和2016年的调查数据研究在摩尔多瓦民主化的背景下苏联怀旧的程度及其对选举的影响，并认为对过去和文化因素的怀旧取向，而不是对经济状况的看法，构成了后苏联时期摩尔多瓦的政党选择。[52]米哈伊-拉兹万·科曼（Mihai-Razvan Corman）研究2014—2020年欧盟在摩尔多瓦的韧性建设，认为欧盟对摩尔多瓦韧性建设的概念狭窄且过于简单，它基本上仅仅围绕着欧盟对反腐败措施和摩尔多瓦司法机构去政治化的要求。此外，摩尔多瓦缺乏明确的韧性建设战略。在使摩尔多瓦更有韧性、摆脱腐败和寡头利益方面，欧盟忽视了对当地非政府行为者的赋权。[53]

3. 经济方面

在研究摩尔多瓦的经济问题方面，安库察·卢卡奇（Ancuța Lucaci）等通过研究发现，欧盟为摩尔多瓦和乌克兰的经济发展提供了支持，包括为中小企业提供贷款、创造新的就业机会、为私营部门的发展创造机会并支持欧盟与东部邻国之间的贸易。[54]拉里萨·米斯特雷安（Larisa Mistrean）认为世界经济发展的不确定性和摩尔多瓦共和国经济的高度开放性预示着存在许多危及维持价格稳定的重大风险；从中期来看，这些风险仍然是粮食和能源资源价格的大幅波动、主要货币汇率和资本流动的波动。为了应对这些情况，摩尔多瓦国家银行推动的货币政策的一个重要挑战是将通胀预期固定在通胀目标范围内。[55]

4. 外交方面

在研究摩尔多瓦外交方面，张艳璐认为，摩尔多瓦很难成为下一个乌克兰，这是因为摩尔多瓦各族群之间并无紧张关系，德左地区发生类似于乌东地区武装冲突的可能性较低；摩尔多瓦政府始终采取双向外交的策略，在俄欧之间寻求平衡；欧亚地缘博弈的主要力量都习惯于将摩尔多瓦视作"政治真空地带"，各方都因为一些因素不愿意将其整合入自己的势力范围。虽然亲欧派候选人桑杜在总统选举中获胜，但并不意味着摩尔多瓦的权力格局发生了实质性的改变。[56]亨里克·拉尔森（Henrik Larsen）认为乌克兰、格鲁吉亚、摩尔多瓦这三个国家在过去5年中受益于与欧盟贸易的增加，但并未加强法治以促进投资并摆脱经济停滞。尽管西方施加了压力，但精英们仍然不愿意或无法打破既得利益，部分原因是俄罗斯试图制衡或破坏亲西方势力。[57]阿乌利亚恩·拉夫里克（Aurelian Lavric）认为俄罗斯和美国在当前东欧地区的竞争是"冷战"期间东西方对抗性互动的结果。苏联解体后，几乎所有在俄罗斯影响范围内的前东欧集团国家都成为北约和欧盟的成员国，所产生的地缘政治变化对该地区的权力平衡产生了深远的影响，特别是对俄罗斯的国际地位产生了影响。随着俄罗斯总统普京的上台，美国和俄罗斯之间就后苏联国家在单极世界秩序中的地位出现了紧张。俄罗斯开始推动多极世界秩序，挑战美国给予"近邻"国家保护的特权。在这一地缘政治背景下，以确保其国家安全，永久中立的政策是一个得到摩尔多瓦大多数人支持的选择。[58]N.A.马尔舒什金（N. A. Malchushkin）撰文讨论了桑杜在摩尔多瓦共和国总统选举中获胜后，俄罗斯与摩尔多瓦关系的发展前景，研究了俄罗斯和摩尔多瓦之间政治和经济合作的历史背景和现状，既强调俄罗斯在能源安全和粮食出口领域对摩尔多瓦的重要性，也强调了两国关系中明显的经济不平衡，而双边互动的不稳定是由外部因素（主要是欧盟的影响）、新当选总统的立场以及摩尔多瓦国家议会中的政治力量平衡带来的。[59]安赫尔·托雷斯-阿丹（Ángel Torres-Adán）研究了摩尔多瓦的制度信任和政党暗示与个人地缘政治偏好之间的关系，认为由于决定是否加入欧盟或欧亚经济联盟是个复杂的问题，可以使用国家代理人帮助塑造摩尔多瓦人的地缘政治偏好，信任国家机构的公民倾向于与这些机构负责人的地缘政治偏好保持一致,并且,选民倾向于支持他们喜欢的政党的地缘政治观点。[60]

二 国内主要学术成果

(一)国内乌克兰学科主要成果

1. 赵会荣:《中乌合作:继往开来 携手共进》,《经济》2021年第8期。

2. 张弘、陈春侠:《乌克兰文化教育研究》,外语教学与研究出版社2021年版。

3. 刘博玲:《俄乌教会纷争引发的东正教世界的危机与应对》,《世界宗教文化》2021年第3期。

4. 韩克敌:《俄罗斯在乌克兰的"混合战争"》,《战略决策研究》2021年第6期。

5. 王志、王梅:《国家身份、国内政治与地缘博弈——乌克兰地区一体化政策探析》,《俄罗斯研究》2021年第5期。

6. 苟利武:《社会分层、社会流动与社会危机——独立30年后的乌克兰社会》,《俄罗斯研究》2021年第5期。

7. 李琮:《泽连斯基治下的乌克兰:政治与经济发展现状及展望》,《欧亚经济》2021年第5期。

8. 毕洪业:《乌克兰寡头政治体制:形成、特征及影响》,《俄罗斯学刊》2021年第5期。

9. 陈爱茹:《乌克兰共产党:新困境、新战略、新抗争》,《世界社会主义研究》2021年第3期。

在乌克兰内政方面,赵会荣归纳总结了2020年乌克兰等国的形势特点并对当年的热点事件和未来发展趋势进行深入分析和前瞻性研究。[61]在另一篇学术论文中,赵会荣归纳了乌克兰独立30年政治经济发展的特点。[62]还指出乌克兰独立30年经济社会发展状况不理想源于多种因素。[63]同时回顾了泽连斯基担任乌克兰总统两年来的执政特点。[64]

刘博玲指出,俄乌教会纷争引发东正教世界危机,要使当代东正教世界中的两个主要力量中心达成妥协,目前还困难重重。[65]

张弘、陈春侠在《乌克兰文化教育研究》中通过介绍乌克兰的国情概览、文化传统、教育历史、学前教育、基础教育、高等教育、职业教育、成人教育、教师教育、教育政策、教育行政、中乌教育交流等,从不同方面、不同维度介绍乌克兰教育的发展历史、基本现状、教育政策、发展战略、相关法规、现存体系、治理模式与师资队伍等。[66]

赵会荣在《乌东局势升级背后的多重博弈》一文中对乌克兰与欧盟及北约一体化问题进行了分析。[67]

在乌克兰问题上,张弘撰写了《乌克兰东部会爆发新一轮冲突吗》《乌克兰加入北约,

"红线"不少》《美乌军事合作难逾"红线"》[68]。

李勇慧关注了"北溪-2"项目对于乌克兰的影响。[69]

韩克敌对 2014 年乌克兰危机爆发以来俄罗斯对乌克兰的政策进行了深入研究。[70]

在中乌关系方面,赵会荣系统分析了中乌合作面临的有利条件和不利因素。[71]

(二)国内白俄罗斯学科主要成果

2021 年关于白俄罗斯问题研究有百余篇,其中,中国学者主要聚焦在白俄罗斯对外政策多元化、共建"一带一路"、中白关系发展前景、中白经贸合作、俄白关系的复杂性以及白俄罗斯政治动乱等问题。

1. 农雪梅:《转型与挑战:白俄罗斯现代媒体发展及俄罗斯的影响》,《俄罗斯东欧中亚研究》2021 年第 5 期。

2. 杨博文:《欧美制裁加码,白俄罗斯局势呈现新变化》,《世界知识》2021 年第 18 期。

3. 孙铭:《对白俄罗斯基本经济制度的研究》,《欧亚经济》2021 年第 4 期。

4. 葛音、李燕:《白俄罗斯国家发展理论与实践的新探索——白俄罗斯第六届全国人民大会推动国家现代化作用分析》,《理论与现代化》2021 年第 3 期。

5. 张熙:《"一带一路"倡议实施中的白俄罗斯宗教风险研究》,《世界宗教文化》2021 年第 2 期。

6. 程恩富、李燕:《白俄罗斯市场社会主义模式与启示》,《经济社会体制比较》2021 年第 2 期。

7. 李孝天:《中国与白俄罗斯经贸合作的发展及其面临的主要挑战》,《欧亚经济》2021 年第 1 期。

(三)国内摩尔多瓦学科主要成果

1. 曲岩:《帝国遗产与现实困境中的民族认同——摩尔多瓦的民族国家构建》,《俄罗斯东欧中亚研究》2021 年第 3 期。

2. 张伟榕:《摩尔多瓦总统桑杜》,《国际研究参考》2021 年第 4 期。

3. 张艳璐:《摩尔多瓦:地缘政治十字路口上的"真空地带"》,《世界知识》2021 年第 1 期。

三 2021 年国内主要学术活动

1. 2021 年 3 月 10 日,中国社会科学院俄罗斯东欧中亚研究所乌克兰、白俄罗斯和摩尔多瓦研究室与外交部欧亚司三处共同举办党建联学活动,就乌克兰等国独立 30 年政治、经济、外交、社会领域发展等重要问题及双边关系的发展现状和趋势进行交流研讨。

2. 2021 年 4 月 13 日,由国家发展和改革委员会区域开放司"丝绸之路经济带"协调推进处与乌克兰、白俄罗斯和摩尔多瓦研究室共同主办的中乌（克兰）、中白（俄罗斯）共建"一带一路"高质量发展座谈会在中国社会科学院俄罗斯东欧中亚研究所成功召开。

3.2021年6月29日，中国社会科学院俄罗斯东欧中亚研究所联合乌克兰汉学家协会、乌克兰国家战略研究所、乌克兰科学院东方学研究所、乌克兰外交部下属根纳季·乌多文科外交学院以及基辅国立经济大学举办了"中国与乌克兰战略伙伴关系十周年：成效与前景"视频研讨会。

4.2021年10月27日，由中国社会科学院俄罗斯东欧中亚研究所乌克兰、白俄罗斯和摩尔多瓦研究室主办的"'一带一路'框架下乌克兰发展战略论坛（2021）"以线上线下相结合方式举行。

5.2021年11月8日，由丝绸之路农业教育科技创新联盟秘书处、白俄罗斯国立农业科学院、乌克兰国家农业科学院尤里耶夫作物栽培研究所、陕西省农作物学会、陕西省科学技术协会联合举办的2021年中白农业科技示范园建设暨"一带一路"杂粮科技创新论坛在西北农林科技大学召开。

6.2021年11月10日，中国国际问题研究院与白俄罗斯驻华大使馆联合举办"白俄罗斯独立30周年与中白全面战略伙伴"视频研讨会。

7.2021年12月2日，南京医科大学与白俄罗斯国立医科大学联合举办了新冠肺炎疫情学术研讨会线上会议。

8.2021年12月4日，第六届"白俄罗斯形势与中白关系"学术研讨会通过线上方式举行。此次研讨会由中国社会科学院中白发展分析中心与北京第二外国语学院白俄罗斯研究中心联合主办。

9.2021年12月9日，中国社会科学院俄罗斯东欧中亚研究所与白俄罗斯科学院经济研究所共同举办题为"夯实伙伴基础 携手共同发展"的中白地方合作专题学术研讨会。

注　释

［1］M. Olexandre Nekhay, Carmen Delgado & M. Alejandro Cardenete, "Does Abolishing Tariffs in Bilateral Trade Matter for a Country's Economic Growth? The Impact of the EU-Ukraine DCFTA," *Europe-Asia Studies*, Vol. 73, No. 7, September 2021, pp. 1257-1278.

［2］Ángel Torres-Adán, "Still Winners and Losers? Studying Public Opinion's Geopolitical Preferences in the Association Agreement Countries (Georgia, Moldova and Ukraine)," *Post-Soviet Affairs*, Vol. 37, No. 4, 2021, pp.362-382.

[3] 王志、王梅:《国家身份、国内政治与地缘博弈——乌克兰地区一体化政策探析》,《俄罗斯研究》2021年第5期。

[4] Trevor Erlacher, "Ukrainian Nationalism in the Age of Extremes – An Intellectual Biography of Dmytro Dontsov," *Harvard Ukrainian Research Institute*, May 4, 2021.

[5] Alla Leukavets, *The Integration Policies of Belarus and Ukraine vis-à-vis the EU and Russia: A Comparative Case Study Through the Prism of a Two-Level Game Approach (Soviet and Post-Soviet Politics and Society)*, Ibidem Press, 2021.

[6] Stephen Velychenko, *Life and Death in Revolutionary Ukraine: Living Conditions, Violence, and Demographic Catastrophe, 1917-1923*, McGill-Queen's University Press, 2021.

[7] 毕洪业:《乌克兰寡头政治体制:形成、特征及影响》,《俄罗斯学刊》2021年第5期。

[8] 李秀蛟:《〈去寡头化法〉难解乌克兰寡头干政的顽疾》,《世界知识》2021年第21期。

[9] 陈爱茹:《乌克兰共产党:新困境、新战略、新抗争》,《世界社会主义研究》2021年第3期。

[10] Cynthia J. Buckleya, Ralph S. Clemb and Erik S. Herronc, "The COVID-19 Pandemic and State Healthcare Capacity: Government Responses and Citizen Assessments in Estonia, Georgia and Ukraine, Problems of Post-Communism," https://doi.org/10.1080/10758216.2021.1908147.

[11] S. Schmäing, "Dictatorship of Applause? The Rise of Direct Representation in Contemporary Ukraine," *Topos*, (1), 2021, pp. 11-31, http://journals.ehu.lt/index.php/topos/article/view/1043.

[12] 李琰:《泽连斯基治下的乌克兰:政治与经济发展现状及展望》,《欧亚经济》2021年第5期。

[13] Seyed Alireza Athari, "Domestic Political Risk, Global Economic Policy Uncertainty, and Banks' Profitability: Evidence from Ukrainian Banks," *Post-Communist Economies*, Vol. 33, No. 4, 2021, pp. 458-483.

[14] Kaneff Deema, "The Market is Far Away, Global Connections and Economic Remoteness in Rural Ukraine," *Europe-Asia Studies*, Vol. 73, No. 3, April 2021, pp.451-471.

[15] Francesca Alice Vianelloa, Claudia Finotellib and Elisa Breyb, "A Slow Ride towards Permanent Residency: Legal Transitions and the Working Trajectories of Ukrainian Migrants in Italy and Spain," *Journal of Ethnic and Migration Studies*, Vol. 47, No. 13, 2021, pp. 3172-3189.

[16] David Carmenta, Milana Nikolkob and Sam MacIsaaca, "Mobilizing Diaspora during

Crisis: Ukrainian Diaspora in Canada and the Intergenerational Sweet Spot," *Diaspora Studies*, Vol. 14, No. 1, 2021, pp. 22-44.

[17] Nadiia Bureiko, Teodor Lucian Moga, Alexandra Gheorghiu and Bogdan-Constantin Ibănescu, "Between the Home and Kin-State: Self-Identification and Attachment of Ukrainians and Romanians in the Ukrainian-Romanian Borderland of Bukovina," *Problems of Post-Communism*, Vol. 68, No. 1, 2021, pp. 53-65.

[18] Olena Nedozhogina, "Redrawing Symbolic Boundaries after Maidan: Identity Strategies among Russian-speaking Ukrainians," *National Identities*, Vol. 23, No. 3, 2021, pp. 277-295.

[19] 陈皓：《叶卡捷琳娜二世时期俄国对乌克兰贵族的俄罗斯化》，《西部学刊》2021年6月下半月刊。

[20] 苟利武：《社会分层、社会流动与社会危机——独立30年后的乌克兰社会》，《俄罗斯研究》2021年第5期。

[21] Hennadiy Maksak, "The Security Perception and Security Policy of Ukraine, 1991-2018," *Defense & Security Analysi*, Vol. 37, No. 1, 2021, pp. 53-65.

[22] Elyssa Shea and Marta Jaroszewicz, "Opening in Times of Crisis? Examining NATO and the EU's Support to Security Sector Reform in Post-Maidan Ukraine," *East European Politic*, 2021, Vol. 37, No. 1, pp. 159-181.

[23] Nicolò Fasola and Alyssa J. Wood, "Reforming Ukraine's Security Sector," *Survival Global Politics and Strategy*, Volume 63, 2021, Issue 2, pp.41-54.

[24] Ilmari Käihkö, "A Conventional War: Escalation in the War in Donbas, Ukraine," *The Journal of Slavic Military Studies*, Vol. 34, No. 1, 2021, pp. 24-49.

[25] Jan Kofroň, Jakub Stauber, "The Impact of the Russo-Ukrainian Conflict on Military Expenditures of European States: Security Alliances or Geography?" *Journal of Contemporary European Studies*, Published online: 01 Aug 2021, https://www.tandfonline.com/doi/full/10.1080/14782804.2021.1958201, 访问时间：2021年9月17日。

[26] Alexandra Hofer, "All the World's a Stage, and Sanctions the Merely Props: an Interactional Account of Sender-Target Dynamics in the Ukrainian Crisis," *International Peacekeeping*, Vol. 28, No. 2, 2021, pp. 259-284.

[27] Valery Dzutsati, "Geographies of Hybrid War: Rebellion and Foreign Intervention in Ukraine," *Small Wars & Insurgencies*, Vol. 32, No. 3, 2021, pp. 441-468.

[28] Marta Králiková, "Importing EU Norms: the Case of Anti-corruption Reform in Ukraine,"

Journal of European Integration, https://doi.org/10.1080/07036337.2021.1872559.

[29] Shyamika Jayasundara-Smits, "EU and Gender-security Sector Reform in Ukraine and Mali: a Picture is Worth Dozens of Policies!" *European Security*, Vol. 30, No. 1, 2021, pp. 85–111.

[30] Henrik Larsen, "Dilemmas of Aiding Ukraine," *Survival Global Politics and Strategy*, Volume 63, 2021 – Issue 1, pp.161–178.

[31] Oxford Analytica, Ukraine Will Seek a Louder Voice in Adverse Conditions, Expert Briefings, 2021, http://doi.org/10.1108/OXAN-DB263693.

[32] Christelle Néant, La Russie porte plqinte contre l'Ufraine auprès de la CEDH; pour le Donbass, Odessa, Le maidan, et le MH17, https://www.donbass-insider.com/fr/2021/07/23/la-russie-porte-plainte-contre-ukraine-aupres-de-la-cedh-pour-le-donbass-odessa-le-maidan-et-le-mh17/.

[33] Nadiia Bureiko, "Whither US-Ukraine Relations during a Biden Presidency?" *New Eastern Europe*, Issue No: 01+02 (45), 2021, pp.104–106.

[34] I. Veremiy, M. Palamarchuk, R. Yuldashev, N. Gavrylenko, G. Shyrokyi, D. Serebryansky, Transformation of Foreign Economic Relations Between Ukraine and the Russian Federation: 2010–2020, National Institute for Strategic Studies, 2021.

[35] Silviya Nitsova, "Why the Difference? Donbas, Kharkiv and Dnipropetrovsk After Ukraine's Euromaidan Revolution," *Europe-Asia Studies*, 2021, https://doi.org/10.1080/09668136.2021.1912297.

[36] Tatiana Zhurzhenko, Fighting Empire, "Weaponising Culture: The Conflict with Russia and the Restrictions on Russian Mass Culture in Post-Maidan Ukraine," *Europe-Asia Studies*, Volume 73, Issue 8 (2021), pp. 1441–1446.

[37] Anna Olinyk, Taras Kuzio, "The Euromaidan Revolution, Reforms and Decommunisation in Ukraine," *Europe-Asia Studies*, Vol. 73, No. 5, June 2021, pp. 807–836.

[38] 赵会荣:《白俄罗斯政治危机与俄白关系的走向》,载孙壮志主编《俄罗斯发展报告（2021）》,社会科学文献出版社2021年版;赵会荣:《新冠肺炎疫情影响下的白俄罗斯及其与中国合作》,《北方论丛》2022年第1期。

[39] 杨久成、李小鹿、汪洋:《白俄罗斯政治危机的轨迹、缘由与走向》,《国际研究参考》2021年第1期。

[40] 刘雷明、陈安奇:《浅谈白俄罗斯成功应对三次"颜色革命"的原因及启示》,《中国军转民》2021年第22期。

[41] 李燕、葛音：《2020年白俄罗斯"大选抗议"原因与影响分析》，《西伯利亚研究》2021年第1期。

[42] 葛音、李燕：《白俄罗斯国家发展理论与实践的新探索——白俄罗斯第六届全国人民大会推动国家现代化作用分析》，《理论与现代化》2021年第3期。

[43] 程恩富、李燕：《白俄罗斯市场社会主义模式与启示》，《经济社会体制比较》2021年第2期。

[44] 孙铭：《对白俄罗斯基本经济制度的研究》，《欧亚经济》2021年第4期。

[45] 姜苹哲：《新冠肺炎疫情下的白俄罗斯经济》，《甘肃高师学报》2021年第1期。

[46] 李孝天：《中国与白俄罗斯经贸合作的发展及其面临的主要挑战》，《欧亚经济》2021年第1期。

[47] 周立新：《白俄罗斯当代文坛动态研究》，《文学与文化》2021年第2期。

[48] ［波］安德烈·莫斯克温：《白俄罗斯戏剧的奠基人：弗拉迪斯瓦夫·古卢博克》，陈超美译，《戏剧艺术》2021年第2期。

[49] 农雪梅：《转型与挑战：白俄罗斯现代媒体发展及俄罗斯的影响》，《俄罗斯东欧中亚研究》2021年第5期。

[50] 曲岩：《帝国遗产与现实困境中的民族认同——摩尔多瓦的民族国家构建》，《俄罗斯东欧中亚研究》2021年第3期。

[51] 张伟榕：《摩尔多瓦总统桑杜》，《国际研究参考》2021年第4期。

[52] Ion Marandici, "Nostalgic Voting? Explaining the Electoral Support for the Political Left in Post-Soviet Moldova," *Eurasian Geography and Economics* (online), 21 Apr 2021.

[53] Mihai-Razvan Corman, "Tobias Schumacher, Going Back and Forth: European Union Resilience-building in Moldova between 2014 and 2020," *Journal of Contemporary European Studies*, Published online: 23 Oct 2021.

[54] Ancuța Lucaci, Oleksandr Diakoniuc, Carmen Eugenia Nastase, Rodica Crudu, "The EU's Contribution to a Stronger Economy in the Eastern Neighbourhood, A Comparative Study in the Republic of Moldova and Ukraine," *Annales Universitatis Apulensis Series Oeconomica*, 23(1), 2021, pp. 122-131.

[55] Larisa Mistrean, "Improvement Directions of the Monetary Policy of the National Bank of the Republic of Moldova with the Purpose of Development of the National Economy," *Research of Financial Economic and Social Studies*, Vol.6 No.1, March 2021.

[56] 张艳璐：《摩尔多瓦：地缘政治十字路口上的"真空地带"》，《世界知识》2021年第1期。

[57] Henrik Larsen, Ukraine, "Georgia and Moldova between Russia and the West," *CSS*

Analyses in Security Policy, No. 293, November 2021.

[58] Aurelian Lavric, "The Impact of the Russia-US Relations upon Eastern Europe: Consequences for the Security of the Republic of Moldova," *International Journal of Communication*, Jul-Sep2021, Vol. 11, Issue 3, pp. 184-194.

[59] N. A. Malchushkin, "Post-Dodon Moldova: Prospects for the Development of Russian-Moldovan Relations," Управленческое консультирование, No. 7, pp. 131-147.

[60] Ángel Torres-Adán, "Institutional Performance and Party Cues: Their Influence on Individual Geopolitical Preferences, The Case of Moldova (2012-2019)," *Problems of Post-Communism* (online), Published online: 27 Aug 2021.

[61] 俄罗斯东欧中亚研究所课题组:《2020年俄罗斯东欧中亚形势》,《俄罗斯东欧中亚研究》2021年第1期。

[62] 赵会荣:《比较视野下欧亚地区国家政治经济的特点及影响因素》,《欧亚经济》2021年第4期。

[63] 赵会荣:《乌克兰"加盟入约"宪法化之后》,《环球》2021年第8期。

[64] 赵会荣:《执政乌克兰将满两年,泽连斯基的光环还在吗》,《世界知识》2021年第8期。

[65] 刘博玲:《俄乌教会纷争引发的东正教世界的危机与应对》,《世界宗教文化》2021年第3期。

[66] 张弘:《乌克兰文化教育研究》,外语教学与研究出版社2021年版。

[67] 赵会荣:《乌东局势升级背后的多重博弈》,《环球时报》2021年4月9日第14版。

[68] 张弘:《乌克兰东部会爆发新一轮冲突吗》,《世界知识》2021年第9期;《乌克兰加入北约,"红线"不少》,《环球时报》2021年4月12日第14版;《美乌军事合作难逾"红线"》,《环球时报》2021年9月2日第14版。

[69] 李勇慧:《近来乌东紧张局势的"北溪-2"背景》,《世界知识》2021年第10期。

[70] 韩克敌:《俄罗斯在乌克兰的"混合战争"》,《战略决策研究》2021年第6期。

[71] 赵会荣:《中乌合作:继往开来 携手共进》,《经济》2021年第8期;《乌克兰为何突然制裁中企?》,《环球时报》2021年2月4日第14版;《乌克兰对华合作展现韧性》,《环球时报》2021年7月28日第14版。

2021年欧亚战略研究综述

肖斌*

欧亚战略问题属于跨学科（又称交叉学科）的研究活动，主要内容是研究俄罗斯及其他欧亚国家[1]为实现某种目标而制定的高层次、全方位、长期的计划，或者对国家实现某种目标具有战略意义的行动（政治、经济、国防、外交、社会发展等）。通过检索国家哲学社会科学学术期刊库、国家图书馆、中国知网、读秀等数据库，查阅2021年1月1日至12月31日的文献，选择的关键词包括俄罗斯战略、欧亚秩序、博弈、战略武器等。期刊来源包括中国人文社会科学核心期刊、北京大学图书馆"中文核心期刊"、南京大学中文社会科学引文索引来源期刊三大期刊评价体系。在此基础上，共选择110份相关文献（专著、学术论文），并对其按内容划分理论、双边或多边关系、社会经济技术发展、军事军工领域进行分析。由于国际学术会议也是学科建设的重要组成部分，为此本文增加了这部分内容。

一 2021年欧亚战略研究综述

（一）理论研究

2021年，欧亚战略问题研究的理论在中国取得了一些进步，但与知识增长的需要相比，仍然有一定的差距。

在学术专著方面，研究主题大都涉及两大内容，即俄罗斯和上海合作组织。黑龙江大学叶艳华撰写的专著《俄罗斯海洋战略研究：从沙皇俄国时期至苏联时期》讨论沙俄、苏联两个历史时期海洋战略的形成、发展过程和主要内容，试图通过比较历史的方法讨论俄罗斯海洋战略发展的历史背景。[2]该著作研究内容涵盖的领域非常广泛，包括海军、海洋科学、造船、商船和渔猎队、海洋职业教育等。与2016年出版的《俄罗斯海洋战略研究》[3]相比，这本关于俄罗斯海洋战略的专著内容更加丰富。

战略支援部队信息工程大学牛丽红撰写的《俄罗斯网络空间安全战略探析》一书比较系统地叙述了俄罗斯网络空间安全战略的演进过程，讨论了俄罗斯网络空间安全战略的动因，描述了俄罗斯网络空间安全战略的目标，分析了俄罗斯网络空间安全战略的特点。在结合俄

---

* 肖斌，中国社会科学院俄罗斯东欧中亚研究所欧亚战略研究室研究员，博士。

罗斯网络空间战略的基础上对中国网络空间安全建设提出了几点工作建议。[4]通过这本书，可以较为系统地了解近年来俄罗斯网络安全发展。

上海外国语大学毕洪业撰写的《俄罗斯外交战略与对外关系》一书聚焦"冷战"结束后国际格局的变化和俄罗斯自身实力的急剧下降。该书指出，俄罗斯从保障和维护大国地位及影响力出发，国内各政治势力就外交政策进行了激烈的讨论并形成不同的外交观点和构想。俄罗斯内部分歧致使"冷战"后的俄罗斯未能形成一致认同的世界观，继而导致其外交政策的不完整、多变和缺乏一致性。进入21世纪以来，普京政府确定了以实用主义为基础，以恢复俄罗斯大国地位为目标的多级平衡外交构想，俄罗斯国内政治精英逐步形成了较为统一的世界观，从而改变了俄罗斯对外战略不稳定的局面。[5]该书共分为7章25个部分，具体主题为"永恒的势力范围"——俄罗斯的地缘战略思想、"首要战略取向"——俄罗斯的欧亚战略、"兄弟阋墙"——俄罗斯与乌克兰决裂、"柔软的腹部"——俄罗斯地缘战略中的外高加索、"外交新亮点"——中东外交的转型与突破、"再回到原点"——难解的俄美关系、"破碎的共同家园"——僵局中的俄欧关系。在研究上，毕洪业使用的是传统主义方法，通过历史线索归纳了俄罗斯对外战略的变化，并以此解释了俄罗斯对外战略从不稳定转向稳定的路径。

东北师范大学雷蕾撰写的《当代俄罗斯爱国主义教育研究》一书以当代俄罗斯的爱国主义教育为研究对象，从意义、概念、现状、思想基础、主要内容等方面探讨了俄罗斯的爱国主义教育，并讨论了对中国爱国主义教育的启示。[6]

2021年是上海合作组织成立20周年，该年出版了一些关于该组织的专著，比较有代表性的有以下几本。

兰州大学曾向红撰写的《上海合作组织：实践与理论》一书在充分肯定描述性研究具有同等重要地位的基础上，尝试推进对上海合作组织的理论研究。[7]基于上海合作组织发展过程中可观察的证据，该书提出重点分析的四大议题：第一，大国互动与上海合作组织之间的关系；第二，中亚成员国与上海合作组织的发展；第三，上海合作组织框架内合作进展与局限；第四，上海合作组织扩员后面临的新形势。上述议题是作者试图实现理论化的突破口，也是所有多边机制在成长中面临的问题。研究中的理论自觉是促进理论化的重要标志，该书在理论应用方面特性鲜明——行为主义是作者解决问题的核心工具。借助行为主义，该书提出了很多学术观点。诸如，中俄美三国都有影响上合组织发展的能力，是否使用这种能力则取决于大国对上合组织的认知；中亚成员国对上合组织的态度及行为的转变，实质上是一种基于短期自我利益的行为模式，在重要利益需求未能得到满足时，它们通过建构上合组织内部的集体身份，强化中亚成员国对上合组织的认同；"上海五国"机制及上合组织帮助中亚国家巩固了国际社会的既有认识，也促使中亚国家建立了新认识——"上海精神"。

《上海合作组织20年：成就、挑战与前景》是一部全面回顾上海合作组织20年发展的专著，作者是中国社会科学院李进峰研究员。该书总结了2001—2021年上海合作组织在政治、安全、经济、人文和对外关系五大领域取得的合作成果，分析了上海合作组织存在的问题、挑战和机遇，并探讨了上海合作组织的发展前景。作者在书中提出了上海合作组织有三个理论来源、五次理论创新，并提出了未来发展的三种可能的模式。[8]

中国上海合作组织研究中心组织国内外29位现任和退休外交官、学者撰写了有关上海合作组织20年发展的文章并结集出版了《上海合作组织20年：成就和经验》。29位作者从不同视角回望上海合作组织20年的发展历程，并归纳和总结了上海合作组织的发展经验，是认识上海合作组织20年成就和经验的重要著作。[9]

在学术文章方面，有关欧亚战略问题的理论文章略显单薄，大致有以下几篇代表性文章。

因俄、美、中等国把战略开发的目标投向了北极，北极问题成为近年来欧亚战略问题研究的热点之一。徐广淼在《变动世界中的北极秩序：生成机制与变迁逻辑》一文中谈道，北极秩序以美俄"双中心"权力结构、海洋法公约为基础的"低政治"规则体系与"差序"结构的身份认同体系为基本形态，呈现了以权力结构为枢纽的秩序生成机制，而科技驱动与体系投射是北极秩序变迁最重要的驱动因素。[10]围绕北极问题，航道运输也成为研究者关注的对象。郭培清在《俄罗斯北方航道的战略价值》一文中指出，北极航道的战略价值包括为俄罗斯增加大量的出海口、实现国防力量的机动和空间整合及提高国际地位。[11]

欧亚地区秩序的变化也是一些研究者关注的问题。在《阿富汗问题与欧亚秩序构建——关于世界大变局的对话》一文中，冯绍雷、张昕、崔珩就此指出：第一，通过战争的方式在阿富汗废墟上打造西方制度的尝试是一次总体性失败；第二，欧亚区域秩序的构建还是一个相当长的过程；第三，通过次区域一体化及类似于"一带一路"非刚性区域体制的构建，才能够逐步地走向欧亚总体秩序的构建。此外，冯绍雷还专门从全球转型、中美俄关系来讨论欧亚秩序构建，他在《从全球转型看中美俄关系与欧亚秩序构建》一文中指出受中美俄三边关系影响全球正处于"去中心化"的转型中，而化解地缘政治对抗的路径是多边主义。[12]

从单元的角度分析欧亚地区问题是常见的研究议题。《国家身份与欧亚地区抗争政治的变奏》通过三场发生在欧亚地区的危机来讨论国家身份视角在欧亚地区抗争政治中的作用。作者周明、李嘉伟在这篇文章中提出，国家身份一致性强弱不仅影响了欧亚国家抗争政治的特征，也影响了自身的政治发展走向。[13]顾炜在《领导权与大国欧亚地区竞争的演化》一文中指出，不同身份的大国对领导权价值的不同认识影响了互动策略和大国竞争的发展态势。在理论上，地区主导国通过分享地区领导权来管控在地区层面的竞争，继而以全球优先为目标集中应对全球竞争。在确立了理论假设后，文章以俄罗斯在欧亚地区竞争的演化过程为其理论假设提供了案例检验。[14]刘丹在《后苏联空间：俄罗斯的战略依托及大国博弈》中提出后苏联空间呈现"一大多小""一强多弱"结构，该空间是俄罗斯的"战略和传统利益区"。而美欧对后苏联空间的介入，挤压了俄罗斯的利益，致使俄罗斯积极加强多边机制回应。俄罗斯重振其大国地位离不开后苏联空间。[15]孙壮志在《俄罗斯的大国复兴战略：目标、实践与挑战》一文中指出，过去30年俄罗斯为实现其大国复兴战略努力寻找适合俄罗斯国情的发展模式——把国内、周边和国际环境安全结合起来，并把经济目标放在首要位置。而近年来，普京政府面临着社会经济发展缓慢、大国关系不稳定、周边安全恶化等难题，保持各项政策的稳定性成为普京政府的战略重心，并在更长的周期里寻找国家可持续发展的路径。[16]薛福岐则从"单一中心政治权力"与社会互动关系中分析了俄罗斯政治发展的特点，并指出因对经济和社会活动的控制能力增强，俄罗斯政治发展保持了连续性。因为"单一中心政治权力"能够满足大资本和社会的需求，但这种政治发展模式能够在一定程度上解决稳定问题，却不能解决发展问题。这是未来俄罗斯政治发展面临的最大风险。[17]

欧亚地区存在多种合作机制，"一带一路"倡议就是其中之一。随着共建"一带一路"进入高质量发展阶段，一些较为生僻的研究也逐步向理论靠拢。苏畅在其文章中指出，"中亚伊斯兰文化断层"是中亚激进主义产生与发展的历史因素，它造成了中亚传统社会对外部激进思想缺乏辨识能力。当前，中亚激进主义与中亚极端主义并存且相互影响。而"一带一路"建设需要充分考虑中亚激进主义向极端主义的演化问题，并与中亚国家深化反恐合作。[18]

数字技术的发展和互联网用户的井喷式增长，使越来越多的国家在其对外战略中加强发展数字外交。张晓慧、肖斌在《传播策略与大国数字外交——基于美俄关系下俄罗斯数字外交的案例分析》一文中探索了欧亚地区战略问题新的研究领域。在合成新古典现实主义理论和传播学理论的基础上，作者建立了分析大国数字外交传播策略的理论模型，即在自助的国际体系下，随着国家间竞争水平的变化，非盟友/无战争大国的数字外交传播策略会在对抗主导型、争辩主导型和避让主导型之间选择。而作者将美俄关系下俄罗斯数字外交作为检验案例，支持了上述假设并得出三点初步结论：第一，大国数字外交通常更倾向于选择风险低的传播策略，避免竞争关系升级；第二，大国数字外交的传播策略更注重应用场景的互动以实现信息增值；第三，大国数字外交选择对抗型传播策略的核心目的是维护其重大利益。[19]

随着大国关系的变化，"冷战"起源一直是欧亚战略研究长期关注的议题。在《美苏冷战起源的经济因素——沈志华教授访谈》一文中，研究者认为，在美国国内政治右倾化的自然走向中，苏联对外政策加快了这一进程——刺激了美国右翼势力的发展；而经济问题是"冷战"起源的根本性问题，经济上的切割成为美苏对立的基础，这也是苏联解体的根源。[20]

（二）双边和多边关系

在欧亚战略问题研究中，双边和多边关系研究是一项重要内容。在《"阿拉伯之春"与俄罗斯的中东外交战略》一文中，研究者通过历史和现实两个交叉的视角分析了俄罗斯的中东外交战略，指出为了改善俄罗斯与中东国家的双边关系，俄罗斯利用"阿拉伯之春"对中东地区的冲击调整了自己的中东战略。[21]德俄关系是影响俄罗斯对外战略的关键关系之一。在《"选择性互动"与乌克兰危机以来德俄关系回暖评析》中,两位研究者提出德国的"选择性互动"政策改善了德俄关系,但解决乌克兰问题的复杂性和默克尔时代的结束都将影响德俄关系的发展趋势。[22]

在双边和多边关系中,中俄关系、俄美关系、中俄美关系、俄美欧关系是成果最多、最稳定的研究主题,其中又以中俄关系为最。2021年是《中俄睦邻友好合作条约》签署20周年和到期之年,研究者发表了很多有关中俄关系的文章。中国俄罗斯东欧中亚学会会长李永全撰写了《〈中俄睦邻友好合作条约〉与中俄关系发展》一文,文中指出该条约是维护世界和平,维护地区稳定和捍卫本国核心利益的重要宣示,并认为该条约是中俄双边关系历史经验的总结、保证中俄关系稳定发展和战略对接的法律保障。[23]研究者在《大变局下的俄罗斯对外战略与中俄关系》中指出,与西方紧张的关系、周边局势不稳定、国家治理难题等促使俄罗斯对外战略发生调整,把发展对华关系作为重点。中俄关系稳定发展、双边关系在各个领域都不断提高不仅符合中俄两国的利益,也符合世界人民的共同期待。[24]受美国及西方国家影响,中俄科技合作发展较快。李自国、李琰在《中俄科技外交与实践》中指出,中俄两国关于科技外交概念有较大不同。中俄科技合作互补性强、潜力大。不过,中俄仍需要在六个方面加以改进。[25]克里米亚危机后,中俄关系全面发展,其中包括太空合作。文章《中国与俄罗斯太空合作分析》指出,受外部压力影响,中俄太空合作由浅入深,特别是在制衡太空军备竞赛和武器化方面。同时,中俄太空合作对两国全球治理观、构建人类太空命运共同体方面也是具体的尝试,并将推动两国全面战略协作伙伴关系发展。[26]

针对中俄美互动关系,韩璐、刘飞涛在《大变局下中美俄大国关系互动探析》一文中指出,中俄美互动关系的变化是影响国际战略格局和国家秩序演变的关键要素,而竞争、合作、冲突、博弈是互动关系的主要模式;在中俄美互动关系中,中美关系是首要矛盾,美俄是竞合关系;在三角关系中,美国处于相对优势的地位,俄罗斯则是一个重要的平衡者。[27]在《中美俄地缘战略互动及全球海洋秩序重建》一文中,研究者认为中俄美地缘战略互动在全球海洋秩序重构中发挥着关键作用。俄罗斯受实力下降影响会腾出更多的"空间",美俄对抗关系则提升了中国的作用。因此,中美合作将有利于世界和平与发展。特别在全球海洋秩序重建方面,美国需充分理解中国的主张,而中国则需要发挥自己的优势,利用好对中国相对有利的国际局势,推动全球海洋秩序的发展。[28]把与欧洲关系放在中俄美关系中讨论是个相对开放的话题。杨洁勉在《中俄美欧战略互动特点和发展趋势》一文中就此指出,中俄美欧四方互动关系是国际体系的重要组成部分,而中国的战略思维和总体论有助于四方互动关系研究。[29]关于俄美关系的动态变化,柳丰华在《俄美关系的走向及其影响》一文中指出,俄美关系因乌克兰危机处于长期对抗的状态,其根源在于美国削弱俄罗斯对周边地区控制力和改造俄政治制度的政策,以及军事安全互动中存在的结构性问题。而拜登政府对俄的"遏制和有限合作"政策和普京政府对美的"反制与合作"政策都不会改变俄美对抗状态。俄美未来一段时期也很难实现正常化。[30] 近年来,有研究者关注俄罗斯太平洋战略,并指出该问题对认识俄罗斯开发北极航道和中俄关系有意义。研究者在《俄罗斯太平洋战略的源起、重启与展望》一文中,不仅梳理了俄罗斯太平洋战略的起源,而且讨论了重启的原因。该研究者认为,俄罗斯太平洋战略的重启是为了满足其政治、经济和军事需要;同时,俄罗斯太平洋战略为中俄共建"冰上丝绸之路"提供了合作契机。[31]

发生于2020年的第二次纳卡战争也是欧亚战略问题关注的主题,但由于该问题的复杂性,中国研究者撰写这个问题的文章较为有限。《第二次纳卡战争背后的各方战略博弈》一文针对这个问题分析了利益相关方——土耳其、伊朗、俄罗斯、美国、法国的立场以及介入战争的行为,认为俄罗斯在这场战争中巩固了自己的利益,土耳其也是受益方,而西方影响力下降。[32]

(三)社会经济技术

在社会问题中,贫富差距是俄罗斯政府面临的较为尖锐的问题。在《俄罗斯贫富分化问题》一文中,研究者认为俄罗斯贫富差距问题不仅有着深刻的社会历史根源,还有社会经济制度的因素,特别是分配制度不公,导致贫富差距不断加大。普京执政后,采取了种种措施解决贫富差距问题,但问题仍然存在。而优化改革和调整收入分配制度对于俄罗斯解决贫困问题非常迫切。[33] 人口短缺是影响俄罗斯发展的重要问题之一,在远东地区尤其突出。为了吸引散居在世界各地的俄罗斯人或懂俄语的人移居,俄罗斯出台了一些鼓励移民的政策,但是效果并不突出。《俄罗斯移民政策弊端解析》一文分析了移民政策中存在的问题,指出受安全因素影响,俄罗斯移民政策对国家经济发展的贡献有限,而且缺少促进融入俄罗斯社会的措施。因此,俄罗斯移民政策缺少吸引力,且腐败问题严重。[34] 留学生教育是俄罗斯的传统,从苏联时期就非常重视,今天的留学生教育已成为俄罗斯国家发展战略的组成部分。《服务国家战略:俄罗斯扩大留学生规模的行动逻辑探析》针对这一主题指出,俄罗斯吸引留学生的逻辑是,服从国家对外战略,但不同地区有差别;发展教育产业使其成为促进国家经济发展的组成部分;提高"俄语世界"的国际影响力。[35] 作为社会政策的重要组成部分,俄罗斯一直重视医疗卫生保障建设。对于这一社会政策,童伟、宁小花在《基于全民健康覆盖的俄罗斯基本医疗卫生支出绩效评价》一文中进行了实证分析。研究结果表明,俄罗斯在基本医疗卫生支出方面在地区间差异显著,资源富集且经济效益高的地区基本医疗卫生支出增长很快,而政府卫生支出的综合效率较低,需要改善和提高。[36]

经济领域是欧亚战略研究的热点之一,包括投资、贸易、产业及与经济发展相关的政策等。沈伟、姚书怡在《双层博弈视角下的俄罗斯双边投资协定——演进与特质(1989—2020

年)》一文中从特定时间截面(1989—2020年)签署的双边投资协定考察了俄罗斯投资保护政策。研究者在这篇文章中指出,俄罗斯在吸取西方国家投资保护经验的基础上发展了有俄罗斯特色的双边投资保护协定,并以此作为反击西方国家压力的工具;尽管如此,中俄双边投资协定受影响较小,中国在俄罗斯的投资者可利用该协定保护自己的合法权益。[37] 针对俄罗斯税收制度,研究者回顾了过去30年的发展变化,指出应对危机造成经济困难是俄罗斯税制改革的主要目标。尽管税制改革在稳定经济上发挥了一定的作用,但是俄罗斯税制依然在产业、个税、政策工具和法律等方面存在诸多问题,而改善营商环境和保民生将是俄罗斯税制改革的主要任务。[38]

受国际金融制裁影响,俄罗斯国际收支变化吸引了研究者的关注。有研究者通过比较分析2000年以来对俄罗斯国际收支有直接影响的三次风险事件,得出了以下结论:风险事件的性质决定了冲击效应的不同;风险事件直接导致资金流出增大;跨境资金集中流出对本币造成了较大的贬值压力;对外资产负债状况决定了金融体系的稳定性;汇率制度的弹性决定了应对风险的效力。[39] 许文鸿在《去美元化:俄罗斯在俄美金融战中的反击》一文中指出,俄罗斯去美元化是在金融制裁背景下的政策选择,并制定了完整的实施策略,诸如减少美元的使用、降低美元在外汇储备中的比例、抛售美国国债、扩大非美元融资规模、加大黄金持有量、建立支付系统等。但是,该研究者也提出,去美元化进程虽不可能在短期内削弱美元霸权对俄罗斯的影响,却对国际货币和金融体系改革有历史意义。[40]

对俄罗斯各类资源的研究是经济研究领域的热点。俄罗斯是林产品出口大国,森林资源位列世界第一。在《俄罗斯林产品国际竞争力评析》一文中,研究者分析了影响俄罗斯林产品国际竞争力的因素,并指出提高原木出口关税、加快国际森林认证步伐、打击非法采伐行为等措施是俄罗斯提高其林产品国际竞争力的主要措施。不过,受《2030年前俄罗斯联邦森林综合体发展战略》的影响,俄罗斯还需要做更多的工作来提高其林产品的国际竞争力。[41] 有研究者在《俄罗斯太平洋地区:资源优势与长期发展战略》一文中指出,俄罗斯在太平洋地区的自然资源储量巨大(海洋生物资源、木材资源、矿产资源和水资源等),而且还有具备资源开发的地理条件和基础设施。俄罗斯也十分看重太平洋地区自然资源利用问题,并围绕资源开发提出了三大战略任务——为年轻人提供更多的机会、建立全球高科技和新兴产业中心、建立自然旅游中心并与东北亚国家加强经济合作。研究者在文末提出了中俄在太平洋资源合作需要关注的问题。[42] 陈小沁的《俄罗斯亚太能源战略评析——基于远东油气管道项目的视角》一文以"西伯利亚力量"天然气管道和"东西伯利亚—太平洋"石油管道为切入口,分析了俄罗斯亚太能源战略。文中指出中俄能源合作密切,并有可能结成能源命运共同体。作者同时指出,俄罗斯也在积极推动建立亚太能源安全体系,提高在亚太能源市场的实力。[43]

东亚地区是全球经济三大动力之一，这对于俄罗斯非常有吸引力。王超、刘嘉慧的《俄罗斯与东北亚五国贸易特征及中国的战略选择》一文便是在这种大背景下完成的。这篇文章通过测算出口相似度、显示性竞争比较优势、贸易互补性、贸易结合度四个指数，分析指出俄罗斯在东北亚地区竞争性较弱、贸易互补性较强、贸易联系较为紧密但水平不高、与中国和韩国的贸易前景要好于与日本；对于中国而言，要推动东北亚新型经济区域化、发挥好中日韩经贸关系的优势、参与国内国际双循环、优化贸易结构。[44]

（四）军事军工

在中国，研究者对俄罗斯军事军工领域的关注有较长的历史。因为中国军事军工领域受苏联影响非常大。针对俄罗斯北方舰队的变化，有研究者撰写了《俄罗斯第五军区的组建动因及战略任务》一文，指出改变是俄罗斯为了增加在北极的军事实力，与其他国家在北极展开竞争做准备。[45]针对美西方国家制裁对国防工业的影响，俄罗斯调整国防工业。李抒音、董媛琪在《美国及西方制裁背景下的俄罗斯国防工业进口替代战略》一文中指出，进口替代战略成为俄罗斯国防工业调整的依赖路径。这为俄罗斯国防工业摆脱进口依赖，实现国防工业的自主打下了坚实的基础。[46]在比较分析了美俄两军现役和在研的陆基战役战术导弹后，《美俄陆基战役战术导弹现状及发展趋势对比分析》一文认为俄军导弹种类、射程、精度上对美存在优势。[47]对于造成美俄战术核武器困境的原因，有研究者认为是无法就关键概念达成一致的。[48]战略轰炸机是大国竞争的重要工具并代表着生产国的军事技术水平。通过比较美俄两国战略轰炸机，有研究者指出在打击距离上美俄两国差距不大，但在突防能力和打击效能上美国优势突出。[49]

近年来，高超声速武器是大国军备竞赛的领域之一，目的是通过发展该武器提高自己的战略威慑能力。易鑫磊在《俄美高超声速武器的发展态势与战略影响》一文中得出的研究结论是，高超声速武器的出现与国际战略稳定失序直接相关。美俄高超声速武器都有不同的技术特点和性能，该武器的出现将对战略威慑、全球安全和国际格局等产生深远影响，是重塑国际力量格局的关键因素。[50]对于美俄高超声速武器发展，有研究者认为，目前，俄罗斯在高超声速武器进展上领先世界。[51]通过对美俄高超声速武器动力技术的研究，研究者得出以下结论：现阶段美俄优先考虑火箭动力协同其他动力作为高超声速武器的动力技术；吸气式超燃冲压发动机的技术突破将促使现有动力技术调整；以涡轮发动机为基础的组合循环发动机仍然是理想动力技术方案；预冷却发动机将在动力方案中占有一席之地。[52]

二 2021年国际学术会议

受新冠肺炎疫情影响，2021年国际学术会议大都以线上（或线上—线下）形式举行。因统计能力有限，以下会议主要来自中国社会科学院俄罗斯东欧中亚研究所的统计[53]，部分来自互联网信息。

1. 2021年1月12日，中国社会科学院俄罗斯东欧中亚研究所与乌兹别克斯坦驻华使馆共同举办"乌国情咨文与中乌合作"线上研讨会。来自中国社会科学院俄罗斯东欧中亚研究所、国务院发展研究中心、中国国际问题研究院、中国现代国际关系研究院等机构的专家学者和乌兹别克斯坦驻华使馆官员出席会议。

2. 2021年2月8日，中国社会科学院俄罗斯东欧中亚研究所和欧亚经济委员会执委会一体化与宏观经济部以"推动中俄务实合作，助力两国经济发展"为主题共同举办网络视频研讨会。

3. 2021年3月4日，中国社会科学院俄罗斯东欧中亚研究所、中俄战略协作高端合作智库、俄罗斯国际事务委员会以"新时代全球化与全球治理的中俄方案"为主题共同举办视频研讨会。来自俄罗斯国际事务委员会，俄高等经济大学，俄科学院世界经济与国际关系研究所，俄外交与国防政策委员会，俄莫斯科国际关系学院，俄人民友谊大学，俄储蓄银行，以及中国社会科学院俄罗斯东欧中亚研究所、世界经济与政治研究所等机构的专家学者出席会议。

4. 2021年5月13日，中国社会科学院俄罗斯东欧中亚研究所、中国人民大学国家发展与战略研究院共同举办主题为"上合组织20年：迈向绿色健康共同发展命运共同体"的国际研讨会。来自中国、吉尔吉斯斯坦、塔吉克斯坦、俄罗斯、上海合作组织等40余家机构的60多位政府、学界代表和驻华使节参会。

5. 2021年5月26日，中国社会科学院—俄罗斯远东联邦大学中国研究中心在北京举办了"中俄在东北亚地区的安全与经济合作"国际视频研讨会。

6. 2021年6月1—2日，由中国社会科学院与俄罗斯国际事务委员会主办，中国社会科学院俄罗斯东欧中亚研究所承办的"中俄智库高端论坛（2021）"以线上线下相结合方式举行。论坛主题是"中国与俄罗斯：新时代合作暨庆祝《中俄睦邻友好合作条约》签署20周年"。中俄两国和国际组织的150余位政要和智库专家等出席。

7. 2021年6月2—4日，上海合作组织民间友好论坛在湖北省武汉市召开。论坛由上海合作组织睦邻友好合作委员会、中国人民对外友好协会、湖北省人民政府共同主办，以"促进民间友好，传承'上海精神'"为主题。中国社会科学院俄罗斯东欧中亚研究所、武汉大学中国边界和海洋研究院共同承办智库分论坛。

8. 2021年6月15日，由辽宁大学转型国家经济政治研究中心、俄罗斯东欧中亚研究中心、独联体国家研究中心联合主办的"上合组织成立二十年暨中国—塔吉克斯坦合作研讨会"召开。来自中塔两国的学者进行了线上讨论。

9. 2021年6月24日，由中国社会科学院、中国日报社和中俄友好、和平与发展委员会共同主办，中国社会科学院俄罗斯东欧中亚研究所、俄罗斯科学院经济研究所、中国日报中国观察智库共同承办的"中国与俄罗斯：共同发展与现代化"国际研讨会在北京举行。20余位中俄专家学者围绕实现两国共同发展和现代化议题进行了研讨。

10. 2021年7月27日，中国社会科学院俄罗斯东欧中亚研究所、中国社会科学院—上海市人民政府上海研究院共同主办了"阿富汗形势多边对话"国际视频会议。来自中国、阿富汗、巴基斯坦、塔吉克斯坦等国的学者参与了讨论。

11. 2021年7月30日，中国社会科学院俄罗斯东欧中亚研究所、俄罗斯国际事务委员会共同举办了"中俄视角下的中亚及阿富汗安全形势问题"研讨会。中俄相关领域知名专家学者代表与会。

12. 2021年8月4日，中国社会科学院俄罗斯东欧中亚研究所、中国驻乌兹别克斯坦大使馆、乌兹别克斯坦总统下属战略与地区研究中心联合举办了主题为"中国与乌兹别克斯坦：加强交流互鉴，深化伙伴关系"的国际视频会议。

13. 2021年9月7—9日，第十五届中亚和上海合作组织国际学术研讨会在上海政法学院召开，会议以线上线下相结合的方式举行。

14. 2021年9月24日，"中国与哈萨克斯坦：哈萨克斯坦独立三十年与中哈永久全面战略伙伴"研讨会以线上线下相结合方式，在北京、努尔苏丹两地同时举行。研讨会由中国社会科学院俄罗斯东欧中亚研究所和哈萨克斯坦共和国驻华大使馆共同主办，来自中哈智库、企业界、政府部门及相关机构的代表出席会议。中国社会科学院俄罗斯东欧中亚研究所副所长金哲和哈萨克斯坦驻华使馆参赞布拉汉主持会议。

15. 2021年10月19日，以"互通互融 共享共赢"为主题的2021欧亚经济论坛智库分会国际研讨会以线上方式举行。此次智库分会由中国社会科学院俄罗斯东欧中亚研究所、陕西师范大学中亚研究所和欧亚经济论坛秘书处共同主办，上海合作组织睦邻友好合作委员会、陕西师范大学、西安市人民政府为支持单位。来自中国、俄罗斯、白俄罗斯、哈萨克斯坦、乌兹别克斯坦、塔吉克斯坦、吉尔吉斯斯坦、格鲁吉亚、乌克兰等国家的130余位代表出席。

16. 2021年11月19日，首届"中国+中亚五国"智库论坛在北京举行。论坛主题为"阿富汗新形势与中亚安全和发展"。会议由中国社会科学院俄罗斯东欧中亚研究所联同哈萨克斯坦总统战略研究所、吉尔吉斯斯坦国家战略研究所、塔吉克斯坦总统战略研究中心、土库曼斯坦外交部国际关系学院和乌兹别克斯坦总统战略与地区研究所共同主办，中国社会科学院俄罗斯东欧中亚研究所、中国社会科学院国家高端智库理事会秘书处、中国俄罗斯东欧中亚学会承办。会议采取线上线下相结合的方式进行。

17. 2021年11月26日，由中国社会科学院俄罗斯东欧中亚研究所、俄罗斯国际事务委员会共同主办的"中俄应对新冠疫情政治化的国际合作"国际视频研讨会召开。来自中俄两国的专家学者和媒体代表参加此次会议。

18. 2021 年 12 月 1 日,"中国与亚美尼亚:治国理政与高质量共建'一带一路'"研讨会以线上线下相结合方式,在北京、埃里温两地同时举行。此次研讨会是在中国社会科学院—亚美尼亚埃里温国立大学中国研究中心工作框架内,由中国社会科学院俄罗斯东欧中亚研究所和亚美尼亚国立埃里温大学共同举办的。

19. 2021 年 12 月 9 日,中国社会科学院俄罗斯东欧中亚研究所与白俄罗斯科学院经济研究所共同举办题为"夯实伙伴基础 携手共同发展"的中白地方合作专题学术研讨会。此次研讨会是在中白地方合作年框架下由双方智库联合举办的一次重要人文和学术交流活动,旨在落实两国元首年初举行电话交谈时达成的重要共识,进一步丰富中白地方合作年的内容,推动双边关系提质升级。

20. 2021 年 12 月 10 日,"新时期中俄战略协作:重点领域与潜力"国际会议以线上线下相结合的方式举行。此次会议由中国社会科学院大学主办,中国社会科学院大学中俄关系高等研究院及中国社会科学院大学国际交流与合作处承办。来自中国社会科学院俄罗斯东欧中亚研究所、俄罗斯科学院世界经济与政治研究所等单位的中俄两国专家学者和新闻媒体代表出席了会议。

21. 2021 年 12 月 17 日,"全球绿色议程:俄罗斯能源转型战略、政策及影响"国际研讨会在线上举行。来自俄罗斯国立莫斯科大学和俄罗斯高等经济大学的两位专家作主旨发言,来自中国社会科学院俄罗斯东欧中亚研究所、清华大学国际与地区研究院、辽宁大学转型国家经济政治研究中心、黑龙江大学俄罗斯研究中心等机构的 50 余位专家,以及来自青岛上合示范区国际创新与产能合作中心、广东独联体国际科技合作联盟等机构的企业家代表在线上参会。

22. 2021 年 12 月 24 日,"中国与塔吉克斯坦:塔吉克斯坦独立三十年与中塔全面战略合作"研讨会以线上线下相结合方式,在北京、杜尚别两地同时举行。此次研讨会由中国社会科学院和塔吉克斯坦科学院主办,中国社会科学院俄罗斯东欧中亚研究所、中国国际问题研究院和塔吉克斯坦驻华大使馆共同承办。

23. 2021 年 12 月 28 日,"2021 年中俄数字经济高峰论坛"通过云会议形式在北京、广东深圳、吉林珲春和俄罗斯莫斯科等地连线举办。此次论坛由中国科协和俄罗斯科工联共同主办,以"开放·创新·融合 驱动数字未来"为主题,是中俄科技创新年系列活动"中俄数字经济示范项目"的重要组成部分。

注 释

[1] 笔者注:乌克兰、摩尔多瓦、格鲁吉亚、亚美尼亚、阿塞拜疆、哈萨克斯坦、乌兹别克斯坦、吉尔吉斯斯坦、塔吉克斯坦和土库曼斯坦。

［２］叶艳华：《俄罗斯海洋战略研究：从沙皇俄国时期至苏联时期》，中国社会科学出版社2021年版。

［３］肖辉忠、韩冬涛等：《俄罗斯海洋战略研究》，时事出版社2016年版。

［４］牛丽红：《俄罗斯网络空间安全战略探析》，知识产权出版社2021年版。

［５］毕洪业：《俄罗斯外交战略与对外关系》，时事出版社2021年版。

［６］雷蕾：《当代俄罗斯爱国主义教育研究》，商务印书馆2021年版。

［７］曾向红：《上海合作组织：实践与理论》，中国社会科学出版社2021年版。

［８］李进峰：《上海合作组织20年：成就、挑战与前景》，社会科学文献出版社2021年版。

［９］徐步主编：《上海合作组织20年：成就和经验》，世界知识出版社2021年版。

［10］徐广淼：《变动世界中的北极秩序：生成机制与变迁逻辑》，《俄罗斯东欧中亚研究》2021年第1期。

［11］郭培清：《俄罗斯北方航道的战略价值及面临的挑战》，《人民论坛》2021年第13期。

［12］冯绍雷、张昕、崔珩：《阿富汗问题与欧亚秩序构建——关于世界大变局的对话》，《俄罗斯研究》2021年第4期；冯绍雷：《从全球转型看中美俄关系与欧亚秩序构建》，《当代世界》2021年第9期。

［13］周明、李嘉伟：《国家身份与欧亚地区抗争政治的变奏》，《外交评论（外交学院学报）》2021年第3期。

［14］顾炜：《领导权与大国欧亚地区竞争的演化》，《世界经济与政治》2021年第10期。

［15］刘丹：《后苏联空间：俄罗斯的战略依托及大国博弈》，《俄罗斯东欧中亚研究》2021年第6期。

［16］孙壮志：《俄罗斯的大国复兴战略：目标、实践与挑战》，《俄罗斯学刊》2021年第6期。

［17］薛福岐：《俄罗斯政治发展30年：特点、成效与前景》，《俄罗斯学刊》2021年第6期。

［18］苏畅：《论"一带一路"建设面临的中亚激进主义向极端主义演变问题》，《陕西师范大学学报（哲学社会科学版）》2021年第2期。

［19］张晓慧、肖斌：《传播策略与大国数字外交——基于美俄关系下俄罗斯数字外交的案例分析》，《世界经济与政治》2021年第11期。

［20］沈志华、张昕：《美苏冷战起源的经济因素——沈志华教授访谈》，《俄罗斯研究》2021年第1期。

［21］孟君：《"阿拉伯之春"与俄罗斯的中东外交战略》，《阿拉伯世界研究》2021年第3期。

［22］焦一强、朱艳：《"选择性互动"与乌克兰危机以来德俄关系回暖评析》，《俄罗斯研究》2021年第5期。

［23］李永全：《〈中俄睦邻友好合作条约〉与中俄关系发展》，《俄罗斯学刊》2021年第4期。

[24] 高飞、于游:《大变局下的俄罗斯对外战略与中俄关系》,《当代世界》2021年第4期。

[25] 李自国、李琰:《中俄科技外交与实践》,《俄罗斯学刊》2021年第4期。

[26] 何奇松、叶妮姗:《中国与俄罗斯太空合作分析》,《俄罗斯研究》2021年第4期。

[27] 韩璐、刘飞涛:《大变局下中美俄大国关系互动探析》,《和平与发展》2021年第4期。

[28] 李冠群:《中美俄地缘战略互动及全球海洋秩序重建》,《亚太安全与海洋研究》2021年第5期。

[29] 杨洁勉:《中俄美欧战略互动特点和发展趋势》,《俄罗斯研究》2021年第3期。

[30] 柳丰华:《俄美关系的走向及其影响》,《国际问题研究》2021年第2期。

[31] 马天:《俄罗斯太平洋战略的源起、重启与展望》,《太平洋学报》2021年第9期。

[32] 李静雅:《第二次纳卡战争背后的各方战略博弈》,《现代国际关系》2021年第1期。

[33] 刁秀华:《俄罗斯贫富分化问题》,《俄罗斯学刊》2021年第6期。

[34] 于晓丽:《俄罗斯移民政策弊端解析》,《俄罗斯学刊》2021年第1期。

[35] 肖甦、朋腾:《服务国家战略:俄罗斯扩大留学生规模的行动逻辑探析》,《外国教育研究》2021年第2期。

[36] 童伟、宁小花:《基于全民健康覆盖的俄罗斯基本医疗卫生支出绩效评价》,《欧亚经济》2021年第6期。

[37] 沈伟、姚书怡:《双层博弈视角下的俄罗斯双边投资协定——演进与特质(1989—2020年)》,《俄罗斯研究》2021年第2期。

[38] 张誉馨:《俄罗斯税制改革:现状与前景》,《俄罗斯学刊》2021年第6期。

[39] 郑维臣:《2000年以来风险事件对俄罗斯国际收支冲击的比较分析》,《欧亚经济》2021年第6期。

[40] 许文鸿:《去美元化:俄罗斯在俄美金融战中的反击》,《俄罗斯东欧中亚研究》2021年第5期。

[41] 李淑华、张莹秋:《俄罗斯林产品国际竞争力评析》,《俄罗斯学刊》2021年第3期。

[42] 王春盈、李泽红、齐晓明等:《俄罗斯太平洋地区:资源优势与长期发展战略》,《干旱区资源与环境》2021年第5期。

[43] 陈小沁:《俄罗斯亚太能源战略评析——基于远东油气管道项目的视角》,《东北亚论坛》2021年第2期。

[44] 王超、刘嘉慧:《俄罗斯与东北亚五国贸易特征及中国的战略选择》,《欧亚经济》2021年第2期。

[45] 安洪若、董达飞:《俄罗斯第五军区的组建动因及战略任务》,《飞航导弹》2021年第5期。

[46] 李抒音、董媛琪:《美国及西方制裁背景下的俄罗斯国防工业进口替代战略》,《俄罗斯东欧中亚研究》2021年第4期。

[47] 刘德胜、马宝林:《美俄陆基战役战术导弹现状及发展趋势对比分析》,《飞航导弹》2021年第7期。

[48] 陈曦:《美俄战术核武器困境生成原因》,《战略决策研究》2021年第1期。

[49] 韩长喜、邓大松:《美俄战略轰炸机作战样式与作战能力研究》,《飞航导弹》2021年第11期。

[50] 易鑫磊:《俄美高超声速武器的发展态势与战略影响》,《俄罗斯研究》2021年第2期。

[51] 李思冶、查柏林、王金金等:《美俄高超声速武器发展研究综述》,《飞航导弹》2021年第3期。

[52] 刘晓波、罗月培、孙杭义:《美俄高超声速武器动力技术发展趋势研究》,《战术导弹技术》2021年第6期。

[53] 统计结果由高辛(中国社会科学院俄罗斯东欧中亚研究所研究助理)和苏畅(中国社会科学院俄罗斯东欧中亚研究所研究员)提供。

年度论文推荐

年度论文推荐

说明：该部分收录了2021年国内学术界正式发表的有关俄罗斯东欧中亚研究的论文。在检索国家哲学社会科学院学术期刊库、国家图书馆、中国知网、读秀等数据库的基础上进行了筛选。年度论文按照俄罗斯政治与社会学科，俄罗斯经济学科，俄罗斯外交学科，俄罗斯历史与文化学科，中亚学科，中东欧转型和一体化学科，乌克兰、白俄罗斯、摩尔多瓦学科，欧亚战略学科的顺序排列。

【上海合作组织与新时代中国多边外交】

孙壮志 《世界经济与政治》2021年第2期

主要观点：2021年是上海合作组织成立20周年。上海合作组织秉持的合作理念多为中国提出的外交倡议，同中国在国际和地区事务中扮演的角色密切相关。从成立伊始的"上海精神"和新安全观，到青岛峰会提出为"上海精神"充实新的时代内涵即发展观、安全观、合作观、文明观和全球治理观，再到提出建设上海合作组织命运共同体，上海合作组织的发展充分体现了中国智慧和中国方案。近年来，多边外交成为中国特色大国外交的重要组成部分，而上海合作组织的实践有效支撑了中国多边外交的发展和突破。在后疫情时代，国际格局和地区形势正发生巨大变化，大国地缘政治博弈逐渐升级，日趋严重的单边主义、贸易保护主义、种族主义和排外情绪会不断干扰多边合作进程，上海合作组织需要积极作为，深化务实合作，维护多边主义，基于地区实际凝聚更多共识，发挥规则和制度的引领作用，争取在重点领域取得更多突破。

学术影响：文章重点阐述了中国在上海合作组织成立过程中所做的努力和重大贡献，未来在后疫情时代，在全球格局发生剧烈变化的情况下，参与上海合作组织对于中国具有特殊的地缘战略价值。

【论俄罗斯的宪法改革】

庞大鹏 《俄罗斯研究》2021年第3期

主要观点：宪法改革是当前和今后一个时期俄罗斯国家治理的核心问题。俄罗斯的宪法改革及由此引发的政治运行机制的调整变化，是在俄罗斯历史传承、文化传统、社会发展的基础上内生演变的结果。从宪法改革的时代背景看，此次宪法改革经历了一个认识不断深化的过程。当代俄罗斯领导人对于宪法改革与政治稳定之间的关系认识明确，俄罗斯宪法改革的基本原则一以贯之。普京政府提前布局，稳步推进，最终确保宪法改革平稳落地，俄罗斯社会总体保持稳定。从宪法改革的基本内容看，涉及俄罗斯国家政权的组织体系、国家结构形式和国家安全体系的调整。此次宪法改革是对普京20年执政经验的总结，是将普京行之有效的治国举措以法律语言的形式,进行理论化、制度化和法律化的结果,标志着俄罗斯宪法从叶利钦时代过渡到普京时代。新冠肺炎疫情是宪法改革的刺激性影响因素,政治聚集效应明显。宪法改革引发俄罗斯内政外交的联动性明显,并将对俄罗斯的稳定与发展产生深远影响。

学术影响:文章重点对俄罗斯2020年宪法改革的内容、原因、影响进行分析,从而总结了普京20年政治社会改革历程,对学界研究俄罗斯政治和宪法产生较大积极影响。

【俄罗斯政治发展30年:特点、成效与前景】

薛福岐 《俄罗斯学刊》2021年第6期

主要观点:2021年是苏联解体30周年,也是俄罗斯联邦作为国际法主体登上国际舞台30周年。转型以来,俄罗斯政治发展的显著特点是,"单一中心政治权力"在与社会的互动中得以重建且不断固化,对经济活动和社会生活的控制不断强化,政治发展呈现相当强的连续性。俄罗斯目前的单一中心政治权力模式及其与社会的"管制型"互动模式能够满足大资本和依赖国家的多数民众的诉求,国家主义与父爱主义相互建构、相互强化,但与俄罗斯社会存在的变革诉求存在明显张力。从绩效角度,单一中心政治权力及其与社会的"管制型"关系,足以维持政治社会稳定,但却一直没能解决发展问题。政治发展连续性的经济社会后果就是不发展或者发展缺失,这也是俄罗斯政治发展的另一个鲜明特点,同时也是俄罗斯当下和未来一个时期面临的最大风险。

学术影响:文章对俄罗斯独立以来30年政治发展进行了梳理,全面总结俄罗斯政治30年发展特点,对俄罗斯政治发展进行了展望,内容翔实、总结全面,在俄罗斯政治研究界广受好评。

【从政治参与视角看俄罗斯转型历程】

郝赫 《俄罗斯东欧中亚研究》2021年第6期

主要观点:2021年是俄罗斯社会转型30周年,从时间长度和内容充实度来讲,都足以提供回顾和反思的素材。从政治参与角度来看,可以相对清晰地探寻到俄罗斯社会运行的一条重要脉络,即处理政治参与问题几乎是影响其政治稳定与社会发展的决定性因素。未解决好有效政治参与的时期,社会矛盾和发展困境同频共振;相对较好地提供了有效政治参与环境的时期,全社会得到普惠,政治稳定,经济发展。从叶利钦时期的动荡到普京1.0时代的中兴,再到普京2.0时代的回落,从政治参与这个主线可以看到,如何处理好对参与需求的有效吸纳、如何设计安排好参与需求的次序与秩序,一直都是关乎当局掌握和提高国家治理效能的关键。从俄罗斯转型30年的历程和经验来看,处置好有效的政治参与不仅可以实现政权树立合法性的目的,同时更是政权赖以提高治理能力的核心手段。

学术影响：该文章从政治参与的独特视角对俄罗斯政治转型30年政治和社会发展进行分析比较，为当前研究俄罗斯政治社会转型30年提供了新的分析视角，对学界俄罗斯政治社会研究方法产生了积极影响。

【俄罗斯《外国代理人法》及其法律和政治实践】

马强 《俄罗斯研究》2021年第1期

主要观点：《外国代理人法》是俄罗斯于21世纪初期正式出台的联邦法，在法律、政治和社会领域都具有重要意义。文章以俄罗斯《外国代理人法》为文本，分析其出台背景及内容，并关注其在执行过程中的法律和政治实践。在俄罗斯国家和社会治理意义上，《外国代理人法》成为一种限制外国势力干预俄内政和外国资本资助俄反对派的政治工具。该法的出台与实施，在社会舆论中也形成了对"外国代理人"负面形象的认知，使得被贴上"外国代理人"标签的非营利组织及个人难以在俄开展活动。正是在这个意义上，《外国代理人法》及其法律和政治实践，是人们观察俄罗斯政治运作逻辑、治理方式、国家与社会的关系以及俄罗斯对西方认知的典型案例。

学术影响：文章从俄罗斯《外国代理人法》入手，重点分析了俄罗斯社会治理和反外国干涉内政的处理方式，对俄罗斯政治运作逻辑、治理方式、国家与社会的关系进行考察并得出有价值的结论。该文对于研究俄罗斯社会治理具有很强的学术价值和影响。

【大国俄罗斯的世界构想】

冯绍雷 《文化纵横》2021年第6期

主要观点：该文基于俄罗斯权威智库的重要文件，结合俄罗斯官方立场以及权威专家的意见来解读俄罗斯对当代国际变局的评价；21世纪以来俄罗斯对自身的对外政策的评估；面对变局以及未来世界秩序的建构，俄罗斯外交政策新思想的调整和制定。

学术影响：俄罗斯与外部世界的关系在很大程度上决定着这个国家的命运。该文通过对重要文件的研究和分析，对俄罗斯对外战略实践和思想进行系统考察，具有重要的借鉴意义。

【俄罗斯经济发展中的苏联经济因素分析——以经济结构与经济增长方式为例】

陆南泉 《中国浦东干部学院学报》2021年第4期

主要观点：俄罗斯经济体制转型30年来，未能保持经济的可持续稳定增长。造成这样的结果有多种因素，而苏联时期遗留下来的经济结构问题和经济增长方式问题尤为突出。不平衡的经济结构始终是影响苏联—俄罗斯经济发展的重要因素，在很大程度上体现了经济发展模式。落后、低效的经济增长方式也一直是阻碍苏联—俄罗斯经济高质量发展的重要因素。

原来实行传统计划经济体制的国家在向市场经济转型的过程中都面临调整经济结构与转变经济增长方式的问题。对苏联—俄罗斯调整经济结构与转变经济增长方式的历程进行历史性分析有助于人们思考中国的有关问题。

学术影响：文章被中国人民大学复印报刊资料《世界经济导刊》2021年第11期全文转载。

【俄罗斯经济：结构现状及在全球价值链中的角色】

余南平　夏菁　《俄罗斯东欧中亚研究》2021年第1期

主要观点：全球价值链是一个国家融入全球与区域经济的结构性能力的体现。文章以全球价值链为分析框架和实证研究工具，在分析俄罗斯遭受西方制裁后的经济现状和结构性特征的基础上，对当下俄罗斯在全球价值链中的角色和地位进行全方位的实证考察。通过研究得出的结论是，俄罗斯全球价值链的能力提升存在悖论，其突出经济主权安全、过度强调产品本土化、国内产业链不完整、长期远离全球价值链中心等因素，直接影响俄罗斯全球性和区域性经济竞争能力的塑造，就俄罗斯目前的总体经济结构现状而言，其产业链集中于全球价值链体系的上游端，不仅对俄罗斯构成明显产业链短板，同时其价值链与世界的联系也具有相当的外部性和脆弱性。

学术影响：在俄罗斯经济问题研究领域，该文章运用经济学的规范逻辑在理论工具、方法和研究结论之间建立了一种可信的联系，是国别经济研究的一个好范例。

【基于全民健康覆盖的俄罗斯基本医疗卫生支出绩效评价】

童伟　宁小花　《欧亚经济》2021年第6期

主要观点：俄罗斯基本医疗卫生支出分配较为公平，但政府公共卫生支出综合效率偏低，未能达到最优支出规模，卫生资源的规划和管理水平也有待提高，还应在提高基本医疗卫生服务的公平性和有效性等方面进一步改进与提升。

学术影响：文章被中国人民大学复印报刊资料《社会保障体制改革》2022年第1期全文转载。

【中亚经济30年：从转型到发展】

李中海　《欧亚经济》2021年第4期

主要观点：中亚国家独立后经历了从寻求经济转型到谋求经济发展的过程。进入21世纪，转型叙事逐渐淡出了中亚国家经济研究视野，但多数国家的经济改革进程仍在继续。经过30年发展，中亚各国不同程度地实现了经济增长，但各国经济结构仍没有发生明显变化。转型、增长与发展之间的关系存在悖论。在中亚五国中，资源型国家经济增长速度较快，而劳务输出型国家的经济较为困难；自由化程度越高的国家，经济发展水平越不能令人满意；中亚各国经济呈现明显的资源依赖型特征。中亚国家要实现经济快速发展，就要在强有力的政府领导下，坚持市场经济选择，改善治理质量，继续改革经济管理体制，对外部世界敞开大门，通过有效的制度安排和政策调整实现资源的合理配置，从而实现经济发展目标。

学术影响：文章被中国人民大学复印报刊资料《国别与地区经济》2021年第10期全文转载。

【俄罗斯工业化200年：回顾与展望】

高际香　刘伟　杨丽娜　《欧亚经济》2021年第5期

主要观点：纵观俄罗斯工业化发展历程，其不同时期的政策与实践无不是在力图有效解决资金、技术和劳动力三个维度的问题，在合理处理政府与市场、国内市场与国际市场之关系中辗转腾挪。沙俄时期的工业化成功利用了西方国家产业转移机遇和农奴制改革释放的大量自由劳动力。苏联时期的工业化主要依靠指令性计划经济在劳动力动员和资金筹集方面发挥的决定性作用。当前，在新一轮科技革命和产业变革深入发展的大背景下，俄罗斯"新工业化"是一项艰巨复杂的系统工程。俄罗斯在很大程度上不得不更多依靠自身力量同时解决资本、新型劳动力供给、技术支持和制度创新问题。与此同时，推进国家治理能力和治理体系现代化，为"新工业化"推进打造良好的监管环境，推进信息基础设施建设，加快数字人才培育，保障信息安全，推进核心技术研发，几者不可或缺。

学术影响：文章被《新华文摘》2022年第1期转载。

【俄罗斯自贸伙伴的选择逻辑】

曲文轶　杨雯晶　《俄罗斯研究》2021年第6期

主要观点：俄罗斯加紧构建以自己为主导的自由贸易网络，放弃了转型初期激进的、完全放开的自由模式，选择了一条保护与开放兼顾、循序渐进融入世界经济的路径，并初步形成了具有自身特色的自贸网络布局。该文从国际权力、国家战略和国内社会层次系统考察俄罗斯选择自贸伙伴的逻辑。从国际权力的角度来看，俄罗斯对自贸伙伴的选择，需要承载俄罗斯打造多极世界中"一极"的战略愿景和参与世界经贸规则决策过程的战略意图。从国家战略的角度来看，自贸伙伴的选择还需契合俄罗斯国家发展对于经济安全、能源技术、吸引外资及商品出口等领域的战略需求，最大限度地维护国家政治经济利益。从国内社会的角度来看，自贸伙伴的选择也传递着俄罗斯内部不同利益集团的意图。

【俄美关系的走向及其影响】

柳丰华　《国际问题研究》2021年第2期

主要观点：乌克兰危机以来，俄美关系陷入长期对抗的根源在于美国不断削弱俄罗斯对其周边地区的影响力和企图改造俄罗斯政治制度。同时，基于军事安全互动的俄美关系基本结构也使两国难以摆脱安全困境。拜登执政后，美国对俄推行"强力遏制+有限合作"政策，俄罗斯可能以反制与合作两手策略应对，既避免与美国发生军事冲突，也不会与之和解。未来一段时期内，俄美关系仍将延续对抗状态，难以实现正常化。俄美发展关系将更多考虑各自与中国的关系。

【苏联解体的长时段考量——文明史视角的探讨】

冯绍雷　《俄罗斯研究》2021年第6期

主要观点：该文从文明史的长时段视角探讨苏联解体问题。通过不同历史时段条件下的多民族关系的聚合性、传统治理模式在多大程度上存在中介性协调机制、文明所处的区位独特性等方面差异，探视苏联解体的端倪。把苏联现象作为一个文明单位来系统考察，观察多民族构建、思想文化与意识形态建设以及如何处理外部关系是事关苏联前途的关键问题，苏联解体正是源于这三个重大问题。同时，帝国对外扩张与国内的体制改革进程存在着紧密的相互关联。改革停滞无疑是导致苏联解体的诱因。文明演进过程中思想史的传递、演绎，特别是若干关键范畴的承继与缺失对文明发展具有何种意义；特别是文明结合部条件下，思想史演绎与体现为民族心理与行为特征的"极化"的文明结构这两者之间存在何种关系。这些问题对研究俄文明与苏联解体间的关联性十分重要。尤其是对"适度"这一思想行为范畴的研讨，有利于剖视苏联解体的深层动因。本质主义与非本质主义的文明研究方法似已并不限于纯学术讨论，开始参与新兴国家与既存霸权之间的合作与竞争过程。

该文从文明史的视角探讨苏联解体问题，将长时段演进与中短时段的变化结合起来进行考察，主张在尊重各自文明存在的客观前提下，互学互鉴，避免文明冲突。

学术影响：文章被中国人民大学复印报刊资料《世界社会主义运动》2022年第3期全文转载。

【中俄共建"冰上丝绸之路"的地缘政治经济分析】

李兴　董云　《人文杂志》2021年第10期

主要观点：该文在地缘政治经济学理论基础上探究了中俄共建"冰上丝绸之路"的地缘环境、地缘政治和地缘经济优势，"冰上丝绸之路"建设是发展中俄全面战略协作伙伴关系的新亮点。同时，中俄共建"冰上丝绸之路"具有建设性、可行性和可操作性，两国地缘经济具有很强的互补性和便捷性，并纳入"一带一盟"对接合作、共同发展的战略性倡议机制。但是，由于中俄两国环境和内外障碍因素，"冰上丝绸之路"未来发展具有某种不确定性，甚至反复性。中俄两国需要继续发挥地缘优势和互补优势，加强顶层设计与战略引领，深化合作机制，把中俄战略协作伙伴关系与市场经济原则和国际法规则有机灵活地结合起来，推动多方多边参与，开放式合作建设，促进亚欧北部的互联互通，平衡和重塑欧亚大陆的地缘经济政治格局。

【俄罗斯的"欧洲选择"分析】

吕萍　《俄罗斯东欧中亚研究》2021年第6期

主要观点：苏联解体后，俄罗斯将"融入欧洲"作为国家的发展方向。虽然俄罗斯付出了努力，但总体来看，其"欧洲选择"并不成功，在事关俄罗斯利益的重大问题上欧盟并没有与俄罗斯相向而行，俄罗斯也未能实现"融入欧洲"的目标。乌克兰危机的爆发终止了俄罗斯"回归欧洲"之路。俄罗斯认为欧盟应承担俄欧关系恶化的主要责任。目前，俄欧关系处于"冷战"结束以来的最低水平，尚不具备实现正常化的条件。

【后苏联空间：俄罗斯的战略依托及大国博弈】

刘丹　《俄罗斯东欧中亚研究》2021年第6期

主要观点：后苏联空间是伴随苏联解体出现的一个单独的地缘政治区域，呈现"一大多小""一强多弱"结构。在俄罗斯主导下，各国在政治、经济、人文和军事上建立了紧密联系。该地区构成了俄罗斯的战略安全和战略发展空间，是俄罗斯的"战略利益区"、"传统利益区"和"切身利益区"，对俄具有重要的地缘政治意义。同时，美欧对后苏联空间的介入与影响日益增强，极大恶化了俄罗斯的地缘战略环境。俄罗斯在后苏联空间积极发展以俄罗斯为主导的依靠独联体、俄白联盟国家、集体安全条约及欧亚经济联盟等组织框架内的合作，积极推动地区一体化建设。后苏联空间是俄罗斯重振大国地位的重要依托。

【民族问题与苏联解体】

刘显忠　《世界社会主义研究》2021年第10期

主要观点：苏联的民族联邦制国家结构、俄罗斯联邦的地位问题是苏联从建立时起就存在的结构性隐患，俄罗斯联邦的支撑和集中统一的苏联共产党的存在，遏制了这一隐患的爆发。戈尔巴乔夫改革取消苏联共产党在政治生活中垄断地位的宪法条款，使作为苏联国家管理机构基础的统一的苏联共产党丧权，联盟改革计划使俄罗斯联邦的统一完整性受到威胁。

维系苏联存在的重要因素丧失，致使苏联的结构性隐患爆发，最终导致苏联解体。苏联解体给中国的启示就是要及时填补法律、政策漏洞，强调中华民族的历史文化认同，强化通用语言文字在国家中的地位和作用，始终坚持中国共产党的领导。

学术影响：文章深入分析了苏联联邦制国家结构中暗藏的民族问题及其与联盟国家解体之间的关系，发表后在学术界受到好评。

【中国当代文学作品在俄罗斯的传播：脉络与演进】

许华 《国外社会科学》2021年第4期

主要观点：文学作品是文化的重要载体，它的海外传播是人们喜闻乐见且效果持久的文化交流方式，也是塑造国家形象和传播文化影响力最重要的工具。中国当代文学在俄罗斯的传播经历了低潮、曲折发展，直至近年来的稳定增长等阶段。初期以汇编多位作者的中短篇小说选集为主，逐渐发展到出版单一作者的中短篇小说集、成系列的主题小说集和长篇小说。近十年来，中国当代文学作品对俄传播取得较大进展，中俄两国联合实施了一系列译介和推广文学作品的项目，俄罗斯一些综合性出版集团还抓住商机，通过商业途径主动引进中国小说版权。文章不仅梳理了中国当代文学在俄罗斯的传播历程，还选取2020年译介至俄罗斯的具有代表性的几部中国当代文学作品进行案例研究，力求为中国学界了解中俄文学交流状况提供具体和新颖的研究材料。

学术影响：文章深入分析了当代中国文学作品在俄罗斯的传播脉络和演进历程，拓展了中俄关系研究的空间，发表后在学术界受到好评。

【德国专家与苏联核计划（1945—1956）】

张广翔 王金玲 《史学月刊》2021年第10期

主要观点：第二次世界大战之前，德国在原子核物理领域的探索过程中形成了影响力巨大的专业化团队。德国战败后，苏联实施核计划，为补齐人才缺口，采用法律、经济和强制手段，通过在德国本土签约和从战俘营中挑选两种渠道招募了324名德国专家参加核计划。德国专家承担的工作是苏联核计划基础性工作的重要组成部分，而非一般辅助性工作；具体研究工作处于核计划中的主流方向，而非旁枝末节。苏联原子弹、氢弹爆炸之后，德国专家再三要求回国，但被苏联政府一再挽留，其重要性可见一斑。

学术影响：文章深入分析了苏联核计划中德国专家的作用，积累了苏联核武器研究的知识，发表后在学术界受到好评。

【中亚"水—能源—粮食"安全纽带：困境、治理及中国参与】

于宏源　李坤海　《俄罗斯东欧中亚研究》2021年第1期

主要观点及学术影响：文章从水、能源、粮食作为国家安全战略的重要组成部分着手，分析认为中亚地区面临的"水—能源""能源—粮食""水—粮食"的多重互动冲突，中亚安全纽带极易与政治、经济、恐怖主义、极端主义等其他领域的安全议题相纠缠，并互为因果。文章探究了中亚"水—能源—粮食"安全纽带困境的成因及治理过程中面临的难题，对中国与中亚国家开展安全协同治理具有积极意义。

【从撤军阿富汗看美国中亚政策的调整】

曾向红　《当代世界》2021年第9期

主要观点：文章讲述了在美军撤离阿富汗、塔利班夺取政权，阿富汗和中亚地区形势发生剧烈变化的背景下，美国不得不重新调整其中亚政策，以适应阿富汗形势和美国国家安全利益需求的变化。分析了美国中亚政策的调整趋势、原因和美国中亚政策调整给中亚地区带来的潜在影响。

学术影响：文章深入分析了美国中亚政策的调整以及大国在中亚地区博弈新态势，对中国维护在中亚地区的利益，化解地区风险方面具有借鉴意义。

【上海合作组织安全合作：成就、挑战与未来深化路径】

苏畅　李昕玮　《国际问题研究》2021年第3期

主要观点及学术影响：文章深入分析了上海合作组织成立以来在安全领域的合作成就、成就取得的原因、合作面临的挑战以及成员国之间深化安全合作的基础和共识。成员国有关安全合作理念达成的共识不断凝聚增强；安全合作的法律基础和机制建设得到丰富和完善；以反恐、执法和防务合作为主要内容的务实合作卓有成效。该文对研究上海合作组织安全合作、构建上海合作组织安全命运共同体具有参考意义。以中俄大国为引领是安全合作提质升级的核心力。当前和未来一段时期，上海合作组织成员国依然面临诸多安全挑战，需要强化安全共同体意识，加强务实安全合作，合力打造上海合作组织安全共同体。

【上海合作组织的扩员与命运共同体建设】

李自国　《俄罗斯东欧中亚研究》2021年第4期

主要观点及学术影响：该文在系统概述上海合作组织扩员的基础上，深入分析了组织扩员后面临的内外挑战与机遇、组织再度扩员面临的内外因素以及未来扩员的方式与方向。在国际形势急剧变化的背景下，上海合作组织面临新的内外发展环境。文章在探索上合组织发展、地区稳定、构建人类命运共同体方面具有积极意义。

【中亚地区"去俄罗斯化"政策】

田烨 于梦杰 《国际研究参考》2021年第6期

主要观点及学术影响：文章从中亚地区"去俄罗斯化"历史背景、政策措施、原因、效果及影响几个角度深入分析了中亚国家独立以来的"去俄罗斯化"进程。当代中亚国家与昔日相比虽然拥有了更多话语权，但由于受俄罗斯长期影响，中亚地区的"去俄罗斯化"进程未取得预期效果。文章对研究中亚国家与俄罗斯关系、中亚国家外交政策选择具有参考意义。

【疫情背景下中亚地区：形势、影响及应对】

李睿思 《北方论丛》2021年第5期

主要观点及学术影响：文章分析了疫情背景下，中亚国家政治、经济、安全、外交等领域的形势变化、应对措施及对国家发展的影响。文章全面系统地概述了疫情以来中亚地区国家发展进程，有助于中国综合研判周边地区形势、有助于在中亚地区推进共建"一带一路"高质量发展，维护地区和平与稳定，推动构建人类命运共同体。

【中亚地区治理三十年：一项研究议程】

曾向红 《东北亚论坛》2021年第5期

主要观点及学术影响：在涉及中亚国家独立以来国家构建和社会转型历程这一庞大课题的反思和研究中，中亚地区的地区治理状况及其变迁是一个能带来诸多学理价值和政策启发的学术议程。空间重塑、治理实践、互动规则、象征政治是中亚地区治理及其变迁研究中需要特别予以注意的四个维度。从这四个维度予以考察，大体能勾勒出中亚地区治理变迁的大致轮廓及由此衍生的地区秩序类型。这些议题包括中亚地区治理模式的演进及其动力、中亚地区秩序的特征及其变迁、中亚地区治理的主要领域及对地区秩序形成和维持的影响、各治理主体在中亚地区秩序形成中所扮演的角色及其策略。对涉及中亚地区治理的四个维度和四个议题进行细致考察，有望能较为清晰完整地把握30年来中亚地区的治理状况、变迁轨迹及其发展方向。文章对中亚研究议程设定具有参考意义。

【美国的中亚政策：基于猎鹿博弈视角的分析】

肖斌 《俄罗斯学刊》2021年第3期

主要观点及学术影响：近30年来，美国与中亚国家基本保持了平稳发展的关系，美国的中亚政策引起了诸多学者的研究兴趣，该领域取得了很多开拓性研究成果，促进了美国中亚政策研究的发展。受中美俄三国竞争关系的影响,在美国中亚政策时间维度中,绝大部分时间都处于风险占优的状态。因此,美国的中亚政策更倾向于选择猎兔策略,在中亚地区维护美国的战略利益,即打击恐怖主义,确保美国的国家安全;支持中亚国家的独立性,减少中亚国家对中国和俄罗斯的过度依赖,寻求美国在中亚地区的支配性权力。文章对研究中亚地区大国博弈具有参考意义。

【上海合作组织与欧盟中亚治理的比较——构建命运共同体还是规范性改变】

孙超 《俄罗斯研究》2021年第6期

主要观点及学术影响:2021年是上海合作组织成立20周年。在"上海精神"的引领下,上合组织在发挥功能合作、增进民心相通、构建集体认同等方面表现出色。相比之下,欧盟在中亚推进的"规范性外交"却遭遇诸多瓶颈。因此,欧盟也在调整其中亚政策。2019年,欧盟启动全新的中亚战略,将"连通"作为核心理念,推动中亚扫清基础设施建设的连通障碍和制度障碍,"涓滴"欧洲化的治理模式。但这一新战略的推进存在较大的难度:一是缺失地区合作的双赢思维,导致有效多边主义难以实现;二是过分强调地区治理的条件性和规范性,束缚了合作的灵活性;三是集中关注民主和人权议题,引起中亚各国的普遍不安。在国际大变局下,欧盟的中亚治理需摒弃零和思维,将上海合作组织视为伙伴而非对手,才能推进中亚善治的目标。文章对研究上海合作组织的治理模式有参考意义。

【中亚国家语言安全问题探析】

杨波 王天驹 《俄罗斯东欧中亚研究》2021年第6期

主要观点及学术影响:中亚五国独立以来,一贯坚持构建和强化以主体民族为核心的国家认同,统一的语言生态被政治精英视为国家凝聚力的体现,各国政府大力调整语言规划,赋予主体民族语言国语地位,扩大主体民族语言的使用范围,重塑国家语言权力地位格局。语言在维护国家安全方面的价值愈发凸显,语言与国家安全问题进入了更多研究者的视野。中亚地区语言实践表明,语言活力代表国家文化风貌,生存兴亡事关民族文化安危;语言使用标记身份特性,争夺身份权益威胁社会稳定;语言应用保障信息资源流动,语言能力建设维护安全战略利益。文章对研究中亚地区的非传统安全问题具有参考意义。

【三海倡议及其地缘政治和经济意义】

朱晓中 《俄罗斯学刊》2021年第5期

主要观点:"三海倡议"是欧盟框架内的一个次区域组织,旨在共同推动地处波罗的海、黑海和亚得里亚海沿岸有关国家在能源、交通、数字化信息基础设施建设和经济领域进行合作。"三海倡议"尝试在欧盟"连接欧洲设施"战略框架内,在对成员国具有经济和战略意义的若干领域进行双边和多边合作,因而使该倡议具有重要的地缘经济意义。在美国与俄罗斯和中国关系日益复杂的背景下,"三海倡议"合作正在成为美国与俄罗斯和中国在这一地区进行地缘政治博弈的新平台。

学术影响:文章深入分析了"三海倡议"的性质及其地缘政治和经济意义,并置于大国博弈的背景评估其走向,发表后在学术界受到好评。

【中东欧国家入盟与欧盟东扩:是否为同一进程?】
高歌 《俄罗斯东欧中亚研究》2021年第4期

主要观点:中东欧国家"入盟"与欧盟东扩看似为同一进程,实际上并非完全如此。中东欧国家要求加入欧共体和欧共体决定东扩的时间不一致;中东欧国家入盟和欧盟东扩的动机有相同的一面,但中东欧国家看重"入盟"的经济利益,欧盟则更看重东扩的安全意义,即便在相同的动机下,二者的考量和行为模式也有所不同;中东欧国家"入盟"和欧盟东扩的路径亦非完全对称,既有围绕入盟条件展开的形式上对称实际上不对等的路径,又有基于各自利益的不同路径。

学术影响:文章从欧盟和中东欧的角度双向考察欧盟东扩进程,拓展了欧洲一体化研究的视角和方法,发表后在学术界受到好评。

【英国与欧盟达成协议"脱欧"对中东欧国家的影响】
姜琍 张海燕 《欧亚经济》2021年第3期

主要观点:英国"脱欧"是给英国的社会政治、经济发展和对外关系、欧洲一体化与区域转型、国际格局与全球治理带来巨大挑战的重大事件。鉴于历史渊源、政治理念、经济联系和人员往来等方面的原因,欧盟的中东欧新成员国与英国关系较为密切,既是政治盟友,又是重要的经贸合作伙伴。英国与欧盟达成协议"脱欧",给中东欧国家带来或多或少的政治和经济影响,且政治影响大于经济影响。

学术影响:文章系统探讨了英国"脱欧"对中东欧国家的政治经济影响,丰富了对英国"脱欧"影响的研究,发表后在学术界受到好评。

【中东欧国家政治转型的比较与评估——以克罗地亚民主化进程为例】
徐刚 《欧洲研究》2021年第4期

主要观点:从过去30年各类民主指数评级、国家治理指数得分,特别是"政府俘获"的情况可以看出,"入盟"对克罗地亚民主化的正向作用十分显著;但"入盟"后条件性约束缺失、对国内政治文化传统的"依赖"以及执政集团"政府俘获"能力强大等因素交互使得克罗地亚民主巩固的深化充满着反复、曲折，甚至某种程度上的倒退。前者从西巴尔干国家"入盟"进度和民主化程度的正向关系得到验证，后者在几乎所有欧盟中东欧成员国出现的"非自由转向"现象中获得解释。中东欧的现象是否引发了欧洲的民主回潮趋势尚难断言，但无疑为考察欧洲一体化走向，特别是欧盟政治融合能力提供了极好的视角。

学术影响：文章以克罗地亚民主化进程为例，对比其他中东欧国家的转型实际，对中东欧国家政治转型进行了全面考察和评估，对中东欧国家的政治趋同现象做了深入分析，发表后在学术界受到好评。

【中乌合作：继往开来 携手共进】

赵会荣 《经济》2021年第8期

主要观点：文章系统分析了中乌合作面临的有利条件和不利因素，认为中乌互重双边关系，未来双方经贸合作潜力巨大。2021年初，泽连斯基对参与收购马达西奇公司的中国企业实施制裁措施。在决策层中亲西方者的支持下，泽连斯基的决策不仅有对稳固自身政权，避免被政治对手围剿的考虑，也反映出美国对乌克兰内政外交的影响力。然而，泽连斯基的制裁决策是有针对性且是有节制的，并在制裁后立刻做出维护中乌关系的举动。制裁事件没有从根本上撼动中乌关系的基础，中乌签署了关于深化基础设施建设领域合作的协定，乌克兰也撤销联署加拿大在联合国人权理事会发起的反华共同发言，在多领域展现出积极的对华合作态度，这既源于乌克兰政府的利益诉求，也折射出中乌关系的韧性。

【俄乌教会纷争引发的东正教世界的危机与应对】

刘博玲 《世界宗教文化》2021年第3期

主要观点：俄乌教会纷争引发东正教世界危机，东正教世界不稳定性增强，东正教世界的统一被打破，要使当代东正教世界中的两个主要力量中心达成妥协，目前还困难重重。

【国家身份、国内政治与地缘博弈——乌克兰地区一体化政策探析】

王志 王梅 《俄罗斯研究》2021年第5期

主要观点："冷战"结束后，受国家身份、国内政治和地缘博弈因素的影响，乌克兰外交政策中的地区一体化方向存在三种选择。乌克兰自身定位为东欧国家，认为欧亚取向不可取，向西成为其基本目标。然而，受制于国内政治和地缘博弈干扰，地区一体化方向在不同政策间摇摆。当国内政治或地缘博弈削弱了国家身份对外交政策的影响时，它偏向平衡外交。当然，如果这种反作用的力量过于强大,偏离了身份塑造外交的基本方向,则将引发国内政治动荡。

学术影响:文章借鉴新古典现实主义改造结构现实主义的逻辑,将国家身份作为自变量,将国内政治和地缘政治博弈作为干扰变量,以提升建构主义对国家具体外交政策的解释力。现实层面,通过分析乌克兰地区一体化政策及其背后的动因,认识其外交政策的内在困境、东部危机的根源和发展趋势。

【社会分层、社会流动与社会危机——独立30年后的乌克兰社会】

苟利武 《俄罗斯研究》2021年第5期

主要观点:2021年是乌克兰独立30周年。30年来的转型与发展先后经历了多次全国性危机和变局。独立后的乌克兰打破了苏联时期的阶层结构,而市场化转型又不可避免地带来了社会分层,形成了以寡头精英、中产阶层和低收入群体为特征的社会结构。寡头精英形成的阶层壁垒阻碍了作为社会"稳定器"的中产阶层的壮大,在挤压低收入群体生存空间的同时,造成了不同地区、行业和城乡的贫富分化,加剧了阶层之间的对立,导致了中产阶层的向下流动和低收入群体的横向流动,使得作为安全阀的社会流动难以发挥缓和阶层对立、降低社会危机的功能。经济危机、国外变局、周边矛盾等由外而内的传导,激发了乌克兰的社会情绪,加上国内长期的经济衰退、治理失效与社会腐败,使得乌克兰跌入"塔西佗陷阱",导致乌克兰转型期间多次爆发全国性的危机。

【泽连斯基治下的乌克兰:政治与经济发展现状及展望】

李琰 《欧亚经济》2021年第5期

主要观点:在泽连斯基总统执政的两年多时间里,乌克兰政治经济局势有了一定的好转。他积极促成顿巴斯地区实现无限期停火,并深化政治经济领域改革,有力推动中央权力下放、反腐反垄断、开放农业用地市场以及国有资产私有化等措施落地,取得了一定成效。但乌克兰政治和经济中的结构性问题积重难返,无法在短期内彻底改变,同时西方国家对乌克兰内政问题的影响不断加深,削弱了其政策自主性。展望未来,乌克兰的政治经济发展前景蕴藏着极大的不确定性,乌东部地区局势再度紧张,泽连斯基面临支持率下跌、寡头和地方精英势力坐大给其政权安全带来的严峻挑战,而由于新冠肺炎疫情的影响,乌克兰经济社会发展也会有一定的迟缓。

【乌克兰寡头政治体制:形成、特征及影响】

毕洪业 《俄罗斯学刊》2021年第5期

主要观点:独立后的乌克兰,伴随着国家与社会的全面转轨,寡头迅速崛起并成为国家经济、政治及社会生活的主导。乌克兰寡头经常能够操纵政治、经济决策过程，以保持和扩大寻租的机会。在寡头治理模式之下，乌克兰长期面临着系统性的经济、政治与社会危机以及体制弱点和内部分歧的困扰。寡头影响已经深深融入乌克兰的经济、政治和社会生活之中，成为腐败泛滥的根本原因，也是国家治理困境的根源。消除寡头影响似乎是乌克兰所面临的许多问题的解决方案。但这在短期内是难以实现的。

【乌克兰共产党：新困境、新战略、新抗争】

陈爱茹 《世界社会主义研究》2021 年第 3 期

主要观点：2014 年 2 月乌克兰危机发生以后，乌克兰共产党面临新困境，新上台执政的民族主义政党将矛头直指共产主义意识形态，并于 2015 年 4 月 9 日在乌克兰最高拉达通过了"关于乌克兰谴责共产主义和国家社会主义（纳粹）等极权主义并禁止宣传其标识"法案，谋划取缔共产党。在这样的情况下，乌克兰共产党调整战略战术，积极应对，加强党的建设，积极使用法律武器，成功顶住了来自右翼政府的压力，保住了乌克兰共产党，并将党员人数稳定在 5 万人。与此同时，乌克兰共产党还积极开展新的抗争，利用国内国际两个平台，揭批乌克兰右翼当局的法西斯主义倾向，并呼吁国际社会警惕法西斯主义复兴。

学术影响：文章被中国人民大学复印报刊资料《世界社会主义运动》2021 年第 5 期全文转载。

【近来乌东紧张局势的"北溪-2"背景】

李勇慧 《世界知识》2021 年第 10 期

主要观点：文章叙述了"北溪-2"项目对于乌克兰的影响，指出乌克兰试图拉紧美国、团结新中东欧国家反俄，因为"北溪-2"一旦建成通气，将彻底改变俄乌能源供应关系，乌将在 2021—2024 年损失总计 4 亿—5 亿美元的天然气"过境费"，斯洛伐克、奥地利、捷克的"过境费"收入也会大幅减少。

【新冠肺炎疫情影响下的白俄罗斯及其与中国合作】

赵会荣 《北方论丛》2022 年第 1 期

主要观点：新冠肺炎疫情对白俄罗斯经济、社会和政治造成巨大冲击，暴露并加剧了白俄罗斯国家和社会治理领域存在的问题。在疫情背景下，白俄罗斯第六届总统选举触发政治危机。卢卡申科政府通过采取有效措施应对使紧张局势逐渐趋于缓和，国内恢复正常秩序，内外政策随之调整，对内宣布启动修宪，对外加强非西方外交，尤其加强与俄罗斯的联盟关系。疫情发生以来，中国与白俄罗斯开展了行之有效的合作，对于促进白俄罗斯稳定与发展发挥了积极的作用，并为后疫情时代构建中白卫生健康命运共同体奠定了良好基础。

【转型与挑战：白俄罗斯现代媒体发展及俄罗斯的影响】

农雪梅 《俄罗斯东欧中亚研究》2021年第5期

主要观点：白俄罗斯独立后，其现代媒体领域发展一直较为平稳，传统媒体（电视、广播、报刊）长期在信息传播中占据主导地位，国家也始终对该领域保持强力监管。随着网络时代的到来，网络媒体异军突起。虽然在当前白俄罗斯媒体领域，国家媒体在传统媒体中仍然占绝对统治地位，但在网络媒体中，非国家媒体更占优势，而政府缺少对该领域的管理经验，对网络媒体的实际控制力较弱。同时，从根本上说，白俄罗斯媒体并非完全的民族媒体，俄罗斯在其中具有较强的影响力，无论是从媒体数量还是从产品内容看，俄罗斯在白媒体市场中都占有较高的份额。近年，白提出信息主权概念，意欲排除别国对本国信息领域的影响，但落实到具体措施上效力较弱，基本不能对俄罗斯媒体构成威胁。在2020年白政治危机后，加强国家对网络媒体的控制，制衡俄罗斯在白信息传播领域的影响是白政府面临的最主要问题。

【欧美制裁加码，白俄罗斯局势呈现新变化】

杨博文 《世界知识》2021年第18期

主要观点：自2020年8月白俄罗斯总统大选以来，因选举结果有效性受到质疑、选举后示威活动持续爆发，白俄罗斯与美国、欧盟以及波兰、立陶宛等邻国关系持续紧张。2021年5月以来，瑞安航空客机迫降、白俄罗斯女运动员在东京奥运会期间拒绝回国并寻求庇护等事件使双方冲突加剧。

【对白俄罗斯基本经济制度的研究】

孙铭 《欧亚经济》2021年第4期

主要观点：白俄罗斯采取市场社会主义作为基本经济制度，这是其试错后的选择。白俄罗斯市场社会主义是以国家主义价值观为指导，坚持国有经济的主体地位，有序推进私有化，并在市场社会主义的基础上形成了独创的"白俄罗斯模式"。经过近30年的探索，"白俄罗斯模式"实现了政权的稳定和较快的经济增长，人民福利待遇得到保障。然而，在经济全球化的背景下，正处于转型过程中的白俄罗斯不仅面临经济改革的压力，也要应对美西方的干涉，这一切都考验着白当局的执政水平。

【白俄罗斯国家发展理论与实践的新探索——白俄罗斯第六届全国人民大会推动国家现代化作用分析】

葛音 李燕 《理论与现代化》2021年第3期

主要观点：白俄罗斯第六届全国人民大会于2021年2月举行，距白俄罗斯第六届总统大选仅半年。白俄罗斯社会因"选举抗议"带来的动荡尚未完全消除，此次大会被视为政府与社会各界至关重要的对话平台，其意义不亚于白俄罗斯建国后举行的首次人民大会，受到各方高度关注。白俄罗斯第六届全国人民大会是白俄罗斯国家发展理论与实践的新探索，将对白俄罗斯未来5—10年的政治、经济与社会发展产生重大影响，尤其是宪法改革、总统权力分配、国家管理体制改革等方面。

【"一带一路"倡议实施中的白俄罗斯宗教风险研究】

张熙 《世界宗教文化》2021年第2期

主要观点：白俄罗斯是与中国共建"一带一路"的重要合作伙伴，为保障双方在"一带一路"倡议实施过程中取得互利共赢的成果，对白俄罗斯的宗教因素及其风险评估是十分必要的。该文以白俄罗斯宗教历史与现状为基础，分析当代白俄罗斯的宗教发展态势与宗教政策，并从宗教信仰格局、民族宗教关系、宗教法治程度、政教关系情况、宗教教派矛盾等维度评估该国在"一带一路"倡议实施中存在的宗教风险程度。

【白俄罗斯市场社会主义模式与启示】

程恩富 李燕 《经济社会体制比较》2021年第2期

主要观点：自卢卡申科执政后，白俄罗斯走上市场社会主义发展道路。停止私有化，保持国有经济成分在国家经济中的主体地位；实行垂直管理的高效国家治理模式，强化总统制领导，以社会公平和公正为主要导向；秉持多元化和多方向外交，与独联体国家、中国、欧盟等保持良好外交关系。市场社会主义使白俄罗斯经济从衰败中恢复并快速发展，国家经济基础日益稳固，构建了强有力的社会保障体系，社会福利涵盖最广泛社会群体，最大限度保证就业、保障公民权利，民众生活质量不断提高，避免了社会分化，实现了社会稳定。白俄罗斯的市场社会主义理论与实践给当今社会主义实践和资本主义制度改革以重要启示。

【中国与白俄罗斯经贸合作的发展及其面临的主要挑战】

李孝天 《欧亚经济》2021年第1期

主要观点：中国与白俄罗斯的经贸合作成绩显著。两国进出口贸易总额大幅提升，中国对白投资明显增长，在白经营的中资企业数量不断增加，中白工业园建设成效显著。对中国而言，深化与白俄罗斯的经贸合作有助于开拓欧洲市场，推动中资企业"走出去"，对"丝绸之路经济带"的建设也有所裨益。然而，两国经贸合作关系的深化仍面临一些挑战，为有效解决这些问题，中国应转变观念，尊重白俄罗斯本土市场的游戏规则，充分发挥政府的宏观调控功能和市场的自主性，完善与白俄罗斯的市场对接机制，本着合作共赢和包容互鉴的原则妥善应对风险，实现两国经贸合作的长足发展。

【帝国遗产与现实困境中的民族认同——摩尔多瓦的民族国家构建】

曲岩 《俄罗斯东欧中亚研究》2021年第3期

主要观点：重塑民族身份认同是后苏联空间各国面临的首要转型目标之一。生活在比萨拉比亚的摩尔多瓦民族与罗马尼亚民族有着共同的起源和语言，但在17—19世纪现代民族形成和演变的历史进程中，摩尔多瓦民族与罗马尼亚民族渐行渐远。这并非两个民族的自主选择，而是俄罗斯帝国、奥斯曼土耳其帝国以及哈布斯堡帝国地缘政治权力争夺的产物。苏联解体后，摩尔多瓦成为独立国家，其发展的首要任务仍是民族身份认同的构建。处在东西欧之间、大国夹缝中的摩尔多瓦不仅背负着帝国的遗产，又面临现实的困境。摩尔多瓦通过国家语言的塑造与民族历史的书写来不断构建摩尔多瓦民族认同。在这个意义上，摩尔多瓦民族认同建构的历史与现状为人们理解中东欧国家转型过程中涌动的民族主义、发展道路选择问题提供了一个绝佳的案例，同时，它亦有助于反思小国在民族国家形成过程中的机遇和困境。

【摩尔多瓦总统桑杜】

张伟榕 《国际研究参考》2021年第4期

主要观点：2020年马娅·桑杜（Maia Sandu）正式就任摩尔多瓦新一任总统。桑杜于2012—2015年担任摩尔多瓦教育部部长，其间采取措施大力打击教育系统内的腐败行为，得到许多民众的信任和支持。在总统任期内，桑杜仍然将重点放在解决国内的腐败问题上，外交方面尝试建立"平衡外交"。但如果没有形成亲欧洲政府，桑杜与前任总统伊戈尔·多东（Igor Dodon）带领的社会主义者党之间的斗争可能会导致新一轮的内政危机。

【摩尔多瓦：地缘政治十字路口上的"真空地带"】

张艳璐 《世界知识》2021年第1期

主要观点：摩尔多瓦位于东欧平原南部边缘，地缘位置特殊，东部和北部与乌克兰接壤，西部隔普鲁特河与罗马尼亚毗邻，东南部遥望黑海，一直是俄罗斯与西方博弈的战场之一。当今世界面临百年未有之大变局，大国博弈日趋激烈，位于大国夹缝中的摩尔多瓦再次受到各方关注。

学术活动

学术讲座

【俄国经济史研究国际工作坊】

2021年3月2—15日，吉林大学东北亚研究院、吉林大学东北亚研究中心、吉林大学—莫斯科大学历史学研究中心联合主办了"俄国经济史研究国际工作坊"，工作坊以线上和线下相结合的方式进行。

俄罗斯科学院院士、莫斯科大学历史系前系主任 С.П. 卡尔波夫，莫斯科大学历史系主任 Л.С. 别洛乌索夫，莫斯科大学历史系副主任 Л.И. 鲍罗德金，俄罗斯科学院俄国史研究所所长、教授 Ю.А. 彼得罗夫等10余位俄罗斯历史学学者以"帝俄工业发展的兴衰周期（1861—1914年）""俄国的货币流通和货币改革（18世纪至1917年）""俄国的银行体系（18—20世纪初）""19世纪帝俄经济中的女企业家：法律权利和商业实践""银行在帝俄工业发展中的作用""19—20世纪初俄国与亚洲的对外贸易""改革后俄国各省的社会经济发展：省长报告的信息潜力""18世纪帝俄的税收问题""19世纪俄国的赋税问题""1860—1917年帝俄的国有银行""19—20世纪之交俄国的税制""19—20世纪初俄国经济与社会发展的变迁"为题为吉林大学学子带来多场精彩纷呈的讲座，深度研讨并展望了中俄两国在俄国史领域的合作成效与发展前景。

【"从新文化史到俄罗斯学：俄国史研究的转向与思考"专题讲座】

2021年7月2日，应中国社会科学院"登峰战略"学科建设计划俄罗斯东欧史重点学科之邀，北京师范大学历史学院张建华教授在中国历史研究院执中楼丘明厅作了题为"从新文化史到俄罗斯学：俄国史研究的转向与思考"的专题讲座。

张建华教授介绍了当前国际史学理论研究的代表性流派和人物，如以海登·怀特、林恩·亨特为代表的新叙事主义（新历史主义）和新文化史，斯金纳的思想史，以及波兰裔澳大利亚学者维日比茨卡（Anna Wierzbicka）语用认知观等。之后，他从学界为何未能准确预见苏联解体为起点，介绍了国际研究（International Studies）和俄罗斯学（Russology），以及"亨廷顿之问"等的提出和缘起。张建华教授以英国学者奥兰多·费吉斯的《娜塔莎之舞：俄罗斯文化史》以及普希金、托尔斯泰、索尔仁尼琴、利哈乔夫等著名文学家的作品为例，应用雅克布森和巴赫金两位文化学家的理论，阐释了俄罗斯史学与文学的关系，指出"俄罗斯学"本身是一种方法论，同时也正在变为一种本体目标，并由此产生了"俄罗斯世界"的理念，而这一理念又为俄罗斯版的全球化方案提供了思想资源。他认为，"新文化史"与"俄罗斯学"的叠加体现为反精英的史观、从宏观到微观的转向和由分析向叙事的转向，最终形成了一种新的文史哲联合，同时也对新史料、新方法、新问题提出了要求。

【"俄罗斯国家杜马选举后的政治态势"研讨会暨俄罗斯政治社会文化沙龙（第一期）】

2021年10月13日，由中国社会科学院俄罗斯东欧中亚研究所俄罗斯政治与社会研究室和中国社会科学院俄罗斯研究中心主办的"俄罗斯国家杜马选举后的政治态势"研讨会暨俄罗斯政治社会文化沙龙（第一期）在俄罗斯东欧中亚研究所举行。

此次会议设置了"俄罗斯杜马选举进程"和"选举后俄罗斯的政治态势"两个单元，旨在分析俄罗斯第八届国家杜马的选举情况及其对俄罗斯政治态势的影响。

来自中国社会科学院俄罗斯东欧中亚研究所、中国国际问题研究院、中国现代国际关系研究院、新华社世界问题研究中心、北京大学、首都师范大学的代表出席了会议并发言。此次会议由俄罗斯东欧中亚研究所副所长庞大鹏研究员和俄罗斯政治与社会研究室副主任马强副研究员主持。共有40余人参会并参与讨论。

【俄国史系列讲座】

2021年11月25—26日，应东北师范大学世界中古史研究所邀请，复旦大学博士后李振文博士为历史文化学院师生举行了三场俄国史讲座。

第一场讲座题为"近代俄国农民的婚姻观念与婚姻行为"，从东欧与西欧婚姻模式的差异出发，分析俄国农民的经济生产方式与思想观念，提出近代俄国农民的婚姻观念具有"必要性"、"道德性"和"经济性"的特点。近代俄国农民家长制社会传统经由家庭与村社，在多方面主导着年轻人的婚姻，提倡早婚，反对晚婚、不婚成为主要的舆论导向。经济制度与医疗卫生水平的相对落后，则是俄国农民形成"早婚多育"婚姻观念与婚姻行为的决定性因素。

第二场讲座题为"俄国史研究领域的网络学术资源"，介绍了国内外俄国史研究的俄语和英语资源，包括档案馆、数字图书馆、网络数据库和学术资源共享网站等，并详细说明文献的查阅途径和获取方法，为信息化条件下收集与整理文献资料提供了重要的经验参考。

第三场讲座题为"近代俄国贵族贫困问题的起源与影响"，阐释了近代俄国贵族的身份特征与社会地位，并进一步分析了贵族群体规模的变化及其内部在经济与政治领域的阶层分化。落后的农奴制是近代俄国贵族贫困问题的经济根源，奢侈消费与债务危机加剧了贵族的贫困。在近代俄国的政治经济制度下，政府给予了贵族特权与帮扶政策，但并不能将大多数贵族从贫困中解救出来。

【"俄罗斯《苏德互不侵犯条约》评价 80 年——从斯大林时期到普京时代"讲座】

2021 年 12 月 22 日，中国社会科学院俄罗斯东欧中亚研究所研究员、中国苏联东欧史研究会会长张盛发在华东师范大学社会主义历史与文献研究院作了题为"俄罗斯《苏德互不侵犯条约》评价 80 年——从斯大林时期到普京时代"的讲座。

讲座围绕《苏德互不侵犯条约》的三个问题展开：第一，从斯大林时期到普京时代苏联和俄罗斯对《苏德互不侵犯条约》的评价及其演变；第二，《苏德条约秘密议定书》从隐秘到公开的曲折过程；第三，《苏德条约秘密议定书》真相调查与波罗的海国家走向独立和苏联解体的关系。

学术研讨会

【"乌兹别克斯坦国情咨文与中乌合作"研讨会】

2021年1月12日,中国社会科学院俄罗斯东欧中亚研究所与乌兹别克斯坦驻华使馆共同举办"乌兹别克斯坦国情咨文与中乌合作"线上研讨会。来自中国社会科学院俄罗斯东欧中亚研究所、国务院发展研究中心、中国国际问题研究院、中国现代国际关系研究院等机构的专家学者和乌兹别克斯坦驻华使馆官员出席会议。会议围绕米尔济约耶夫总统推进经济改革和乌2021年重点发展领域,以及后疫情时代中乌合作机遇与前景等议题展开研讨。俄罗斯东欧中亚研究所孙壮志所长指出,面对新冠肺炎疫情带来的冲击,乌兹别克斯坦妥善应对,成为2020年世界上为数不多实现经济正增长的经济体之一。中乌双方在完善国家治理体系、减贫和实现乡村振兴、打击腐败、发展数字经济等诸多领域可相互借鉴发展经验;在后疫情时代,双方在共建"健康丝路"、开展跨境电子商务、简化海关和过境手续、推动建设中吉乌交通走廊和"陆地港口"网络等领域具有巨大合作潜力。乌兹别克斯坦驻华公使图尔苏诺夫阐释了新一年乌经济社会发展和改革的优先方向和主要措施,这些优先方向包括基础设施建设、农业发展、医疗卫生、教育和青年工作等。

【"推动中俄务实合作,助力两国经济发展"国际研讨会】

2021年2月8日,中国社会科学院俄罗斯东欧中亚研究所与欧亚经济委员会执委会一体化与宏观经济部共同举办"推动中俄务实合作,助力两国经济发展"国际研讨会。中国社会科学院副院长蔡昉首先发言。他指出中俄务实合作为各自应对疫情负面冲击发挥了积极作用。中俄双方应以深化战略对接为引领,提升投资水平,深化在新材料、生物技术、航空航天、数字经济、智能设备生产研发等领域的合作,加强跨境运输通道便利化和服务质量,共同促进区域稳定和发展繁荣。欧亚经济委员会执委会一体化与宏观经济部部长谢尔盖·格拉济耶夫指出,中国确定"十四五"规划和2035年远景目标将进一步激发科技创新潜力和经济发展活力,推动经济实现高质量发展。疫情对世界经济发展带来严峻挑战,中国积极实现经济发展目标将为被黑暗笼罩的世界经济带来曙光。中国社会科学院俄罗斯东欧中亚研究所所长孙壮志指出,新冠肺炎疫情暴发后,中俄全面战略协作面临两大任务,一是在大国博弈进一步升级、民粹主义情绪上升、全球化进程受阻和全球治理体系遭遇新挑战背景下应加强战略互动,体现大国担当;二是应通过深化务实合作,相互助力尽快摆脱疫情带来的消极影响,实现经济快速增长,造福两国人民。

【中乌(克兰)、中白(俄罗斯)共建"一带一路"高质量发展座谈会】

2021年4月13日,由国家发展和改革委员会区域开放司"丝绸之路经济带"协调推进处与中国社会科学院俄罗斯东欧中亚研究所乌克兰研究室共同主办的中乌(克兰)、中白(俄罗斯)共建"一带一路"高质量发展座谈会在俄罗斯东欧中亚研究所成功召开。俄罗斯东欧中亚研究所副所长李振利出席会议并致辞。会议由国家发展和改革委员会区域开放司丝路处处长刘翔宇主持,中国驻乌克兰前大使姚培生,中白工业园前首席执行官胡政、商务部国际贸易经济合作研究院欧亚研究所所长刘华芹出席会议并讲话。此外,来自中国电力工程顾问集团华北电力设计院、中国电建集团水电九局、中国葛洲坝集团欧亚区域公司、中铁二十五局、中白工业园开发公司中国部等机构负责同志参会并结合工作实际重点谈了各自企业在乌、白项目的发展现状、面临的问题以及下一步建议。

【"后苏联空间和东欧国别区域发展道路三十年回顾与展望"全国学术研讨会暨中国苏联东欧史研究会2021年年会】

2021年4月16—18日,由北京外国语大学俄语学院和中国苏联东欧史研究会联合举办的"后苏联空间和东欧国别区域发展道路三十年回顾与展望"全国学术研讨会暨中国苏联东欧史研究会2021年年会在北京外国语大学佛山研究生院举行。来自30余所科研机构和高校的70余位学者参会。与会代表就"苏联解体的原因与教训""后苏联空间和东欧各国独立30年来发展道路回顾与前景展望""苏俄史研究的方法及苏联解体后俄罗斯史学研究的变化""新经济政策百年的历史反思""中国俄语教育史、俄语人才培养与中国俄罗斯学"等议题进行了发言,并就一些热点话题展开了讨论。

【"欧亚青年说"第十期:《稳定中的挑战——俄罗斯当前政治形势》】

2021年4月20日,"欧亚青年说"第十期:《稳定中的挑战——俄罗斯当前政治形势》在中国社会科学院俄罗斯东欧中亚研究所举办。

此次活动邀请了中国社会科学院俄罗斯东欧中亚研究所俄罗斯政治与社会研究室副研究员郝赫作题为"稳定中的挑战——俄罗斯当前政治形势"的学术报告。郝赫认为,俄罗斯当前政治局势平稳但也面临着严峻的挑战。俄杜马大选前俄罗斯营造了稳定的政治局面,体制外反对派的挑战以及新冠肺炎疫情并不能构成对俄罗斯政治稳定的根本性威胁。对于即将到来的俄杜马大选,郝赫更为微观细致地分析了俄杜马中政权党之外三大党派面临的瓶颈,以及未来政党格局变化的可能性。此外,郝赫还分享了俄罗斯最新人事调整布局及权力结构方面的问题,以及俄罗斯历史文化传统对俄罗斯政治局势的影响。最后,参会人员就普京长期执政、俄罗斯的 2024 问题、俄政治权力结构问题与郝赫进行了热烈讨论。

俄罗斯东欧中亚研究所近 30 名科研人员听取了报告并参与讨论。

【"疫情对中亚各国及其与中国经贸关系的影响"视频交流会】

2021 年 4 月 21 日,上海社会科学院国际问题研究所、世界经济与政治研究所和法学研究所联合举办了"疫情对中亚各国及其与中国经贸关系的影响"视频交流会。来自哈萨克斯坦首任总统基金会下属世界经济与政治研究所、乌兹别克斯坦塔什干东方研究所以及吉尔吉斯斯坦的学术机构的中亚学者与中方专家进行了交流探讨。中亚学者一致认为,中国对疫情的管控值得中亚国家借鉴,同时希望中国加大对中亚地区在后疫情时代的投入,帮助其改进基础设施,特别是希望将先前的贸易模式转换为投资加贸易的联动合作模式。

【"上合组织 20 年:迈向绿色健康共同发展的命运共同体"国际研讨会】

2021 年 5 月 13 日,"上合组织 20 年:迈向绿色健康共同发展的命运共同体"国际研讨会在北京举行。此次国际研讨会由中国人民大学国家发展与战略研究院与中国社会科学院俄罗斯东欧中亚研究所共同主办,外交部、上海合作组织秘书处、俄罗斯驻华使馆、塔吉克斯坦科学院均派代表参会,吉尔吉斯斯坦前总理卓奥马尔特·奥托尔巴耶夫也出席了此次会议。中国社会科学院俄罗斯东欧中亚研究所所长孙壮志指出,上合组织可以丰富合作的层次,充实合作的内涵,使普通民众感受到合作的成果,从而增强上合组织成员国民众间的亲近感,消除共同体建设的人为障碍。

【"中国特色大国外交形象与话语权"研讨会】

2021 年 5 月,华东师范大学政治学系、国际问题研究所、中亚研究中心在上海联合举办了"中国特色大国外交形象与话语权"研讨会。华东师范大学国际问题研究所所长、政治学系副教授叶淑兰表示,中国特色大国外交形象体现在独立、和平、负责的政治形象,开放、发展、共赢的经济形象以及文明、包容、公正的社会形象。提升中国特色大国外交形象与话语权,需要深入探索外交形象的塑造机制、外交话语权的生成机制,加强外交形象与话语权的定性与定量评估,推动中国外交话语体系的一体化建设。

上海外国语大学国际关系与公共事务学院院长郭树勇教授指出,既然"一带一路"讲究互联互通,文明互鉴也可以在一定范围内力求有所联通,从而为传播新时代全球治理的中国方案创造更好条件,进而在更高的层次上实现国际关系与外交领域的理论自信。

中国国际问题研究院《国际问题研究》编辑部主任赵青海认为,中国外交形象应是一个由内而外、立体多元的形象。在国家形象建构过程中,首先要提升完善自己,对内提升国家治理能力和治理体系现代化,对外在全球治理领域提供更多的公共产品。北京语言大学国别和区域研究院寿慧生研究员认为,中国为全球发展和治理提供的最重要贡献是向世界显示国家的发展可以有多种制度模式和路径选择;在共商、共享、共建的原则上为发展中国家提供更多制度选择,鼓励各国探寻适合自身特点的发展路径和治理方式。在外交形象的塑造过程中,中国的发展模式既有共通性也有特殊性,因此需要增进同理心与共情意识,在推进国际合作和加强国际话语权的过程中注意兼顾"利""理""情"三个基石,在此基础上寻求与其他国家更多的合作交汇点,更好地提升中国的国际形象。

复旦大学国际关系与公共事务学院陈拯认为,话语权竞争和规范争论过程中存在一个话语说服与话语压制的问题,这需要建构一套话语说辞策略。联合国人权理事会是中国推动自身人权理念话语进入国际规范体系的较好平台,发展中国家是依靠力量,发展权是突破口,各种非官方力量也能发挥重要作用。

【"中俄在东北亚地区的安全与经济合作"国际视频研讨会】

2021年5月26日,中国社会科学院—俄罗斯远东联邦大学中国研究中心在北京举办了"中俄在东北亚地区的安全与经济合作"国际视频研讨会。此次会议的部分发言被《世界知识》杂志作为2021年第13期的"封面话题"选登。来自俄罗斯远东联邦大学、俄罗斯国际事务委员会、国内相关科研机构和高校的专家共同探讨了有关东北亚区域合作的新路径、新概念、新看法,以及中俄在东北亚合作的战略选择。

【"中俄关系30年"学术研讨会】

2021年6月29日,中国社会科学院俄罗斯东欧中亚研究所俄罗斯外交研究室举行"中俄关系30年"学术研讨会。与会学者就近30年间中俄政治、经济、能源、安全、人文和外交合作等问题发言,并交流了《中俄关系30年》的写作进展及有关问题。

【"中国与乌克兰战略伙伴关系十周年:成效与前景"视频研讨会】

2021年6月29日,中国社会科学院俄罗斯东欧中亚研究所联合乌克兰汉学家协会、乌克兰国家战略研究所、乌克兰科学院东方学研究所、乌克兰外交部下属根纳季·乌多文科外交学院以及基辅国立经济大学举办了"中国与乌克兰战略伙伴关系十周年:成效与前景"视频研讨会。中国驻乌克兰特命全权大使范先荣、乌克兰驻华大使馆临时代办张娜·列亲斯卡、中国社会科学院俄罗斯东欧中亚研究所所长孙壮志、乌克兰汉学家协会主席柯维典等中乌相关领域专家学者 30 余人参会。

【第十五届中亚和上海合作组织国际学术研讨会】

2021 年 9 月 7—9 日，第十五届中亚和上海合作组织国际学术研讨会在上海政法学院中国—上合基地举行。会议围绕上合组织的发展与成就、反恐安全、经济与人文合作、阿富汗局势、上合组织未来发展路径等议题进行了讨论。与会专家指出，上合组织是构建人类命运共同体的成功实践。来自中国、阿富汗、德国、哈萨克斯坦、巴基斯坦、白俄罗斯、印度、乌兹别克斯坦等国家和地区的专家学者出席了此次会议。

上海社会科学院上海合作组织研究中心主任潘光认为，上海合作组织解决边界争端的成功模式，就是以互信、裁军为基础，通过构建合作安全机制，在多边规则指导下通过双边谈判解决历史遗留问题。在当前新冠肺炎疫情席卷全球、国际形势风云变幻的形势下，构建上合组织命运共同体，对确保上合地区和平稳定、上合组织行稳致远具有重要意义。中国社会科学院俄罗斯东欧中亚研究所所长孙壮志认为，20 年来，上海合作组织框架内的政治、经济、安全、人文合作以及国际交往取得了一系列具体成果，国际影响力、号召力不断提升。在地区治理方面，上合组织的贡献不仅在于消除和管控分歧，而且奠定了坚实的政治法律基础。上海对外经贸大学国际关系学系教授郭学堂认为，上合组织是大陆国家维护周边安全和地区稳定的预防性措施，其发展 20 年历程说明和平与发展仍然是当今时代的主题，对中亚和周边地区的稳定起到了关键性作用。国务院发展研究中心欧亚社会发展研究所上海合作组织研究室主任许涛提出，上海合作组织的成立首先是一种政治上的互信，这给各成员国带来了一种政治环境上的稳定，也给各国的国内治理带来了一种自信的内力。面对当前的复杂局势，上海合作组织要更好地发挥作用，首先应当在疫情防控方面做出应有的一些共同行动。同时，阿富汗局势对上合组织的凝聚力、影响力是个挑战，也是机遇。上海合作组织应该利用好这个机遇，以建设性的方式进入阿富汗，帮助它和平重建。中国浦东干部学院"一带一路"与长江经济带研究中心主任毛新雅表示，上海合作组织成员国共建"一带一路"，提升中亚地区全球价值链前景可观。共建"一带一路"中的公路、铁路、"上合快线"、空中丝路等基建项目对于改善基础设施、提升连通性作用明显，有助于缩短与全球价值链枢纽的经济距离，对一国参与全球价值链尤为重要。中国产业门类最齐全，是全球价值链枢纽之一。通过在中亚地区投建制造业工厂，不仅可满足这些国家工业化、城镇化需求，也可促进其从原料出口升级为初级制造业产品出口。"一带一路"产能合作，中国通过对中亚国家项目投资并购，对其企业管理和人才培养产生良好溢出效应，促进中亚本土企业成长为全球价值链供应商。

海国图智库研究院研究主任、高级研究员拉吉·弗尔玛、伊斯兰堡战略研究所高级研究员阿米纳·汗等国外学者认为，中国在上海合作组织中发挥了极为重要的作用。中国始终保持务实态度参与上合组织活动，在参与打击"三股势力"，带动成员国挖掘自身发展潜力，构建区域安全屏障等方面都发挥了积极作用。

【"欧洲一体化：中东欧与西欧的对话（2021）"学术研讨会】

2021年9月15日，中国社会科学院俄罗斯东欧中亚研究所转型和一体化理论研究室通过腾讯会议举办"欧洲一体化：中东欧与西欧的对话（2021）"学术研讨会。

与会者包括来自外交部、北京大学、北京外国语大学、中国社会科学院欧洲研究所、中国社会科学院世界历史研究所、中国国际问题研究院、上海国际问题研究院、首都师范大学、同济大学、华东师范大学、西安外国语大学等单位的60余名专家学者。

与会者围绕欧洲国家新形势和欧洲一体化新动向、欧洲次区域合作新特点、俄美欧关系新变化、大国关系调整下中国—中东欧国家合作新进展以及中东欧与西欧对话的意义、地缘政治、地缘经济和一体化的关系等理论和现实问题进行了深入研讨。

此次研讨会系该对话会的第二次举办，得到学术界的较多关注和好评。

【2021年国际产学研用合作会议（长春）分论坛之"以史为鉴与社会进步"研讨会】

2021年9月15日，由教育部人文社科重点研究基地吉林大学东北亚研究中心、吉林大学东北亚研究院、吉林大学—莫斯科大学历史学研究中心承办的2021年国际产学研用合作会议（长春）分论坛之"以史为鉴与社会进步"研讨会通过视频会议的形式成功举办。

研讨会由吉林大学东北亚研究院张广翔教授主持。俄罗斯科学院院士、莫斯科大学历史系前主任С.П. 卡尔波夫教授，俄罗斯科学院俄国史研究所所长Ю.А. 彼得罗夫教授，深圳北理莫斯科大学第一副校长С.М. 沙赫赖教授，莫斯科大学历史系副主任Л.И. 鲍罗德金教授等8位专家围绕苏联解体原因、帝俄与苏联的奖励机制、20世纪俄国史的主要研究方向、俄国变革时代工业劳动力的工资变化、18—20世纪俄国的现代化问题、俄国与国际秩序、两次世界大战间的西欧极权主义政权等与师生进行了学术研讨，引发参会师生的积极提问和热烈讨论。

【《"一带一路"建设发展报告（2021）》发布会暨"新发展格局与'一带一路'建设"学术研讨会】

2021年9月22日，中国社会科学院"一带一路"研究中心、中国社会科学院—上海市人民政府上海研究院、中信改革发展研究基金会在北京联合举办《"一带一路"建设发展报告（2021）》发布会暨"新发展格局与'一带一路'建设"学术研讨会。

会议围绕"一带一路"合作积累的丰富经验与成果，以及面临的多种风险和挑战提出了重要意见，认为"一带一路"倡议提出的 8 年中，为世界各国打造双边、多边相辅相成的合作格局，实现区域一体化与普惠式的全球化协同发展新境界开辟了现实的可能。

【第二届"多元视野下的俄罗斯"学术研讨会】

2021 年 10 月 16 日，复旦大学俄罗斯中亚研究中心举办了第二届"多元视野下的俄罗斯"学术研讨会。会议就"俄罗斯政治与经济""俄罗斯社会与文化""俄罗斯外交""中俄关系"等议题进行了讨论。复旦大学国际问题研究院副院长冯玉军教授发言指出，在国际形势不断加速调整、俄罗斯走到新的历史岔路口的当下，在中俄两国"抱团取暖"，关系不断迈上新台阶的背景下，要进一步加强对中国在中俄关系中相对收益的思考，以期更好地促进两国关系发展，维护中国的国家利益。

【2021 欧亚经济论坛智库分会国际研讨会】

2021 年 10 月 19 日，2021 欧亚经济论坛智库分会国际研讨会以线上方式举办，这是欧亚经济论坛框架内首次举办智库分会，主题为"互通互融 共享共赢"。此次会议由中国社会科学院俄罗斯东欧中亚研究所、陕西师范大学中亚研究所和欧亚经济论坛秘书处共同主办。来自中国、俄罗斯、白俄罗斯、哈萨克斯坦、乌兹别克斯坦、塔吉克斯坦、吉尔吉斯斯坦、格鲁吉亚、乌克兰等国的 130 余位政界、学界、媒体代表与会。

【"一带一路"框架下乌克兰发展战略论坛（2021）】

2021 年 10 月 27 日，"一带一路"框架下乌克兰发展战略论坛（2021）以线上线下相结合方式举行。此次论坛由中国社会科学院俄罗斯东欧中亚研究所乌克兰研究室主办。来自中国现代国际关系研究院、中国国际问题研究院、兰州大学、武汉大学、上海外国语大学、黑龙江大学、大连外国语大学等科研院所和高校的 50 余位代表出席会议。此次论坛还邀请了中国前驻白俄罗斯大使、前驻保加利亚大使、中国国际问题研究院基金会特邀副理事长兼俄罗斯中亚东欧研究中心主任于振起作了题为"温故知新：独立之初的乌克兰和中乌关系"的专题报告。

【"'印太战略'背景下的中俄战略协作"线上国际研讨会】

2021 年 10 月 28 日，中国社会科学院—俄罗斯远东联邦大学中国俄罗斯研究中心举办"'印太战略'背景下的中俄战略协作"线上国际研讨会。来自俄罗斯远东联邦大学、俄罗斯国际事务委员会、美国美利坚大学以及国内相关科研机构和高校的专家学者、相关媒体代表出席会议。与会嘉宾共同探讨了当前美国"印太战略"的内涵、机制、战略定位和目标，在"印太战略"背景下中俄加强双边战略协作以及与美国、印度、东盟等国家与地区组织加强多边战略协调的必要性和可行性。

【中亚国家独立 30 周年暨第 20 届全国中亚问题研讨会】

2021 年 10 月 30 日，兰州大学举办主题为"中亚国家独立三十年：回顾与展望"的中亚国家独立 30 周年暨第 20 届全国中亚问题研讨会。会议围绕中亚地缘政治的演进与前景、中亚经济发展与合作、中亚民族问题与区域治理、中亚多边外交与地区合作、阿富汗局势与中亚安全议题等 6 个分议题，全面回顾了中亚国家过去 30 年在各领域取得的显著成就及面临的内外部风险挑战，深入分析了中亚地区地缘政治经济格局演变的历程、新态势及其影响，系统总结了国内中亚问题研究取得的丰硕成果和研究趋势，探讨了当前及未来中亚问题研究的可行性路径等。中国社会科学院俄罗斯东欧中亚研究所孙壮志所长认为，中亚国家独立 30 年的政治经济转型开始在很多方面显现出成效，也受到内外多种因素的影响，中亚国家的政治转型需要寻找到一条与经济改革相互适应的道路。未来，中亚国家将进入一个更加复杂的发展时期。兰州大学杨恕教授指出，在 30 年中亚研究领域，一些情况并未引起研究者的关注或关注度不够，学界亟须厘清区域和国别研究与国际关系、国际关系学科、区域学等之间的关系，也需弥补中亚问题研究人才培养和学科建设出现的各类短板，并就当前和未来中亚问题研究中特别需要注意的问题进行了坦率交流。西安外国语大学国际关系学院王志教授就"中亚一体化"提出，中亚一体化是失效的，由于中亚国家自身缺乏内部整合的能力，因此缺乏以己为主的一体化进程。就中亚国家政治转型进程中的阻碍因素，中国社会科学院俄罗斯东欧中亚研究所杨进副研究员指出，中亚国家转型具有各自特点的政治发展模式。中亚各国的政治转型，是从传统的集权政治向现代民主政治转型的过渡。目前，处于一种特殊的政治过渡期，存在七大政治转型制约性的因素。

【2021 年度俄罗斯外交形势研讨会】

2021 年 11 月 2 日，中国社会科学院俄罗斯东欧中亚研究所俄罗斯外交研究室举行"2021 年度俄罗斯外交形势研讨会"。各位学者讨论了 2021 年中俄关系、俄美关系、俄罗斯对亚太外交、俄罗斯对欧洲外交，以及俄罗斯对欧亚地区外交等领域的重点和热点问题。

【"百年变局下的俄罗斯历史与文化研究"学术研讨会】

2021 年 11 月 3 日，由中国社会科学院俄罗斯东欧中亚研究所俄罗斯历史与文化研究室举办的"百年变局下的俄罗斯历史与文化研究"学术研讨会在俄罗斯东欧中亚研究所举行。

研讨会以线下线上相结合的方式进行。来自北京大学、北京师范大学、北京外国语大学、中共中央党校、中国社会科学院中国历史研究院世界历史研究所、中央党史和文献研究院、社会科学文献出版社等单位的30余名专家学者出席了会议并发言。

与会学者围绕当代俄罗斯哲学问题、俄罗斯民族性与俄罗斯历史相互关系、疫情下的俄罗斯东正教会管理、当今俄罗斯史学动向、共产国际与中国、俄罗斯价值观外交、俄罗斯《苏德互不侵犯条约》评价演变等俄罗斯历史与文化问题进行了深入探讨。

【第二届"俄罗斯经济论坛（2021）"】

2021年11月6日，由中国世界经济学会和教育部人文社科重点研究基地华东师范大学俄罗斯研究中心联合主办的第二届"俄罗斯经济论坛（2021）"在华东师大以线上线下相结合的方式成功举办。会议主题为"俄罗斯疫情危机的经验教训与疫后复苏前景"，来自全国的120多位专家学者重点围绕"欧亚经济关系""欧亚与中东欧经济""俄罗斯能源、社会与数字经济""新冠肺炎疫情、经济发展与国家的作用"等四个专题展开深入交流与对话。

【"白俄罗斯独立30周年与中白全面战略伙伴"视频研讨会】

2021年11月10日，中国国际问题研究院与白俄罗斯驻华大使馆联合举办"白俄罗斯独立30周年与中白全面战略伙伴"视频研讨会。中国政府欧亚事务特别代表李辉、白俄罗斯驻华大使尤里·先科、中国国际问题研究院副院长荣鹰分别致辞。中国国际问题研究院欧亚研究所所长李自国、白俄罗斯驻华大使馆参赞罗曼·索科尔联席主持。李辉特别代表在致辞中指出，中白两国是亲密的朋友和全面战略伙伴，1992年建交以来，两国始终相互尊重、平等相待，成为国与国友好合作的典范。当前，中白关系发展面临重要节点。2022年1月，中白将共同庆祝建交30周年，中白关系发展站在新的历史起点上，将面临更加广阔的前景。荣鹰副院长在致辞中表示，近年来，在习近平主席和卢卡申科总统的战略引领和共同关心下，中白关系持续健康稳定发展，在政治、经贸、科技、教育、文化、地方等领域合作均取得丰硕成果。在白俄罗斯独立30周年和中白建交将满30周年之际，中国国际问题研究院联合白俄罗斯驻华大使馆召开此次研讨会，旨在纪念这一重要历史时刻，并通过"二轨对话"的方式为中白互信及长期友好贡献学者力量。来自中国国际问题研究院、中国社会科学院、中国人民大学、白俄罗斯战略研究所、白俄罗斯国立大学等机构的10余位专家学者通过线上线下相结合的方式与会，深入研讨了白俄罗斯发展成就及前景、中白全面战略伙伴关系的历史成就与前景展望等议题。

【中国中俄关系史研究会年会暨《东方—俄罗斯—西方：历史与现实》(中俄文版)、《俄藏档案文献与中共创建史》发布研讨会】

2021年11月12—13日，中国中俄关系史研究会与清华大学中俄战略合作研究所在北京会议中心联合主办了"中国中俄关系史研究会年会暨《东方—俄罗斯—西方：历史与现实》(中俄文版)、《俄藏档案文献与中共创建史》发布研讨会"。

会议采取线上与线下相结合的方式举办。来自中国社会科学院近代史研究所、中国社会科学院边疆研究所、中国社会科学院世界历史研究所、中国社会科学院俄罗斯东欧中亚研究所、新华社、中央党史和文献研究院、清华大学人文学院中俄战略合作研究所、北京大学国际关系学院、中国现代国际关系研究院、北京外国语大学、国际关系学院、南开大学、华东师范大学、复旦大学、黑龙江大学、黑龙江社会科学院、广东外语外贸大学等科研院所和高校的60余名专家学者参会。

会议分为三个议程。

第一个议程为研究会编辑的两部论文集《东方—俄罗斯—西方：历史与现实》(中国中俄关系史研究会与清华大学中俄战略合作研究所合编)、《中俄关系的历史与现实——俄藏档案文献与中共创建史》(中国中俄关系史研究会编)发布会。

第二个议程为中国中俄关系史研究会第六届会员代表大会。

第三个议程为主题报告会。报告的主题主要涉及中俄关系的历史与现实。主题报告有《中外关系史视野下中俄关系史研究的新路径》(报告人：邢广程研究员)、《当前的中美关系与中俄合作》(报告人：季志业研究员)、《三十年再看俄罗斯》(报告人：李静杰研究员)、《对深化中俄关系的几点看法》(报告人：陆南泉研究员)、《中苏同盟与朝鲜战争的起源》(报告人：沈志华教授)、《苏联与民国新疆》(报告人：厉声研究员)、《国家杜马今昔——从国家杜马选举看俄政局》(报告人：李永全研究员)等。专家们从中俄关系史的研究方法、民国中苏关系史问题、中俄关系的现状、当代俄国政治以及当代中俄关系的发展等各方面发表了精彩的演讲，分享了各自最新的研究成果，使广大中俄关系史及中俄关系的研究者受益颇深。

【2021年"一带一路"与中国周边安全形势研讨会】

2021年11月19日，中国社会科学院亚太与全球战略研究院亚太安全与外交研究室、中国社会科学院世界经济与政治研究所外交政策研究室联合举办了2021年"一带一路"与中国周边安全形势研讨会。亚太与全球战略研究院党委书记张国春发言指出，百年未有之大变局下，国际形势呈现复杂的变化趋势。中美竞争态势不断加强，结构性问题凸显，这对中国周边安全局势造成了显著影响。立足"一带一路"倡议框架，探讨中国周边安全形势，有利于理解大国博弈对周边安全的影响。中国社会科学院俄罗斯东欧中亚研究所李勇慧研究员探讨了 2021 年中俄关系的特点以及中俄美互动。疫情期间，中俄关系的发展虽然受到美国因素这一外部因素影响，但主要驱动力仍来自中俄关系本身，中国是俄"向东看"政策的关键伙伴。在中美竞争加剧的情况下，俄美表面上将有更多缓和，但由于俄美在北约东扩、后苏联空间的分配、多极化格局等问题上存在结构性矛盾，俄美实质缓和可能性不大。俄罗斯作为中美俄三角关系中的主要变量，将在中美之间寻求战略平衡。这会使得俄罗斯在中俄关系上更有底气，更愿意谈条件。她强调，中国需要关注俄精英的战略思考，加深对俄罗斯的认识。北京大学国际关系学院翟崑教授将"一带一路"与中国国际关系学科相结合，点明了对"一带一路"的研究促进了中国国际关系学跨学科的发展，推动了中国国际关系学中关于中国内外融通发展战略的研究，改进了中国国际关系学中关于国际秩序演化的认识。中国人民大学国际关系学院王义桅教授指出共建"一带一路"具有三重效应：其一是国内效应，"一带一路"是对新时代中国开放空间的统筹规划、对中国与世界共赢的顶层设计；其二是中国与世界的合作效应，"一带一路"搭建起广泛的国际合作平台，提供了全球治理体系改革的中国方案；其三是国际效应，"一带一路"构建起人类命运共同体的重要实践平台，推动全球化从新自由主义向发展导向、包容性全球化转型。疫情检验了"一带一路"建设的韧性，中国要坚定共建"一带一路"的自信与自觉，不被美欧搞的高质量、高标准基础设施战略吓倒和带偏，坚信共建"一带一路"仍面临重大机遇。

【"欧洲一体化与对外政策：挑战与前景"学术研讨会】

2021 年 12 月 4 日，复旦大学国际问题研究院中欧关系研究中心和复旦大学中英人文交流研究中心在线上举办了"欧洲一体化与对外政策：挑战与前景"学术研讨会。

来自复旦大学、同济大学、华东师范大学、上海外国语大学、中国政法大学、中国社会科学院等高校和科研机构，以及政府机构和重要企业等从事欧洲方面工作和问题研究的近 50 名专家学者参会。

此次会议围绕欧洲一体化的挑战、脱欧后英国对外政策、地中海国际关系现状与发展趋势、欧盟对外政策调整与前景，以及中欧关系的挑战与未来等议题进行了深入研讨。

《文汇报》、搜狐网、观察者网等媒体对此次会议进行了报道。

【第六届"白俄罗斯形势与中白关系"学术研讨会】

2021 年 12 月 4 日，第六届"白俄罗斯形势与中白关系"学术研讨会通过线上方式成功举行。此次研讨会由中国社会科学院中白发展分析中心与北京第二外国语学院白俄罗斯研究中心联合主办。中国社会科学院俄罗斯东欧中亚研究所所长孙壮志出席会议并发言指出，地缘政治环境、疫情和全球经济形势对白俄罗斯产生重要影响。白俄罗斯处于两大力量对抗的前沿，俄罗斯和北约的关系持续紧张，俄美矛盾难以缓解，导致白俄罗斯发展的外部环境恶化。一些西方大国持"冷战"思维和霸权逻辑，攻讦白俄罗斯所谓的民主人权问题，破坏了国际合作的正常进程。欧安组织在地区热点问题上没有发挥应有的协调解决冲突的作用，反而变成政治工具。白俄罗斯是中国的全面战略伙伴，也是共建"一带一路"的重要伙伴。中白两国对合作发展有很多共识，在抗击疫情等方面紧密合作，为促进两国以及地区发展发挥了重要作用。北京第二外国语学院校长计金标指出，白俄罗斯是共建"一带一路"的重要国家之一，中白两国元首就深化两国关系的发展达成共识，共同宣布致力于建立"相互信任、合作共赢的全面战略伙伴关系"，两国高层交往频繁，政治互信不断加深，特别是两国共建"一带一路"合作不断取得重要成果。白俄罗斯驻华大使尤里·先科指出，中白两国关系是全面战略伙伴关系，患难见真情，真诚如兄弟，也是"铁哥们"和"全天候"伙伴关系。双方现在正在努力进一步提高两国关系的水平。新冠肺炎疫情暴发以来，两国守望相助，共克时艰，双边贸易额在2020年再次达到高峰，中国首次成为白俄罗斯的第二大贸易伙伴。数据表明，2021年又是破纪录的一年。国药集团生产的340万余剂COVID-19疫苗被运往白俄罗斯，该疫苗对白俄罗斯抵御疫情扩散起到重要作用。此外，白俄罗斯正在积极参与"一带一路"项目，双方合作的旗舰项目——中白"巨石"工业园进展顺利。外交学院党委书记、中国前驻白俄罗斯大使崔启明指出，患难见真情，在白俄罗斯人民经历困难的时刻，中国人民始终与白俄罗斯人民坚定地站在一起。在两国元首的战略引领和亲自关心下，中白相互信任、合作共赢的全面战略伙伴关系保持健康稳定发展，"铁杆"朋友的友谊愈加深厚，两国各领域合作不断深化。2022年1月20日中白关系将迎来两国建交30周年。近30年来，中白两国关系经受住了国际局势风云变幻的考验，始终保持着旺盛生机和活力。建交30周年之际的中白全面战略伙伴关系必将进一步提质升级，各领域合作必将迎来新的发展前景。中白关系已经进入新时代，新时代的中白关系将更加美好。

【"夯实伙伴基础 携手共同发展"中白地方合作专题学术研讨会】

2021年12月9日，中国社会科学院俄罗斯东欧中亚研究所与白俄罗斯科学院经济研究所共同举办主题为"夯实伙伴基础 携手共同发展"的中白地方合作专题学术研讨会。此次研讨会是在中白地方合作年框架内由双方智库联合举办的一次重要人文和学术交流活动，旨在落实两国元首2021年初举行电话交谈时达成的重要共识，进一步丰富中白地方合作年的内容，推动双边关系提质升级。中国驻白俄罗斯大使谢小用在致辞中简要概述了中白双边关系的良好发展态势及各领域务实合作的丰硕成果。他强调，在两国元首的战略引领和亲自关怀下，中白相互信任、合作共赢的全面战略伙伴关系稳定、健康发展。中白地方合作潜力巨大，前景广阔，双方有充分理由相信，两国地方各省州市将秉持互利共赢理念，恪守合作共享宗旨，以中白地方合作年为契机，升级地方合作引擎，共同打造两国务实合作新增长点，为中白关系持续向前发展作出更大的贡献。白俄罗斯驻华大使尤里·先科强调，2021年12月3日，白俄罗斯总统卢卡申科签署了关于发展白中双边关系的第9号总统令，旨在进一步加强两国在广泛领域的合作。在卢卡申科总统签署的9个命令中，只有两个涉及与具体国家的合作，而且都是与中国的合作，这充分体现了卢卡申科总统对与中国合作的重视程度。2022年1月20日，白中两国将迎来建交30周年。在这个重要的历史时刻，相信卢卡申科总统签署的命令将使白中关系迈上一个新的台阶。中国社会科学院俄罗斯东欧中亚研究所所长孙壮志表示，经过近30年的发展，中白关系取得了非常大的进展。由于两国元首的高度重视，中白关系树立了一个不同地区、不同文化、不同经济发展水平、不同社会制度的国家间平等互利合作的典范。2021年是中白地方合作年，双方可以此为契机在扩大合作领域、增加合作主体、发挥合作优势三个方面深化合作。白俄罗斯科学院经济研究所所长瓦西里·古尔斯基指出，在全球化和区域经济一体化快速发展的背景下，世界经济形势变得越来越复杂。尽管世界经济形势很不稳定，西方国家对白俄罗斯实施大规模制裁，但是中国一直是白俄罗斯的可靠伙伴，两国之间的关系已经发展到全面战略伙伴关系水平。在当前世界经济形势严重衰退的情况下，中国经济增长却持续超过预期，中白贸易额迅速增长，潜力巨大。中国社会科学院俄罗斯东欧中亚研究所副所长金哲主持会议。来自中白两国的外交官、专家学者代表、企业家代表等50余人参加了此次会议。

【"全球绿色议程：俄罗斯能源转型战略、政策及影响"会议】

2021年12月17日，中国社会科学院俄罗斯东欧中亚研究所举办"全球绿色议程：俄罗斯能源转型战略、政策及影响"会议，会议以线上方式在北京和莫斯科同步进行。会议由中国社会科学院俄罗斯东欧中亚研究所俄罗斯经济研究室主任徐坡岭主持，俄罗斯莫斯科大学和俄罗斯高等经济大学两位专家作主旨发言，题目分别为"碳多边形——俄罗斯的碳中和与碳交易系统设计""俄罗斯实现2060碳中和的风险与机遇"。来自中国社会科学院俄罗斯东欧中亚研究所、清华大学国际与地区研究院、辽宁大学转型国家经济政治研究中心、黑龙江大学俄罗斯研究中心等机构的50余位专家，以及青岛上合示范区国际创新与产能合作中心、广东独联体国际科技合作联盟等单位的企业家代表线上参会，共同探讨俄罗斯绿色发展和能源转型的政策设计及其对未来中俄务实合作的影响。

【"世界变局与大国博弈中的俄罗斯——苏联解体30周年的回望与思考"专题会议】

2021年12月17日，由上海市俄罗斯东欧中亚学会主办，复旦大学新兴市场经济研究中心承办的"世界变局与大国博弈中的俄罗斯——苏联解体30周年的回望与思考"专题会议召开。来自复旦大学、华东师范大学、同济大学、上海外国语大学、上海政法学院、上海海关学院、华东政法大学、上海社会科学院、上海国际问题研究院等国内世界政治、经济研究领域的20多位专家学者就这一专题进行深度研讨与解读。

【"环黑海区域：历史与当下"国际学术研讨会】

2021年12月19日，由陕西师范大学"一带一路"文化研究院主办，国家民族事务委员会环黑海研究中心、陕西师范大学外高加索研究中心承办的"环黑海区域：历史与当下"国际学术研讨会在陕西师范大学举办。此次会议是国内学术界第一次召开以环黑海区域为专门研讨对象的国际学术盛会。陕西省社会科学界联合会主席、陕西师范大学原党委书记、"一带一路"文化研究院院长甘晖指出，陕西师范大学作为一所地处古都西安，深具人文社会科学研究底蕴，同"一带一路"沿线国家部分高校及科研机构长期合作的教育部直属、世界一流学科建设高校，理应在推进共建"一带一路"方面发挥重要的科研助力作用。陕西师范大学"一带一路"文化研究院的成立和高质量建设，正是落实"一带一路"倡议的具体体现。环黑海区域位于欧亚文明交汇带，自古以来就是不同文明交往、碰撞、融通的核心地带和重要枢纽，在中国"一带一路"倡议中也占据着特殊地位。深化黑海的相关研究，积极为中国与环黑海国家间的全面互惠合作贡献智慧，已成为中外学者共同关注的话题和研究的重要领域。中共陕西省委外事工作委员会办公室副主任高进孝还对环黑海研究中心的未来建设和发展方向提出了希望和建议：一是全面深入研究黑海经济合作组织和环黑海区域的发展战略、资源禀赋、产业优势、对外需求和政策规则，为推动陕西与环黑海区域国家在融资、基础设施、贸易、能源、数字信息、农业、环保等领域对接合作提供决策支持；二是以论坛为契机，各方形成合力，搭建陕西与环黑海区域国家产业、行业、企业相互交流的合作平台，推动陕西各领域走出去、引进来，促进更多的经贸合作项目在陕西和环黑海区域国家落地生根；三是群策群力，为探索陕西与环黑海区域国家合作交流的长效机制贡献更大的力量。西北政法大学反恐怖主义研究院院长张金平教授表示，环黑海研究是地缘问题研究的一个非常重要的领域，强权博弈和国家间角逐在时间和空间上不断交替演进，深刻影响着该地区的政治力量对比和整体面貌。

【《俄罗斯经济发展研究》（2020—2021）发布会暨俄罗斯内政外交形势研讨会】

2021年12月29日，中国人民大学—圣彼得堡国立大学俄罗斯研究中心在北京举办《俄罗斯经济发展研究》（2020—2021）发布会暨俄罗斯内政外交形势研讨会。会议讨论了俄罗斯经济形势、安全与发展的关系、中俄合作的产业链和供应链、中俄经贸合作以及在气候领域的合作等问题。

数据统计

栏目说明

张知备[*]

俄罗斯东欧中亚地区共有28个国家,包括俄罗斯、中亚五国(哈萨克斯坦、乌兹别克斯坦、吉尔吉斯斯坦、塔吉克斯坦和土库曼斯坦)、外高加索三国(格鲁吉亚、亚美尼亚、阿塞拜疆)、乌克兰、白俄罗斯、摩尔多瓦和波罗的海三国(爱沙尼亚、拉脱维亚、立陶宛),以及中东欧13个国家,即波兰、匈牙利、捷克、斯洛伐克、斯洛文尼亚、克罗地亚、北马其顿、波黑、塞尔维亚、黑山、罗马尼亚、保加利亚和阿尔巴尼亚。

本栏目包括俄罗斯东欧中亚地区28个国家的基本经济指标。指标包括:国内生产总值、工业产值、工业增加值、生产者价格指数、固定资本形成总额、外商直接投资、贸易差额、出口额(离岸价格)、进口额(到岸价格)、贸易总额、国际储备、外汇储备、广义货币供应量(M2)、总人口、失业率、男性失业率、女性失业率。

其中,国内生产总值由支出法计算;为了方便进行横向比对,各国统计局的国内生产总值和固定资本形成总额换算为美元;贸易总额由出口额和进口额相加而得。

由于各个国家的统计能力参差不齐,有些国家的部分指标尚未更新至2021年,这些指标被标记为"—"。

俄罗斯东欧中亚地区28个国家按照亚洲地区和欧洲地区分类,地区内各国按照汉语拼音排序。

---

[*] 张知备,中国社会科学院俄罗斯东欧中亚研究所助理馆员。

亚洲地区

表1　　2021年阿塞拜疆共和国基本经济数据指标统计表

指标名称	数值	数据来源
国内生产总值（亿美元）	546.222 0	阿塞拜疆共和国国家统计局
工业产值（亿美元）	—	
工业增加值（亿美元）	37.277 1	世界银行
生产者价格指数（2010年=100）	256.43	阿塞拜疆共和国国家统计局
固定资本形成总额（亿美元）	90.595 9	阿塞拜疆共和国国家统计局
外商直接投资（亿美元）	—	
贸易差额（亿美元）	105.035 0	国际货币基金组织
出口额（离岸价格，亿美元）	222.080 0	国际货币基金组织
进口额（到岸价格，亿美元）	117.045 0	国际货币基金组织
贸易总额（亿美元）	339.125 1	国际货币基金组织
国际储备（亿美元）	83.073 6	国际货币基金组织
外汇储备（亿美元）	75.668 8	国际货币基金组织
广义货币供应量（M2）（亿美元）	140.440 6	CEIC Data
总人口（万人）	1 014.521 0	世界银行
失业率（%）	6.58	世界银行
男性失业率（%）	5.50	世界银行
女性失业率（%）	8.40	世界银行

表2　　2021年格鲁吉亚基本经济数据指标统计表

指标名称	数值	数据来源
国内生产总值（亿美元）	186.964 5	格鲁吉亚国家统计局
工业产值（亿美元）	—	
工业增加值（亿美元）	40.800 0	世界银行
生产者价格指数（2010年=100）	154.01	国际货币基金组织
固定资本形成总额（亿美元）	38.242 7	格鲁吉亚国家统计局
外商直接投资（亿美元）	11.778 4	CEIC Data
贸易差额（亿美元）	-58.624 8	国际货币基金组织
出口额（离岸价格，亿美元）	42.423 2	国际货币基金组织

续表

指标名称	数值	数据来源
进口额（到岸价格，亿美元）	101.048 0	国际货币基金组织
贸易总额（亿美元）	143.471 3	国际货币基金组织
国际储备（亿美元）	42.709 5	国际货币基金组织
外汇储备（亿美元）	37.844 8	国际货币基金组织
广义货币供应量（M2）（亿美元）	51.999 9	CEIC Data
总人口（万人）	368.865 0	格鲁吉亚国家统计局
失业率（%）	20.62	格鲁吉亚国家统计局
男性失业率（%）	22.72	格鲁吉亚国家统计局
女性失业率（%）	17.78	格鲁吉亚国家统计局

表3　2021年哈萨克斯坦共和国基本经济数据指标统计表

指标名称	数值	数据来源
国内生产总值（亿美元）	1 908.142 7	哈萨克斯坦共和国战略规划和改革署国家统计局
工业产值（亿美元）	5 321.800 9	哈萨克斯坦共和国战略规划和改革署国家统计局
工业增加值（亿美元）	668.555 3	世界银行
生产者价格指数（2010年=100）	—	
固定资本形成总额（亿美元）	452.583 3	哈萨克斯坦共和国战略规划和改革署国家统计局
外商直接投资（亿美元）	236.581 8	哈萨克斯坦国家银行
贸易差额（亿美元）	201.680 8	国际货币基金组织
出口额（离岸价格，亿美元）	625.909 7	国际货币基金组织
进口额（到岸价格，亿美元）	424.228 8	国际货币基金组织
贸易总额（亿美元）	1 050.138 5	国际货币基金组织
国际储备（亿美元）	2 968.073 9	国际货币基金组织
外汇储备（亿美元）	85.055 7	国际货币基金组织
广义货币供应量（M2）（亿美元）	550.195 0	CEIC Data
总人口（万人）	1 900.259 0	哈萨克斯坦共和国战略规划和改革署国家统计局
失业率（%）	4.90	哈萨克斯坦共和国战略规划和改革署国家统计局
男性失业率（%）	4.37	世界银行
女性失业率（%）	5.46	世界银行

表4　　2021年吉尔吉斯共和国基本经济数据指标统计表

指标名称	数值	数据来源
国内生产总值（亿美元）	85.434 2	吉尔吉斯共和国国家统计局
工业产值（亿美元）	41.935 4	吉尔吉斯共和国国家统计局
工业增加值（亿美元）	22.801 1	世界银行
生产者价格指数（2010年=100）	215.65	吉尔吉斯共和国国家统计局
固定资本形成总额（亿美元）	1 697.786 0	吉尔吉斯共和国国家统计局
外商直接投资（亿美元）	5.804 8	CEIC Data
贸易差额（亿美元）	-39.111 8	国际货币基金组织
出口额（离岸价格，亿美元）	16.589 5	国际货币基金组织
进口额（到岸价格，亿美元）	55.701 2	国际货币基金组织
贸易总额（亿美元）	72.290 7	国际货币基金组织
国际储备（亿美元）	29.778 6	国际货币基金组织
外汇储备（亿美元）	20.106 6	国际货币基金组织
广义货币供应量（M2）（亿美元）	29.871 7	CEIC Data
总人口（万人）	674.732 0	吉尔吉斯共和国国家统计局
失业率（%）	9.10	世界银行
男性失业率（%）	7.52	世界银行
女性失业率（%）	11.65	世界银行

表5　　2021年塔吉克斯坦共和国基本经济数据指标统计表

指标名称	数值	数据来源
国内生产总值（亿美元）	81.941 2	塔吉克斯坦共和国总统数据办公室
工业产值（亿美元）	—	
工业增加值（亿美元）	58.706 4	世界银行
生产者价格指数（2010年=100）	—	
固定资本形成总额（亿美元）	—	
外商直接投资（亿美元）	-0.362 0	CEIC Data
贸易差额（亿美元）	-31.472 0	国际货币基金组织
出口额（离岸价格，亿美元）	12.827 0	国际货币基金组织
进口额（到岸价格，亿美元）	44.299 0	国际货币基金组织
贸易总额（亿美元）	57.126 0	国际货币基金组织
国际储备（亿美元）	24.987 8	国际货币基金组织
外汇储备（亿美元）	21.181 8	国际货币基金组织
广义货币供应量（M2）（亿美元）	22.359 3	CEIC Data
总人口（万人）	974.963 0	世界银行

续表

指标名称	数值	数据来源
失业率（%）	7.75	世界银行
男性失业率（%）	8.59	世界银行
女性失业率（%）	6.37	世界银行

表 6　2021 年土库曼斯坦基本经济数据指标统计表

指标名称	数值	数据来源
国内生产总值（亿美元）	—	
工业产值（亿美元）	—	
工业增加值（亿美元）	—	
生产者价格指数（2010 年 =100）	—	
固定资本形成总额（亿美元）	—	
外商直接投资（亿美元）	—	
贸易差额（亿美元）	51.875 3	国际货币基金组织
出口额（离岸价格，亿美元）	92.162 2	国际货币基金组织
进口额（到岸价格，亿美元）	40.286 8	国际货币基金组织
贸易总额（亿美元）	132.449 0	国际货币基金组织
国际储备（亿美元）	—	
外汇储备（亿美元）	—	
广义货币供应量（M2）（亿美元）	—	
总人口（万人）	611.793 0	世界银行
失业率（%）	—	
男性失业率（%）	—	
女性失业率（%）	—	

表 7　2021 年乌兹别克斯坦共和国基本经济数据指标统计表

指标名称	数值	数据来源
国内生产总值（亿美元）	692.389 1	乌兹别克斯坦国家统计局
工业产值（亿美元）	—	
工业增加值（亿美元）	178.714 8	乌兹别克斯坦国家统计局
生产者价格指数（2010 年 =100）	639.53	国际货币基金组织
固定资本形成总额（亿美元）	—	

续表

指标名称	数值	数据来源
外商直接投资（亿美元）	20.444 6	CEIC Data
贸易差额（亿美元）	-76.056 6	国际货币基金组织
出口额（离岸价格，亿美元）	163.131 5	国际货币基金组织
进口额（到岸价格，亿美元）	239.188 1	国际货币基金组织
贸易总额（亿美元）	402.319 6	国际货币基金组织
国际储备（亿美元）	351.391 9	国际货币基金组织
外汇储备（亿美元）	130.775 8	国际货币基金组织
广义货币供应量（M2）（亿美元）	129.348 7	CEIC Data
总人口（万人）	3 527.130 0	乌兹别克斯坦国家统计局
失业率（%）	7.16	世界银行
男性失业率（%）	7.25	世界银行
女性失业率（%）	7.03	世界银行

表8　　2021年亚美尼亚共和国基本经济数据指标统计表

指标名称	数值	数据来源
国内生产总值（亿美元）	138.598 1	亚美尼亚共和国统计局
工业产值（亿美元）	37.329 1	亚美尼亚共和国统计局
工业增加值（亿美元）	47.686 8	世界银行
生产者价格指数（2010年=100）	—	
固定资本形成总额（亿美元）	23.892 8	亚美尼亚共和国统计局
外商直接投资（亿美元）	3.788 3	CEIC Data
贸易差额（亿美元）	-23.344 2	国际货币基金组织
出口额（离岸价格，亿美元）	30.224 1	国际货币基金组织
进口额（到岸价格，亿美元）	53.568 3	国际货币基金组织
贸易总额（亿美元）	83.792 3	国际货币基金组织
国际储备（亿美元）	32.298 5	国际货币基金组织
外汇储备（亿美元）	31.970 1	国际货币基金组织
广义货币供应量（M2）（亿美元）	51.294 0	CEIC Data
总人口（万人）	296.100 0	亚美尼亚共和国统计局
失业率（%）	20.90	世界银行
男性失业率（%）	22.30	世界银行
女性失业率（%）	19.76	世界银行

欧洲地区

表9 2021年阿尔巴尼亚共和国基本经济数据指标统计表

指标名称	数值	数据来源
国内生产总值（亿美元）	182.523 6	阿尔巴尼亚国家统计局
工业产值（亿美元）	—	
工业增加值（亿美元）	39.840 3	世界银行
生产者价格指数（2010年=100）	101.87	国际货币基金组织
固定资本形成总额（亿美元）	44.156 2	阿尔巴尼亚国家统计局
外商直接投资（亿美元）	12.186 2	CEIC Data
贸易差额（亿美元）	-44.184 4	国际货币基金组织
出口额（离岸价格，亿美元）	36.811 0	国际货币基金组织
进口额（到岸价格，亿美元）	80.995 4	国际货币基金组织
贸易总额（亿美元）	117.806 4	国际货币基金组织
国际储备（亿美元）	56.314 1	国际货币基金组织
外汇储备（亿美元）	50.835 5	国际货币基金组织
广义货币供应量（M2）（亿美元）	86.209 3	CEIC Data
总人口（万人）	279.359 0	阿尔巴尼亚国家统计局
失业率（%）	11.55	阿尔巴尼亚国家统计局
男性失业率（%）	11.72	阿尔巴尼亚国家统计局
女性失业率（%）	11.35	阿尔巴尼亚国家统计局

表10 2021年爱沙尼亚共和国基本经济数据指标统计表

指标名称	数值	数据来源
国内生产总值（亿美元）	362.102 8	爱沙尼亚统计局
工业产值（亿美元）	—	
工业增加值（亿美元）	82.667 7	世界银行
生产者价格指数（2010年=100）	124.01	国际货币基金组织
固定资本形成总额（亿美元）	103.643 8	爱沙尼亚统计局
外商直接投资（亿美元）	77.778 8	CEIC Data
贸易差额（亿美元）	-20.688 5	国际货币基金组织

续表

指标名称	数值	数据来源
出口额（离岸价格，亿美元）	215.205 3	国际货币基金组织
进口额（到岸价格，亿美元）	235.893 8	国际货币基金组织
贸易总额（亿美元）	451.099 1	国际货币基金组织
国际储备（亿美元）	23.715 0	国际货币基金组织
外汇储备（亿美元）	19.115 9	国际货币基金组织
广义货币供应量（M2）（亿美元）	289.152 3	CEIC Data
总人口（万人）	132.925 0	世界银行
失业率（%）	6.18	爱沙尼亚统计局
男性失业率（%）	6.78	爱沙尼亚统计局
女性失业率（%）	5.56	爱沙尼亚统计局

表11　2021年白俄罗斯共和国基本经济数据指标统计表

指标名称	数值	数据来源
国内生产总值（亿美元）	682.061 7	白俄罗斯共和国国家统计委员会
工业产值（亿美元）	—	
工业增加值（亿美元）	—	
生产者价格指数（2010年=100）	181.53	国际货币基金组织
固定资本形成总额（亿美元）	154.178 5	白俄罗斯共和国国家统计委员会
外商直接投资（亿美元）	12.252 5	CEIC Data
贸易差额（亿美元）	-19.216 7	国际货币基金组织
出口额（离岸价格，亿美元）	398.890 2	国际货币基金组织
进口额（到岸价格，亿美元）	418.106 9	国际货币基金组织
贸易总额（亿美元）	816.997 1	国际货币基金组织
国际储备（亿美元）	60.194 8	国际货币基金组织
外汇储备（亿美元）	38.646 4	国际货币基金组织
广义货币供应量（M2）（亿美元）	97.853 7	CEIC Data
总人口（万人）	925.552 0	白俄罗斯共和国国家统计委员会
失业率（%）	4.74	世界银行
男性失业率（%）	5.67	世界银行
女性失业率（%）	3.76	世界银行

表 12　　2021 年保加利亚共和国基本经济数据指标统计表

指标名称	数值	数据来源
国内生产总值（亿美元）	802.676 0	保加利亚国家统计局
工业产值（亿美元）	561.634 6	保加利亚国家统计局
工业增加值（亿美元）	184.911 2	世界银行
生产者价格指数（2010 年 =100）	120.17	国际货币基金组织
固定资本形成总额（亿美元）	132.989 2	保加利亚国家统计局
外商直接投资（亿美元）	21.161 9	CEIC Data
贸易差额（亿美元）	-51.773 9	国际货币基金组织
出口额（离岸价格，亿美元）	461.950 8	国际货币基金组织
进口额（到岸价格，亿美元）	410.176 9	国际货币基金组织
贸易总额（亿美元）	872.127 8	国际货币基金组织
国际储备（亿美元）	391.864 0	国际货币基金组织
外汇储备（亿美元）	345.850 6	国际货币基金组织
广义货币供应量（M2）（亿美元）	728.355 9	CEIC Data
总人口（万人）	683.894 0	保加利亚国家统计局
失业率（%）	5.30	保加利亚国家统计局
男性失业率（%）	5.47	保加利亚国家统计局
女性失业率（%）	5.03	保加利亚国家统计局

表 13　　2021 年北马其顿共和国基本经济数据指标统计表

指标名称	数值	数据来源
国内生产总值（亿美元）	138.843 8	北马其顿国家统计局
工业产值（亿美元）	—	
工业增加值（亿美元）	29.822 3	世界银行
生产者价格指数（2010 年 =100）	123.26	国际货币基金组织
固定资本形成总额（亿美元）	—	
外商直接投资（亿美元）	7.448 9	CEIC Data
贸易差额（亿美元）	-35.504 7	国际货币基金组织
出口额（离岸价格，亿美元）	81.454 1	国际货币基金组织
进口额（到岸价格，亿美元）	116.958 9	国际货币基金组织
贸易总额（亿美元）	198.413 0	国际货币基金组织
国际储备（亿美元）	41.292 9	国际货币基金组织

续表

指标名称	数值	数据来源
外汇储备（亿美元）	37.246 2	国际货币基金组织
广义货币供应量（M2）（亿美元）	77.796 3	CEIC Data
总人口（万人）	206.509 0	世界银行
失业率（%）	15.70	北马其顿国家统计局
男性失业率（%）	16.43	北马其顿国家统计局
女性失业率（%）	14.60	北马其顿国家统计局

表14　　2021年波兰共和国基本经济数据指标统计表

指标名称	数值	数据来源
国内生产总值（亿美元）	6 728.318 5	波兰统计局
工业产值（亿美元）	4 836.000 0	波兰统计局
工业增加值（亿美元）	1 974.814 8	世界银行
生产者价格指数（2010年=100）	120.77	国际货币基金组织
固定资本形成总额（亿美元）	1 112.609 1	波兰统计局
外商直接投资（亿美元）	331.110 0	波兰国家银行
贸易差额（亿美元）	-4.323 8	国际货币基金组织
出口额（离岸价格，亿美元）	3 379.084 5	国际货币基金组织
进口额（到岸价格，亿美元）	3 383.408 4	国际货币基金组织
贸易总额（亿美元）	6 762.492 9	国际货币基金组织
国际储备（亿美元）	1 660.301 9	国际货币基金组织
外汇储备（亿美元）	293.642 3	国际货币基金组织
广义货币供应量（M2）（亿美元）	4 863.645 6	CEIC Data
总人口（万人）	3 808.000 0	波兰统计局
失业率（%）	3.37	经济合作与发展组织
男性失业率（%）	3.34	经济合作与发展组织
女性失业率（%）	3.39	经济合作与发展组织

表15　　2021年波斯尼亚和黑塞哥维那基本经济数据指标统计表

指标名称	数值	数据来源
国内生产总值（亿美元）	229.457 3	波斯尼亚和黑塞哥维那统计局
工业产值（亿美元）	—	
工业增加值（亿美元）	55.581 4	世界银行

续表

指标名称	数值	数据来源
生产者价格指数（2010年=100）	108.97	国际货币基金组织
固定资本形成总额（亿美元）	51.709 4	波斯尼亚和黑塞哥维那统计局
外商直接投资（亿美元）	5.386 5	CEIC Data
贸易差额（亿美元）	-44.601 7	国际货币基金组织
出口额（离岸价格，亿美元）	84.489 5	国际货币基金组织
进口额（到岸价格，亿美元）	129.091 2	国际货币基金组织
贸易总额（亿美元）	213.580 7	国际货币基金组织
国际储备（亿美元）	94.753 2	国际货币基金组织
外汇储备（亿美元）	92.987 2	国际货币基金组织
广义货币供应量（M2）（亿美元）	182.632 2	CEIC Data
总人口（万人）	326.346 0	世界银行
失业率（%）	17.41	波斯尼亚和黑塞哥维那统计局
男性失业率（%）	14.43	波斯尼亚和黑塞哥维那统计局
女性失业率（%）	22.03	波斯尼亚和黑塞哥维那统计局

表16　2021年俄罗斯联邦基本经济数据指标统计表

指标名称	数值	数据来源
国内生产总值（万亿美元）	1.781 1	俄罗斯联邦统计局
工业产值（万亿美元）	1.244 2	俄罗斯联邦统计局
工业增加值（亿美元）	5 898.264 8	世界银行
生产者价格指数（2010年=100）	240.97	国际货币基金组织
固定资本形成总额（亿美元）	3 525.766 0	俄罗斯联邦统计局
外商直接投资（亿美元）	398.261 1	CEIC Data
贸易差额（亿美元）	1 983.920 2	国际货币基金组织
出口额（离岸价格，亿美元）	4 920.480 6	国际货币基金组织
进口额（到岸价格，亿美元）	2 936.560 4	国际货币基金组织
贸易总额（亿美元）	7 857.041 0	国际货币基金组织
国际储备（亿美元）	6 306.242 2	国际货币基金组织
外汇储备（亿美元）	4 680.747 0	国际货币基金组织
广义货币供应量（M2）（亿美元）	8 917.833 0	CEIC Data
总人口（亿人）	1.455 6	俄罗斯联邦统计局
失业率（%）	4.80	俄罗斯联邦统计局
男性失业率（%）	4.75	俄罗斯联邦统计局
女性失业率（%）	4.90	俄罗斯联邦统计局

表 17　　　　　　　　2021年黑山基本经济数据指标统计表

指标名称	数值	数据来源
国内生产总值（亿美元）	57.962 3	黑山统计局
工业产值（亿美元）	—	
工业增加值（亿美元）	8.685 0	世界银行
生产者价格指数（2010年=100）	—	
固定资本形成总额（亿美元）	13.201 8	黑山统计局
外商直接投资（亿美元）	6.598 2	CEIC Data
贸易差额（亿美元）	−24.440 5	国际货币基金组织
出口额（离岸价格，亿美元）	5.170 4	国际货币基金组织
进口额（到岸价格，亿美元）	29.611 0	国际货币基金组织
贸易总额（亿美元）	34.781 4	国际货币基金组织
国际储备（亿美元）	19.816 8	国际货币基金组织
外汇储备（亿美元）	18.558 2	国际货币基金组织
广义货币供应量（M2）（亿美元）	33.971 2	国际货币基金组织
总人口（万人）	62.000 0	黑山统计局
失业率（%）	16.68	黑山统计局
男性失业率（%）	17.23	黑山统计局
女性失业率（%）	16.00	黑山统计局

表 18　　　　　　　2021年捷克共和国基本经济数据指标统计表

指标名称	数值	数据来源
国内生产总值（亿美元）	2 824.912 8	捷克中央统计局
工业产值（亿美元）	—	
工业增加值（亿美元）	881.087 4	世界银行
生产者价格指数（2010年=100）	—	
固定资本形成总额（亿美元）	719.375 6	捷克中央统计局
外商直接投资（亿美元）	76.115 6	CEIC Data
贸易差额（亿美元）	149.543 5	国际货币基金组织
出口额（离岸价格，亿美元）	2 264.201 2	国际货币基金组织
进口额（到岸价格，亿美元）	2 114.657 7	国际货币基金组织
贸易总额（亿美元）	4 378.858 9	国际货币基金组织
国际储备（亿美元）	1 736.129 5	国际货币基金组织
外汇储备（亿美元）	1 686.736 7	国际货币基金组织
广义货币供应量（M2）（亿美元）	2 524.722 0	CEIC Data
总人口（万人）	1 051.671 0	捷克中央统计局
失业率（%）	2.81	经济合作与发展组织
男性失业率（%）	2.31	经济合作与发展组织
女性失业率（%）	3.43	经济合作与发展组织

表 19　　2021年克罗地亚共和国基本经济数据指标统计表

指标名称	数值	数据来源
国内生产总值（亿美元）	677.068 2	克罗地亚统计局
工业产值（亿美元）	—	
工业增加值（亿美元）	139.556 4	世界银行
生产者价格指数（2010年=100）	111.21	国际货币基金组织
固定资本形成总额（亿美元）	146.188 9	世界银行
外商直接投资（亿美元）	40.535 4	CEIC Data
贸易差额（亿美元）	-117.162 1	国际货币基金组织
出口额（离岸价格，亿美元）	227.186 7	国际货币基金组织
进口额（到岸价格，亿美元）	344.348 9	国际货币基金组织
贸易总额（亿美元）	571.535 6	国际货币基金组织
国际储备（亿美元）	283.088 3	国际货币基金组织
外汇储备（亿美元）	269.191 0	国际货币基金组织
广义货币供应量（M2）（亿美元）	557.396 4	CEIC Data
总人口（万人）	389.900 0	世界银行
失业率（%）	7.63	克罗地亚统计局
男性失业率（%）	7.25	克罗地亚统计局
女性失业率（%）	8.03	克罗地亚统计局

表 20　　2021年拉脱维亚共和国基本经济数据指标统计表

指标名称	数值	数据来源
国内生产总值（亿美元）	389.385 8	拉脱维亚中央统计局
工业产值（制造业，亿美元）	110.300 4	拉脱维亚中央统计局
工业增加值（亿美元）	77.073 3	世界银行
生产者价格指数（2010年=100）	133.13	国际货币基金组织
固定资本形成总额（亿美元）	91.714 6	拉脱维亚中央统计局
外商直接投资（亿美元）	53.618 0	CEIC Data
贸易差额（亿美元）	-34.560 4	国际货币基金组织
出口额（离岸价格，亿美元）	208.738 0	国际货币基金组织
进口额（到岸价格，亿美元）	243.298 4	国际货币基金组织
贸易总额（亿美元）	452.036 4	国际货币基金组织
国际储备（亿美元）	54.917 4	国际货币基金组织
外汇储备（亿美元）	44.862 3	国际货币基金组织
广义货币供应量（M2）（亿美元）	213.269 6	CEIC Data
总人口（万人）	187.576 0	拉脱维亚中央统计局
失业率（%）	7.58	拉脱维亚中央统计局
男性失业率（%）	8.53	拉脱维亚中央统计局
女性失业率（%）	6.60	拉脱维亚中央统计局

表21　　　　　　　　2021年立陶宛共和国基本经济数据指标统计表

指标名称	数值	数据来源
国内生产总值（亿美元）	655.035 3	立陶宛统计局
工业产值（亿美元）	334.909 2	立陶宛统计局
工业增加值（亿美元）	167.334 3	世界银行
生产者价格指数（2010年=100）	106.23	国际货币基金组织
固定资本形成总额（亿美元）	138.100 0	立陶宛统计局
外商直接投资（亿美元）	18.808 7	CEIC Data
贸易差额（亿美元）	-37.398 9	国际货币基金组织
出口额（离岸价格，亿美元）	408.210 0	国际货币基金组织
进口额（到岸价格，亿美元）	445.608 8	国际货币基金组织
贸易总额（亿美元）	853.818 8	国际货币基金组织
国际储备（亿美元）	55.803 7	国际货币基金组织
外汇储备（亿美元）	42.755 7	国际货币基金组织
广义货币供应量（M2）（亿美元）	517.574 4	CEIC Data
总人口（万人）	279.496 0	立陶宛统计局
失业率（%）	7.11	经济合作与发展组织
男性失业率（%）	7.61	经济合作与发展组织
女性失业率（%）	6.61	经济合作与发展组织

表22　　　　　　　　2021年罗马尼亚基本经济数据指标统计表

指标名称	数值	数据来源
国内生产总值（亿美元）	2 840.863 6	罗马尼亚国家统计局
工业产值（亿美元）	—	
工业增加值（亿美元）	603.196 9	罗马尼亚国家统计局
生产者价格指数（2010年=100）	—	
固定资本形成总额（亿美元）	685.091 5	罗马尼亚国家统计局
外商直接投资（亿美元）	104.412 5	CEIC Data
贸易差额（亿美元）	-288.432 3	国际货币基金组织
出口额（离岸价格，亿美元）	873.844 9	国际货币基金组织
进口额（到岸价格，亿美元）	1 162.277 2	国际货币基金组织
贸易总额（亿美元）	2 036.122 0	国际货币基金组织
国际储备（亿美元）	370.706 7	国际货币基金组织
外汇储备（亿美元）	419.897 4	国际货币基金组织
广义货币供应量（M2）（亿美元）	1 291.380 3	CEIC Data
总人口（万人）	1 911.515 0	世界银行
失业率（%）	5.59	罗马尼亚国家统计局
男性失业率（%）	5.97	罗马尼亚国家统计局
女性失业率（%）	5.07	罗马尼亚国家统计局

表 23　　　　　　　2021 年摩尔多瓦共和国基本经济数据指标统计表

指标名称	数值	数据来源
国内生产总值（亿美元）	136.801 0	摩尔多瓦共和国国家统计局
工业产值（亿美元）	—	
工业增加值（亿美元）	28.189 1	世界银行
生产者价格指数（2010 年 =100）	—	
固定资本形成总额（亿美元）	33.095 3	摩尔多瓦共和国国家统计局
外商直接投资（亿美元）	2.447 6	CEIC Data
贸易差额（亿美元）	-40.323 3	国际货币基金组织
出口额（离岸价格，亿美元）	31.429 8	国际货币基金组织
进口额（到岸价格，亿美元）	71.753 1	国际货币基金组织
贸易总额（亿美元）	103.182 9	国际货币基金组织
国际储备（亿美元）	39.018 8	国际货币基金组织
外汇储备（亿美元）	38.900 9	国际货币基金组织
广义货币供应量（M2）（亿美元）	46.818 4	CEIC Data
总人口（万人）	257.393 0	世界银行
失业率（%）	3.20	摩尔多瓦共和国国家统计局
男性失业率（%）	3.80	摩尔多瓦共和国国家统计局
女性失业率（%）	2.50	摩尔多瓦共和国国家统计局

表 24　　　　　　　2021 年塞尔维亚共和国基本经济数据指标统计表

指标名称	数值	数据来源
国内生产总值（亿美元）	630.681 1	塞尔维亚共和国统计局
工业产值（亿美元）	—	
工业增加值（亿美元）	121.510 9	塞尔维亚共和国统计局
生产者价格指数（2010 年 =100）	142.10	国际货币基金组织
固定资本形成总额（亿美元）	141.802 9	塞尔维亚共和国统计局
外商直接投资（亿美元）	45.569 6	CEIC Data
贸易差额（亿美元）	-82.278 4	国际货币基金组织
出口额（离岸价格，亿美元）	255.635 1	国际货币基金组织
进口额（到岸价格，亿美元）	337.913 5	国际货币基金组织
贸易总额（亿美元）	593.548 7	国际货币基金组织
国际储备（亿美元）	186.166 3	国际货币基金组织
外汇储备（亿美元）	154.748 5	国际货币基金组织
广义货币供应量（M2）（亿美元）	177.874 2	CEIC Data
总人口（万人）	684.408 0	世界银行
失业率（%）	11.05	塞尔维亚共和国统计局
男性失业率（%）	10.16	塞尔维亚共和国统计局
女性失业率（%）	12.07	塞尔维亚共和国统计局

表25　　　2021年斯洛伐克共和国基本经济数据指标统计表

指标名称	数值	数据来源
国内生产总值（亿美元）	1 148.701 3	斯洛伐克统计局
工业产值（亿美元）	255.344 1	斯洛伐克统计局
工业增加值（亿美元）	—	
生产者价格指数（2010年=100）	107.99	国际货币基金组织
固定资本形成总额（亿美元）	219.639 7	斯洛伐克统计局
外商直接投资（亿美元）	9.895 7	CEIC Data
贸易差额（亿美元）	0.574 8	国际货币基金组织
出口额（离岸价格，亿美元）	1 035.567 2	国际货币基金组织
进口额（到岸价格，亿美元）	1 034.992 3	国际货币基金组织
贸易总额（亿美元）	2 070.559 5	国际货币基金组织
国际储备（亿美元）	96.123 9	国际货币基金组织
外汇储备（亿美元）	55.409 1	国际货币基金组织
广义货币供应量（M2）（亿美元）	922.590 8	CEIC Data
总人口（万人）	543.471 0	斯洛伐克统计局
失业率（%）	6.83	斯洛伐克统计局
男性失业率（%）	6.69	斯洛伐克统计局
女性失业率（%）	6.99	斯洛伐克统计局

表26　　　2021年斯洛文尼亚共和国基本经济数据指标统计表

指标名称	数值	数据来源
国内生产总值（亿美元）	615.260 3	斯洛文尼亚统计局
工业产值（亿美元）	—	
工业增加值（亿美元）	183.191 3	世界银行
生产者价格指数（2010年=100）	114.01	国际货币基金组织
固定资本形成总额（亿美元）	123.984 7	国际货币基金组织
外商直接投资（亿美元）	18.557 1	CEIC Data
贸易差额（亿美元）	-4.442 1	国际货币基金组织
出口额（离岸价格，亿美元）	570.511 3	国际货币基金组织
进口额（到岸价格，亿美元）	574.953 4	国际货币基金组织
贸易总额（亿美元）	1 145.464 8	国际货币基金组织
国际储备（亿美元）	22.672 7	国际货币基金组织
外汇储备（亿美元）	7.313 0	国际货币基金组织
广义货币供应量（M2）（亿美元）	466.641 1	CEIC Data
总人口（万人）	211.000 0	斯洛文尼亚统计局
失业率（%）	4.72	斯洛文尼亚统计局
男性失业率（%）	4.28	斯洛文尼亚统计局
女性失业率（%）	5.35	斯洛文尼亚统计局

表 27　　　　　　　　　　　　2021 年乌克兰基本经济数据指标统计表

指标名称	数值	数据来源
国内生产总值（亿美元）	2 000.856 2	乌克兰国家统计署
工业产值（亿美元）	—	
工业增加值（亿美元）	206.137 5	世界银行
生产者价格指数（2010 年 =100）	507.26	国际货币基金组织
固定资本形成总额（亿美元）	248.816 0	乌克兰国家统计局
外商直接投资（亿美元）	4.360 0	CEIC Data
贸易差额（亿美元）	-42.900 2	国际货币基金组织
出口额（离岸价格，亿美元）	659.555 2	国际货币基金组织
进口额（到岸价格，亿美元）	702.455 4	国际货币基金组织
贸易总额（亿美元）	1 362.010 6	国际货币基金组织
国际储备（亿美元）	293.642 3	国际货币基金组织
外汇储备（亿美元）	309.409 5	国际货币基金组织
广义货币供应量（M2）（亿美元）	760.669 2	CEIC Data
总人口（万人）	4 099.770 0	乌克兰国家统计署
失业率（%）	8.88	世界银行
男性失业率（%）	9.08	世界银行
女性失业率（%）	8.66	世界银行

表 28　　　　　　　　　　　　2021 年匈牙利基本经济数据指标统计表

指标名称	数值	数据来源
国内生产总值（亿美元）	1 822.805 2	匈牙利中央统计局
工业产值（亿美元）	1 405.999 0	匈牙利中央统计局
工业增加值（亿美元）	338.887 9	世界银行
生产者价格指数（2010 年 =100）	139.61	国际货币基金组织
固定资本形成总额（亿美元）	493.362 9	匈牙利中央统计局
外商直接投资（亿美元）	214.450 9	CEIC Data
贸易差额（亿美元）	-0.522 5	国际货币基金组织
出口额（离岸价格，亿美元）	1 419.207 6	国际货币基金组织
进口额（到岸价格，亿美元）	1 419.730 1	国际货币基金组织
贸易总额（亿美元）	2 838.937 7	国际货币基金组织
国际储备（亿美元）	434.779 1	国际货币基金组织
外汇储备（亿美元）	349.270 0	国际货币基金组织
广义货币供应量（M2）（亿美元）	1 193.396 5	CEIC Data
总人口（万人）	973.077 0	匈牙利中央统计局
失业率（%）	4.05	经济合作与发展组织
男性失业率（%）	3.88	经济合作与发展组织
女性失业率（%）	4.24	经济合作与发展组织

大事记

1月

1日

△ 哈萨克斯坦正式接替白俄罗斯担任欧亚经济联盟轮值主席国。哈总统托卡耶夫此前出席最高欧亚经济理事会期间指出，哈萨克斯坦担任欧亚经济联盟机构轮值主席国期间的优先工作方向是全面落实《欧亚经济联盟条约》，消除联盟内部壁垒，促进互利协作和国际合作，完善欧亚经济委员会人员组成，强化其职能和责任。

10日

△ 哈萨克斯坦立法机构选举投票工作正式展开。与往届相比，此次立法机构选举呈现新的特点。一是《选举法》变更，明确设立议会反对党，规定议会下院1名常设委员会主席和两名常设委员会秘书由反对党代表担任。二是首次规定各党派候选人名单中女性和29岁以下青年比例不得低于30%。此举旨在吸引妇女和青年参与国家社会政治生活。三是首次按照党派划分进行地方议会选举，有助于强化各党派在国家政治体系中的作用。

11日

△ 世界银行发布《全球经济展望》报告，对2021年哈萨克斯坦经济走势作出预测。世界银行认为，哈经济2021年有望保持正增长，但无法达到危机前4.5%的增速水平，预计全年商品和服务生产增长2.5%，2022年增幅为3.5%。

△ 吉尔吉斯斯坦总统候选人扎帕罗夫在新闻发布会上表示，所有政治进程计划于6月1日前结束。扎帕罗夫指出，投票结果显示，多数吉民众赞成吉尔吉斯斯坦实行总统制。

13日

△ 爱沙尼亚总理于里·拉塔斯辞职，中间党、保守人民党和祖国党组成的联合政府解散。

17日

△ 在德国接受了5个月治疗的俄罗斯反对派领导人纳瓦利内返回俄罗斯，在出机场时以多次违反保释期规定为由被拘捕，次日被判入狱30天。

18日

△ 俄罗斯总统普京任命巴维尔·弗拉德科夫为总统事务局第一副局长。

△ 哈萨克斯坦总统托卡耶夫签署《关于哈萨克斯坦共和国政府组成》的第494号总统令，公布新一届政府组成名单。

19日

△ 哈萨克斯坦成为欧亚经济联盟机构主席。托卡耶夫说："根据头五年的工作结果，我们可以自信地说，欧亚经济联盟已经成为一个成功和有吸引力的一体化项目。"他还指出，世

界目前处于动荡状态。新冠肺炎疫情大流行对全球经济产生了负面影响，这暴露了国际关系中的许多问题，引发对经济互动模式的重新思考。

20日

△ 吉尔吉斯斯坦中央选举委员会20日晚宣布总统大选最终结果后，当选总统扎帕罗夫辞去了总理职务，政府也随即辞职。政府内阁成员将继续履行自己的职责，直到新政府组成。

24日

△ 俄罗斯部分民众响应反对派号召在全国多个城市上街示威，声援被扣押的反对派领袖纳瓦利内。

25日

△ 哈萨克斯坦外交部当天发布消息称，欧亚经济联盟成员国政府首脑将以线下形式出席2月5日在阿拉木图召开的欧亚政府间理事会会议，重点讨论扩大经贸合作和消除贸易壁垒等问题。此次欧亚政府间理事会会议将消除制约欧亚经济联盟内部市场运行和一体化潜能开发的壁垒问题纳入会议日程。

△ "北溪-2"项目丹麦水域复工，德国总理默克尔重申对该项目的支持。

△ 爱沙尼亚改革党与中间党签署联合执政协议，卡娅·卡拉斯出任总理。

26日

△ 中华人民共和国主席习近平同白俄罗斯总统卢卡申科通电话。习近平主席指出，中白两国建交以来，双边关系不断发展。面对新冠肺炎疫情全球大流行，双方开展紧密抗疫合作，各领域务实合作保持了稳中有进的良好势头。

△ 吉尔吉斯斯坦执法部门的知情人士透露，吉国家安全委员会拘留了前总理阿布尔加济耶夫。

27日

△ 公正俄罗斯党、"为了真理"党、俄罗斯爱国者党发表声明宣布统一成立公正俄罗斯-为了真理党。

△ 吉尔吉斯斯坦制宪会议主席别克博孙·博鲁巴舍夫在新闻发布会上表示，制宪会议成员一致批准了新宪法草案。

△ 摩尔多瓦总统桑杜提名前财政部部长加夫里利策为总理并授权其组阁，但新内阁未赢得议会信任投票。桑杜随后再次授权加夫里利策组阁，但摩尔多瓦宪法法院裁定此举违宪，并要求重新提名总理人选。

29日

△ 乌克兰总统泽连斯基签署总统令，对参与收购乌克兰马达西奇公司的相关中企及人员实施制裁。

△ 世界银行当天发布消息称，截至2020年底，预计哈萨克斯坦贫困率将提高至12%—14%。

△ 吉尔吉斯斯坦总统扎帕罗夫宣誓就职第二天即签署《新国家干部政策》法令，旨在从根本上改善国家干部的选拔任用体系，为专业人员和青年人进入中央和地方国家机关提供平等的竞争机会，提高国家公务人员的道德水准，降低腐败风险。法令明确提出，有贪腐污点的人不能担任国家公职。

2月

2日

△ 俄罗斯政府取消对反对派领导人纳瓦利内的缓刑判决，正式判处其3.5年有期徒刑。

3日

△ 俄美两国决定将即将到期的《新削减战略武器条约》延长5年至2026年2月5日。

4—6日

△ 欧盟外交与安全问题专员博雷利访问俄罗斯，要求释放纳瓦利内。

5日

△ 俄罗斯以参加未经官方批准的、声援俄罗斯反对派领导人纳瓦利内的集会为由宣布瑞典、波兰和德国驻俄外交机构的一些人员为"不受欢迎的人"，要求其近期离境。

△ 欧亚政府间理事会会议在阿拉木图举行。会后，哈萨克斯坦总理马明和欧亚经济委员会执委会主席米亚斯尼科维奇共同出席媒体吹风会，通报会议情况。

9日

△ 中华人民共和国主席习近平以视频方式在北京主持召开中国—中东欧国家领导人峰会，发表题为《凝心聚力，继往开来携手共谱合作新篇章》的主旨讲话。峰会发表了《2021年中国—中东欧国家合作北京活动计划》和《中国—中东欧国家领导人峰会成果清单》。

17日

△ 俄罗斯总统普京签署法令任命了罗斯托夫州、伊尔库茨克州、莫尔多瓦共和国、彼尔姆边疆区的检察长。

△ 俄罗斯总统普京会见国家杜马主要党派的领导人。

△ 俄罗斯国家杜马通过法案，将非法竞选的罚款提高至50万卢布。

22日

△ 米罗诺夫当选公正俄罗斯－为了真理党领导人。

26日

△ 土库曼斯坦总统别尔德穆哈梅多夫通过电视会议召开了内阁例行会议，会议讨论了

国家生活的优先问题，并审议了个人文件草案。据报道，土库曼斯坦方面正在为参加第 14 届经合组织高级别会议做准备，该会议将由土耳其共和国于 2021 年 3 月 4 日通过实时视频形式召开。

3月

2 日

△ 美国宣布因俄罗斯反对派领导人纳瓦利内中毒及监禁事件对俄进行制裁。欧盟动用欧盟人权与民主行动计划就纳瓦利内被监禁对 4 名俄罗斯公民实施制裁。

△ 俄罗斯国防部与白俄罗斯国防部首次签署了为期 5 年的战略伙伴关系计划。根据计划，两国武装部队和特种部队将加强务实协作。

9 日

△ 哈萨克斯坦总统托卡耶夫签署总统令，批准《2025 年前国家发展规划》。该规划由哈国民经济部会同战略规划和改革署共同制定。该规划明确了国家新经济方针的主要任务和指标，反映了重要行业发展战略愿景和关键政策指导方向，旨在消除新冠肺炎疫情危机的不利影响，确保在新的经济条件和全球趋势下实现可持续、包容和高质量经济发展。

△ 哈萨克斯坦央行发布消息称，哈央行已通过《2030 年前货币政策战略》，并将与《2025 年前国家发展规划》同步实施。

12 日

△ 欧盟将自 2014 年起因破坏乌克兰领土完整、主权和独立而对俄罗斯和乌克兰公民以及相关组织实施制裁的有效期延长半年。

△ 中国驻乌克兰使馆举办"中乌合作与'一带一路'"视频交流会。中国驻乌克兰大使范先荣、乌克兰对华关系议员小组联席主席苏尔基斯和特鲁欣，"一带一路"跨党派议员小组主席乔尔内等出席会议并致辞。乌克兰议会对华关系议员小组与"一带一路"跨党派议员小组 20 余名议员代表与会，共同就"一带一路"未来发展与中乌两国合作进行互动交流。

23 日

△ 据哈萨克斯坦外交部发布的消息，受新冠肺炎疫情影响，哈方已决定将原定于 3 月 31 日在图尔克斯坦市举行的突厥语国家合作理事会峰会改为线上举行。有关决定已正式通报理事会秘书处。

24 日

△ 俄罗斯外交部部长拉夫罗夫访问韩国，共同纪念俄韩建交 30 周年，拉夫罗夫与韩国总统文在寅共同为俄韩交流年揭幕。这是拉夫罗夫 2013 年陪同俄罗斯总统普京访韩后时隔 8 年再次访韩。

26 日

△ 俄罗斯总统普京任命奥列格·梅里尼琴科担任奔萨州代理州长。

28 日

△ 中俄两国外长会晤，确立了两国四点战略共识、四大努力方向。

△ 土库曼斯坦举行了历史上首次议会上院——人民委员会选举。全国 6 个投票站选举氛围浓厚。上午 10 时，伴着土库曼斯坦国歌声，投票正式开始。共有 112 名经中央选举委员会登记的候选人参加选举，竞争 48 个席位，平均 2—3 人竞争 1 个席位。值得注意的是，26% 的候选人为女性。选民共计 231 人，均为各州及阿什哈巴德市人民委员会成员。其中，阿哈尔州 37 人、巴尔坎州 39 人、达绍古兹州 39 人、列巴普州 38 人、马雷州 39 人、阿什哈巴德市 39 人。来自各政党、公共组织、公民团体的 440 名国家观察员在其职权范围内对选举进程进行了独立监督，并确保候选在公开、透明、依法基础上展开。投票结束时，选民投票率达 98.7%。各州和阿什哈巴德市选举委员会已完成计票工作。根据中选委提供的资料，选举被视为有效。根据土库曼斯坦《选举法》的规定，选举结果将于近期公布。

△ 斯洛伐克总理伊戈尔·马托维奇宣布辞职并与财政部长爱德华·黑格尔互换职位。

31 日

△ 俄罗斯联邦政府颁布了关于修改《俄罗斯联邦"文化发展"国家计划》的法令。

△ 在突厥斯坦以在线形式举行的突厥语国家合作委员会成员国首脑间非正式峰会通过了《突厥斯坦联合宣言》。在这份具有重要历史意义的国际性文件中，突厥语各国一致同意，授予突厥斯坦市"突厥世界精神首都"地位。根据协议，在未来，其他具有极高历史价值的突厥世界古城今后也将有机会被授予这一称号。根据此前报道，突厥语国家合作委员会非正式峰会着重讨论了关于提升突厥语世界文化价值和国际地位的一系列重要议题。

△ 为应对新冠肺炎疫情，摩尔多瓦议会通过一项议案，宣布摩尔多瓦自 4 月 1 日起再次进入国家紧急状态，为期 60 天。

4 月

4 日

△ 保加利亚举行议会选举。欧洲发展公民党和民主力量联盟组成的中右翼政党联盟获得 26.18% 的选票，在议会 240 个议席中占 75 席。

5 日

△ 哈萨克斯坦出台《至 2025 年的国家竞争发展计划》。该计划预期的总经济效率将超过 2.6 万亿坚戈。将通过以下计划的实施实现这一预期目标：1. 将以竞争性交换方式出售价值超过 1.9 万亿坚戈的基本商品；2. 将批发市场上电力能源购买者的边际消费者成本降低 180

亿坚戈；3. 通过竞争性集中招标的方式，将电力能源的价值以 3500 亿坚戈的价格出售；4. 该国家计划的相关草案已经被公布在政府的门户网站上，向公众征求意见。

6 日

△ 乌克兰总统泽连斯基向北约秘书长斯托尔滕贝格表示，只有乌克兰加入北约，才是真正解决顿巴斯地区冲突的唯一途径。

12 日

△ 吉尔吉斯斯坦宪法修正案全民公决投票结束。吉尔吉斯斯坦中央选举和公投委员会主席努尔江·希伊尔达别科娃说，新《宪法》进行全民公投的选民投票率为 36.75%。她说，对 96.34% 的选票进行自动计数显示，有 132.5 万人对新《宪法》草案进行了投票，占全部应投票选民的 36.75%。希伊达别科娃说："其中有 79.25% 的投票者赞成新《宪法》草案，13.69% 的选票反对。"当天，吉尔吉斯斯坦总统扎帕罗夫在投票后向选民发出呼吁，希望所有吉尔吉斯斯坦民众不要对国家未来漠不关心，要用手中的选票做出正确选择。建立一个强大的国家，首先需要一部强大的宪法。

15 日

△ 美国总统拜登签署行政命令，对俄"干涉美国总统选举"和"网络攻击行为"予以制裁。

17 日

△ 捷克以俄罗斯情报人员涉嫌参与 2014 年捷克军火库爆炸事件为由，要求 18 名俄驻捷克使馆人员 48 小时内离境。

18 日

△ 俄罗斯外交部宣布驱逐 20 名捷克驻俄使馆人员，限其 24 小时内离境。

21 日

△ 俄罗斯总统普京向联邦会议发表国情咨文。

23 日

△ 拉脱维亚和立陶宛驱逐俄罗斯外交人员。

△ 中亚五国外长与美国国务卿布林肯举行"C5+1"部长级视频会议，讨论中亚与美国在"C5+1"对话平台内的合作问题。土库曼斯坦外长梅列多夫在发言中指出，"C5+1"模式下的所有缔约方在推进政治、外交、经贸、生态等方面的伙伴关系发展上都采取了建设性态度。与会各方还讨论了区域政策的多个方面、中亚国家和美国在经济领域之间的进一步合作、确保该地区安全、遏制气候变化、在阿富汗建立持久和平等问题。

25 日

△ 阿尔巴尼亚举行议会选举，执政党社会党赢得超过半数席位，单独组阁。

26 日

△ 俄罗斯外交部称俄罗斯将驱逐一名意大利驻俄使馆工作人员，以此作为对意大利驱逐俄罗斯外交人员的报复。

28 日

△ 俄罗斯外交部宣布驱逐立陶宛驻俄大使馆 2 名工作人员、拉脱维亚及爱沙尼亚大使馆各 1 名工作人员以及 3 名斯洛伐克外交人员，限其 7 天内离开俄罗斯。

△ 哈萨克斯坦前总统纳扎尔巴耶夫宣布，他将辞去哈萨克斯坦人民大会主席一职，并将这些权力移交给现任国家元首卡西姆若马尔特·托卡耶夫。纳扎尔巴耶夫在哈萨克斯坦人民大会会议期间说："我希望继续前进，这对我来说也是重要一步，因为自 1995 年哈萨克斯坦人民议会创建以来我就在那里并一直领导它。"他还对大会成员的支持表示感谢。哈萨克斯坦总统托卡耶夫提议纳扎尔巴耶夫成为哈萨克斯坦人民大会名誉主席。纳扎尔巴耶夫接受了这一提议。

29 日

△ 吉尔吉斯斯坦国家边防局新闻处报道称，在吉尔吉斯斯坦和塔吉克斯坦边境，两国部队之间正在进行交火。吉尔吉斯斯坦新闻发言人表示："双方部队之间已经开始交火。初步数据显示，塔吉克斯坦方面正在建立迫击炮阵地。"据强力部门消息，事件发生在当地时间 13 时前后"戈洛夫诺伊"配水站一带。塔吉克斯坦认为配水站所在地区为己方领土，吉尔吉斯斯坦则认为该地主权存在争议。吉尔吉斯斯坦边防部门表示，"'戈洛夫诺伊'配水站是吉尔吉斯斯坦的战略设施，位于吉尔吉斯斯坦境内"。声明指出："令人惊讶的是，塔吉克斯坦国家安全委员会边防部队领导人不了解'戈尔夫诺伊'配水站由吉尔吉斯苏维埃社会主义共和国建造的历史事实。"吉尔吉斯斯坦总统新闻局周四发布消息称，扎帕罗夫与内阁召开紧急会议，决定成立工作组调解吉塔边境局势。据吉尔吉斯斯坦边防局新闻处此前消息，吉塔边境于 4 月 28 日爆发冲突。新闻处称，冲突起因是塔方人员试图在电线杆上安装摄像头，吉方人员表示反对并开始锯电线杆，随后双方互掷石块，造成一人受伤。当夜塔吉克斯坦当地居民进行了射击，造成 4 名吉尔吉斯斯坦公民受伤。吉边防局称吉方未使用武器。

5 月

5 日

△ 北约"欧洲捍卫者-2021"军事演习在爱沙尼亚拉开序幕，多国在欧洲举行大规模军事演习。

9 日

△ 白俄罗斯各地举行纪念活动，隆重庆祝卫国战争胜利 76 周年。当天，白俄罗斯政府

在首都明斯克市中心的胜利广场举行盛大集会。

11 日

△ 乌兹别克斯坦国防部新闻发言人阿利舍尔·巴巴哈诺夫在回答塔斯社询问时表示，乌法律不允许在该国领土上有外国军事基地。巴巴哈诺夫说，拒绝这一做法符合《宪法》和乌国防规定。

△ 罗马尼亚总统约翰尼斯和波兰总统杜达共同主持"布加勒斯特9国模式"视频峰会，讨论黑海地区和北约东翼安全问题，美国总统拜登以及北约秘书长斯托尔滕贝格应邀参加。

14 日

△ 俄罗斯宣布将美国列入对俄不友好国家名单。根据俄罗斯政府规定，美国驻俄大使馆不得雇用当地和第三方国家雇员。此前，美国和俄罗斯先后驱逐对方外交官。

17 日

△ 欧洲议会出台涉俄法案。

5月17日至6月5日

△ 北约"春季风暴"军事演习在爱沙尼亚举行。

18 日

△ 中俄东线（永清—上海）天然气管道南端的关键控制性工程——长江盾构穿越工程在江苏南通正式掘进。

19 日

△ 中俄核能合作项目田湾核电站7、8号机组和徐大堡核电站3、4号机组正式开工，这4台机组是中俄迄今最大的核能合作项目。

△ 美国国务卿布林肯与俄罗斯外交部部长拉夫罗夫在冰岛雷克雅未克举行会晤。

23 日

△ 据白俄罗斯媒体报道，瑞安航空公司一架客机因炸弹威胁紧急降落在明斯克国际机场。西方媒体说，白俄罗斯派遣战机"逼迫"客机在明斯克降落，继而逮捕了机上支持白反对派的白俄罗斯记者罗曼·普罗塔谢维奇。欧盟27个成员国领导人次日发表声明，强烈谴责白俄罗斯的做法，表示将采取必要措施禁止白俄罗斯航班飞越欧盟国家领空。

28 日

△ 乌克兰内阁召开紧急会议，决定自5月29日零时起对白俄罗斯关闭领空。在瑞安航空班机迫降明斯克之后，乌克兰自5月26日起暂停了与白俄罗斯之间的空中往来，并禁止乌克兰航空公司和飞机飞越白俄罗斯领空。

6月

2日

△ 提升"欧洲—高加索—亚洲运输走廊"（TRACEKA）国际铁路运输竞争力研讨会在巴库举行。来自"欧洲—高加索—亚洲运输走廊"协定成员国、中国驻阿塞拜疆大使馆、国际铁路联盟（UIC）、世界银行、跨里海国际运输走廊国际协会、马士基集团（Maersk），以及各国铁路部门、承运商协会、物流和货代公司、港口和船运公司的130余名代表出席会议。与会代表围绕"欧洲—高加索—亚洲运输走廊"集装箱运输发展前景进行研讨，协助承运商与主要进出口商建立联系。"欧洲—高加索—亚洲运输走廊"政府间委员会秘书长阿萨夫巴耶夫在会上发布《2030年前"欧洲—高加索—亚洲运输走廊"集装箱运输发展愿景》草案。

5日

△ 吉尔吉斯斯坦和塔吉克斯坦两国国家委员会就边境划界与标定举行工作会议。双方宣布，在两国边境卡拉米克段出现的困难局面已得到和平解决。双方就以下事项签署议定书：双方边境哨所各自回撤3000米；双方军事人员和装备撤回原常驻点，只保留正规边防分队；双方同意将该地段用作牧场；两国边境任何行动都必须事先由边界划定联合主席进行协调；双方边防人员需遵照协定行动；双方仅向媒体提供双方同意公布的信息；指示地形工作组尽快完成对吉塔边境 No. 12/2 至 No. 12/9 国界段的测量；双方应各自对边境村庄民众做好解释性工作。另据吉国安委消息，吉边境被疏散民众已于6月5日晚返回原居住地。

15日

△ 博雷利向欧盟提交遏制俄罗斯的报告，提出未来欧盟对俄关系"三原则"，即对抗、遏制、协作。

16日

△ 美俄首脑在日内瓦举行会晤，双方发表声明，重申核战争打不赢、绝不能打的原则，决定恢复俄美"战略稳定对话"。

21日

△ 欧盟宣布对86名白俄罗斯个人与企业实施旅行禁令和资产冻结。

24日

△ 乌克兰外交部发表声明，强调乌方重视同中国的战略伙伴关系，并于25日宣布撤回对西方个别国家发起的"新疆人权状况联合声明"的联署。

28日

△ 为纪念《中俄睦邻友好合作条约》签署20周年，中国国家主席习近平与俄罗斯总统普京举行视频会晤，共同发表了联合声明，宣布将该条约延期。

△ 北约"海上微风-2021"军事演习于6月28日至7月10日在黑海举行。

7月

1日

△ 俄罗斯通过《关于外国人在俄罗斯联邦信息电信"互联网"上的活动》联邦法。

△ 乌兹别克斯坦总统米尔济约耶夫签署总统令，批准了《2021—2026年打击极端主义和恐怖主义国家战略》。新版国家战略旨在高效、协调地打击极端主义和恐怖主义，捍卫宪法体系，维护国家安全，保护公民的权利与自由。文件指出，中亚地区的极端主义和恐怖主义活动往往披着民族主义、宗教和其他激进政治思想的外衣。

7月1日至12月31日

△ 斯洛文尼亚继2008年上半年后再次担任欧盟理事会轮值主席国。斯洛文尼亚提出"协同、韧性、欧洲"的口号和四项工作重点：促进欧盟复苏并增强韧性和战略自主；办好欧洲未来大会；宣扬欧洲生活方式、法治及平等标准；维护周边地区安全稳定。

2日

△ 哈萨克斯坦工业和基础设施发展部发布消息称，根据哈总理马明关于在突厥斯坦州设立突厥语国家经济特区的要求，该部已制定完成《关于在图尔克斯坦经济特区工业分区内设立突厥语国家经济特区"TURKSEZ"的规划纲要》草案。根据该规划纲要，新的"TURKSEZ"经济特区占地面积180公顷，将以当地原材料为基础，组织生产在海外市场具有竞争力的产品，通过引进创新和自动化技术，优先开展节能环保生产。"TURKSEZ"经济特区所在地区现有原材料潜力可用于生产多种工业制成品，包括建材、金属制品和非金属矿产品、纺织品、服装、鞋类、食品、药品、电气产品、通信产品和机械产品。

3日

△ 俄罗斯总统普京签署命令颁布新版《俄联邦国家安全战略》。

6日

△ 俄罗斯拘留爱沙尼亚驻圣彼得堡总领事馆领事马尔特·利亚特，以其从事与外交官身份不符的活动为由宣布其为不受欢迎的人。作为回应，爱沙尼亚外交部宣布驱逐俄罗斯驻爱沙尼亚大使馆三等秘书。

7日

△ 乌兹别克斯坦政府下令加快向拉丁字母过渡，在2021年8月1日之前，政府机构必须确保用拉丁字母，包括所有街道、招牌等各种形式的文字用途。最初计划在2022年12月之前执行此操作。乌兹别克斯坦总理阿里波夫近日下达指令文件，指示各部委、机构和单位，各地州和塔什干市的领导，加快乌兹别克字母向拉丁化的过渡。2021年2月10日，乌总理批准了全面分阶段将乌兹别克字母过渡到拉丁字母的"路线图"。该文件指出，在2022年12月前，将用西里尔字母书写的各种文件、表格、地名、街道名、人名、机构、组织单位名

称、广告、通知、宣传标语等，全都转化为拉丁字母。但是，根据乌总理的决定，这项任务将在2021年8月1日前完成，旨在配合乌兹别克斯坦独立30周年庆祝活动的筹备。

11日

△ 摩尔多瓦举行议会选举，共有3个政党或联盟进入新一届议会，其中，行动和团结党赢得63个席位，由共产党人党和社会主义者党组成的竞选联盟占32个席位，其余6席来自绍尔党。

△ 因组阁失败，保加利亚举行年内第二次议会选举。"有这样一个民族"党以微弱优势胜出，得票率为24.08%，在议会中占65席。选举后未有政党组阁成功。

12日

△ 欧盟理事会宣布，由于俄罗斯未能充分执行明斯克协议，将对俄罗斯的经济制裁再延长半年至2022年1月31日。

△ 俄罗斯总统普京发表文章《论俄罗斯人和乌克兰人的历史统一》。普京认为，苏联解体之初，俄乌两国彼此信任，相信两国的经济、文化和精神联系会得以延续。然而，"乌克兰逐步被拖入危险的地缘政治游戏，最终成为横亘在欧洲和俄罗斯之间的障碍，成为西方反对俄罗斯的跳板"。

13日

△ 乌兹别克斯坦总统新闻秘书、总统办公厅副主任谢尔佐德·阿萨多夫表示，乌兹别克斯坦不考虑重返集体安全条约组织，也没有收到该组织成员国的邀请。他在记者会上称："我们没有收到加入集安组织的建议。此外，我国法律禁止建立军事基地和加入此类组织。"此前，俄罗斯外交部发言人扎哈罗娃称，俄罗斯和集安组织将坚定地采取行动，防止塔吉克斯坦—阿富汗边界发生侵略或挑衅。

15—16日

△ 在乌兹别克斯坦首都塔什干召开"中亚和南亚：区域互联—挑战与机遇"国际会议。会议旨在连接中亚国家和南亚市场，为中亚和南亚地区之间更密切的互动奠定坚实的概念基础，用具有战略性质的具体项目填充区域间议程。

26日

△ 俄罗斯总理米舒斯京登上了与日本有争议的南千岛群岛（日称北方四岛）进行视察，这是继2015年梅德韦杰夫总理两次登岛后，再次向日本表明了俄罗斯的态度。

△ 由中企承建的克罗地亚佩列沙茨大桥举行通车仪式，克罗地亚总统米拉诺维奇、总理普连科维奇、议长扬德罗科维奇以及克罗地亚各界人士千余人出席了通车仪式。

28日

△ 俄罗斯与美国在日内瓦举行了新一轮战略稳定对话。

29 日

△ 摩尔多瓦议会举行新一届议会议长选举，第一大党行动和团结党主席伊戈尔·格罗苏当选。

30 日

△ 摩尔多瓦总统桑杜提名时任行动和团结党副主席的加夫里利策为新总理并授权其组建新政府。

8 月

8 月以来

△ 大量来自中东等地区的移民云集白俄罗斯，并试图越境进入波兰和立陶宛，引发白俄罗斯与波兰等国的边境危机。

3 日

△ 俄罗斯外交部宣布一名爱沙尼亚驻俄大使馆人员为不受欢迎的人。

6 日

△ 中亚五国元首在中亚国家领导人磋商会议期间发表联合声明。联合声明如下：本着开放、相互理解和真诚友好精神，中亚五国元首强调了在历史悠久的睦邻友好关系基础上发展区域合作进程的重要性。

△ 摩尔多瓦新政府赢得议会信任投票，随后向总统桑杜宣誓就职。摩尔多瓦新总理加夫里利策随后向议会介绍施政纲领时强调，新政府将把司法改革、清除腐败、吸引投资、创造更高收入的就业岗位、减少贫困、提高退休金等作为施政的优先目标。

19—20 日

△ 欧亚政府间委员会会议期间共签署了 16 份文件。签署的文件涉及欧亚经济联盟成员国间的贸易与对外贸易的保险支持等问题。成员国政府领导人还就欧亚经济联盟框架下建立有机农产品统一市场、2021—2023 年联盟成员国实施协调运输政策，以及为发展欧亚经济联盟国家与中国的经贸合作推动铁路货运数字化等问题达成一致。

20 日

△ 德国总理默克尔离任前对俄罗斯进行告别访问。

24 日

△ 乌克兰在首都基辅举行阅兵，庆祝国家独立 30 周年。

31 日

△ 俄罗斯总统普京免除 5 名内务部将军的职务。

△ 吉尔吉斯斯坦迎来国家独立 30 周年，首都比什凯克的阿拉套广场举行盛大的阅兵式

和庆祝活动。总统扎帕罗夫发表贺词指出，吉尔吉斯斯坦人民今天庆祝一个伟大的日子——吉尔吉斯斯坦独立30周年。"从1991年8月31日独立之日起，共和国选择了民主的模式和发展理念。我们都希望让吉尔吉斯斯坦成为一个稳定的多民族国家，让每个公民都感到幸福和受到保护。"扎帕罗夫强调，鉴于形势的变化，吉尔吉斯斯坦当务之急是加强边境地区的防控，需要尽快补充吉军队的军事装备，提高武装部队的战斗力。他同时表示，吉尊重与邻国的良好关系，将进一步加强与战略伙伴、盟友和伙伴国的合作。

9月

1日

△ 乌兹别克斯坦迎来独立日，乌全国各地民众连日来举行多种活动庆祝独立30周年。乌总统米尔济约耶夫在活动上发表讲话指出，乌独立30年来，全国人民为建设新国家做了大量工作，已为国家现代化奠定了基础。过去5年充满挑战，尤其是2020年新冠肺炎疫情全球蔓延及其引发的经济危机，给乌带来了严重影响，但如今乌正在走出新冠肺炎疫情最困难的时期。"今天在乌兹别克斯坦进行的各领域大规模改革，标志着我们发展的新阶段——新乌兹别克斯坦时代的开始。"

△ 乌克兰总统泽连斯基到访美国华盛顿，并与美国总统拜登举行会晤。双方同意加强战略合作伙伴关系，深化防务合作。双方在会后发布《关于美乌战略合作伙伴关系的联合声明》。美方宣布为乌克兰提供一项6000万美元的安全援助，但没有就乌克兰加入北约的愿望作出具体承诺。

2日

△ 波兰在临近白俄罗斯的波德拉谢省和卢布林省的183座城镇实施为期30天的紧急状态，以"应对白俄罗斯持续不断的、变本加厉的侵犯和挑衅"。9月30日，波兰议会批准杜达总统提议，延长紧急状态60天。

3日

△ 俄罗斯总统普京在东方经济论坛上提出在有争议岛屿南千岛群岛（日称北方四岛）实行免税10年的优惠政策，鼓励本国和外国的企业去投资。

△ 中俄两国外长出席东宁要塞博物馆的纪念活动。

7日

△ 在吉尔吉斯斯坦启动集安组织"边界-2021"联合演习。哈萨克斯坦、吉尔吉斯斯坦、俄罗斯、塔吉克斯坦军人，集体安全条约组织联合参谋部和秘书处的各行动小组，以及吉尔吉斯斯坦内务部、紧急情况部以及国家安全委员会机构的人员参与此次演习，共有超过1000人和150台设备参演。演习参与者们开展了联合反恐行动，演练了摧毁入侵集安组织成

员国领土的非法武装团体作战行动的课题。

8 日

△ 塔吉克斯坦独立 30 周年庆典在杜尚别举行，塔总统拉赫蒙出席并致辞。拉赫蒙表示，塔独立 30 年来，特别是在最近 20 年间，国家在政治、经济和社会等多个领域的发展取得巨大成就。最近 20 年，塔吉克斯坦平均经济增幅为 7.5%，国家财政收入由 2.52 亿索莫尼（约合 1.44 亿元人民币）提升至 276 亿索莫尼（约合 157 亿元人民币）。20 年间人口数量由 550 万增至 970 万，人均寿命由 1991 年的 70 岁增至 75 岁。拉赫蒙还呼吁塔吉克斯坦人民加强团结，维护国家独立与稳定。

9 日

△ 俄罗斯和白俄罗斯两国就有关联盟国家的所有 28 项合作计划达成一致，并宣布两国开始经济一体化。

10 日

△ 俄罗斯外交部召见美国驻俄罗斯大使沙利文，抗议美国干涉俄罗斯杜马选举（9 月 17—19 日）。

10—16 日

△ 白俄罗斯和俄罗斯武装部队"西部-2021"联合战略演习在两国境内举行，演习旨在增加区域内部队的协同演练，确保地区安全。

15 日

△ 在集体安全条约组织成员国安全委员会秘书会议、防长理事会、外长理事会杜尚别联合会议上，各代表团团长就集安组织集体安全理事会宣言草案达成一致，通过了多项声明。尤其是集安组织成员国《关于阿富汗局势》的联合声明。会议还通过了约 20 项决议，旨在扩大集安组织成员国在生物安全问题上的互动，完善军事人员联合训练制度等。

16 日

△ 欧洲议会就俄欧关系出台报告，批准了立陶宛前总理库比留斯提出的有关欧盟对俄罗斯关系的"强硬"报告，呼吁欧盟扩大对俄罗斯的制裁，考虑加强欧洲防御能力以"遏制"俄罗斯，制定一项尽量减少欧盟对俄能源及金属供应依赖的战略，并准备在选举被认定为不公正并违反民主原则的情况下不承认俄罗斯议会选举的结果。

17 日

△ 上海合作组织成员国元首理事会第二十一次会议在塔吉克斯坦首都杜尚别举行。

17—19 日

△ 俄罗斯举行第八届国家杜马选举，统一俄罗斯党赢得 324 席、俄罗斯共产党获得 57 席、公正俄罗斯-为了真理党获得 27 席、自由民主党获得 21 席、新人党获得 13 席，公民纲

领党、祖国党、成长党分别获得 1 席，自我提名候选人获得 5 席。

△ 俄罗斯举行地方选举，产生 11 个联邦主体领导人、39 个联邦主体立法机关代表、11 个联邦主体行政中心立法机关代表及部分地方自治机关领导人和代表。

22 日

△ 俄罗斯联邦武装部队总参谋长格拉西莫夫同美国参谋长联席会议主席米利在芬兰首都赫尔辛基举行会谈。

23 日

△ 乌克兰最高拉达（议会）在议长缺席的情况下，二读通过了《去寡头化法》。

24 日

△ 联合国人权事务高级专员巴切莱特在向人权理事会第四十八届会议通报白俄罗斯人权状况时表示，白俄罗斯的人权状况在 2021 年继续恶化。

10 月

4 日

△ 俄罗斯总统普京任命亚历山大·阿夫杰耶夫担任弗拉基米尔州代理州长，马克西姆·叶戈罗夫担任坦波夫州代理州长。

△ 新上台的日本首相岸田文雄认为，俄罗斯在领土问题上强硬，同时又与中国结成战略协作伙伴关系，因此，中俄关系是日本最大的战略应对问题。

5 日

△ 罗马尼亚议会通过对政府的不信任案，国家自由党为首的政府下台。

6 日

△ 欧盟—西巴尔干峰会在斯洛文尼亚首都卢布尔雅那附近的布尔多城堡举行。与会各国领导人重申西巴尔干地区的欧洲前景和对扩大进程的承诺。

7 日

△ 波兰宪法法院裁决欧洲法院干涉波兰司法改革违背波兰宪法、波兰国内法律对欧盟法律具有优先权，欧盟机构和一些成员国谴责这一裁决是对欧盟"史无前例的挑战"。

8—9 日

△ 捷克举行议会众议院选举，由反对党公民民主党、基督教民主联盟—捷克斯洛伐克人民党和"TOP 09"党组成的右翼竞选联盟"在一起"以微弱优势胜出，得票率为 27.79%，在众议院 200 个议席中占 71 席，现任总理巴比什领导的政党"不满意公民行动 2011"以 27.12% 的得票率位居第二，占 72 席。

11—13 日

△ 美国副国务卿纽兰访问莫斯科，先后会晤俄罗斯副外长里亚布科夫、俄罗斯国防部副部长福明、俄罗斯总统办公厅副主任科扎克、俄罗斯总统助理乌沙科夫。双方主要讨论了军控和乌克兰问题。

12 日

△ 俄罗斯总统普京任命总统助理安纳托利·谢尔雷舍夫为西伯利亚联邦区总统全权代表。

△ 俄罗斯总统普京任命雅罗斯拉夫州前任州长德米特里·米罗诺夫为总统助理，负责强力部门人事政策。

△ 乌克兰与欧盟举行第 23 届首脑会议，从欧盟获得 6 亿欧元的宏观财政援助。

13 日

△ 俄罗斯总统普京任命娜塔莉亚·波克隆斯卡娅为俄罗斯驻弗得角大使。

18 日

△ 中俄举行"海上联合-2021"军事演习。中俄海上联合编队首次穿越津轻海峡。

△ 在塔吉克斯坦距阿富汗边境 20 公里处举行了"战斗兄弟情-2021"联合战役战略演习。来自俄罗斯、塔吉克斯坦、哈萨克斯坦、白俄罗斯、吉尔吉斯斯坦和亚美尼亚的部队参加实际操演。为了确保中亚地区安全和稳定，参演军人演练了封锁和摧毁假想恐怖团伙的科目。在此次联合战略演习中，集安组织成员国 4000 多名军人和 500 多件装备参加了"梯队"、"搜索"和"协作"演习的实操内容。

19 日

△ 因北约以从事间谍活动为由驱逐俄驻北约代表，俄罗斯宣布与北约断绝关系。

21 日

△ 中俄召开"媒体对话：中俄 10 家媒体对话"会议，确定未来合作方向，推动区域经济和社会的发展。

24 日

△ 乌兹别克斯坦现任总统米尔济约耶夫在总统选举中以绝对优势胜出，赢得连任。根据乌兹别克斯坦中央选举委员会 25 日公布的结果，现任总统米尔济约耶夫以 80.1% 的得票率领先其他 4 名候选人，赢得第二个总统任期。此外，统计数据显示，超过 1600 万名登记选民完成投票，投票率达到 80.4%，符合乌选举法关于投票率须超过 33% 的规定。据悉，乌总统任期为 5 年。在 2016 年 12 月举行的总统选举中，由该国自由民主党提名的候选人米尔济约耶夫以 88.61% 的得票率获得胜利。

28 日

△ 俄罗斯总统普京在线出席了第四届俄罗斯—东盟峰会，峰会期间双方发表了联合声明；共同发布了俄罗斯与东盟战略伙伴关系将实施综合行动纲要（2021—2025 年）。该纲要包括了 103 项内容，从双边关系到多边合作都作了明确的规定，是一份面向未来的、详细的合作路线图。通过签署一系列重要文件，俄罗斯与东盟巩固了战略伙伴关系。

△ 俄罗斯和韩国两国副总理在视频会议上签署"九桥行动计划 2.0"行动计划，主要合作领域包括能源、铁路和基础设施、造船、港口和航运、健康、农业和渔业、投资、创新、文化和旅游。

31 日

△ 佐兰·扎埃夫因地方选举失败宣布同时辞去北马其顿总理和社会民主联盟主席的职务。

11 月

1 日

△ 俄罗斯撤销北约驻俄办事处，双方断绝关系。

4 日

△ 俄罗斯总统普京与白俄罗斯总统卢卡申科通过视频连线出席了俄白联盟国家最高国务委员会会议。会议审议通过了《关于 2021—2023 年落实联盟国家条约原则的基本方向》一揽子一体化协议。文件包括 28 个联盟计划，以及联盟军事学说和联邦国家移民政策构想。这是俄白自签署《关于建立白俄罗斯和俄罗斯共同体条约》25 年之后，迈出的重要一步，标志着联盟国家一体化进程发展到一个新的阶段。

△ 在俄白两国联盟国家最高国务委员会视频会议上，俄罗斯总统普京与白俄罗斯总统卢卡申科签署了联盟国家一体化法令。

12 日

△ 蒙古国副总理萨·阿玛尔赛汗与俄罗斯天然气工业股份公司董事会主席米勒举行在线会晤，签署了确认完成俄罗斯经蒙古国向中国输送天然气管道项目技术经济可行性研究报告的纪要文件。

△ 突厥语国家合作委员会第八次峰会在土耳其伊斯坦布尔召开。会议决定突厥语国家合作委员会正式更名为"突厥语国家组织"。此次峰会就"突厥语国家组织"未来发展作出一系列重要决定，包括授予土库曼斯坦"突厥语国家组织"观察员国地位，确保"突厥语国家组织"覆盖所有突厥语国家；明确"突厥语国家组织"对话伙伴国和观察员国地位；批准《2040 年前突厥世界发展愿景》。土耳其总统雷杰普·塔伊普·埃尔多安表示："从现在起，

该组织以突厥语国家组织命名,这意味着,'突厥语国家组织'将以新的名称与结构发展得更积极、更稳固。"

14 日

△ 保加利亚举行该国历史上首次"二合一"选举——议会选举和总统选举。在议会选举中,"我们继续变革"联盟赢得 25.67% 的选票和 67 个议席,位居第一。在总统选举中,现任总统拉德夫和欧洲发展公民党提名的格尔吉科夫分列前两名,但无人获得半数以上选票。

21 日

△ 保加利亚举行总统选举第二轮投票,拉德夫以 66.72% 的支持率取得胜利,成功连任。

23 日

△ 为应对北部邻国白俄罗斯的难民危机,乌克兰执法部门启动加强乌白边境管控的联合行动。

△ 摩尔多瓦总统桑杜在罗马尼亚首都布加勒斯特表示,摩尔多瓦将推动改革,将自身打造成为一个安全、具有投资吸引力的国家,希望罗马尼亚加大对摩投资、助力摩打开市场,进一步提升与罗马尼亚的伙伴关系。

25 日

△ 俄罗斯总统普京免去亚历山大·卡拉什尼科夫联邦监狱管理局局长职务。

△ 罗马尼亚新政府宣誓就职。政府由国家自由党、社会民主党和匈牙利族民主联盟组成,尼古拉·丘克任总理。

26 日

△ 俄罗斯和蒙古国政府间经贸、科技合作委员会第 23 次会议在乌兰巴托举行,会议讨论了贸易关系多元化合作。

11 月 29 日至 12 月 2 日

△ 越南国家主席阮春福访问俄罗斯,此访为两国关系巩固、全面、务实和稳定发展开启了新阶段,为俄越各领域全面战略伙伴关系注入了新动力。

30 日

△ 黑山南北高速公路优先段项目主体工程顺利完工,这是"一带一路"和中国—中东欧国家合作框架内的重要基础设施建设项目。

12 月

1 日

△ 俄罗斯副总理德米特里·切尔尼申科在莫斯科会见了越南副总理黎文青,双方重点讨论了建设发电和接收液化气的基础设施,形成可再生能源园区。两国将在数字化、和平利用

外层空间以及大学间和学术交流等领域加强互动，扩大燃料能源综合体、产业、信贷金融领域合作。

△ 俄罗斯和越南国防部长会议在莫斯科举行。俄罗斯国防部部长绍伊古与越南国防部部长范文江签署了国家间军事技术合作政府间协议，以及军事历史领域合作备忘录。

1—3日

△ 俄罗斯与东盟首次海上联合军演在印度尼西亚北苏门答腊海岸附近展开，东盟10个成员国全部参加。俄罗斯驻东盟大使伊万诺夫称此举意味着"俄罗斯与东盟正开启战略伙伴关系的新篇章"。

3日

△ 白俄罗斯总统卢卡申科签署关于发展白俄罗斯与中国之间关系的第9号总统令，旨在进一步深化两国在各领域的合作。

6日

△ 俄罗斯总统普京对印度进行工作访问。这是时隔两年后，以及全球新冠肺炎疫情暴发以来普京第一次出访亚太国家。这次访问为两国战略伙伴关系提供了动力。

7日

△ 俄罗斯总统普京同美国总统拜登举行视频会晤。会晤主要涉及双边关系和乌克兰局势。

13日

△ 保加利亚议会批准成立新一届政府。政府由"我们继续变革"联盟与"为了保加利亚社会党"、"有这样一个民族"党和"民主保加利亚"联盟组成，基里尔·佩特科夫任总理。

14日

△ 全国人大常委会委员长栗战书在北京人民大会堂以视频方式同摩尔多瓦议长格罗苏举行会谈。

△ 摩尔多瓦总统桑杜接受路透社采访时表示，摩尔多瓦正朝着加入欧盟的方向发展，并希望尽快成为该组织成员国。报道称，这是桑杜自2020年上台后针对摩尔多瓦亲西方路线作出的最明确表态。

15日

△ 中俄两国领导人举行视频会晤，确定普京总统将访华并出席冬奥会开幕式，两国元首向世界发出携手"一起向未来"的鲜明信号。

△ 俄罗斯向美国提交了《俄美安全保障条约》和《俄与北约成员国安全保障措施协议》两份草案文本，随后对外公开发布，要求美国和北约给予俄罗斯书面安全保障。其中包括承诺相互保障欧洲安全、不在可以相互打击的区域部署中短程导弹、北约不再进一步向包括前

苏联加盟共和国在内的国家扩张、北约在欧军事部署退到1997年之前的态势。

15—17日

△ 为庆祝蒙古国和俄罗斯建交100周年，蒙古国总统呼日勒苏赫对俄罗斯进行正式访问。会晤后双方发表了《蒙俄建交100周年联合宣言》，再次重申了两国世代友好的传统关系，并签署多项合作文件，进一步深化了两国的政治经济关系。

16日

△ 欧盟峰会决定在2022年1月31日制裁措施到期后继续延长对俄经济制裁。

17日

△ 俄罗斯外交部公布了俄罗斯与美国以及俄罗斯与北约的安全保障条约草案。其中涉及后苏联空间国家的主要条款有：排除北约进一步扩大和乌克兰加入北约的可能性；除非俄罗斯和北约成员国同意，北约不得在1997年5月（东欧国家加入北约之前）形成的边界以外再部署军队和武器；北约应放弃在乌克兰、东欧、外高加索、中亚的任何军事活动；美国承诺排除北约进一步东扩，不接收后苏联国家加入北约；美国承诺不在后苏联国家建立军事基地，不使用该地区的军事基础设施，也不与该地区国家发展军事合作。

△ 捷克新政府成立。政府由"在一起"政党联盟与海盗党/市长联盟组成，佩特尔·菲亚拉任总理。

18日

△ 俄罗斯正式退出《开放天空条约》，此前美国2020年已经退出该条约。

21日

△ 俄罗斯总统普京签署《俄罗斯联邦主体公共权力组织一般原则法》。

22日

△ 欧盟委员会就波兰宪法法院违反欧盟法律对波兰启动违规程序。

23日

△ 俄罗斯总统普京出席年度总统记者会。

30日

△ 俄罗斯总统普京与美国总统拜登举行电话会谈，双方主要围绕乌克兰的紧张局势、有关美国及北约给予俄安全保障问题进行了讨论。